Helm, Speditionsrecht

Johann Georg Helm

Speditionsrecht

1973

Walter de Gruyter · Berlin · New York

Sonderausgabe der Kommentierung der §§ 407-415 HGB, der ADSp, SVS, RVS, Sped. Police aus: HGB, Großkommentar, 3. Auflage, Band V

ISBN 3 11 004383 1

Satz und Druck: Walter de Gruyter, Berlin.

Vorwort

Der vorliegende Sonderdruck enthält eine vollständige Neukommentierung des gesamten Speditionsrechts unter Einbeziehung der Speditionsversicherung (SVS/RVS und Speditionspolice). Dem mit der Materie weniger vertrauten Leser soll die grundrißartig ausgestaltete gemeinsame Kommentierung der §§ 407—409 HGB (S. 1ff.) die Möglichkeit eines Gesamtüberblickes geben. Verweisungen in diesem Text erleichtern das Auffinden der Einzelregelungen. Der Sonderdruck ist durch ein Sachregister ergänzt.

Das Buch bemüht sich vor allem, die ADSp in vollem Umfang systematisch zu erfassen und auszuwerten. Die neuere Literatur und die höchstrichterliche Rechtsprechung zum Speditionsrecht sind bis zum Stand vom Sommer 1972 vollständig eingearbeitet. Auch die Rechtsprechung des BGH zu anderen allgemeinen Geschäftsbedingungen wird im Hinblick auf die ADSp vergleichend herangezogen.

Nürnberg, im Dezember 1972 Johann Georg Helm

Inhaltsverzeichnis

(Den Kommentierungen zu den einzelnen Paragraphen des HGB und der Vorbemerkung vor § 1 ADSp sind besondere Inhaltsübersichten vorangestellt.)

Vierter Abschnitt

Speditionsgeschäft

§ 407

Spediteur ist, wer es gewerbsmäßig übernimmt, Güterversendungen durch Frachtführer oder durch Verfrachter von Seeschiffen für Rechnung eines anderen (des Versenders) in eigenem Namen zu besorgen.

Auf die Rechte und Pflichten des Spediteurs finden, soweit dieser Abschnitt keine Vorschriften enthält, die für den Kommissionär geltenden Vorschriften, insbesondere die Vorschriften der §§ 388 bis 390 über die Empfangnahme, die Aufbewahrung und die Versicherung des Gutes, Anwendung.

§ 408

Der Spediteur hat die Versendung, insbesondere die Wahl der Frachtführer, Verfrachter und Zwischenspediteure, mit der Sorgfalt eines ordentlichen Kaufmanns auszuführen; er hat hierbei das Interesse des Versenders wahrzunehmen und dessen Weisungen zu befolgen.

Der Spediteur ist nicht berechtigt, dem Versender eine höhere als die mit dem Frachtführer oder dem Verfrachter bedungene Fracht zu berechnen.

§ 409

Der Spediteur hat die Provision zu fordern, wenn das Gut dem Frachtführer oder dem Verfrachter zur Beförderung übergeben ist.

Inhaltsübersicht (systematisch)

Inhaltsübersicht (nach Stichworten)
(Die Ziffern beziehen sich auf die Nummer der Anmerkung)

Literatur

1. Ältere Literatur

Der größte Teil der vor 1929 erschienenen Literatur ist durch die Einführung und Neufassung der ADSp nur von historischem Interesse. Siehe dazu Literaturangaben in der Vorauflage zu §§ 407, 408 und 409 HGB, jeweils im Anschluß an den Gesetzestext. Als systematische Darstellung ist noch begrenzt brauchbar: Senckpiehl, Das Speditionsgeschäft nach deutschem Recht, 1907; auf S. 4ff. dieses Werkes auch eine Zusammenstellung der damaligen Literatur. Von historischem Interesse noch Burchard, Das Recht der Spedition, 1894, insbesondere der geschichtliche Teil auf S. 1—59.

Begrenzt verwendbar ist noch die Literatur aus der Entstehungszeit der ADSp; durch die Neuentwicklung zwingenden Frachtrechts und durch die neuere Rechtsprechung zu Allgemeinen Geschäftsbedingungen sind jedoch die Grundlagen der damaligen Kommentierung weitgehend verändert: Isaac, Das Recht des Spediteurs, 1928 (mit zahlreichen Hinweisen aus der damaligen Speditionspraxis); Schwartz, Die Allgemeinen Deutschen Spediteurbedingungen und die Speditionsversicherung, hrsg. vom Reichsverband der deutschen Industrie, 1931. Zu einem erheblichen Teil veraltet ist ebenfalls die Darstellung von Hald im Handbuch für Spedition und Verkehr, 3. Aufl. 1954.

2. Neuere systematische Darstellungen

des Speditionsrechts gibt es nicht. Die Lehrbücher und Grundrisse des Handelsrechts behandeln das Speditionsrecht nur sehr knapp; am eingehendsten noch Capelle, Handelsrecht, 14. Aufl. 1970, S. 111—120.

3. Kommentare

Eingehender mit dem Speditionsrecht befassen sich die Kommentare zu §§ 407—415 HGB: Schlegelberger/Schröder, 4. Aufl. 1966; Baumbach/Duden, 19. Aufl. 1971; Heymann/Kötter, 4. Aufl. 1971; Bandasch, 1960. Das ausführlichste, allerdings unübersichtliche Werk zum Speditionsrecht ist der Kommentar zu den ADSp und zum SVS/RVS von Krien/Hay, 1959.

4. Monographien und Dissertationen

Brüning, Die Bedeutung von Gewohnheitsrecht, Handelsbrauch und Verkehrssitte für die Anwendung der Allgemeinen Deutschen Spediteurbedingungen, Hamburger Dissertation 1963; Häwert, Die Ansprüche des Auftraggebers oder eines Dritten gegen den Spediteur aus Speditionsvertrag, Frachtvertrag und unerlaubter Handlung nach deutschem, schweizerischem und englischem Speditionsrecht, Berliner Dissertation 1960; Hootz, Grenzen der Freizeichnung des Spediteurs, 1954, Hamburger Rechtsstudien, Heft 44; Krieg, Die Allgemeinen Deutschen Spediteurbedingungen in Verträgen mit Deutschen und Ausländern, Frankfurter Dissertation 1965; Meyer, Rudolf, Der Spediteur in seinem Verhältnis zu Eisenbahn- und Kraftverkehr, Verkehrswirtschaftliche Schriftenreihe der Deutschen Verkehrszeitung, Heft 11, Hamburg 1957; Sander, Haftung des Spediteurs nach den ADSp und dem dispositiven Recht des HGB, Frankfurter Dissertation 1958; Schmitz, Horst-Peter, Die Zusammenarbeit zwischen Eisenbahn und Spedition auf vertraglicher Basis in der Bundesrepublik Deutschland, Kölner Dissertation 1957. Ältere Dissertation siehe im Text.

Siehe ferner die Literaturangaben zu § 1 ADSp, Anhang I nach § 415 HGB und zu § 1 SVS, Anhang II nach § 415 HGB.

Anm. 1

A. Rechtsnatur und Struktur des Speditionsvertrags

I. Begriffe

1. Spediteur

a) Gesetzliche Definition (§ 407 Abs. 1)

Nach der Definition des § 407 Abs. 1 HGB ist Spediteur, wer gewerbsmäßig die dort umschriebenen Geschäfte, d. h. Speditionsverträge abschließt. Der Spediteurbegriff wird also mittelbar durch den Begriff des Speditionsvertrags bestimmt.

Der Spediteur ist stets Kaufmann kraft Gewerbes, auch ohne Eintragung in das Handelsregister (sog. „Mußkaufmann"), § 1 Abs. 2 Ziff. 6 HGB. Eine auf den Betrieb eines Speditionsgewerbes gerichtete Personengesellschaft ist somit zwingend oHG oder KG.

Da durch § 415 HGB das Speditionsvertragsrecht auch für Gelegenheitsspeditionsgeschäfte von Nichtspediteuren gilt, enthält die Abgrenzung des Vertragstyps das eigentliche Kriterium.

Nicht Spediteure im gesetzlichen Sinne sind solche Kaufleute, die zwar die Berufsbezeichnung „Spediteure" führen, aber keine Speditionsverträge abschließen: z. B. der Adreßspediteur, der Möbel- oder Umzugsspediteur, der Bahnspediteur, der Annoncenspediteur, siehe Anm. 4. Zu den Einzelheiten der Definition des Speditionsvertrages siehe unten Anm. 20—26.

b) Berufliches Bild

Das Spediteurgewerbe umfaßt in der Praxis nicht nur die eigentlich unter § 407 fallende Spediteurtätigkeit, sondern auch anders zu typisierende Leistungen, insbesondere Frachtbeförderung, Lagerung, Kommissionsgeschäft und die Annahme von Gütern (Adreßspedition). Die ADSp gelten daher nach ihrem § 2a für alle Verrichtungen des Spediteurs, auch soweit diese nicht Spedition nach §§ 407ff. HGB sind. Neben dem herkömmlichen Speditionsbetrieb hat sich der Beruf des Kraftwagenspediteurs herausgebildet, der in erster Linie Frachtführer im Güterkraftverkehr ist, daneben aber auch Speditionsgeschäfte betreibt. Der Kraftwagenspediteur ist Spediteur im Sinne des § 407 HGB, wenn die Speditionstätigkeit dauernder Bestandteil seines Gewerbes ist. Andernfalls gilt Speditionsrecht für seine Speditionstätigkeit nach § 415 HGB; die Geltung der ADSp kann er mit seinen Kunden vereinbaren.

2. Versender Anm. 2

Mit dem Ausdruck „Versender" bezeichnet das Gesetz im Unterschied zum Absender des Frachtrechts den Vertragspartner des Spediteurs beim Speditionsvertrag. In den ADSp heißt der Versender „Auftraggeber". Diese juristisch farblose Benennung ist erforderlich, weil die ADSp nach ihrem § 2a nicht nur für Speditionsgeschäfte, sondern auch für alle anderen Geschäfte des Spediteurs gelten. Der Versender kann zugleich Empfänger sein, wenn er die Sendung an sich selbst adressiert, siehe Anm. 12.

3. Speditionsvertrag Anm. 3

a) Definition und Rechtsnatur

Der Speditionsvertrag ist durch § 407 Abs. 1 HGB umschrieben als ein Vertrag zwischen Spediteur und Versender, durch den es der Spediteur übernimmt, die Versendung von Gütern in eigenem Namen, aber für Rechnung des Versenders zu besorgen. Es handelt sich danach um einen Sonderfall der entgeltlichen Geschäftsbesorgung (§ 675 BGB). Der Spediteur übernimmt — vom Fall des Selbsteintritts nach § 412 HGB abgesehen — nicht die Pflicht, die Güter selbst zu befördern, sondern nur, ihre Beförderung durch Frachtführer zu veranlassen. Dazu schließt er mit den Frachtführern, ggf. auch mit Zwischenspediteuren, Fracht- oder Speditionsverträge im eigenen Namen für Rechnung des Versenders ab. Der Spediteur ist also nicht offener, sondern verdeckter Stellvertreter des Versenders gegenüber dem Frachtführer. Siehe zu den Einzelheiten Anm. 23.

Der Speditionsvertrag kann auch als Dauervertrag derart gestaltet werden, daß der Spediteur sich verpflichtet, die Versendung aller ihm innerhalb eines Zeitraums vom Versender eingelieferten Güter zu besorgen, der Versender andererseits verpflichtet ist, keinen anderen Spediteur oder Frachtführer heranzuziehen. Die Frage, ob die Geschäftsbesorgung durch den Spediteur im Rahmen von § 675 BGB dienstvertraglicher oder werkvertraglicher Art sei, ist seit Jahrzehnten str. Für Dienstvertrag die Vorauflage dieses Kommentars Anm. 3 zu § 407 HGB, mit näheren Angaben; ferner Schlegelberger/Schröder Anm. 10 zu § 407 HGB; für Werkvertrag Baumbach/Duden Anm. 2 zu § 407; Heymann/Kötter Anm. 1 zu § 407. Das RG bezeichnete den Speditionsvertrag gelegentlich als Dienstvertrag (z. B. RGZ 109, 85 (87)) oder als Werkvertrag (RGZ 112, 149 (151)); offen in RGZ 114, 308 (312).

Zu diesem Streit vor Inkrafttreten des BGB siehe Burchard, Das Recht der Spedition, 1894, 67—82, für den Stand von 1923 Senckpiehl S. 86—88. Die Bedeutung dieser Frage beschränkt sich wegen der spezielleren Regelungen des Speditionsrechts auf wenige Punkte, insbesondere auf die Frage nach den Provisionsansprüchen bei Abwicklungsstörung und allenfalls für die Verjährung, wenn Fälle praktisch vorkommen sollten, die nicht unter §§ 414 HGB, 64 ADSp fallen, aber die Voraussetzungen des § 638 BGB erfüllen. Die betreffenden Fragen lassen sich auch ohne Rückgriff auf das dem Speditionsvertrag wenig angemessene Dienst- bzw. Werkvertragsrecht lösen. Höchstrichterliche Entscheidungen aus den letzten 50 Jahren, in denen die Qualifikation eine entscheidende Rolle spielte, sind — soweit ersichtlich — nicht veröffentlicht.

Wegen des eigenartigen Sondercharakters des Speditionsvertrages können kaum überzeugende Gründe für die Einordnung in eine der beiden Vertragskategorien gefunden werden. Einer unmittelbaren Anwendung der dienst- oder werkvertraglichen Regeln auf den Speditionsvertrag stehen auch methodische Bedenken entgegen. Denn das Dienst- und Werkvertragsrecht geht von Vertragstypen als Modell aus, die mit dem Speditionsvertrag wenig gemein haben: der Dienstvertrag setzt grundsätzlich eine zeitgebundene, durch zeitliche Messung bestimmte Dienstleistung voraus, die beim Speditionsvertrag nicht vorliegt. Der Werkvertrag hat als Modell die Herstellung eines Werkes; die Anwendung des Werkvertragsrechts auf andere erfolgsbestimmte Tätigkeiten bereitet bereits außerhalb des Speditionsrechts (z. B. beim Architektenvertrag) beträchtliche Schwierigkeiten. Beim Speditionsvertrag würde die subsidiäre Anwendung der Werkmängelhaftung keine brauchbaren Ergebnisse bringen. Es empfiehlt sich daher, den Speditionsvertrag als einen entgeltlichen Geschäftsbesorgungsvertrag sui generis zu behandeln, der zwar Elemente des Dienst- und Werkvertrags enthält, aber keinem der beiden Typen zuzuordnen ist. Die Sachfragen sollten, soweit möglich, aus dem Speditionsrecht selbst und ggf. unter Heranziehung des Allgemeinen Schuldrechts beantwortet werden, da dieses neutralere Lösungen als das Dienst- bzw. Werkvertragsrecht enthält.

Mit der begriffsjuristischen Methode, den Speditionsvertrag anhand abstrakter Kriterien in die Gruppe der Dienst- oder Werkverträge einordnen, um alsdann aus den betreffenden BGB-Regeln Folgerungen für die Lösung einzelner Rechtsfragen des Speditionsrechts abzuleiten, können keine sicheren sachgerechten Lösungen gefunden werden, da das Dienst- und Werkvertragsrecht bei seiner Entstehung nicht auf die Bedürfnisse des Speditionsvertrags abgestimmt worden ist. Zu den Einzelheiten der Definition siehe unten Anm. 20—28.

Anm. 4 **b) Abgrenzung zu anderen Verträgen**

Die Abgrenzung des Speditionsvertrages zu anderen Verträgen ist theoretisch einfach, bereitet aber aus zwei Gründen vielfach praktische Schwierigkeiten: einmal gehören zu den Aufgaben des Spediteurs Tätigkeiten, die für sich alleine die Merkmale anderstypischer Verträge erfüllen, insbesondere die Vor-, Zwischen- und Nachlagerung und die Abholung und Zuführung von Gütern. Hierbei kann es sich um die Erfüllung von Nebenpflichten aus dem Speditionsvertrag oder um die Ausführung besonderer Verträge handeln. Zur Abgrenzung siehe Anm. 45. Zweitens ist die Abgrenzung im Falle des Selbsteintritts des Spediteurs in das Ausführungsgeschäft mitunter schwierig, da sich oft keine ausreichenden Kriterien dafür finden lassen, ob der Spediteur z. B. die Beförderung von Anfang an selbst schulden wollte, oder sie erst nachträglich durch Selbsteintritt auszuführen übernommen hat. Siehe dazu Anm. 2 zu § 412 HGB.

aa) Frachtvertrag

Vom Frachtvertrag unterscheidet sich der Speditionsvertrag dadurch, daß der Spediteur keine Beförderungspflicht übernimmt. Abgrenzungsfälle: BGH vom 25. 10.

1962, BGHZ 38, 150 (153); OLG Hamburg, VersR 1954, 363f.; OLG Düsseldorf, VersR 1965, 952.

aaa) Möbelspedition (Umzugsspedition)

Der Möbelspediteur (Umzugsspediteur) übernimmt vertraglich die Beförderung oder Lagerung von Möbeln oder Umzugsgut. In seiner Beförderungstätigkeit ist er Frachtführer im Sinne der §§ 416ff. HGB, für den allerdings besondere, durch Rechtsverordnung festgesetzte Beförderungsbedingungen gelten (siehe im einzelnen unten Anhang IV nach § 452 HGB). Soweit der Möbelspediteur Lagertätigkeit ausübt, gelten für ihn die Regeln des Lagervertrags, insbesondere die ALB. Besorgt der Möbelspediteur die Beförderung durch die Bahn oder dritte Frachtführer, so ist er insoweit echter Spediteur.

bbb) Bahnspedition (Bahnrollfuhr)

Der Bahnspediteur (Rollfuhrunternehmer) befördert die mit der Bahn versandten Güter vom Bahnhof zum Empfänger. Auch er besorgt also nicht die Güterversendung, sondern befördert selbst Güter, so daß er kein Spediteur im rechtlichen Sinne ist. Siehe zu seiner Rechtsstellung die Anm. zu § 456 HGB.

ccc) Zeitungsspedition

Auch der Zeitungsspediteur übernimmt nicht die Besorgung der Versendung, sondern die Beförderung selbst. Auch er ist daher kein echter Spediteur.

bb) Lohnfuhrvertrag, Fahrzeugmiete

Beim Lohnfuhrvertrag übernimmt der Unternehmer ebenfalls die Beförderung der Güter, allerdings ohne Erfolgsversprechen, siehe dazu § 25 AGNB, Anhang V nach § 452 HGB. Bei der Fahrzeugmiete, die mit einem Dienstverschaffungsvertrag für das Fahrzeugpersonal verbunden sein kann, wird noch nicht einmal die Beförderung geschuldet, sondern nur die Zurverfügungstellung der Beförderungsmöglichkeit. Beide Vertragsarten haben nicht die Besorgung der Versendung zum Gegenstand, sind also keine Speditionsverträge.

cc) Empfangsspedition und Vollmachtspedition

Die Ausdrücke „Empfangsspediteur" (= Adreßspediteur) und „Vollmachtspediteur" (= Hausspediteur) bezeichnen besondere Funktionen, die der Berufsspediteur beim Empfang der Ware ausüben kann. Siehe zur älteren Literatur und Rechtsprechung die Vorauflage Anm. 4a zu § 407 HGB. Die Bezeichnungen hierfür sind nicht ganz einheitlich; jedoch dürfte es zweckmäßig sein, die folgende Terminologie zugrunde zu legen (vgl. auch Schlegelberger/Schröder Anm. 5, 5a, 5b zu § 407).

Empfangsspediteur (Adreßspediteur) ist ein vom Hauptspediteur benannter anderer Spediteur, der als Empfänger des versandten Gutes fungiert; Beispielsfälle: RGZ 103, 30ff.; 161, 209ff. Zwischen ihm und dem Endempfänger besteht kein Vertragsverhältnis. Eine eventuelle Schadenshaftung kann aus unerlaubter Handlung (Beispielsfall RGZ 102, 38ff.) gegeben sein oder sich auf abgetretene Ansprüche des Hauptspediteurs stützen.

Als **Vollmachtspediteur (Hausspediteur)** wird dagegen ein Spediteur bezeichnet, der im Auftrag des eigentlichen Empfängers das Gut entgegenzunehmen, abzuholen, zu lagern oder dem Endempfänger oder einer von ihm bezeichneten Person zuzuführen hat. Der Vollmachtspediteur kann aus der Sicht des Frachtvertrags Empfänger des vom Hauptspediteur versandten Gutes sein, er kann auch nur vom Endempfänger zur Empfangnahme in dessen Namen bevollmächtigt sein.

Empfangs- oder Vollmachtspediteure sind regelmäßig gewerbliche Spediteure, da ihr Gewerbe auch echte Speditionstätigkeit umfaßt. Die Empfangs- oder Vollmachtspedition als solche ist jedoch keine Speditionstätigkeit, wenn sie keine Weiterversendung durch Frachtführer, sondern nur Abholung, Empfangnahme, Auslieferung, Lagerung oder selbständige Weiterbeförderung umfaßt. In diesem Falle fehlt es am Merkmal der Besorgung einer Versendung, siehe hierzu Anm. 20. Der Empfangsspediteur und der Vollmachtspediteur üben jedoch Speditionstätigkeit aus, wenn sie die Güter in eigenem Namen durch Frachtführer an den Endempfänger oder an einen Dritten weiterbefördern lassen, oder sie im Wege des Selbsteintritts selbst weiterbefördern; Schlegelberger/Schröder, Anm. 5 zu § 407; Baumbach/Duden Anm. 1 zu § 407. Der Empfangsspediteur ist in diesem Falle Zwischenspediteur, siehe unten Anm. 5, weil er mit dem Hauptspediteur durch einen Speditionsauftrag verbunden ist. Der Empfangsspediteur kann auch dann im Vertragsverhältnis zum Erstspediteur stehen, wenn der Endempfänger den Emfangsspediteur ausgewählt und dem Erstspediteur dies durch Weisung mitgeteilt hat, und sogar dann, wenn er dem Empfangsspediteur selbst Weisungen erteilt hat; BGH vom 28. 6. 1962, BGHZ 37, 294 (297). In einem solchen Fall ist der Empfangsspediteur zwar durch seinen (Zwischen-)Speditionsvertrag an die Weisungen des Erstspediteurs gebunden, darf sie aber nicht ausführen, wenn sie eine erkennbare Beeinträchtigung der Interessen des Versenders darstellen. Zu beachten ist, daß dem Versender gegenüber dem Erstspediteur jederzeit eine Änderung der Weisungen möglich ist, so daß dieser die Änderung an den Empfangsspediteur weiterzugeben hätte. Siehe dazu BGH, a. a. O.; ferner zum Weisungsrecht Anm. 36f.

Hat der Vollmachtspediteur echte Speditionsleistungen zu erbringen, so ist er Hauptspediteur des Empfängers, mit dem er einen Speditionsvertrag abgeschlossen hat.

Nur in den Sonderfällen der Übernahme echter Spediteurpflichten unterstehen der Empfangs- und der Vollmachtspediteur dem Speditionsrecht. Allerdings gelten die ADSp, wenn sie — wie regelmäßig — vereinbart sind, auch für Tätigkeiten eines Spediteurs, die nicht Spedition im Rechtssinne sind, also auch für die Empfangs- oder Vollmachtspedition, soweit sie nicht als echter Speditionsvertrag qualifiziert werden kann.

dd) Kommissionsvertrag

Mit dem Kommissionsvertrag ist der Speditionsvertrag durch seine Grundstruktur (Abschluß von Verträgen für andere im eigenen Namen, aber für deren Rechnung) eng verwandt. Wenn er nicht besonders geregelt wäre, fiele er unter die Geschäftsbesorgungskommissionen des § 406 Abs. 1 HGB. Im französischen Recht heißt der Spediteur commissionaire de transport. Von der Kommission unterscheidet sich die Spedition nur durch die Art des zu besorgenden Ausführungsgeschäfts. Beim Kommissionsvertrag ist dies der Abschluß von Kaufverträgen über Waren, beim Speditionsvertrag der Abschluß von Frachtverträgen zur Beförderung von Gütern. Die Verwandtschaft mit dem Kommissionsvertrag ermöglicht die weitgehende gesetzliche Verweisung auf die Regeln des Kommissionsrechts in § 407 Abs. 2 HGB.

ee) Maklervertrag

Vom Makler unterscheidet sich der Spediteur dadurch, daß der Makler, wenn überhaupt, die Verträge nicht in eigenem, sondern in fremdem Namen abschließt. Siehe dazu Anm. 23; Abgrenzung zum Schiffsmakler Schaps/Abraham, Das Deutsche Seerecht, 3. Aufl. 1962, Bd. II, S. 760ff.

ff) Reisebüros und Annoncenspeditionen

Diese organisieren die Beförderung von Personen bzw. Nachrichten, nicht aber von Gütern. Sie sind daher keine Spediteure. Siehe zum Begriff „Güter“ unten Anm. 21.

gg) Versendung durch den Verkäufer

Der Verkäufer beim Versendungskauf versendet unter Umständen auch Güter in eigenem Namen für fremde (des Käufers) Rechnung. Doch tut er dies nicht als Spediteur, sondern in Erfüllung einer kaufvertraglichen Nebenpflicht. Er kann sich allerdings eines Spediteurs zur Erfüllung gewisser Pflichten bedienen, wodurch dieser zum Erfüllungsgehilfen des Verkäufers werden kann. Siehe zu einem solchen Sonderfall RGZ 115, 162ff.

4. Besondere Formen der Spedition Anm. 5

a) Zwischenspediteur

Vor allem bei gegliederten Transportwegen (Grenzüberschreitung, Umladung in andere Beförderungsmittel) kann die Einschaltung eines Zwischenspediteurs erforderlich werden. Dieser ist dann Empfänger des Frachtguts am Ende des ersten Beförderungsabschnittes. Er versendet seinerseits das Gut weiter durch Abschluß von Frachtverträgen mit weiteren Frachtführern; Beispielsfälle: RGZ 109, 85; BGH vom 28. 6. 1962, BGHZ 37, 294ff.; BGH vom 19. 12. 1969, VRS 38, 254.

Der Zwischenspediteur ist mit dem Erstspediteur durch einen Speditionsvertrag verbunden, in dem der Erstspediteur Versender ist. Zwischen dem Erstversender und dem Zwischenspediteur bestehen keine vertraglichen Beziehungen; siehe z. B. RGZ105, 302ff.; 109, 288 (292); Österr. OGH v. 13. 5. 1969, VersR 1971, 679. Das Weisungsrecht des Erstversenders gegenüber dem Erstspediteur kann sich aber auf den Zwischenspediteur auswirken, siehe Anm. 36. Auch kann der Erstspediteur dem Versender die Ansprüche gegen den Zwischenspediteur abtreten, siehe Österr. OGH a. a. O. Der Zwischenspediteur ist vielfach zugleich Empfangsspediteur; siehe eingehender in Anm. 9 und in den Anmerkungen zu § 411 HGB.

b) Unterspediteur

Der Unterspediteur ist ein vom Spediteur mit der Erledigung der eigentlichen Speditionstätigkeit beauftragter Spediteur, der als Erfüllungsgehilfe des Spediteurs Aufgaben erfüllt, die eigentlich diesem übertragen sind (Beispielsfälle: RGZ 62, 331; 109, 288 (292); 118, 250) — während der Zwischenspediteur Tätigkeiten ausführt, die nicht zu den Verpflichtungen des ersten Spediteurs gehören; siehe zur Abgrenzung RGZ 109, 288 (291f.); 114, 109 (111f.). Siehe ferner die Anm. zu § 411 HGB und unten Anm. 40, 43. Auch der Unterspediteur ist nicht mit dem Erstversender, sondern nur mit dem Hauptspediteur durch einen Speditionsvertrag verbunden. Vertragliche Ersatzansprüche gegen den Unterspediteur stehen daher nur dem Hauptspediteur zu. Dieser kann Schäden des Erstversenders im Wege der Drittschadensliquidation geltend machen; siehe RGZ 62, 331ff.

c) Abfertigungsspediteur

Abfertigungsspediteur ist nach der Legaldefinition des § 33 GüKG ein Spediteur, der im Güterfernverkehr Transporte abfertigt. Siehe hierzu Anhang I nach § 452 HGB; im einzelnen Hein/Eichhoff/Pukall/Krien, GüKG, Anm. zu § 33 GüKG; Balfanz, Anm. zu § 33 GüKG. Der Abfertigungsspediteur ist Berufsspediteur im Sinne des Speditionsrechts. Nur ein Spediteur kann nach § 34 Abs. 2 zum Abfertigungsspediteur bestellt werden. Der Abfertigungsspediteur nimmt mit den Abfertigungstätigkeiten Aufgaben wahr, die an sich in den Aufgabenbereich des Güterfernverkehrsunternehmers fielen. Daher steht ihm nach § 35 GüKG ein Anspruch auf die tariflich festgelegte Abfertigungsvergütung gegen den Güterfernverkehrsunternehmer (Frachtführer) zu. Bei seiner Tätigkeit kann der Abfertigungsspediteur eine Doppelstellung einnehmen. Mit dem Frachtführer kann er als Absender des KVO-Frachtvertrags, mit dem Versender als Spediteur durch den Speditionsvertrag verbunden sein. Siehe z. B. OLG Düsseldorf, Transport-Dienst 1967, 78; BGH vom 1. 12. 1965, VersR 1965, 134f. In keinem Falle haben die §§ 33—36 GüKG einen Einfluß auf den Inhalt des zwischen dem Abfertigungsspediteur und dem Versender bestehenden Speditionsvertrags. Der Abfertigungsspediteur kann auch die Abfertigungstätigkeit vornehmen, ohne von einem Versender beauftragt zu sein und ohne selbst als Absender des KFZ-Frachtvertrags zu fungieren. In diesem Falle ist die Abfertigungstätigkeit nur eine entgeltliche Geschäftsbesorgung nach § 675 BGB.

d) Sammelladungsspedition

Der Sammelladungsspediteur hat die Rechtsstellung eines Frachtführers. Siehe dazu § 413 Abs. 2 und Anm. 7ff. zu § 413. Im Bahn-Sammelgutverkehr heißt der als Absender des Sammelguts auftretende Spediteur „Verkehrsführer"; andere Spediteure, die diesem Güter zur Mitversendung in Sammelladung zuleiten, werden als „Beilader" bezeichnet. Die Bahn-Sammelladung geht an einen Empfangsspediteur als Empfänger, der seinerseits die einzelnen Teile der Ladung an „Briefspediteure" weiterleitet, denen die Auslieferung oder Weiterleitung an die Endempfänger obliegt. Alle dabei ausgeführten Tätigkeiten sind, soweit sie die Weiterversendung betreffen, echte Speditionstätigkeiten, soweit nur Lagerung, Auslieferung oder Zufuhr vorzunehmen sind, eventuell Lager-, Geschäftsbesorgungs- oder Frachtführertätigkeiten.

e) Selbsteintritt

Durch den Selbsteintritt erhält der Spediteur zugleich die Rechtsstellung eines Frachtführers. Siehe dazu § 412 und die dortige Kommentierung.

Anm. 6

II. Wesentlicher Inhalt des Speditionsvertrags

1. Pflichten des Spediteurs (Übersicht)

Siehe hierzu im einzelnen Anm. 35—56.

Die speditionsvertraglichen Pflichten des Spediteurs sind nirgends zusammenfassend geregelt. Nach § 407 Abs. 1 ist die zentrale **Hauptleistungspflicht** die **Besorgung der Versendung von Gütern;** siehe Anm. 20ff. Diese Formulierung umschreibt eine Fülle von einzelnen Tätigkeiten, die zum ordnungsgemäßen Versand gehören: z. B. neben dem Abschluß des Frachtvertrags die Auswahl des geeigneten Transportmittels und Transportweges oder günstiger Tarifmöglichkeiten, die Verladung oder ihre Überwachung, die Sorge für erforderliche Transport-, Zoll- und Begleitpapiere (im einzelnen siehe unten Anm. 41ff.).

Speziell sind erwähnt in § 408 Abs. 1 HGB die Pflichten zur ordnungsgemäßen Auswahl der Frachtführer, Verfrachter und Zwischenspediteure, die allgemeine Pflicht zur Interessenwahrnehmung und zur Befolgung von Weisungen des Versenders.

Durch die Verweisung des § 407 Abs. 2 werden die Bestimmungen des Kommissionsrechts, insbesondere § 388 (Pflicht zur Rüge im Interesse des Versenders) und § 390 (Haftpflicht für Verlust und Beschädigung des Speditionsguts) anwendbar.

Die **ADSp** treffen an zahlreichen Stellen genauere Regelungen bezüglich der Pflichten des Spediteurs, so insbesondere §§ 51—53, 41 für die Haftung, §§ 35—38 für die Pflicht des Spediteurs zur Versicherung des Gutes in der Transportversicherung. Siehe dazu unten Anm. 50 sowie die Kommentierung der einzelnen Paragraphen der ADSp Anhang I nach § 415.

Neben dem speziellen Speditions- und Kommissionsrecht kann über § 675 auch das Auftragsrecht des BGB die Pflichten des Spediteurs mitbestimmen, insbesondere §§ 666, 667 BGB.

2. Pflichten des Versenders (Übersicht)

Hauptpflicht des Versenders ist die Bezahlung der Vergütung (Provision), § 409 HGB; die Pflicht zur Erstattung von Auslagen ergibt sich aus §§ 407 Abs. 2, 396 Abs. 2 HGB, 675, 670 BGB. Im übrigen treffen auch den Versender Sorgfalts- und Haftpflichten verschiedener Art, die zum Teil in den ADSp genauer festgelegt sind: z. B. § 5b ADSp (Schadensersatz für Schäden durch gefährliche Güter); § 7 ADSp (Haftung für Folgen unrichtiger oder unvollständiger Angaben über das Speditionsgut); § 30b (Information über öffentlich-rechtliche Verpflichtungen).

Die Ansprüche des Spediteurs sind gemäß § 410 HGB durch ein gesetzliches Pfandrecht gesichert, das durch § 50 ADSp auf inkonnexe Forderungen des Spediteurs erstreckt werden soll.

Anm. 7

III. Die mit dem Speditionsvertrag zusammenhängenden Geschäfte und die an ihnen beteiligten Personen

1. Die Ausführungsgeschäfte

a) Allgemeines

Der Spediteur schließt die zur Besorgung der Versendung (siehe zu den einzelnen Tatbestandsmerkmalen unten Anm. 20ff.) notwendigen Verträge rechtlich im eigenen

Namen, wirtschaftlich aber für seinen Auftraggeber, den Versender, ab. Die Ausführungsgeschäfte erzeugen somit keine Rechtsbeziehungen zwischen dem Versender und den an ihnen beteiligten Drittpartnern. Anfechtungs- oder rücktrittsberechtigt sind ggf. nur Spediteur oder Frachtführer. Einwendungen, die dem Frachtführer gegen den Spediteur zustehen, kann er nach der Abtretung gemäß §§ 404ff. BGB gegenüber dem Versender geltend machen. Die Rechtslage entspricht daher fast ganz der im Kommissionsrecht gegebenen, weshalb § 407 Abs. 2 HGB in großem Umfang auf das Kommissionsrecht weiterverweist. Siehe dazu Anm. 16 und die Kommentierung zu den betreffenden Bestimmungen des Kommissionsrechts.

Ein wichtiger Unterschied liegt jedoch darin, daß die Güterversendung ein bedeutend komplizierterer Vorgang als der Verkauf oder Einkauf von Gütern ist. Da hierbei Beförderungen auf verschiedenen Verkehrsmitteln, Lagerung, Versicherung und viele Nebentätigkeiten erforderlich werden können, bringt der Speditionsvertrag in der Regel den Abschluß mehrerer Ausführungsgeschäfte mit sich. Für alle gilt grundsätzlich die gleiche Ausgangslage: Ansprüche des Spediteurs gegen die Dritten können vom Versender erst dann geltend gemacht werden, wenn sie ihm vom Spediteur abgetreten worden sind. Zur Abtretungspflicht des Spediteurs siehe Anm. 56. Allerdings ist der Versender durch §§ 407 Abs. 2, 392 Abs. 2 HGB in bestimmtem Umfang geschützt, weil die Ansprüche des Spediteurs gegen Dritte aus den Ausführungsgeschäften im Verhältnis zum Spediteur und dessen Gläubigern als von Anfang an dem Versender zustehend angesehen werden. Hiermit setzt sich die wirtschaftliche Eigenart des Speditionsvertrags als treuhänderisches Geschäft gegenüber der formalen Gestaltung der Ausführungsgeschäfte in eigenem Namen durch.

Aus der Stellung des Spediteurs als Treuhänder ergibt sich, daß er gegenüber den Partnern aus den Ausführungsgeschäften Schäden geltend machen kann, die nicht ihm, sondern seinem Versender entstanden sind (unstreitig; siehe z. B. OLG Stuttgart, VersR 1952, 147). Die Drittschadensliquidation muß hier zugelassen werden, da der Spediteur nicht Eigentümer der ihm zur Versendung übergebenen Güter ist. Schaden und Ersatzberechtigung fallen somit beim Spediteur typischerweise auseinander. Diese Argumentation gilt nicht für die dem Versender zustehenden unabhängigen Ansprüche gegen den Dritten aus unerlaubter Handlung oder anderen außervertraglichen Rechtsgründen. Für diese bedarf es einer Abtretung an der Spediteur oder zumindest einer Ermächtigung des Spediteurs zur Geltendmachung in eigenem Namen. Die ADSp enthalten hierzu nichts. Doch dürfte im allgemeinen, wenn der Versender dem Spediteur schon das Gut selbst in die Hand gibt und damit ihm auch die Vertragsansprüche gegen den Partner des Ausführungsgeschäftes anvertraut, auch der Wille zur Ermächtigung des Spediteurs zur Geltendmachtung außervertraglicher Ansprüche anzunehmen sein.

Von besonderer Bedeutung ist die Frage, inwieweit sich der Versender bei Geltendmachung seiner außervertraglichen Ansprüche die vertraglichen Haftungsbeschränkungen, die der Spediteur mit dem Dritten, z. B. einem Frachtführer, getroffen hat, entgegenhalten lassen muß. Wegen der außerordentlich unterschiedlichen Haftungsregelung in den einzelnen Sparten des Frachtrechts kann diese Frage nicht einheitlich beantwortet werden. Siehe daher die Kommentierung zu den frachtrechtlichen Gesetzen. Teilweise schließen die betreffenden Normen oder Geschäftsbedingungen die außervertragliche Haftung ganz aus oder beschränken sie auf den Umfang der Vertragshaftung. Da die Geschäftsbedingungen der Beförderer vom Spediteur praktisch nicht ausgeschlossen werden können, muß man davon ausgehen, daß der Abschluß eines Speditionsvertrages die Ermächtigung zur Verfügung auch über zukünftige außervertragliche Ersatzansprüche des Eigentümers einschließt. Damit kann sich grundsätzlich der Drittpartner gegenüber den außervertraglichen Eigentumsansprüchen des Versenders so auf das Frachtrecht berufen, wie er das könnte, wenn diese Ansprüche von Anfang an dem Spediteur zugestanden hätten. Siehe dazu Helm, Haftung für Schäden an Frachtgütern, 1966, S. 316ff., insbesondere S. 324f. Damit ist allerdings die Frage noch nicht beantwortet, wie zu verfahren ist, wenn weder Spediteur noch Versender, sondern eine dritte Person Eigentümer ist. Siehe dazu im einzelnen Helm, a. a. O.

Anm. 8 **b) Die wichtigsten Ausführungsgeschäfte**

aa) Frachtvertrag

Da der Spediteur den Frachtvertrag in eigenem Namen abzuschließen hat, ist er alleine Absender (Befrachter). Welche Normen des Frachtrechts anwendbar sind, hängt von der Art der Beförderung, ggf. auch von den vereinbarten Geschäftsbedingungen ab. Siehe zum Landfrachtrecht die Bemerkungen zu § 425 HGB sowie die Kommentierung zu den §§ 425—452 und die Anhänge I—VI nach § 452 HGB; zum Eisenbahnrecht die Kommentierung der §§ 453—460 HGB sowie die Anhänge I, II nach § 460 HGB; zum Luftfrachtrecht die Anhänge VII—IX nach § 452 HGB. Für die Binnenschiffahrt gilt das Gesetz über die privatrechtlichen Verhältnisse der Binnenschiffahrt, das jedoch weitgehend durch die Transport- und Konnossementsbedingungen der Binnenreedereien verdrängt ist. Siehe hierzu den Kommentar von Vortisch/Zschucke, 3. Auflage 1964, trotz der Neubearbeitung in großem Umfang veraltet; Laeuen, Freizeichnungen in Frachtverträgen der internationalen Rheinschiffahrt, Dissertation Frankfurt 1966. Zum Seefrachtrecht siehe die §§ 556ff. HGB; Literatur hierzu: Abraham, Das Seerecht, 3. Aufl. 1969; Schaps/Abraham, Das deutsche Seerecht, Band II, 3. Aufl. 1962, mit Ergänzungsband 1967; Schlegelberger/Liesecke, Seehandelsrecht, 2. Aufl. 1964; Prüssmann, Seehandelsrecht, 1968. Zur Übersicht über die Haftung in den verschiedenen Bereichen des Frachtrechts siehe Helm, Haftung für Schäden an Frachtgütern, 1966.

Entsprechend der Eigenart der Spediteurtätigkeit, Frachtverträge in eigenem Namen abzuschließen, bestehen die vertraglichen Rechtsbeziehungen nur zwischen dem Beförderer und dem Spediteur, nicht dagegen zwischen Beförderer und Versender. Außervertragliche Ansprüche sind jedoch zwischen Versender und Frachtführer in beider Richtung denkbar. Insbesondere kann auch der Versender gegenüber dem Frachtführer haften, z. B. wenn durch die schuldhafte Versendung gefährlicher Güter dem Frachtführer ein Schaden am Beförderungsmittel oder durch Entstehung einer Haftung gegenüber anderen Absendern entsteht. Vgl. dazu BGH vom 22. 1. 1954, BGHZ 12, 136ff. (Beschlagnahme des Kfz des Frachtführers wegen Beförderung von Waren, für die der Versender keinen Warenbegleitschein hatte).

Anm. 9 **bb) Zwischenspeditionsvertrag**

Je nach Art der Versendung kann zu ihrer Besorgung auch der Abschluß eines Speditionsvertrags mit einem weiteren Spediteur gehören. Ein Ausführungsgeschäft im Sinne des Speditionsrechts ist hierbei nur der Zwischenspeditionsvertrag, nicht dagegen der Unterspeditionsvertrag. Siehe zu diesen Speditionsgeschäften oben Anm. 5. Der Unterspeditionsvertrag dient nur der Erfüllung eigener Verpflichtungen des Spediteurs, während der Zwischenspeditionsvertrag echtes Ausführungsgeschäft ist, bei dem insbesondere nur für die Auswahl des betreffenden Zwischenspediteurs gehaftet wird (§ 407 Abs. 1 HGB).

Die Einschaltung eines Zwischenspediteurs ist vor allem bei gegliederten Transportwegen (Grenzüberschreitung, Umladung in andere Beförderungsmittel) erforderlich. Wann der Spediteur einen Zwischenspediteur heranziehen darf und wann er die betreffenden Tätigkeiten selbst ausführen muß, kann nur dem betreffenden Speditionsauftrag und der Gestaltung des einzelnen Falles entnommen werden. Im allgemeinen ist die Zuziehung von Zwischenspediteuren zulässig, wenn Spediteurtätigkeiten erforderlich werden, die vom Erstspediteur nicht selbst ausgeführt werden können, siehe dazu eingehend Schlegelberger/Schröder Anm. 11a zu § 408. In diesem Falle obliegt dem Spediteur nur die ordnungsgemäße Auswahl. Im übrigen ist im Hinblick auf § 4 Nr. 1b SVS die Frage nicht von großer praktischer Bedeutung, da die im Regelfall die Haftung des Spediteurs ersetzende Speditionsversicherung (siehe Anm. 57) des Erstspediteurs auch die Haftung des Zwischenspediteurs deckt; bei Nichteingreifen der Speditionsversicherung muß der Erstspediteur dem Erstversender die Ansprüche gegen den Zwischenspediteur abtreten. Siehe hierzu Anm. 56.

Der Zwischenspediteur ist mit dem Erstspediteur durch einen Speditionsvertrag verbunden, in dem der Erstspediteur Versender ist. Zwischen dem Erstversender und dem Zwischenspediteur bestehen keine vertraglichen Beziehungen. Siehe z. B. RGZ

105, 302ff.; 109, 288 (292). Das Weisungsrecht des Erstversenders gegenüber dem Erstspediteur kann sich auf den Zwischenspediteur auswirken, siehe Anm. 36. Der Zwischenspediteur ist vielfach zugleich Empfangsspediteur, siehe dazu Anm. 4.

cc) Versicherungsverträge **Anm. 10**

Zur ordnungsgemäßen Versendung des Guts kann auch seine Versicherung in der Transport-, Lager- oder Feuerversicherung gehören. Siehe unten Anm. 50. Die Transport- oder Lagerversicherung ist von der Speditionsversicherung streng zu unterscheiden: Bei der Transport- und Lagerversicherung ist die Transport- oder Lagergefahr Gegenstand des Versicherungsvertrages. Sie ist Sachversicherung. Bei der Speditionsversicherung ist, von einzelnen Ausnahmen und der Rollfuhrversicherung abgesehen, nicht das Transportrisiko, sondern das Risiko der Spediteurhaftung versichert. Sie ist daher eine Versicherung besonderer Art, die der Haftpflichtversicherung näher steht als der Transportversicherung. Siehe dazu im einzelnen die Anm. zu §§ 39, 40 ADSp, Anhang I nach § 415 HGB. Zum Abschluß einer Transport- oder Lagerversicherung ist der Spediteur gemäß §§ 407 Abs. 2, 390 Abs. 2 HGB nur bei besonderer Anweisung verpflichtet. § 35a ADSp schreibt sogar einen schriftlichen Auftrag des Versenders vor. Regelmäßig schließt der Spediteur den Transportversicherungsvertrag in eigenem Namen für Rechnung des Versenders ab. Siehe ferner unten Anm. 50, 73 und §§ 35—38 ADSp.

c) Selbsteintritt **Anm. 11**

Nach § 412 HGB kann der Spediteur die Frachtbeförderung im Wege des Selbsteintritts selbst übernehmen. Dann entfällt der Abschluß des Ausführungsgeschäfts (Frachtvertrag) mit einem Dritten. Dafür erlangt der Spediteur gegenüber dem Versender die Stellung eines Frachtführers neben der des Spediteurs. Im einzelnen siehe § 412 HGB und § 52c ADSp. Das Selbsteintrittsrecht gilt nicht für Versicherungsverträge.

2. Rechtsstellung des Empfängers **Anm. 12**

Der Empfänger, an den die Sendung adressiert ist, steht zum Versender, Spediteur und Frachtführer oder Zwischenspediteur in keinem fracht- oder speditionsrechtlichen Vertragsverhältnis. Er hat nur die Rechtsstellung eines begünstigten Dritten aus dem Frachtvertrag zwischen Spediteur (bzw. Zwischenspediteur) und Frachtführer. Vielfach wird er mit dem Versender durch besondere Rechtsbeziehungen verbunden sein, so z. B. als Käufer der vom Versender verkauften Waren. Dieser kann ihm die Rechte aus dem Speditionsvertrag abtreten, auch ihm gegenüber zur Abtretung verpflichtet sein. Ansprüche gegen den Spediteur stehen dem Empfänger aus eigenem Recht nicht zu, wenn nicht ausnahmsweise die Voraussetzungen einer unerlaubten Handlung vorliegen. Siehe OLG München, VRS 16, 323ff. Zur Problematik der Haftung aus unerlaubter Handlung siehe Helm, Haftung für Schäden an Frachtgütern, 1966, insbesondere S. 316ff.

Nach § 34a ADSp soll der Empfänger durch die Empfangnahme des Gutes zur sofortigen Zahlung der auf dem Gut ruhenden Kosten einschließlich Nachnahmen verpflichtet werden. Wie der BGH vom 29. 6. 1959, VersR 1959, 659 (660f.) richtig feststellt, kann sich eine solche Verpflichtung allenfalls dann ergeben, wenn der Empfänger midem Spediteur zuvor in einem die Anwendbarkeit der ADSp begründenden Vertragst verhältnis stand. Die bloße Empfangnahme ist keine Willenserklärung und begründet daher weder eine Verpflichtung des Empfängers zu irgendwelchen Leistungen noch die Geltung des § 34a ADSp. Die Klausel ist somit zumeist wirkungslos. Siehe im einzelnen die Anm. zu § 34 ADSp, Anhang I nach § 415 HGB.

B. Rechtsgrundlagen des Speditionsvertrags

I. Überblick

Anm. 13

1. Die gesetzliche Regelung

§ 407—415 HGB enthalten keine umfassende Regelung des Speditionsrechts, sondern begnügen sich damit, Einzelheiten zu ordnen.

§ 407 Abs. 2 HGB verweist im übrigen weiter auf das **Kommissionsrecht.** Diese Verweisung betrifft zum Teil sehr wesentliche Punkte wie z. B. den Schadensersatz für beschädigtes und zerstörtes Speditionsgut (§ 390), die Rechtsverhältnisse zwischen Spediteur, Versender und Frachtführer (§ 392). Siehe zu dieser Verweisung Anm. 16 zu § 407 HGB.

Ergänzend gelten, da der Speditionsvertrag ein Geschäftsbesorgungsvertrag ist, die **§§ 675, 662ff. BGB**. Siehe oben Anm. 3.

Da der Spediteur Kaufmann ist, gelten für den Speditionsvertrag ferner die **allgemeinen Regeln über Handelsgeschäfte in §§ 343ff. HGB,** insbesondere das Prinzip der Entgeltlichkeit (§ 354 HGB); die verschärfte Bestimmung für das Schweigen auf einen Antrag (§ 362 Abs. 1 HGB) und die Behandlung der Güter bei Nichtzustandekommen des Speditionsvertrags (§ 362 Abs. 2 HGB); über den erweiterten Schutz des guten Glaubens (§ 366 HGB); über das kaufmännische Zurückbehaltungsrecht und den Selbsthilfeverkauf (§§ 369—371 HGB). Im Verkehr mit Kaufleuten sind nach § 346 HGB die Handelsbräuche maßgeblich; für Zinsansprüche und -schulden gegenüber Kaufleuten gelten §§ 352, 353 HGB.

Anm. 14 **2. Die Allgemeinen Deutschen Spediteurbedingungen (ADSp) und die Speditions- und Rollfuhrversicherung**

a) In der Praxis legen die Spediteure allen Verträgen die ADSp zugrunde; siehe über die Geltung der ADSp und insbesondere darüber, ob sie Handelsbräuche sind, Anh. I nach § 415, Vorbemerkung 3—6 vor § 1 ADSp.

Die ADSp regeln zahlreiche Einzelheiten des Speditionsvertrags vom Gesetz abweichend und genauer als dieses, zumeist für den Spediteur günstiger. Ihre entscheidende Bedeutung liegt in der Beschränkung der Haftung des Spediteurs.

b) Die Haftung des Spediteurs wird durch ein kompliziertes **Zusammenspiel zwischen Haftung und Versicherung** ersetzt, siehe hierzu Sieg, ZHR 113 (1950), 95ff. § 41 ADSp schließt jede Haftung des Spediteurs aus, wenn er die Speditionsversicherung gedeckt hat. Da dies durch eine versicherungsrechtliche Automatik (siehe dazu §§ 39 ADSp, 6 SVS, Ziff. 1, 18, 19 Sped.-Police) im Normalfall gegeben ist, kommt eine Haftung des Spediteurs nur noch in Sonderfällen in Betracht, vor alle , wenn der Versender die Speditionsversicherung verbietet. Für diese Fälle beschränken die ADSp die Haftung des Spediteurs sehr drastisch.

Im Regelfall tritt danach die Haftung des Speditionsversicherers an die Stelle der (pediteurhaftung. Für sie sind die Bedingungen des SVS/RVS oder der Sped. Police abgedruckt und erläutert in Anh. II und III nach § 415) maßgeblich. Die nach diesen Versicherungsverträgen dem Versender geschuldete Versicherungsleistung richtet sich jedoch nicht nach der Haftungsregelung der ADSp sondern (im Rahmen besonderer Grenzen) nach dem gesetzlichen Speditionsrecht: § 3 SVS bzw. Ziff. 2 Sped.-Police; siehe die Erläuterung zu diesen Bestimmungen. Damit sind die gesetzlichen Haftungsvorschriften des Speditionsrechts praktisch, wenn auch nur in indirekter Weise, für den Versender wieder von entscheidender Bedeutung da sich der Ersatz, den er erhält, im Regelfall nach ihnen richtet.

Anm. 15 **3. Rangfolge der Bestimmungen**

a) Für den Speditionsvertrag mit Ausnahme der Haftung des Spediteurs ergibt sich folgende Rangfolge der Bestimmungen, wobei die jeweils zuerst genannten Bestimmungen den später aufgeführten allgemeineren bzw. subsidiären Bestimmungen vorgehen.

(1) Einzelvereinbarungen im speziellen Speditionsvertrag;

(2) ADSp — wenn diese, wie meistens, vereinbart sind;

(3) §§ 407—415 HGB, soweit keine Einzelvereinbarungen vorliegen und soweit die ADSp entweder nicht gelten, nichts spezielles bestimmen oder einzelne ihrer Klauseln unwirksam sind;

(4) Gemäß § 407 Abs. 2 HGB ergänzend das Kommissionsrecht;

(5) das allgemeine Recht der Handelsgeschäfte (§§ 343ff. HGB), und zwar grundsätzlich auch, wenn der Versender nicht Kaufmann ist (§ 345 HGB).

(6) nach § 675 BGB das Auftragsrecht des BGB (§ 662—674);

(7) evtl. Dienst- oder Werkvertragsrecht (§§ 611ff., 631ff. BGB; praktisch bedeutungslos).

b) Für Schadensersatzansprüche des Versenders aus dem Speditionsgeschäft

aa) Wenn die **ADSp nicht vereinbart** sind, oder **wenn der Versender** gemäß § 39 ADSp **die Speditionsversicherung untersagt hat,** oder wenn aus sonstigen Gründen die Speditionsversicherung ausnahmsweise nicht eingreift, z. B. nach § 5 Ziff. 6 SVS (BGH v. 6. 3. 1956, BGHZ 20, 164), verbleibt es bei der zu a) festgestellten Rangfolge.

bb) Wenn die Speditionsversicherung gemäß § 39 ADSp gedeckt ist

In diesem Falle tritt die Haftung des Speditionsversicherers an die Stelle der Spediteurhaftung. Die Ersatzpflicht des Speditionsversicherers richtet sich

(1) nach den Versicherungsbedingungen (SVS/RVS oder Sped.-Police)

(2) in diesem Rahmen nach dem oben unter a) Ziff. (3)—(4) angegebenen Bestimmungen, vor allem nach §§ 407—415 HGB; Kommissionsrecht, insbesondere § 390 HGB. Die Haftungsgrenzen der ADSp gelten somit in den weitaus meisten Fällen der Praxis nicht.

II. Die Verweisung auf das Kommissionsrecht (§ 407 Abs. 2) **Anm. 16**

§ 407 Abs. 2 erklärt auf den Speditionsvertrag die Bestimmungen des Kommissionsrechts für anwendbar, soweit die Regelung der §§ 407—415 HGB keine Vorschriften enthält. Die Kommissionsregeln gelten also nur subsidiär.

1. § 383 HGB (Definition des Kommissionsvertrags) gilt im Speditionsrecht nicht, da § 407 Abs. 1 spezielle Definitionen des Spediteurs und des Speditionsvertrags enthält.

2. § 384 HGB (Sorgfalts- und Mitteilungspflichten des Kommissionärs) ist insgesamt nicht anwendbar. Die in § 384 Abs. 1 getroffene Umschreibung der Pflichten des Kommissionärs kann neben der spezielleren Regelung des § 408 Abs. 1 für das Speditionsrecht nicht gelten; unstr. Schlegelberger/Schröder, Anm. 17 zu § 407 HGB, RGZ 112, 149 (151); OLG Stuttgart, VRS 4, 297.

Die Absätze 2, 1. Halbsatz und 3 des § 384 haben einen spezifisch kommissionsrechtlichen Charakter; sie beruhen darauf, daß der Kommissionär mit dem sehr viel schwerer wiegenden entgeltlichen Erwerb und der Veräußerung von Gütern betraut ist und passen daher nicht auf den insoweit anders gearteten Speditionsvertrag; RGZ 112, 149 (151). Abs. 2, Halbsatz 2 wiederholt nur hinsichtlich der Rechenschafts- und Herausgabepflicht die Regelung der §§ 666, 667 BGB, kann daher unbedenklich auf den Speditionsvertrag angewandt werden. Daneben gilt aber § 667 BGB. Siehe dazu OLG Stuttgart, VRS 4, 297 und unten Anm. 55.

3. § 385 HGB (Folgen der Nichtbefolgung von Weisungen des Kommittenten) gilt voll für den Speditionsvertrag, siehe unten Anm. 36f.

4. § 386 HGB (Preisgrenzen beim Ausführungsgeschäft) gilt, soweit übertragbar, auch für den Speditionsvertrag. Siehe unten Anm. 36f.

5. § 387 HGB (vorteilhafterer Abschluß). Diese Vorschrift kennzeichnet den treuhänderischen Charakter des Kommissionsvertrags, den auch das Speditionsgeschäft hat. § 408 Abs. 2 stellt für den Speditionsvertrag nur fest, daß der Spediteur evtl. erzielte Frachtersparnisse an den Versender weitergeben muß. Aus § 387 läßt sich die Weitergabe auch anderer Vorteile, die der Spediteur erzielt, an den Versender begründen. Siehe unten Anm. 56.

6. §§ 388—390 HGB gelten im Speditionsrecht kraft ausdrücklicher Anordnung nach § 407 Abs. 2. Siehe zu § 388 unten Anm. 54, zu § 390 Anm. 58ff.

7. § 391 HGB (Untersuchungspflicht des Kommittenten bei Einkaufskommission) gilt nach allgemeiner Auffassung für den Speditionsvertrag nicht. Gleichwohl wird eine Rügepflicht des Versenders, der zugleich Empfänger ist, nach Maßgabe von § 242 BGB anerkannt (Vorauflage dieses Kommentars § 415 Anh. 1 Anm. 6; Schlegelberger/Schröder Anm. 25 zu § 407; Baumbach/Duden Anm. 2 zu § 407). Die ADSp führen in § 60 eine allgemeine Rüge- und Untersuchungspflicht ein. Siehe dazu unten Anm. 87 sowie §§ 51, 60 ADSp.

8. § 392 HGB (Forderungen aus dem Ausführungsgeschäft) gilt unstreitig auch für den Speditionsvertrag.

9. § 393 Abs. 1 HGB (Vorschuß- oder Kreditgewährung durch den Kommissionär) gilt auch im Speditionsgeschäft. Unbefugte Vorschuß- oder Kreditgewährung geht daher auf Gefahr des Spediteurs. § 393 Abs. 2 und 3 passen nicht auf den Speditionsvertrag.

10. § 394 HGB (Delkredere) gilt an sich. Doch kommt es wohl praktisch kaum vor, daß ein Spediteur für die Erfüllung der von ihm abgeschlossenen Frachtverträge einzustehen verspricht. Für den einzig wichtigen Fall, die Haftung des Frachtführers, ist dies durch § 52 ADSp geklärt.

11. § 395 HGB (Wechselankauf) paßt nicht auf das Speditionsgeschäft.

12. § 396 Abs. 1 HGB (Provisionsanspruch des Kommissionärs) gilt für den Speditionsvertrag nicht, da § 409 hierzu eine andere Regelung trifft. Siehe unten Anm. 95—97 und §§ 21, 23 ADSp; Schlegelberger/Schröder, Anm. 9 zu § 409 HGB.

§ 396 Abs. 2 HGB ist grundsätzlich anwendbar. Der Spediteur kann daher für die Benutzung seiner Lagerräume und Beförderungsmittel ein Entgelt fordern, soweit nicht diese Benutzung notwendig zur Ausführung des Speditionsauftrags gehört und daher durch die allgemeine Provision abgegolten ist; siehe im einzelnen unten Anm. 99.

13. § 397 HGB (Pfandrecht des Kommissionärs) ist im Speditionsrecht durch § 410 ersetzt.

14. § 398 HGB (Befriedigungsrecht am eigenen Gut des Kommissionärs) gilt auch im Speditionsrecht; allerdings wird kaum ein Anwendungsfall vorkommen.

15. §§ 400—405 HGB (Selbsteintritt des Kommissionärs) sind durch die Regelungen des § 412 HGB verdrängt. Siehe die Kommentierung zu § 412.

16. § 405 HGB (kommissionsähnliche Geschäfte) ist durch §§ 407 Abs. 1, 415 verdrängt.

Anm. 17

III. Internationales Privatrecht

Literatur

Reithmann, Internationales Vertragsrecht, 2. Aufl. 1972, Rdnr. 1—90 (bearb. von Martiny, betr. das Schuldstatut im allgemeinen); Rdnr. 304—306 (bearb. von Röper, betr. das Statut des Speditionsvertrags). Soergel/Kegel, Kommentar zum EGBGB, 10. Aufl. 1970, Anm. 220 ff. zu § 7 EGBGB; Krieg, Die ADSp in Verträgen mit Deutschen und Ausländern, Diss. Frankfurt 1965.

Welches nationale Recht deutsche Gerichte auf den internationalen Speditionsvertrag anzuwenden haben, richtet sich nach den Regeln des deutschen internationalen Schuldrechts. Grundsätzlich gilt hierbei für den Speditionsvertrag nichts anderes als für andere Schuldverträge. Nach deutscher Rechtsprechung gilt primär das ausdrücklich oder stillschweigend vereinbarte Recht (Privatautonomie, Verweisung), bei Fehlen einer solchen Vereinbarung das Recht des überwiegenden Sachzusammenhangs (früher als hypothetischer Parteiwille bezeichnet); falls auch ein solcher überwiegender Sachzusammenhang nicht ermittelt werden kann, das Recht des Erfüllungsorts der einzelnen Leistungen (siehe Soergel/Kegel, Anm. 264 ff. vor Art. 7; siehe ferner die eine internationale Güterbeförderung betreffende Entscheidung des BGH v. 30. 4. 1959, VersR 1959, 502). In der Literatur wird vielfach bei Fehlen einer Parteivereinbarung der Ort der gewerblichen Niederlassung des Schuldners der vertragstypischen Leistung als alleiniger Anknüpfungspunkt befürwortet. Siehe unten im einzelnen.

Vertragliche Bestimmung des Statuts durch die Parteien liegt vor, wenn ein deutscher Spediteur mit einem ausländischen Versender die ADSp vereinbart, da § 65 Abs. 2 ADSp das deutsche Recht für anwendbar erklärt (kollisionsrechtliche Verweisung). Eine Geltung der ADSp gegenüber Ausländern kann aber nur angenommen werden, wenn sich zweifelsfrei der Wille des Ausländers zur Unterwerfung unter die ADSp ermitteln läßt. Dies wird meist nur dann der Fall sein, wenn die Vereinbarung ausdrücklich war bzw. wenn wenigstens in früheren Geschäften einer laufenden Geschäftsbeziehung eine ausdrückliche Vereinbarung oder eine Abwicklung von Schadensfällen auf der Grundlage der ADSp stattgefunden hat. Nur in solchen Ausnahmefällen kann eine echte stillschweigende Vereinbarung anerkannt werden. Auch die grundsätzliche Anwendbarkeit deutscher Handelsbräuche auf Ausländer kann hier nicht weiterführen. Selbst wenn man der in diesem Kommentar abgelehnten Auffassung ist, die ADSp seien Handelsbrauch (siehe Anm. 3f., 6 vor § 1 ADSp, Anhang I nach § 415 HGB), so führt dies für den internationalen Bereich nicht weiter. Denn deutsche Handelsbräuche gelten nur, wenn deutsches Schuldrecht anzuwenden ist. Da sich die Anwendbarkeit des deutschen Schuldrechts aber erst aus § 65 ADSp ergibt, müßte sich in solchen Fällen zunächst die Anwendbarkeit deutschen Rechtes aus einem anderen Grund als der Parteivereinbarung ergeben. Für den Spediteur ist es daher sehr empfehlenswert, sich von ausländischen Versendern die Geltung der ADSp schriftlich bestätigen zu lassen.

Das **Recht des überwiegenden Sachzusammenhangs** (siehe dazu die Angaben zur Rechtsprechung bei Soergel/Kegel Anm. 242 vor Art. 7 EGBGB, Fn. 53; neuerdings BGH vom 22. 9. 1971, WM 1971, 1332ff. = Betrieb 1971, 2255f. (Vertriebsvertrag)) führt beim Speditionsgeschäft deutscher Spediteure regelmäßig zur Anwendung deutschen Rechts. In diesen Fällen sprechen die meisten Anknüpfungspunkte für das deutsche Recht: Geschäftssitz des Spediteurs, Erfüllungsort der vertragstypischen Hauptpflicht „Besorgung der Versendung", Abschlußort, bei Vertragsschluß benutzte Sprache; siehe zu den ADSp OLG Freiburg, JZ 1951, 223 (224).

Das **Recht des Erfüllungsorts** kommt nach deutscher Rechtsprechung erst zur Anwendung, wenn es — was kaum vorkommen wird — an einem eindeutigen Überwiegen von Anknüpfungsmerkmalen fehlt. In diesem Falle wird kein einheitliches Schuldstatut für den gesamten Speditionsvertrag maßgeblich, sondern es gilt für jede einzelne Pflicht das Recht des jeweiligen Erfüllungsortes. Auch dies wird in den meisten Punkten deutsches Recht sein, wenn der Vertrag in Deutschland über hier zu versendende Güter abgeschlossen wird.

Der **Ort der gewerblichen Niederlassung** wird in der Literatur zum internationalen Schuldrecht in den letzten Jahren in zunehmendem Maße anstelle des überwiegenden Sachzusammenhangs befürwortet, wenn keine ausdrückliche Rechtswahl vorliegt. Siehe dazu Schnitzer, RabelsZ 38 (1969), S. 17ff.; Soergel/Kegel Anm. 249 vor Art. 7 mit Fn. 9; Reithmann/Röper, Rdnr. 304 zum Speditionsvertrag. In der Rechtsprechung des BGH hat sich diese Auffassung bisher nicht durchgesetzt; siehe BGH vom 22. 9. 1971, WM 1971, 1332 (1334).

Für den Speditionsvertrag würden sich hierdurch kaum unterschiedliche Ergebnisse zeigen, da ohnehin die meisten Anknüpfungspunkte auf den Ort der gewerblichen Niederlassung des Spediteurs hinweisen. Der in der Anknüpfung an den Ort der gewerblichen Niederlassung sich anbahnende Verzicht auf die Prüfung aller Anknüpfungspunkte hat sicherlich den Vorzug der Einfachheit und Rechtssicherheit. Gerade für den Speditionsvertrag eignet er sich sehr gut; ganz regelmäßig werden Spediteure mit Aufgaben betraut, die sie in ihrem Heimatland auszuführen haben, da gerade ihre speziellen Kenntnisse bei ihrer Betrauung ausschlaggebend sind. Für Verrichtungen im Ausland wird der Spediteur in aller Regel einen Zwischenspediteur einschalten, dessen Rechtsbeziehungen zum Hauptspediteur sich dann nach dem Recht der Niederlassung des Zwischenspediteur richten. Im allgemeinen wird der Auftraggeber eines Spediteurs auch kaum damit rechnen, anderes als das Recht der Niederlassung des Spediteurs angewendet zu sehen.

Die **Geltung der ADSp gegenüber Ausländern** folgt keineswegs automatisch aus der Anwendbarkeit des deutschen Rechts. Vielmehr verbleibt es grundsätzlich beim gesetzlichen Speditionsrecht, soweit die ADSp nicht vereinbart sind. Der großzügigen Rechtsprechung des BGH zu den AGB der deutschen Banken (Urt. v. 18. 6. 1971, NJW 1971, 2126ff. mit ablehnender Anmerkung von Schmidt-Salzer; ähnlich zu den ADSp die Urteile des LG Hamburg, Transport-Dienst 1964, 1324 und MDR 1968, 764) ist insoweit nicht zuzustimmen. Das Urteil des LG München vom 14. 8. 1952, VRS 5, 346 (347), das die Anwendung der ADSp gegenüber Ausländern ohne Vereinbarung bejahte, beruhte auf der heute durch die neuere Rechtsprechung allgemein abgelehnten Qualifikation der ADSp als Rechtsnormen und ist daher nicht mehr diskutabel; siehe hierzu Anm. 2 vor § 1 ADSp, Anhang I nach § 415 HGB. Zustreffend OLG Saarbrücken, NJW 1953, 1832; Schlegelberger/Schröder Anm. 11e zu § 407 HGB. Ein genereller Handelsbrauch, nach dem die ADSp auch gegenüber Ausländern ohne besondere Vereinbarungen zu gelten hätten, kann nicht bejaht werden, zutreffend Reithmann/Röper

Rdnr. 307; a. A. Krien/Hay Anm. 6 zu § 2 ADSp. Krieg, Die ADSp in Verträgen mit Deutschen und Ausländern, Diss. Frankfurt 1965, will die Geltung als Handelsbrauch sehr genau nach Gruppen von Beteiligten differenzieren. Ihm kann grundsätzlich zugestimmt werden, soweit der Nachweis der Gruppenüblichkeit gelingt, wie z. B. im Verkehr zwischen deutschen Spediteuren und ausländischen Spediteuren, deren deutsche Tochtergesellschaften selbst die ADSp anwenden. Im übrigen muß jedoch darauf hingewiesen werden, daß die Ermittlung der Geltung der ADSp als Handelsbrauch großen Zweifeln unterliegen muß. Siehe dazu Anm. 3ff. vor § 1 ADSp, Anhang I nach § 415. Eine stillschweigende Vereinbarung der ADSp mit einem holländischen Auftraggeber nimmt das LG Frankfurt, VRS 10, 343f. an; ähnlich LG Hamburg bei einem Vertrag zwischen einem deutschen und einem dänischen Spediteur: Deutsche Verkehrszeitung 1968, Nr. 84; OLG Hamburg AWD 1971, 188 (israel. Firma und deutsch. Spediteur).

Anm. 18

IV. Ausländisches Recht

Eine vergleichende Darstellung der einzelnen ausländischen Speditionsrechte kann im Rahmen dieses Kommentars nicht gegeben werden. Auch die folgenden Literaturhinweise erheben keinen Anspruch auf Vollständigkeit, sondern sollen nur die Einarbeitung in eventuell anwendbares ausländisches Recht erleichtern:

1. Literatur, die mehrere Länder betrifft

Grünberg, Siegmund, Das europäische Speditionsrecht, 1929 (großen Teils veraltet); Häwert, Peter, Die Ansprüche des Auftraggebers oder eines Dritten gegen den Spediteur aus Speditions-, Frachtvertrag und aus unerlaubter Handlung nach deutschem, schweizerischem und englischem Speditionsrecht, Diss. Berlin 1960.

2. Literatur zu einzelnen Ländern

Belgien

Grünberg, S. 66; Fredericq/Fredericq, Handboek van Belgisch Handelsrecht II, Brüssel 1963, S. 310 Nr. 1386.

DDR

ADSp, Nachdruck der Ausgabe von 1958, VEB Deutrans, Berlin-Ost 1966. Kloetz, Werner, Aufgaben und rechtliche Gestaltung der Tätigkeit der sozialistischen internationalen Spedition der DDR unter Berücksichtigung des internationalen Verkehrs mit westeuropäischen kapitalistischen Ländern, Diss. Halle 1969.

Frankreich

Grünberg, S. 42; Rodière, Manuel des Transports terrestres et aeriens, Paris 1969, Nr. 264ff.; derselbe, Droit des Transports, Bd. III, Paris 1960, Nr. 1315ff.

Großbritannien

Grünberg, S. 79; Häwert, S. 107ff.

Österreich

In Österreich gilt das deutsche Handelsrecht. Die österreichischen Spediteure legen die AÖSp zugrunde, die weitgehend den deutschen ADSp entsprechen. Textausgabe Stand 1970, hrsg. von der Bundeskammer der gewerblichen Wirtschaft, Sektion Verkehr, Fachverband der Spediteure, Wien. Siehe zur Übersicht Hämmerle, Handelsrecht, Bd. 3, 2. Aufl. Graz-Wien-Köln 1969, S. 123f. Siehe zu den AÖSp OGH vom 3. 2. 1965, VersR 1966, 200 und vom 13. 5. 1969, VersR 1971, 679f.

Schweiz

Grünberg, S. 96ff.; Häwert, S. 80ff.; Kommentare zu § 439 Obligationenrecht; Brunner, Erläuterungen zu den allgemeinen Bedingungen des Schweizerischen Spediteurverbandes, Basel 1972.

Spanien
Sánchez Gamborino, Doctrina jurisprudencial sobre el contrato de trasporte terrestre, Madrid 1955, S. 257ff.

Ungarn
Benkö, Die neuen allgemeinen internationalen Speditionsbedingungen im ungarischen Speditionsgeschäft, Verkehr (Wien) 1966, S. 130ff. und 164ff.; teilweiser Abdruck in deutscher Fassung in Transport-Dienst 1965, 158.

V. Rechtsvereinheitlichung

Anm. 19

Im Gegensatz zu den meisten Bereichen des Frachtrechts existiert zum Speditionsrecht bisher kein internationales rechtsvereinheitlichendes Abkommen. Das Internationale Institut für die Vereinheitlichung des Privatrechts in Rom (Unidroit) hat zwar 1967 einen Entwurf eines internationalen Übereinkommens über den internationalen Speditionsvertrag (Projet de Convention relative au contrat de commission en matière de transport international de marchandises, Editions „Unidroit" Rom, 1967) vorgelegt. Dieser wurde auch den Regierungen zugeleitet und von der Bundesregierung mit Einschränkungen als geeigneter Ausgangspunkt für eine internationale Staatenkonferenz über internationales Speditionsrecht akzeptiert. Zur Einberufung dieser Konferenz ist es jedoch mangels Interesse einer ausreichenden Zahl anderer Staaten nicht gekommen.

Der Entwurf hat sich die Schaffung eines zwingenden internationalen Speditionsrechts zum Ziel gesetzt, das insbesondere eine zwingende Haftung und die Möglichkeit eines internationalen Speditionsscheines (Spediteur-Konnossement) einführen sollte. Vor allem diese beiden Punkte fanden offenbar in Speditions- bzw. Schiffahrtskreisen erheblichen Widerspruch. Im gegenwärtigen Zeitpunkt kann daher mit einer internationalen Vereinheitlichung des Speditionsrechts kaum gerechnet werden.

Siehe zu diesem Abkommen im Zusammenhang mit dem Containerverkehr Capelle, Festschrift für Felgentraeger, 1969, S. 216 (269f.). Zur internationalen Entwicklung der Spediteurdokumente siehe Schmidt-Loßberg, in: Deutscher Spediteurtag 1970, Sonderausgabe der DVZ 1970, 135.

C. Die Merkmale des Speditionsvertrags nach § 407 Abs. 1 HGB

Anm. 20

I. Versendung

Der Begriff „Versendung" bezeichnet nicht das Befördern, sondern — ganz wie in § 447 BGB — nur das Absenden und die dazu gehörenden Tätigkeiten. Irreführend ist daher die übliche Definition, nach der „Versendung" die Verlagerung von einem Ort an einen anderen Ort sein soll (z. B. Schlegelberger/Schröder Anm. 5 zu § 407; Baumbach/Duden Anm. 1 B zu § 407). Mit dieser Formulierung wäre die Beförderung, nicht aber die Versendung richtig definiert (siehe die Anm. zu § 425; Schlegelberger/Gessler Anm. 3 zu § 425). Das Gesetz macht aber mit Recht einen Unterschied zwischen „Versendung" und „Beförderung". Konsequenterweise wird daher nach § 409 HGB der Provisionsanspruch des Spediteurs schon mit der Übergabe an den Frachtführer oder Verfrachter, nicht erst mit der Ausführung des Frachtvertrags fällig, siehe unten Anm. 97. „Besorgung der Versendung" ist daher die Besorgung des Geschäfts der Absendung von Gütern für einen anderen. Zur Abgrenzung vom Versendungskauf siehe oben Anm. 4, unten Anm. 26.

Echte Spediteurtätigkeit ist somit die des Zwischenspediteurs, des Unterspediteurs im Verhältnis zum Hauptspediteur, die des Luftfrachtspediteurs, des Seehafenspediteurs. Der Abfertigungsspediteur im Güterfernverkehr ist ebenfalls echter Spediteur; siehe hierzu oben Anm. 5.

Somit fallen alle Unternehmer, die nicht die Versendung, sondern die Beförderungs- oder andere Tätigkeiten selbst vornehmen, nicht unter den Spediteurbegriff. Ebenso ist der Verkäufer beim Versendungskauf kein Spediteur; siehe dazu oben Anm. 4.

Die Besorgung der Versendung umfaßt außer dem Abschluß von Frachtverträgen zahlreiche **Nebentätigkeiten.** Siehe dazu unten Anm. 45ff.

Beim **Selbsteintritt** (§ 412 HGB) hat der Spediteur zugleich Rechte und Pflichten eines Frachtführers. Doch ändert die Selbstausführung der Beförderung nichts an seiner grundsätzlichen Stellung als Spediteur. Siehe dazu genauer Anm. zu § 412 HGB.

Anm. 21

II. Versendung von „Gütern"

Der Begriff „Güter" oder „Gut" ist nirgends definiert. Er hat die gleiche Bedeutung wie im Frachtrecht (§ 425 HGB): Güter sind alle Sachen, die befördert werden können. Sie müssen nicht „Waren" im Sinne des § 1 Abs. 2 Ziff. 1 HGB, also nicht Gegenstände des Handelsverkehrs sein (Senckpiehl, S. 15; Schlegelberger/Schröder Anm. 5d zu § 407 HGB). Siehe im einzelnen die Anm. zu § 425. Keine Speditionsverträge sind also Verträge, welche die Besorgung der Beförderung von Personen, Nachrichten oder anderem zum Inhalt haben. Daher sind Reisebüros, Annoncenspeditionen und gewerbliche Nachrichtenübermittler keine Spediteure.

Anm. 22

III. Durch Frachtführer oder Verfrachter

1. Der Begriff des „Frachtführers" ist in § 425 HGB festgelegt; siehe dort die Übersicht über das auf den Frachtvertrag anzuwendende Recht. Darunter fallen die gewerblichen Güterbeförderer, die Güter zu Lande oder auf Binnengewässern befördern. Unter diesen Begriff kann auch die Eisenbahn gebracht werden, wenn auch das Landfrachtrecht des HGB für sie nicht gilt (siehe die Anm. zu § 453 HGB). Wer Güter durch Luftfahrzeuge befördert, heißt nach §§ 44ff. LuftVG und nach dem Warschauer Abkommen (siehe dazu Anhang VII, VIII nach § 452 HGB) „Luftfrachtführer" und fällt an sich nicht unter den Begriff des Frachtführers in § 425 HGB. Gleichwohl ist Spediteur auch derjenige, der nur die Versendung von Gütern durch Luftfrachtführer besorgt (Luftfrachtspediteur). Der Begriff „Frachtführer" in § 407 muß unter Anpassung an die technische Entwicklung seit Schaffung des HGB erweiternd über den in § 425 HGB gesteckten Rahmen hinaus ausgelegt werden (ebenso Schlegelberger/Schröder Anm. 6 zu § 407).

2. **Verfrachter von Seeschiffen** ist nach Seefrachtrecht (§§ 556ff. HGB) der Beförderer von Gütern zur See. Er entspricht damit dem Landfrachtführer, dem Frachtführer in der Binnenschiffahrt und dem Luftfrachtführer.

Anm. 23

IV. Besorgung der Versendung „in eigenem Namen"

Hiermit drückt das Gesetz aus, daß der Spediteur als selbständiger Partner (Absender, im Seerecht Befrachter) unter seinem Namen den Frachtvertrag mit dem Beförderer abschließen muß. Wer in direkter Stellvertretung Frachtverträge für andere abschließt, kann als **Handelsvertreter** nach § 84 Abs. 1 HGB, evtl. als **Handelsmakler** nach § 93 HGB oder als Beauftragter handeln, nicht aber als Spediteur. Siehe hierzu Vorbemerkung 3 vor § 84 und Anm. 3 zu § 84; Anm. 6 zu § 93.

Konsequenterweise gestattet § 15 ADSp dem Spediteur einen etwa schon vom Versender ausgestellten Frachtbrief durch einen neuen zu ersetzen, in dem der Spediteur als Absender erscheint, wobei der Name des Versenders im neuen Frachtbrief zu nennen ist. Hierdurch wird auch geklärt, daß die Angabe des Namens des Auftraggebers die Tätigkeit des Spediteurs nicht zum Handeln in fremdem Namen (als Bevollmächtigter) macht.

Da der Spediteur den Frachtvertrag in eigenem Namen abschließt, ist er gegenüber dem Frachtführer auch Schuldner der Fracht und der sonstigen Kosten der Beförderung.

Anm. 24

V. Für Rechnung eines anderen (des Versenders)

Der „andere", für dessen Rechnung die Versendung besorgt wird, ist der Versender, d. h. der Vertragspartner des Spediteurs aus dem Speditionsvertrag; siehe Anm. 2. Da er für dessen Rechnung tätig wird, kann der Spediteur von diesem Erstattung der seinerseits dem Frachtführer geschuldeten Beförderungskosten verlangen (siehe unten Anm. 105ff.).

Der Empfänger kann zwar unter besonderen Umständen (z. B. durch Nachnahme) zur Zahlung der Speditionskosten an den Spediteur oder Frachtführer verpflichtet sein (siehe §§ 426 Abs. 1 Ziff. 8, 436 HGB und § 34 ADSp). Gleichwohl bleibt der Versender dem Spediteur primär zur Tragung der Kosten verpflichtet.

Wer dem Spediteur den Speditionsauftrag erteilt, kann seinerseits für fremde Rechnung handeln. Tritt die beauftragende Person als unmittelbarer Stellvertreter eines Dritten nach §§ 164ff. BGB auf, so handelt der Spediteur für Rechnung des Vertretenen. Ist die beauftragende Person nur verdeckter Stellvertreter, handelt also ihrerseits in eigenem Namen für fremde Rechnung (z. B. als Kommissionär oder ebenfalls als Spediteur), so ist sie selbst Versender, für ihre Rechnung handelt der Spediteur. Dieser seinerseits für fremde Rechnung handelnde Versender ist dem Spediteur gegenüber Schuldner der Speditionskosten; er muß dann die Kosten wieder von seinem Auftraggeber erheben.

VI. Gewerbsmäßigkeit Anm. 25

§ 407 Abs. 1 sieht als eigentliche Speditionsverträge nur die von einem gewerbsmäßigen Spediteur (§ 1 Anm. 4—16) abgeschlossenen Speditionsgeschäfte an. Doch spielt dies wegen der Gleichstellung der Gelegenheitsspedition mit der hauptgewerblichen Spedition in § 415 HGB praktisch keine Rolle. Kein Speditionsvertrag ist allerdings die von einem Nichtkaufmann oder von einem Kaufmann außerhalb seines Handelsgewerbes übernommene Besorgung einer Güterversendung.

VII. „Übernahme" der Versendung Anm. 26

Der Spediteur **übernimmt** die Besorgung der Güterbeförderung. Mit „übernehmen" ist die vertragliche Bindung durch den Speditionsvertrag gemeint. Die übernommene Besorgung der Güterversendung muß die den Vertragstypus kennzeichnende Hauptpflicht sein. Ergibt sich die Pflicht zur Besorgung der Versendung aus anderem Rechtsgrund, z. B. als Nebenpflicht aus einem Kaufvertrag (Versendungskauf), so liegt kein Speditionsvertrag vor. Der Versandverkäufer kann freilich durch besonderen Vertrag die Versendung als selbständige Aufgabe übernehmen. Für diesen Vertrag gilt dann, falls der Verkäufer Kaufmann ist, gemäß § 415 Speditionsrecht.

Siehe zur Rechtsnatur des Speditionsvertrags oben Anm. 1; zum Abschluß unten Anm. 27ff.

D. Abschluß und Beendigung des Speditionsvertrags Anm. 27

I. Abschluß

1. **Durch Antrag und Annahme nach §§ 145ff. BGB** kommt der Speditionsvertrag formlos zustande. Er kann daher auch mündlich oder durch stillschweigende Erklärung (konkludentes Handeln) abgeschlossen werden. Dies kann schon dann gegeben sein, wenn dem Spediteur Speditionsgut mit einem Versendungsauftrag zugeht und er die Versendung auszuführen beginnt. Nach § 151 S. 1 BGB kann angenommen werden, daß der Versender, der dem Spediteur bereits die Güter zusendet, mit der Annahme sicher rechnet und damit auf den Zugang der Annahmeerklärung verzichten will. Nach § 354 HGB hat der Spediteur in solchen Fällen Anspruch auf die ortsübliche Provision und sonstige Vergütungen.

2. Durch Schweigen Anm. 28

Auch durch Schweigen kann der Speditionsvertrag abgeschlossen werden.

a) Nach § 362 Abs. 1 HGB kann das Schweigen des Spediteurs Annahme bedeuten, wenn ihm ein Antrag auf Abschluß eines Speditionsvertrags zugeht. Der Beruf des Spediteurs bringt, wie in § 362 Abs. 1 HGB vorausgesetzt, die Besorgung von Geschäften für andere mit sich. Jedoch greift § 362 Abs. 1 HGB nur ein, wenn der Spediteur mit dem Kunden bereits in Geschäftsverbindung steht, oder wenn er sich ihm gegenüber zur Besorgung von Speditionstätigkeiten erboten hat. Dafür genügt nicht eine allgemeine, an jedermann gerichtete Reklame. Siehe dazu die Anmerkungen zu § 362 HGB.

b) Auch ein **Abschluß durch Schweigen auf ein kaufmännisches Bestätigungsschreiben** kommt in Betracht. Gemäß § 346 HGB kann der Speditionsvertrag zustande kommen, wenn der Spediteur auf die Bestätigung eines die Vorverhandlungen bestätigenden Schreibens des Kunden schweigt — und umgekehrt. Vgl. hierzu Anm. 101ff. zu § 346 HGB.

c) Ob die **bloße Zusendung** von Speditionsgut und Auftrag ohne Zutun des Spediteurs und ohne vorherige Geschäftsverbindung, Erbieten oder Vorverhandlungen bereits zur Annahme durch Schweigen führen kann, ist zweifelhaft. Die Rechtsprechung zum Bestätigungsschreiben paßt auf diesen Fall nicht, da es an vorgängigen Verhandlungen fehlt; siehe dazu Anm. 102 zu § 346 HGB. Dem Schweigen eines Spediteurs auf eine solche Zusendung könnte der Handelsbrauch (§ 346 HGB) die Bedeutung einer Annahmeerklärung beilegen. Dies scheinen Schlegelberger/Schröder Anm. 12 zu § 407 anzunehmen. Doch bedürfte es im Einzelfall der tatsächlichen Feststellung, ob ein solcher Handelsbrauch wirklich besteht. In der neueren veröffentlichten Rechtsprechung findet sich keine Gerichtsentscheidung hierzu.

d) Eine Haftung des Spediteurs für Handlungen vor Abschluß oder bei Scheitern des Abschlusses kann sich aus § 362 Abs. 2 HGB, ferner aus den Grundsätzen des Verschuldens bei Vertragsschluß ergeben; siehe zu letzterem Anm. 70.

Anm. 29 **3. Faktischer Speditionsvertrag**

Nach der neueren Entwicklung in Lehre und Rechtsprechung könnte auch an einen „faktischen" Speditionsvertrag gedacht werden. Von der Möglichkeit eines solchen Vertrages gehen Schlegelberger/Schröder Anm. 3b zu § 410 aus. Gemeint sind damit Fälle, in denen das Speditionsgut bereits in den Besitz des Spediteurs gekommen ist und mit der Ausführung des Speditionsauftrags begonnen wurde, obwohl der Speditionsvertrag aus rechtlichen Gründen unwirksam ist (z. B. nichtig wegen §§ 134, 138 BGB oder wegen Irrtums- oder Täuschungsanfechtung, § 142 Abs. 1 BGB; unwirksam wegen Geschäftsunfähigkeit, beschränkter Geschäftsfähigkeit oder fehlender Vertretungsmacht einer abschließenden Person oder wegen Dissens nach §§ 155f. BGB). Im Speditionsrecht besteht jedoch kein schwerwiegendes Interesse, Ausnahmen von den allgemeinen Gültigkeitsvoraussetzungen schuldrechtlicher Verträge zu machen. Im Gegensatz zu den Dienst- und Gesellschaftsverträgen, die Dauerschuldverhältnisse sind und personenrechtliche Einschläge aufweisen, lassen sich die bei Ungültigkeit eines Speditionsvertrags auftretenden, strukturell einfachen Probleme mit den Regeln der Geschäftsführung ohne Auftrag, des Bereicherungsrechts und der §§ 987ff. BGB lösen. Für die Rechtsfigur des faktischen Vertrags, durch die das System des Vertragsrechts contra legem durchbrochen wird, ergeben sich daher im Speditionsrecht keine ausreichenden Gründe.

Anm. 30

II. Beendigung

1. Allgemeine Beendigungsgründe

Wie alle schuldrechtlichen Verträge erlischt der Speditionsvertrag durch vollständige Erfüllung. Da die Regeln des allgemeinen Schuldrechts gelten, kommt auch ein Rücktritt wegen Verzug, Unmöglichkeit oder positiver Forderungsverletzung nach §§ 325, 326, 327 BGB in Frage; siehe zu den Folgen für die Provisionsansprüche des Spediteurs unten Anm. 101. Der Speditionsvertrag kann auch durch Rücktritt wegen Wegfalls der Geschäftsgrundlage, durch vertragliche Aufhebung und durch Anfechtung aufgehoben werden.

Anm. 31 **2. Widerrufsrecht des Versenders**

Vom Speditionsrecht des HGB nicht speziell geregelt ist die Frage, ob und unter welchen Voraussetzungen sich ein Partner vorzeitig vom Speditionsvertrag lösen kann. § 405 Abs. 3 HGB, auf den in § 407 Abs. 2 HGB mit verwiesen ist, setzt aber ein Widerrufsrecht des Kommittenten bis zur Ausführung des Kommissionsgeschäftes voraus. Unstreitig steht ein solches Widerrufsrecht auch dem Versender beim Speditionsvertrag zu, wovon auch § 21 ADSp ausgeht; siehe hierzu die Kommentierung zu § 21 ADSp, Anhang I nach § 415 HGB; zu den provisionsrechtlichen Folgen unten Anm. 101 und 103. Zur dogmatischen Begründung wird in unterschiedlicher Weise auf den

Grundcharakter des Kommissions- und Speditionsvertrags als Dienst- oder Werkvertrag verwiesen. Qualifiziert man den Speditionsvertrag als Werkvertrag, so steht dem Versender nach § 649 BGB ein Kündigungsrecht bis zur vollständigen Ausführung des Speditionsvertrags zu. In diesem Falle hätte der Spediteur Anspruch auf die Provision unter Anrechnung des Ersparten. Betrachtet man den Speditionsvertrag als Dienstvertrag, so kann das Widerrufsrecht außer aus § 626 BGB auch aus § 627 BGB begründet werden, indem man die Spediteurtätigkeit als Leistung von Diensten höherer Art, die auf Grund besonderen Vertrauens übertragen zu werden pflegen, ansieht. Bei Kündigung nach § 627 BGB stünde dem Spediteur die Provision nur für die bereits geleisteten Dienste zu. Nach der Vorauflage Anm. 19 zu § 407 sowie nach Schlegelberger/Schröder Anm. 11, 12 zu § 409 soll das Widerrufsrecht davon abhängig sein, ob der Spediteur die Ausführungsgeschäfte bereits abgeschlossen hat oder nicht. Dies ist wenig sinnvoll, da der Versender in beiden Fällen gute Gründe für den Widerruf haben kann und dem Spediteur der Widerruf nicht schadet, wenn er Provision und Kostenersatz erhält. In jedem Fall endet das Widerrufsrecht aber, wenn das Gut dem Frachtführer zur Beförderung übergeben und damit die „Versendung" abgeschlossen ist. Im Falle des Selbsteintritts wird nach der hier Anm. 1 zu § 412 HGB zur Rechtsnatur des Selbsteintritts vertretenen Auffassung das Widerrufsrecht durch den Beginn der Beförderung beendet. Zum Widerrufsrecht bei Selbsteintritt unter Zugrundelegung der herrschenden Meinung, die den Selbsteintritt als Willenserklärung betrachtet, siehe Schlegelberger/Schröder Anm. 7 zu § 412 HGB.

Insgesamt kann die Frage, ob ein Widerrufsrecht besteht und wie sich der Widerruf auf die Provisionsansprüche des Spediteurs auswirken soll, vernünftigerweise kaum aufgrund der begrifflich-theoretischen Einordnung des Speditionsvertrags als Dienst- oder Werkvertrag beantwortet werden. Das freie Widerrufsrecht des Versenders kann ohne weiteres aus §§ 407 Abs. 2, 405 Abs. 3 HGB abgeleitet werden und kann auch nach § 21 ADSp als vereinbart gelten. Die Frage, in welchem Umfang im Widerrufsfall Provisionsansprüche entstehen, wird von § 21 ADSp geregelt. Gelten ausnahmsweise die ADSp nicht, so wird man einen entsprechenden Handelsbrauch annehmen dürfen. Siehe Anm. 101, 103 sowie § 21 ADSp und die Kommentierung dazu im Anhang I nach § 415 HGB.

§ 18 S. 3 ADSp gestattet dem Auftraggeber ohne Rücksicht auf die begonnene Ausführung des Speditionsvertrags im Falle von Versendungshindernissen zurückzutreten, wenn ihm die Fortsetzung des Speditionsvertrags nicht mehr zugemutet werden kann.

3. Einseitige Beendigung durch den Spediteur **Anm. 32**

§ 18 S. 2 ADSp sieht bei unverschuldeten Hindernissen der Ausführung und bei Unzumutbarkeit ein Rücktrittsrecht des Spediteurs vor, das über §§ 275, 323 BGB hinausgeht, allerdings durch §§ 675, 671 Abs. 2 BGB beschränkt ist. Ein freies Widerrufsrecht des Spediteurs ergibt sich dagegen weder aus dem Speditionsrecht noch aus irgendwelchen Bestimmungen des Kommissions-, Dienstvertrags- oder Werkvertragsrechts. Auch die ADSp sehen ein solches Recht nicht vor. Zu den Einzelheiten und zur Provisionsregelung beim Rücktritt unten Anm. 103 sowie § 18 ADSp und die Kommentierungen im Anhang I nach § 415 HGB.

4. Konkurs **Anm. 33**

a) Konkurs des Versenders hebt den Speditionsvertrag gemäß § 23 Abs. 2 KO auf; siehe auch § 27 KO und im einzelnen Senckpiehl, Deutsche Verkehrsnachrichten 1937, 108. Für die Abwicklung bzw. bis zur Erlangung der Kenntnis vom Konkurs durch den Spediteur gelten nach § 23 Abs. 1 KO die §§ 672 Abs. 1, 674 BGB. Für die Zeit bis zur Kenntniserlangung, innerhalb der der Speditionsvertrag durch § 674 BGB als fortbestehend fingiert wird, gelten auch die ADSp weiter. Wird der Spediteur danach noch tätig, so handelt er als Geschäftsführer ohne Auftrag; die ADSp gelten dann nicht; Schlegelberger/Schröder, Anm. 24 zu § 407.

b) Konkurs des Spediteurs beendet den Speditionsvertrag nicht (§ 17 KO). Durch §§ 407 Abs. 2, 392 Abs. 2 HGB hat jedoch der Versender ein Aussonderungsrecht nach

§ 43 KO an den Ansprüchen des Spediteurs gegen den Frachtführer oder Zwischenspediteur; siehe ferner §§ 46 KO, 392 HGB.

Anm. 34 **5. Tod einer Partei (bzw. Auflösung als juristische Person)**

a) Der Tod des Spediteurs würde nach §§ 675, 673 BGB im Zweifel den Speditionsvertrag beenden. Jedoch handelt es sich bei Speditionsverträgen um gewerbliche Vertragsbeziehungen, die in aller Regel nicht höchstpersönlicher Art und daher auch nach § 1922 BGB vererblich sind. Ein „Zweifelsfall" im Sinne von § 673 liegt schon deshalb nicht vor, weil bei Geschäftsfortführung durch die Erben alle Beteiligten jedenfalls vom Fortbestand abgeschlossener Speditionsverträge ausgehen. Dies gilt auch für die Auflösung einer den Speditionsbetrieb betreibenden juristischen Person. Unhaltbar ist die Auffassung von Schlegelberger/Schröder, Anm. 45 zu § 407, wonach das Weiterbestehen des Speditionsvertrags davon abhängen soll, ob die Erben das Speditionsgeschäft fortführen. § 27 HGB knüpft an die Fortführung von Handelsgeschäften und Firmen keine Folgerungen hinsichtlich der Verbindlichkeiten, sondern nur hinsichtlich der Haftung der Erben (Anm. 1, 3 zu § 27 HGB (Würdinger)). Danach haben es die Erben des Spediteurs nicht in der Hand, zu entscheiden, ob sie den Speditionsvertrag ausführen wollen. Sie können nur wählen, ob sie ihre Haftung erbrechtlich beschränken wollen oder nicht. Allenfalls könnte man ihnen in Sonderfällen ein Kündigungsrecht aus wichtigem Grunde zugestehen.

b) Der Tod des Versenders bringt den Speditionsvertrag im Zweifel nicht zum Erlöschen (§§ 675, 672 BGB), ebensowenig seine Auflösung als juristische Person.

Anm. 35

E. Pflichten des Spediteurs und Folgen ihrer Verletzung

I. Allgemeines

Literatur: umfassend, allerdings nach dem Stand von 1923, Senckpiehl S. 99—261.

1. Grundstruktur der Pflichten

Die Pflichten des Spediteurs werden in ihrer Gesamtheit stark durch den Charakter des Speditionsvertrages als Geschäftsbesorgungsvertrag bestimmt. Drei Elemente sind vor allem maßgeblich: Der Spediteur ist als selbständiger Geschäftsbesorger grundsätzlich frei in den Einzelheiten der Ausführung des Auftrages. Andererseits ist er gebunden durch eine dem treuhänderischen Charakter des Speditionsvertrags entsprechende Interessewahrnehmungspflicht und durch das Weisungsrecht des Versenders. Die Pflicht zur Wahrnehmung der Interessen geht allen anderen Pflichten vor und kann nicht durch AGB abbedungen werden. Siehe Anm. 15 vor § 1 ADSp, zutreffend Schlegelberger/Schröder Anm. 1 zu § 408 HGB.

Anm. 36 **2. Pflicht zur Befolgung von Weisungen**

Eine besondere Rolle spielt hierbei das Weisungsrecht. § 408 Abs. 1 HGB, ebenso § 11 a ADSp bestimmt ausdrücklich, daß der Spediteur an die Weisungen des Versenders gebunden ist. § 13 ADSp gestattet ihm demgegenüber die Entscheidung nach freiem Ermessen, wenn solche Weisungen „nicht ausreichend" oder „unausführbar" sind.

a) Inhalt des Weisungsrecht

Das Weisungsrecht soll sicherstellen, daß der Versender stets Herr des Versendungsvorganges bleibt; insbesondere kann der Versender das Beförderungsmittel (z. B. RGZ 110, 59), den Beförderungsweg und andere Modalitäten der Beförderung mit für den Spediteur bindender Wirkung frei wählen. Er kann auch seine Weisungen jederzeit ändern. Die Nichtbefolgung von Weisungen ist ein besonderer Haftungstatbestand; siehe unten Anm. 66—68. Der Spediteur hat grundsätzlich auch die etwa vom Versender gesetzten Preisgrenzen zu beachten, §§ 407 Abs. 2, 386 HGB; siehe oben Anm. 16.

Das Weisungsrecht kann auch dazu führen, daß der angewiesene Hauptspediteur die Weisungen seines Versenders an den Zwischenspediteur (Empfangsspediteur) weiterzugeben hat. Statt dessen kann auch der Versender den Zwischenspediteur unmittelbar anweisen. Zwar steht dieser in keinem Vertragsverhältnis zum Versender, vgl. oben Anm. 5, er darf aber gleichwohl den Interessen des Versenders nicht entgegenhandeln; siehe dazu BGH vom 28. 6. 1962, BGHZ 37, 294 (297). Das Weisungsrecht ist an keine Form gebunden. Ungeachtet des § 6 ADSp hat der Spediteur auch mündliche Weisungen zu befolgen. Siehe dazu Text und Anmerkungen zu § 6 ADSp, Anhang I nach § 415 HGB.

Abweichungen von den Weisungen des Versenders sind dem Spediteur nach §§ 407 Abs. 2, 385 HGB nur ganz ausnahmsweise gestattet. Bei den heutigen Nachrichtenverbindungen wird eine Rückfrage bei dem Versender fast immer möglich sein.

b) Fehlen oder Undurchführbarkeit von Weisungen **Anm. 37**

Problematisch ist, was zu gelten hat, wenn keine oder undurchführbare oder nicht ausreichende Weisungen vorliegen.

aa) Fehlt es gänzlich an Weisungen, so ist der Spediteur grundsätzlich frei; es bleibt jedoch seine Verpflichtung, das Interesse des Versenders zu wahren und mit der Sorgfalt eines ordentlichen Kaufmanns zu handeln. Dies kann im Einzelfall dazu führen, daß der Spediteur Weisungen einholen muß.

bb) Liegen unausführbare oder nicht ausreichende Weisungen vor, so soll nach § 13 ADSp das Ermessen des Spediteurs im Rahmen der Interessewahrnehmungspflicht entscheiden. Abweichend von § 655 S. 2 BGB kann daher der Spediteur in diesen Fällen ohne Benachrichtigung des Versenders und Abwarten seiner Entscheidung handeln, auch wenn mit dem Aufschub keine Gefahr verbunden ist; vgl. zu § 655 S. 2: RGZ 114, 375 (377). Voraussetzung ist nachweisbare Unklarheit oder Unausführbarkeit der Weisung. Trotz § 13 ADSp wird eine Rückfragepflicht im Rahmen der Interessewahrnehmung sehr häufig anzunehmen sein; BGH vom 3. 2. 1953, BGHZ 9, 1 (3f.), OLG Nürnberg, VersR 1952, 164f.; Schlegelberger/Schröder, Anm. 38 zu § 407 HGB. Eine Rückfrage in wichtigen Angelegenheiten ist heute zumeist ohne beträchtliche Zeitverzögerung telefonisch möglich und dem Spediteur zuzumuten. Die erforderlichen Kosten kann er als Auslagen vom Versender erstattet verlangen. Der Spediteur kann sich daher nur in begrenztem Umfang auf sein freies Ermessen nach § 13 ADSp berufen. In jedem Fall hat der Spediteur das Speditionsgut mit der Sorgfalt eines ordentlichen Kaufmanns vor Schäden zu bewahren. Siehe SVS-Schiedsgericht, VRS 7, 271.

3. Sorgfaltsmaßstab **Anm. 38**

Alle Pflichten hat der Spediteur mit der **Sorgfalt eines ordentlichen Kaufmanns** seiner Branche zu erfüllen (§§ 408 Abs. 1, 347 HGB). Dies bedeutet, daß er speziell für Kenntnisse und Fähigkeiten einzustehen hat, wie sie normalerweise ein ordentlicher Spediteur hat. Hierher gehören vor allem Fachkenntnisse betreffend die Beförderungsarten, -wege und -tarife, hinsichtlich der Versicherung, Verzollung, des ausländischen Verkehrsrechts. Die Sorgfaltspflicht kann es auch mit sich bringen, daß der Spediteur ggf. Auskünfte einholen muß. Sind diese amtlich, so darf er sich andererseits auch auf sie verlassen. Kenntnisse im Außenhandelsrecht braucht der Spediteur nach § 19 ADSp nicht zu haben. Doch ist er verpflichtet, seine positiven Kenntnisse zugunsten des Auftraggebers zu benutzen. Siehe die Anm. zu § 19 ADSp, Anhang I nach § 415 HGB. Mit der Beauftragung eines Spediteurs sichert sich der Versender somit einen Rechtsanspruch auf fachlich besonders qualifizierte Leistung bei der Versendung. Die Nichterfüllung dieses Rechtsanspruches bewirkt freilich nach ADSp und SVS nicht immer vollen Schadensersatz. Die Sorgfaltspflicht gewinnt beim Speditionsvertrag wegen seines treuhänderischen Charakters eine besondere Bedeutung. Nach § 408 Abs. 1 HGB hat der Spediteur bei der Versendung das Interesse des Versenders wahrzunehmen. Im Rahmen der Weisungen des Versenders, der Interessenwahrnehmungspflicht und seiner besonderen Sorgfaltspflicht ist der Spediteur im übrigen frei in der Gestaltung seiner Tätigkeit.

4. Einstehen für Handlungen Dritter **Anm. 39**

Da das gesetzliche Speditionsrecht keine besondere, etwa § 431 HGB entsprechende

Bestimmung über die Zurechnung für Gehilfenverhalten aufweist, gilt grundsätzlich § 278 BGB. Danach haftet der Spediteur für jede Person, deren er sich zur Erfüllung seiner Verpflichtungen aus dem Speditionsvertrag bedient. Keine Haftung trifft den Spediteur, soweit die betreffende Person die Verpflichtung aus einem vom Spediteur für den Versender abgeschlossenen Ausführungsgeschäft verletzt. Insbesondere ist der Frachtführer, mit dem der Spediteur im eigenen Namen für Rechnung des Versenders den Frachtvertrag abschließt, nicht Erfüllungsgehilfe des Spediteurs, wenn er nicht ausnahmsweise Tätigkeiten übernimmt, zu denen der Spediteur selbst verpflichtet ist. Nicht gehaftet wird auch für den Zwischenspediteur (siehe oben Anm. 5, 9), den Versicherer, die mit der Einziehung von Nachnahmen beauftragte ausländische Bank (RGZ 109, 299ff.). Der Unterspediteur ist dagegen Erfüllungsgehilfe des Spediteurs; siehe oben Anm. 5. Entscheidendes Kriterium ist, ob der Spediteur die betreffende Tätigkeit nach dem ursprünglichen Speditionsvertrag selbst auszuführen hatte — dann ist der Betreffende Erfüllungsgehilfe — oder ob er nur verpflichtet war, sie durch Ausführungsgeschäft einem Dritten zu übertragen — dann nur Haftung des Spediteurs für Auswahlverschulden; siehe Anm. 43.

Die gesetzlich geregelte Rechtslage hat ihre besondere Bedeutung für die Frage, ob der Speditionsversicherer im Falle des Verschuldens eines Gehilfen an den geschädigten Versender zu leisten hat, da sich diese Leistungspflicht nach der gesetzlichen Haftpflicht des Spediteurs bestimmt (§ 3 SVS).

Soweit eine Haftung des Spediteurs selbst in Frage kommt, vor allem beim „Verbotskunden“, trifft dagegen § 52 ADSp eine abweichende, den Spediteur begünstigende Regelung. Danach haftet der Spediteur nicht für das Verschulden der von ihm herangezogenen selbständigen Unternehmer; für unselbständige Gehilfen, insbesondere Arbeitnehmer bleibt es bei der Regelung des § 278 BGB. Siehe im einzelnen die Kommentierung zu § 52 ADSp Anhang I nach § 415 HGB.

Anm. 40 **5. Folgen der Pflichtverletzung**

Die Folgen der vom Spediteur zu vertretenden Pflichtverletzungen bestimmen sich grundsätzlich nach den Regeln des Allgemeinen Schuldrechts, also nach §§ 280ff., 325ff. BGB. Da Speditionsgeschäfte in aller Regel terminlich dringlich sind, kommen Leistungsklagen auf Erfüllung einer Hauptpflicht des Spediteurs in der Praxis zu spät; daher sind nur die Ansprüche auf Herausgabe, Auskunft und Rechnungslegung (siehe unten Anm. 52, 55) praktisch bedeutsam.

Auch der Rücktritt vom Vertrag nach §§ 325, 326 ist möglich, nützt aber im Verzugsfalle wenig, da die Beauftragung eines anderen Spediteurs oder die Selbstversendung nur neue Zeitverluste mit sich bringt. Weitaus am bedeutendsten sind daher Schadensersatzansprüche, vor allem wegen Verlust und Beschädigung von Speditionsgut oder wegen Verspätung oder wegen Nichtbefolgung von Weisungen. Die Schadenshaftung des Spediteurs wird daher in einem besonderen Abschnitt (Anm. 57ff.) besonders behandelt. Zum Erfüllungsort der Spediteurpflichten siehe § 65 ADSp.

Anm. 41 **II. Pflicht zum Abschluß von Frachtverträgen als Hauptpflicht des Spediteurs**

Zur Besorgung der Versendung der Güter ist der Spediteur vor allem verpflichtet, Beförderungsverträge abzuschließen. Im Rahmen der Interessenwahrnehmungspflicht und der Weisungen des Versenders muß er dabei vor allem Sorge tragen für die Bestimmung des geeigneten Beförderungsmittels, der Beförderungsart und des Beförderungsweges, ferner für die Auswahl eines geeigneten Frachtführers, für den Abschluß zu möglichst günstigen Kosten und für schnelle Beförderung (siehe zur letzteren Pflicht Anm. 70 und § 17 ADSp. Anhang I nach § 415 HGB).

Vor Übernahme des Speditionsauftrags muß der Spediteur prüfen, ob er überhaupt in der Lage sein wird, die gewünschte Versendung zu besorgen. Schließt er den Speditionsvertrag ohne diese vorherige Prüfung ab, so verletzt er schuldhaft seine Vertragspflichten und hat sein Unvermögen zur Besorgung der Beförderung zu vertreten. So für den Fall, daß der Spediteur sich ohne eigene Erfahrung darauf verlassen hat, eine ausländische Flußschiffahrts-Monopolgesellschaft ohne Beförderungszwang werde den Transport durchführen: BGH vom 12. 1. 1966, VersR 1966, 461 (464).

1. Auswahl des Beförderungsmittels, der Beförderungsart und des Beförderungswegs Anm. 42

Wenn der Versender kein besonderes Beförderungsmittel (z. B. Luftfracht) vorgeschrieben hat, ist der Spediteur im Rahmen der Interessenwahrnehmungspflicht frei in der Wahl des Beförderungsmittels und der Art der Beförderung (z. B. in offenem oder geschlossenem Waggon) sowie des Weges (z. B. beim internationalen Speditionsgeschäft bei der Wahl des Transitlandes). § 13 ADSp stellt dies zusätzlich auch für die Fälle nicht „ausreichender" oder nicht „ausführbarer" Weisungen fest. Siehe hierzu § 13 ADSp und oben Anm. 37. Zweifelhaft kann im besonderen sein, ob sich der Spediteur nicht um eine Ergänzung oder Änderung der Weisungen bemühen muß, bevor er von ihnen abweicht. So BGH vom 3. 2. 1953, BGHZ 9, 1 (3f.) und vom 18. 3. 1955, VersR 1955, 306f., für Fälle, in denen der Spediteur die Weisung, Güter per Luftfracht von Berlin nach dem Bundesgebiet zu versenden, nicht beachtet hatte; RGZ 110, 59 für Versendung mit Binnenschiff statt Eisenbahn.

Das Ermessen des Spediteurs ist durch Kostengesichtspunkte eingeschränkt.

Die Folge der Wahl eines unangemessenen Beförderungsmittels ist grundsätzlich Haftung des Spediteurs, §§ 408 Abs. 1, 52b ADSp. Zur Beweislast siehe unten Anm. 62ff. Die Haftung des Spediteurs ist durch § 54a Ziff. 2 ADSp eng begrenzt, wenn sie nicht, wie meist, durch die Speditionsversicherung ganz ersetzt ist (§ 41a ADSp); siehe unten Anm. 57. Außerdem kann der Spediteur, soweit erhöhte Aufwendungen erforderlich geworden sind, unter Umständen keinen Anspruch auf vollen Ersatz dieser Aufwendungen erlangen; siehe unten Anm. 106.

2. Auswahl des geeigneten Frachtführers Anm. 43

Der Spediteur kann nicht einen beliebigen Frachtführer auswählen, sondern muß bei der Auswahl auf Zuverlässigkeit und Leistungsfähigkeit achten. Da auch hier nach § 51a ADSp die Haftung für vermutetes Verschulden gilt, muß sich der Spediteur ggf. entlasten. Hierzu reicht es nicht aus, daß der gewählte Frachtführer die Beförderung gewerbsmäßig und in Übereinstimmung mit den öffentlichen Zulassungsbestimmungen ausübt. Das gleiche gilt für die Auswahl anderer Partner der Ausführungsgeschäfte, z. B. von Zwischenspediteuren (siehe Anm. 9) oder die Nachnahmen einziehender Banken (siehe Anm. 53). § 52 ADSp gestattet keine haftungsbefreiende Übertragung der Auswahlverpflichtung auf Dritte. Siehe hierzu Anm. 3 zu § 52 ADSp, Anhang I nach § 415 HGB.

3. Auswahl der kostengünstigsten Beförderungsmöglichkeit; Konditionen des Ausführungsgeschäfts Anm. 44

Der Spediteur hat unter mehreren möglichen Beförderungsgelegenheiten grundsätzlich in Erfüllung der Interessenwahrnehmungspflicht die kostengünstigste auszuwählen. Hierbei hat er freilich abzuwägen, welche zusätzlichen Risiken eine billigere Beförderung mit sich bringt. Siehe oben Anm. 42. Zu den Pflichten des Spediteurs gehört es an sich auch, für den Versender günstige Konditionen auszuhandeln, insbesondere, sich nicht ohne weiteres auf zu eingreifende Haftungsbeschränkungen einzulassen. Doch dürfte dieser Aufgabe angesichts der sehr weit gehenden Normierung der Vertragsinhalte im Frachtgeschäft durch zwingende Gesetze und allgemein verbreitete allgemeine Beförderungsbedingungen kaum mehr eine praktische Bedeutung zukommen. Siehe zu den rechtlichen Grundlagen des Frachtrechts die Anmerkungen zu § 425 HGB.

III. Nebenpflichten

Anm. 45

Die zahlreichen mit der Versendung des Gutes zusammenhängenden Nebenpflichten des Spediteurs können nicht vollständig erörtert werden. Jede Änderung der Rechtslage und der tatsächlichen Verhältnisse bei der Beförderung von Gütern schafft neue Nebenpflichten. Daher sollen hier nur die wichtigsten ausführlicher dargestellt werden.

1. Lagerung und Zuführung von Gütern

Werden dem Spediteur Güter zur Versendung übergeben, so hat er sie erforderlichenfalls dem Frachtführer zuzuführen und bis dahin zu lagern. In solchen Fällen kann ein besonderer Fracht- oder Lagervertrag zwischen Versender und Spediteur vorliegen, auf den außer den ADSp — vgl. § 2a ADSp und dazu im einzelnen Krien/Hay Anm. 12 — das Fracht- bzw. Lagerrecht Anwendung findet. Dies gilt insbesondere dann, wenn es sich um längere Lagerungen und weitere Beförderungen handelt. In der Regel sind solche Tätigkeiten des Spediteurs jedoch nur Nebentätigkeiten, zu denen er bereits nach dem Speditionsvertrag verpflichtet ist, da sie notwendigerweise zur „Besorgung der Versendung" gehören; zur Lagerung siehe BGH vom 28. 4. 1953, in BGHZ 9, 301ff. insoweit nicht abgedruckt; ferner KG, VRS 3, 228 (230). Daher unterliegt das Zubringen der Güter auch nicht den zwingenden Haftungsbestimmungen der §§ 85, 26 Güterkraftverkehrsgesetz. Überträgt der Spediteur die Lagerung bzw. Zubringung an einen anderen selbständigen Lagerhalter oder Beförderer, so gilt grundsätzlich § 278 BGB. Der Spediteur haftet also für Verschulden auch des sorgfältig ausgewählten Beförderers oder Lagerhalters. Im Rahmen der Speditionsversicherung (§ 3 Ziff. 1 SVS) erhält somit der Versender Ansprüche gegen den Speditionsversicherer, wenn den Beförderer, Lagerhalter oder dessen Erfüllungsgehilfen ein Verschulden trifft. Greift die Speditionsversicherung dagegen nicht ein, so gilt allerdings die Freizeichnungsklausel des § 52 ADSp. Der Spediteur braucht dann nur seine Ansprüche gegen den Beförderer oder Lagerhalter an den Versender abzutreten; nach § 52a S. 2 ADSp gelten die betreffenden Unternehmer nicht als Erfüllungsgehilfen des Spediteurs. Der Versender kann dann gegen den Spediteur nur vorgehen, wenn diesen oder seine unselbständigen Gehilfen selbst ein Verschulden trifft.

Anm. 46 **2. Verpackung und Verwiegung der Güter**

Auch ohne besondere Weisung gehört es je nach Lage der Umstände zu den Pflichten des Spediteurs, die Güter in einer zum Versand geeigneten Weise zu versenden. An sich ist es nicht Sache des Spediteurs, die Güter zu verpacken. Jedoch muß er, wenn sie für den betreffenden Transport nicht ausreichend verpackt sind, für ihre Transportfähigkeit durch bessere Verpackung sorgen oder den Versender veranlassen, dies zu tun. Auf keinen Fall darf er nicht transportfähig verpackte Güter versenden. § 16a ADSp trifft eine damit weitgehend übereinstimmende Regelung: Der Spediteur ist zur Untersuchung, Erhaltung und Verbesserung des Guts und seiner Verpackung nur im Rahmen des Geschäftsüblichen verpflichtet. Darüber hinausgehende Aufträge müssen schriftlich erteilt werden.

Das **Verwiegen** der Güter vor Versendung kann für die Haftpflicht des Frachtführers von entscheidender Bedeutung sein; vielfach ist dessen Haftung für Verluste ohne vorheriges Verwiegen ausgeschlossen oder erschwert; siehe Helm, Haftung für Schäden an Frachtgütern, 1966, S. 116f. Siehe ferner zum Verlust von Versicherungsansprüchen wegen Nichtverwiegens RGZ 112, 149 (154f.).

Nach § 7b ADSp ist der Spediteur zum Verwiegen nur auf besonderen schriftlichen Auftrag hin verpflichtet. Es wird ihn jedoch die Pflicht treffen, den Versender auf die eventuellen nachteiligen Folgen des Nichtverwiegens aufmerksam zu machen — jedenfalls gegenüber einem unerfahrenen Versender.

Anm. 47 **3. Bezeichnung der Güter, Wertdeklaration, Beschaffung der Begleitpapiere**

Für den reibungslosen Transport ist die ordnungsgemäße Kennzeichnung der Güter unter Umständen sehr wichtig. Diese Aufgabe kann der Spediteur bei den zumeist bereits verpackt gelieferten Gütern nur schwer erfüllen. § 7a ADSp ist daher nicht zu beanstanden, wenn er eine Nachprüfungs- und Ergänzungspflicht des Spediteurs hinsichtlich der Kennzeichnung nur bei Geschäftsüblichkeit vorsieht, im übrigen aber schriftlichen Auftrag erfordert.

Der Spediteur muß ggf. die Wertdeklaration der Güter bei Aufgabe als Frachtgut vornehmen; Beispiel: RGZ 28, 140.

Der Spediteur hat ferner die ihm vom Versender übergebenen Warenbegleitpapiere der Sendung mitzugeben; für den Fall des Transits durch die DDR siehe BGH vom 31. 1. 1957, VersR 1957, 193. Ihm kann auch die Beschaffung dieser Papiere übertragen werden. Das Fehlen oder die Unrichtigkeit der Begleitpapiere hat beim Transit durch die DDR in den 50er Jahren sehr häufig zur Beschlagnahme der Güter geführt. Siehe dazu folgende Fälle: BGH vom 18. 3. 1955, VersR 1955, 306; vom 6. 3. 1956, BGHZ 20, 164ff.; vom 31. 1. 1957, VersR 1957, 193; OLG Hamburg, MDR 1954, 681; VersR 1954, 434f.; OLG Düsseldorf, MDR 1954, 170f.; OLG Celle, VRS 6, 178; KG, VersR 1955, 519; OLG München, VersR 1955, 520ff. In diesen Fällen ergibt sich die Haftung aus positiver Forderungsverletzung. Siehe Anm. 70. Da der SVS nach § 5 Nr. 6 Beschlagnahmeschäden nicht deckt, greift auch § 41a ADSp nicht ein. Siehe Anm. 3 zu § 41 ADSp, Anhang I nach § 415. Die Haftung ist nach Maßgabe der ADSp beschränkt. Vielfach liegt aber gerade hier Vorsatz oder grobe Fahrlässigkeit von leitenden Angestellten vor, so daß die Haftungsbeschränkungen der ADSp unwirksam sind, z. B. im Fall BGH vom 6. 3. 1956, BGHZ 20, 164ff. Siehe dazu Anm. 13 vor § 1 ADSp und Anm. 3 zu § 54 ADSp, Anhang I nach § 415. Siehe ferner zu Beschlagnahmeschäden Schlegelberger/Schröder Anm. 6a—c zu § 408 HGB.

4. Verladung **Anm. 48**

Auch die Verladung der Güter kann zu den Verpflichtungen des Spediteurs gehören. Dies gilt insbesondere dann, wenn der vom Spediteur abgeschlossene Frachtvertrag die Selbstverladung durch den Absender vorsieht. Siehe dazu z. B. § 17 Abs. 1 KVO, Anhang II nach § 452; § 59 EVO Anhang I nach § 460 HGB. Führt der Spediteur die Beförderung im Selbsteintritt oder per Sammelladungsspedition aus, so kann fraglich sein, ob das Beladen und Entladen mit unter die zwingende Haftung des betreffenden Frachtrechts fällt oder dem dispositiven Speditionsrecht und damit den ADSp unterliegt. Siehe dazu Anm. 6 zu § 412 und 11 zu § 413 HGB. Fall der Spediteurhaftung wegen mangelhafter Verladung: KG, VersR 1967, 446ff.

5. Verzollung **Anm. 49**

Nach § 25a ADSp schließt der Auftrag zum Versand nach einem ausländischen Bestimmungsort den Auftrag zur notwendigen Verzollung ohne weiteres ein. Auch ohne die ADSp würde dies zu gelten haben, da die Verzollung zur ordnungsgemäßen Auslandsversendung gehört; siehe ferner die Einzelheiten in §§ 25b—d ADSp.

6. Versicherung der Güter **Anm. 50**

Zur ordnungsgemäßen Versendung kann auch der Abschluß einer Transport-, Lager- oder anderen Versicherung gehören; RGZ 112, 149 (151). Der Spediteur schließt den Transportversicherungsvertrag regelmäßig in eigenem Namen für Rechnung des Versenders ab. Siehe zum Unterschied zwischen Speditions- und Transportversicherung oben Anm. 11 sowie Anm. 2 zu § 37 ADSp, Anhang I nach § 415 HGB. Zum Abschluß einer Transport- oder Lagerversicherung ist der Spediteur gemäß §§ 407 Abs. 2, 390 Abs. 2 HGB nur bei besonderer Anweisung verpflichtet. § 35a S. 1 ADSp schreibt sogar einen ausdrücklichen schriftlichen Auftrag des Versenders vor. Dem Ermessen des Spediteurs bleibt ein Spielraum nur bei ungenauem oder unausführbarem Versicherungsauftrag, da er dann nach § 35a S. 2 ADSp Art und Umfang der Versicherung bestimmen kann. In welchem Umfang der Spediteur die Versicherung abzuschließen hat, ist in § 36 ADSp näher bestimmt. Die Besorgung der Versicherung begründet nach § 38 ADSp einen besonderen Vergütungsanspruch des Spediteurs und befreit ihn von der Haftung für die betreffenden Risiken (§ 37 ADSp; siehe unten Anm. 73 und die Anmerkungen zu § 37 ADSp, Anhang I nach § 415).

Siehe zum Auftrag, das Gut „gegen alle Gefahren“ zu versichern OLG Nürnberg, VersR 1952, 164f. mit kritischer Anmerkung von Reimer Schmidt, ebenda. Nach Auffassung des OLG soll diese Weisung den Spediteur verpflichten, ein leicht verderbliches Gut gegen Schäden durch Transportverzögerung zu versichern. Es ist jedoch zweifelhaft, ob eine derartige Risikoübernahme von irgendeinem Versicherer zu erlangen ist. Zuzustimmen ist dagegen dem OLG darin, daß in einem solchen Fall der Spediteur die Versicherung nicht ohne Benachrichtigung unterlassen darf, sondern trotz § 35 S. 2 ADSp den Versender benachrichtigen muß.

Die weisungswidrige Unterlassung der Versicherung begründet Schadensersatzansprüche des Versenders gegen den Spediteur; siehe zum Nichtabschluß einer Rostversicherung BGH vom 17. 4. 1951, VersR 1951, 176f.

Die „Selbstversicherung" des Guts durch den Spediteur ist keine ordnungsgemäße Erfüllung der Pflichten zur Besorgung der Versicherung; sie befreit auch nicht nach § 37 ADSp von der Haftung.

Anm. 51 **7. Benachrichtigungspflicht**

Gemäß §§ 675, 666 BGB hat der Spediteur dem Versender die erforderlichen Nachrichten zu geben. Welche Nachrichten erforderlich sind, ist im Speditionsrecht nicht speziell geregelt. Grundsätzlich braucht der Spediteur vom normalen Verlauf der Versendung keine Nachrichten zu geben; § 384 Abs. 2, 1. Hs. HGB gilt im Speditionsrecht nicht; siehe oben Anm. 16. Eine Benachrichtigung des Versenders ist daher nur bei besonderen Umständen erforderlich, vor allem, wenn der Versender in die Lage versetzt werden soll, selbst Entscheidungen zu treffen, z. B. wenn wegen mangelhafter Verpackung Transportschäden zu erwarten sind; siehe Anm. 3 zu § 16 ADSp, Anhang I nach § 415 HGB; wenn sich eine termingerechte Versendung nicht ausführen läßt; wenn der beabsichtigte Transportweg nicht eingehalten werden kann; wenn besondere, vom Versender zu beschaffende Papiere erforderlich werden; wenn die Benachrichtigung die fristgemäße Mängelrüge ermöglichen soll, siehe dazu Anm. 44; wenn eine vom Versender gewünschte Versicherung nicht beschafft werden kann, siehe Anm. 50. Jedenfalls ist eine Benachrichtigung des Versenders immer dann erforderlich, wenn es für einen sorgfältigen Spediteur vorherzusehen war, daß aus der Nichtbenachrichtigung Schaden entstehen konnte. Ist ein Schaden entstanden, der bei Benachrichtigung hätte vermieden werden können, und war dies vorhersehbar, so kann demnach stets eine Benachrichtigungspflicht und im Falle des Verschuldens eine Schadensersatzpflicht bejaht werden. Siehe als Beispielfall RGZ 114, 375 (378f.).

Der Spediteur braucht sich bei Ausführung des Speditionsvertrags um die Rechtsverhältnisse zwischen Versender und Empfänger nicht zu kümmern. Daher hat der BGH im Urteil vom 6. 12. 1965, VersR 1966, 133f., es mit Recht abgelehnt, dem Spediteur eine Benachrichtigung des Versenders zuzumuten, wenn er eine Unregelmäßigkeit des Empfängers im Verhältnis zum Versender hätte feststellen können. Im betreffenden Fall hatte der Empfänger, zu dessen Verfügung der Spediteur die Güter zu stellen hatte, vertragswidrig die Güter im Inland statt im Ausland ausliefern lassen und damit die Ansprüche des Versenders auf Umsatzsteuervergütung beeinträchtigt. Bemerkt der Spediteur freilich derartige wichtige Umstände von selbst, so dürfte seine Interessewahrnehmungspflicht eine Benachrichtigung des Versenders erfordern.

Das OLG Hamburg, VRS 3, 302 (303) will eine schuldhafte Verletzung der Benachrichtigungspflicht des Spediteurs darin sehen, daß dieser den Versender nicht darauf hingewiesen hat, sich wegen Schadensersatz nach § 41 ADSp nur an den Speditionsversicherer zu wenden.

Soweit der Spediteur zur Benachrichtigung verpflichtet ist, braucht er nach § 10a ADSp die Benachrichtigung nicht eingeschrieben zu versenden.

Auch im Falle des Selbsteintritts braucht der Spediteur dem Versender keine Anzeige zu machen; (siehe im einzelnen Anm. 1 zu § 412 HGB).

Anm. 52 **8. Auskunft und Rechenschaftslegung**

Die Pflicht des Spediteurs, dem Versender über die Ausführung des Speditionsgeschäfts Auskunft zu geben und ihm nach seiner Beendigung Rechnung zu legen, läßt sich aus §§ 675, 666 BGB begründen (Schlegelberger/Schröder Anm. 39 zu § 407 HGB). Die Auskunftspflicht erstreckt sich auf alle Tatsachen, die den „Stand des Geschäfts" (§ 666 BGB) betreffen. Somit steht es dem Versender frei, zu bestimmen, welche Auskünfte er in diesem Rahmen verlangen will. Besteht für ihn keinerlei sachliches Interesse an den Auskünften, so steht der Ausübung des Auskunftsrechts § 226 BGB (Schikaneverbot) entgegen. Ist das Interesse des Versenders im Vergleich zu den Kosten oder sonstigen negativen Auswirkungen der Auskunft auf seiten des Spediteurs unverhältnismäßig gering, so kann die Geltendmachung des Auskunftsrechts einen Rechtsmißbrauch im Sinne des § 242 BGB darstellen und daher unzulässig sein.

Die **Rechenschaftspflicht** bezieht sich ebenfalls auf alle Tätigkeiten, insbesondere auf die vom Spediteur eingegangenen Kosten. Für die Rechenschaft gilt § 259 BGB. Danach hat der Spediteur dem Versender eine geordnete Zusammenstellung der Ein- und Ausnahmen zu erteilen und die Belege vorzulegen. Insbesondere sind hier von Bedeutung die vom Spediteur vorgelegten oder aus Vorschüssen des Versenders bezahlten Kosten und Frachten, ferner die eingezogenen Nachnahmen, schließlich die als Schadensersatzleistung von dritter Seite erlangten Gelder. Die Rechenschaftspflicht ist die Grundlage des Herausgabeanspruches des Versenders gegen den Spediteur. Sind die Unterlagen des Spediteurs aus nicht zu vertretenden Gründen vernichtet, so genügt eine geschätzte Abrechnung: KG vom 12. 3. 1949, VRS 1, 141.

9. Einziehung von Nachnahmen **Anm. 53**

Der Spediteur kann durch den Speditionsvertrag oder durch nachträgliche Weisungen, die vor Auslieferung des Gutes erteilt sein müssen, verpflichtet werden, Geldbeträge beim Empfänger für Rechnung des Versenders einzuziehen (Nachnahmen). Auf diese Weise werden insbesondere Kaufpreise (Wertnachnahme) und Versandkosten (Kostennachnahme) eingezogen. Ist ein solcher Nachnahmeauftrag erteilt, so darf der Spediteur, falls ihm die Auslieferung selbst obliegt, das Speditionsgut nicht an den Empfänger ausliefern, ohne den betreffenden Nachnahmebetrag erhalten zu haben. Der Spediteur darf bei Einziehung der Nachnahme anstelle der Barzahlung keinen Wechsel, im Zweifel — soweit nicht abweichende Handelsbräuche bestehen, Senckpiehl BB 1951, 234 — auch keinen Scheck entgegennehmen. Der Scheckkartenscheck innerhalb der Garantiebedingungen der Banken dürfte jedoch heute als Zahlungsmittel unbedenklich sein, da das Risiko seiner Nichthonorierung nur noch sehr gering ist. Der Spediteur darf auch auf den Nachnahmebetrag keine Nachlässe (z. B. Skonto) gewähren, da die Nachnahmeanweisung auf Barzahlung abgestellt ist und daher regelmäßig den Barpreis enthält. War der Empfänger im Verhältnis zum Versender zu Abzügen berechtigt, so kann es sein, daß dem Versender durch das Verhalten des Spediteurs kein Schaden entstanden ist; damit entfällt auch der Ersatzanspruch gegen den Spediteur. Siehe hierzu eingehend Schlegelberger/Schröder Anm. 15a zu § 408 HGB.

Versäumt der Spediteur es, bei Auslieferung die Nachnahme einzuziehen, so haftet er hierfür nach den Regeln der Unmöglichkeit oder positiven Forderungverletzung; siehe Anm. 70. Sieht er bei Auslieferung des Gutes bewußt von der Einziehung der Nachnahme ab, etwa in der Annahme, der Empfänger werde von selbst zahlen, so dürften die Haftungseinschränkungen der ADSp wegen mindestens grober (bewußter) Fahrlässigkeit des Spediteurs selbst oder eines leitenden Angestellten nicht gelten; siehe Anm. 13 vor § 1 ADSp Anhang I zu § 415 HGB; im Ergebnis ähnlich Schlegelberger/Schröder Anm. 15a zu § 408, der aber den Vorsatzbegriff zu sehr ausweitet. Versäumt ein ausliefernder Erfüllungsgehilfe (z. B. ein Fahrer) des Spediteurs die Erhebung der Nachnahme, so kann ein grobes Organisationsverschulden des Spediteurs oder eines leitenden Angestellten vorliegen, so daß auch in diesem Fall die Haftungsbeschränkungen der ADSp nicht eingreifen.

Soll die Auslieferung durch eine dritte Person erfolgen, z. B. durch den vom Spediteur zu beauftragenden Frachtführer, Zwischenspediteur oder Lagerhalter, so darf der Spediteur keinen Vertrag mit dem Dritten schließen, der nicht die Nachnahmeverpflichtung enthält. Er hat durch die entsprechenden Mitteilungen und Anweisungen an den Frachtführer, Zwischenspediteur oder Lagerhalter die Einziehung der Nachnahme sicherzustellen. Beispiel für einen Fall ungenügender Sorge für die Ausführung der Nachnahmeanweisung: RGZ 13, 60. Der Spediteur muß in diesem Fall die Nachnahme seinerseits vom Frachtführer bzw. Zwischenspediteur oder Lagerhalter einziehen. Der Spediteur haftet nach § 408 Abs. 1 HGB nur für die sorgfältige Auswahl eines Zwischenspediteurs oder einer Bank, der er die Einziehung einer Nachnahme in Übereinstimmung mit dem Speditionsvertrag überträgt: RGZ 109, 299ff. Siehe zu den Pflichten des Zwischenspediteurs Anm. 3f. zu § 411 HGB.

Die versäumte Nachnahmeerhebung fällt unter die Speditionsversicherung. Siehe aber BGH vom 19. 12. 1969, VRS 38, 254, der die Versäumung der Nachnahmeerhebung für Güter, die beim Zwischen- (Empfangs-)spediteur lagerten, nicht unter die

Speditionsversicherung des Hauptspediteurs fallen ließ. Der österreichische OGH vom 13. 5. 1969, VersR 1971, 679ff. ließ im Fall einer versäumten Nachnahmeerhebung dem Spediteur den Schutz des § 41a AÖSp nicht zukommen, weil die Speditionsversicherung den Schaden nicht voll deckte. Siehe Anm. 3 zu § 41 ADSp, Anhang I nach § 415 HGB.

Ein Spediteurfehler kann auch darin liegen, daß der Spediteur den Inkassoauftrag verspätet weitergibt, so daß zwar die Auslieferung unterbleibt, aber wegen der Verzögerung der Empfänger nicht mehr zahlt; OLG Hamburg, VersR 1963, 36f.

Zur Herausgabepflicht hinsichtlich der durch die Nachnahme erlangten Beträge siehe Anm. 56.

Anm. 54 **10. Mängelrüge und Untersuchung des Guts durch den Spediteur**

Häufig erhält der Spediteur die zu versendenden Güter nicht vom Versender, sondern von einem Dritten, z. B. unmittelbar vom Vorlieferanten des Versenders, als Empfangsspediteur vom Hauptspediteur oder vom Frachtführer. Im letzteren Falle hat der Spediteur nach ausdrücklicher Verweisung des § 407 Abs. 2 HGB auf § 388 Abs. 1 HGB die äußerlich feststellbaren Mängel gegenüber dem Frachtführer oder Schiffer zu rügen; siehe Krien/Hay, Anm. 4 zu § 16 ADSp; RGZ 114, 308ff.: Unterlassene Zählung der Frachtstücke bei Empfangnahme von der Bahn. Hierbei handelt es sich um die Erfüllung der frachtrechtlichen Rügeobliegenheiten aus dem betreffenden Vertrag, als dessen Empfänger der Spediteur fungiert: § 438 Abs. 1 HGB; § 39 Abs. 1 KVO; § 22 Abs. 1 AGNB; § 60b ADSp; im Eisenbahnrecht § 93 Abs. 1 EVO, Art. 46 § 1 CIM; in der Binnenschiffahrt § 61 BSchG; im Seerecht § 611 Abs. 3 HGB; im Luftrecht §§ 47, 40 LuftVG und Art. 26 Abs. 1 WA (siehe unten die Anhänge nach § 452 HGB). Siehe hierzu im einzelnen Helm, Haftung, S. 165—167. § 388 Abs. 1 wird durch §§ 16 a S. 2, 59 S. 2 ADSp ausdrücklich aufrecht erhalten. Diese Rügeobliegenheit belastet insbesondere den Empfangsspediteur (siehe oben Anm. 4) mit erheblicher Verantwortung. Da er Empfänger der Güter im Sinne der betreffenden Frachtverträge ist, würde die Unterlassung der frachtrechtlichen Rüge erkennbarer Verluste und Beschädigungen von Frachtgut den Verlust von Schadensersatzansprüchen bzw. eine wesentliche Verschlechterung der haftungsrechtlichen Position des Versenders oder sonstigen Geschädigten bewirken. Auch fällt die Rüge erkennbarer Transportschäden durchaus in den Kenntnisbereich des Spediteurs. Daher gehört es zu den Aufgaben des Empfangsspediteurs, alle frachtrechtlichen Rügen fristgemäß zu erheben.

Eine Pflicht zur Untersuchung der Ware und Mängelrüge nach §§ 377, 378 HGB übernimmt der Spediteur durch den Speditionsvertrag allerdings in der Regel nicht. In § 388 Abs. 1 ist eine solche kaufrechtliche Rüge nicht erwähnt. Sie kann sich also allenfalls nach der allgemeinen Interessewahrnehmungspflicht des Spediteurs ergeben. Bei der Rüge erkennbarer Sachmängel muß berücksichtigt werden, daß dem Spediteur, der Güter aller Art versendet, die erforderlichen branchenspeziellen Kenntnisse und technischen Möglichkeiten zum Erkennen von Kaufmängeln nicht zur Verfügung stehen. Er braucht somit allenfalls diejenigen Mängel zu rügen, die mit der Sorgfalt eines ordentlichen Spediteurs ohne spezielle Branchenkunde zu erkennen waren. § 16a S. 1 ADSp beschränkt die eventuelle Untersuchungspflicht des Spediteurs ausdrücklich auf das Geschäftsübliche, wenn keine andere schriftliche Vereinbarung vorliegt. Im übrigen kann sich nach richtiger Auffassung die Beschränkung der Rügepflicht des Spediteurs auch nicht zum Nachteil des Käufers auswirken. Denn die Rügepflicht nach § 377 HGB beginnt mit der Ablieferung an den Käufer. Ablieferung in diesem Sinne ist der Zeitpunkt, an dem für den Käufer die Möglichkeit besteht, die Ware selbst zu untersuchen; siehe hierzu und zum folgenden Anm. 4 zu § 377 HGB.

Wird die Ware an den von der Verkäuferseite, auch vom Spediteur des Verkäufers bestimmten Empfangsspediteur (Adreßspediteur, siehe oben Anm. 4) abgeliefert, so ist die Ware noch nicht in den Machtbereich des Empfängers/Käufers gelangt; die Rügepflicht beginnt noch nicht zu laufen. Dagegen beginnt sie mit der Ablieferung an den vom Empfänger/Käufer beauftragten Vollmachtspediteur (Hausspediteur, siehe Anm. 4). Der Vollmachtspediteur muß seinen Auftraggeber, den Käufer benachrichtigen, dieser muß die Untersuchung, soweit sie bereits technisch möglich ist, selbst vornehmen. Untersuchung und Rüge müssen nach §§ 377 HGB, 121 BGB unverzüglich,

d. h. ohne schuldhaftes Zögern erfolgen. Der Käufer handelt danach noch unverzüglich, wenn er nach Erhalt der Nachricht die Untersuchung umgehend einleitet. Versäumt der Spediteur die Benachrichtigung des Käufers/Empfängers, so ist dies allerdings dem Käufer nach § 278 BGB zuzurechnen, so daß die Rügefrist verstrichen ist. In diesem Falle ist die Nichtbenachrichtigung des Auftraggebers ein folgenschwerer Verstoß gegen die Sorgfaltspflicht des Vollmachtspediteurs und macht ihn gegenüber seinem Auftraggeber haftbar.

Zusammenfassend gilt somit folgendes: Der Spediteur hat in jedem Falle die frachtrechtlichen Rügen vorzunehmen. Zur kaufrechtlichen Rüge ist er nicht verpflichtet. Er hat jedoch, soweit er im Auftrag des Käufers tätig ist, diesen unverzüglich zu benachrichtigen, um ihm die Untersuchung und Rüge zu ermöglichen.

11. Pflicht zur Herausgabe erlangter Gegenstände **Anm. 55**

Nach §§ 675, 667 BGB hat der Spediteur als Geschäftsbesorger alles herauszugeben, was er zur Ausführung der Spedition oder aus deren Ausführung erhält. Das Speditionsrecht enthält hierzu keine besonderen Vorschriften; im Kommissionsrecht wiederholt § 384 Abs. 2, Halbs. 2 nur teilweise den Inhalt des § 667 BGB. Doch besteht kein Zweifel, daß die Nichterwähnung der Pflicht zur Herausgabe des „zur Ausführung Erhaltenen" in § 384 Abs. 2 Halbs. 2 nicht die Bedeutung hat, insoweit § 667 BGB auszuschließen. Somit verbleibt es für den Speditionsvertrag wie für den Kommissionsvertrag voll bei der Regelung des § 667 BGB; siehe oben Anmerkung 16.

Die Herausgabepflicht ist nicht in das Synallagma des Speditionsvertrages eingebunden. Daher gelten für sie nicht die Vorschriften der §§ 320—327 BGB. Vielmehr regelt sich ein etwaiges Zurückbehaltungsrecht des Spediteurs nach § 273 BGB — soweit nicht sogar ein Spediteurpfandrecht nach §§ 410 HGB, 50 ADSp besteht. Im Falle der Unmöglichkeit oder des Verzugs der Herausgabe gelten §§ 280, 286 BGB.

a) Der Spediteur hat herauszugeben, **was er zur Ausführung der Spedition erlangt hat.** Hierzu gehören außer dem Speditionsgut selbst die etwa eingenommenen unverbrauchten Vorschüsse, alle Dokumente, die dem Spediteur zur Besorgung der Beförderung übergeben worden sind, und die nach Geschäftsüblichkeit zurückzugebenden Verpackungsmaterialien (Schlegelberger/Schröder, Anm. 10 zu § 407 HGB).

b) Der Spediteur hat ferner alles herauszugeben, **was er aus der Geschäftsbesorgung erlangt.** **Anm. 56** Hierzu gehören vor allem die Schadensersatzansprüche wegen Verlust und Beschädigung von Gütern, die der Spediteur gegen den Frachtführer oder Zwischenspediteur und aus dem von ihm abgeschlossenen Fracht- oder Speditionsvertrag hat, sowie alle anderen Ersatzansprüche gegen Dritte; diese Ansprüche hat der Spediteur an den Versender abzutreten, Beispielsfall: RGZ 109, 282 (291 ff.). § 52a ADSp wiederholt somit nur, was ohnehin kraft Gesetzes bereits gilt. Schon empfangene Ersatzleistungen hat der Spediteur an den Versender abzuführen.

Das gleiche gilt für Versicherungsansprüche, insbesondere aus der Transportversicherung, die der Spediteur in eigenem Namen für Rechnung des Versenders abgeschlossen hat (siehe oben Anm. 11, 50). Ansprüche aus der Speditionsversicherung stehen dem Versender unmittelbar gegen den Versicherer zu, bedürfen also keiner Abtretung. Schließlich hat der Spediteur auch die aus der Einziehung von Nachnahmen erlangten Beträge abzuführen. Ist die Pflicht zur Erhebung der Nachnahme an den ausliefernden Frachtführer weitergegeben worden, so hat der Spediteur den Anspruch auf Abführung der eingezogenen Beträge bzw. den Anspruch auf Schadensersatz wegen Nichterhebung der Nachnahme gegen den Frachtführer, an den Versender abzutreten.

Auch die dem Spediteur etwa erfüllungshalber oder zur Sicherheit für die abzutretenden Ansprüche übertragenen Gegenstände, z. B. Wechsel, muß der Spediteur mit an den Versender herausgegeben.

Inwieweit der Spediteur Frachtersparnisse und -rabatte an den Versender abzugeben hat, regelt sich nach §§ 408 Abs. 2, 412 Abs. 2, 413 Abs. 2 S. 2 HGB. Grundsätzlich sind Ersparnisse an Fracht an den Versender abzuführen. Dies gilt jedoch für die Fälle des Selbsteintritts (§ 412 Abs. 2, 2. Halbs. HGB) und der Versendung per Sammelladung (§ 413 Abs. 2 S. 2 HGB) nur in modifizierter Form. Siehe die dortige

Kommentierung. Auch andere Kostenvorteile als Frachtersparnisse hat der Spediteur an den Versender weiterzugeben, §§ 407 Abs. 2, 387 HGB; siehe oben Anm. 16.

Anm. 57

IV. Die Haftung des Spediteurs

1. Allgemeine Übersicht

Die Haftung des Spediteurs ist sehr unterschiedlich ausgestaltet. Je nachdem, ob die ADSp eingreifen und ob die Speditionsversicherung gedeckt ist, liegt eine vollständig verschiedene Rechtslage vor (siehe oben Anm. 15).

Im weitaus häufigsten Fall ist die **Haftung** des Spediteurs nach § 41 ADSp **durch die Speditionsversicherung ersetzt.** Der Spediteur haftet danach überhaupt nicht. Die Ansprüche des Versenders gegen den Speditionsversicherer richten sich gemäß § 3 SVS, Nr. 2 S. 2 Sped.-Police nach den für die Spediteurhaftung geltenden gesetzlichen Bestimmungen. Jedoch beschränken die aus den Bedingungen der Speditionsversicherung sich ergebenden Leistungsgrenzen die Risikodeckung ganz erheblich; siehe Anm. 1 zu §§ 39, 40 ADSp, Anh. I nach § 415.

Nicht selten werden zwar die ADSp vereinbart, der Kunde verbietet jedoch die Speditionsversicherung, weil er die Prämie sparen will (sogenannter „Verbotskunde"). In solchen Fällen haftet der Spediteur nach den Regeln der ADSp nur sehr eingeschränkt. Das gleiche gilt, wenn die Speditionsversicherung zwar vom Spediteur gedeckt ist, aber aus sonstigen Gründen nicht tatsächlich eingreift, etwa bei den Ausschlüssen des § 5 SVS. Siehe dazu Anm. 1 zu §§ 39, 40 ADSp, Anhang I nach § 415. Sind ganz ausnahmsweise die ADSp nicht dem Vertrag zugrunde gelegt — was wohl praktisch nur bei Gelegenheitsspediteurtätigkeit von Nichtberufsspediteuren nach § 415 HGB vorkommt — so gilt die gesetzliche Regelung für die Haftung des Spediteurs. Diese Haftungsregelung greift auch dann ein, wenn der Spediteur zwar die ADSp vereinbart, es aber vertragswidrig unterlassen hat, die Speditionsversicherung zu decken. Dann ist es ihm nach § 41c ADSp verwehrt, sich auf die ADSp zu berufen, so daß die gesetzliche Regelung eingreift.

Somit kann zusammenfassend gesagt werden:

(1) Die Haftungsregelung der ADSp wird wirksam, wenn diese, wie im Regelfall gegeben, vereinbart sind, und wenn der Kunde die Speditionsversicherung untersagt (Verbotskunde), ferner wenn die Speditionsversicherung aus anderen Gründen nicht eingreift.

(2) Die gesetzliche Regelung gilt:

a) unmittelbar zwischen Spediteur und Versender, wenn die ADSp nicht vereinbart sind, oder wenn der Spediteur vertragswidrig die Speditionsversicherung nicht gedeckt hat.

b) mittelbar als Bemessungsgrundlage für die Schadensersatzansprüche des Versenders gegen den Speditionsversicherer.

Für alle Haftungsfälle gemeinsam gelten, soweit nicht Sonderregeln bestehen, die allgemeinen Normen des Haftpflichtrechts (§§ 249ff. BGB). Besonders zu erwähnen ist die häufig vorkommende Drittschadensliquidation. Der Versender ist beim Speditionsvertrag sehr häufig nicht selbst Eigentümer des Guts, z. B. als Kommissionär oder Spediteur oder bei Waren, die unter Eigentumsvorbehalt stehen. Auch kann das Schadensrisiko bereits bei Übergabe des Guts an den Spediteur auf den Käufer übergegangen sein, z. B. nach § 447 BGB. In diesen Fällen wird vom Handelsrecht die Schadensliquidation im Drittinteresse sehr großzügig zugelassen. Vgl. Helm, Haftung für Schäden an Frachtgütern, 1966, S. 163f.; RGZ 62, 331ff.; 75, 169 (172); 90, 240 (246); 109, 288 (292f.).

Anm. 58

2. Die vertragliche Haftung nach den gesetzlichen Vorschriften.

a) Haftung für Verlust und Beschädigung des Speditionsguts

Diese ist nach §§ 407 Abs. 2, 390 HGB wie die des Kommissionärs **Haftung für vermutetes Verschulden.** Danach ist der Spediteur für Verlust und Beschädigung des in seiner Verwahrung befindlichen Guts verantwortlich. Er ist jedoch von der Haftung befreit, wenn er behauptet und bei Bestreiten nachweist, daß der Verlust oder die Beschädigung auf Gründen beruht, die durch die Sorgfalt eines ordentlichen Kaufmanns nicht abgewendet werden konnten. Im einzelnen:

aa) Zur Versendung übergebenes Gut **Anm. 59**

Unter § 390 HGB fällt nur das dem Spediteur zur Versendung übergebene Gut. §§ 407 Abs. 2, 390 HGB betreffen auch nur die eigentlichen Speditionsgeschäfte des Spediteurs. Für die Haftung aus Fracht- und Lagervertrag des Spediteurs gelten andere Regelungen.

bb) In der Verwahrung des Spediteurs befindlich **Anm. 60**

Das Gut muß sich im Zeitpunkt der Schädigung in der „Verwahrung" des Spediteurs befunden haben. Es handelt sich daher um eine „Obhutshaftung", die nur für die Dauer der Obhut des Spediteurs („Obhutszeit") gilt. Entsprechend den für den Frachtvertrag entwickelten Definitionen beginnt diese Verwahrung oder Obhut mit der Erlangung der tatsächlichen Sachherrschaft durch den Spediteur oder dessen Besitzdiener (§ 855 BGB). Der Beginn der Verwahrung deckt sich somit mit der frachtrechtlichen „Annahme". Die Verwahrung endet mit der vertragsgemäßen „Ablieferung" an den Frachtführer, die Eisenbahn etc. oder an den Empfänger, den Versender selbst oder die sonst vertraglich bestimmte Person. Siehe zu den Einzelheiten der „Annahme" und der „Ablieferung" die Anm. zu § 429 HGB.

Maßgeblich ist der Zeitpunkt der Schadensverursachung. Ist ein Schaden während der Obhutszeit verursacht, aber erst später eingetreten, so fällt er noch unter die Haftung nach § 390 HGB; ist er dagegen vor der Obhutszeit bereits verursacht und hat sich nur während ihrer Dauer verwirklicht, so haftet der Spediteur nicht nach § 390 HGB.

cc) Verlust oder Beschädigung **Anm. 61**

Der Anspruch aus §§ 407 Abs. 2, 390 HGB gilt nur für Fälle von Verlust oder Beschädigung des Speditionsguts. Verlust ist nicht nur die Unauffindbarkeit, sondern auch jede vollständige Zerstörung des Guts, RGZ 70, 174 (175); ferner die Auslieferung an einen Nichtberechtigten, BGH vom 5. 2. 1962, BGHZ 36, 329ff. (betr. Seefrachtrecht); vom 29. 10. 1962, VersR 1963, 45 (46) (Lagerrecht, insoweit in BGHZ 38, 183ff. nicht abgedruckt); OLG Hamburg, VersR 1964, 401; nach RGZ 94, 97 (100) auch die Auslieferung an den Empfänger ohne Einhaltung der vom Absender vorgeschriebenen Auslieferungs- (Nachnahme-)bedingungen (zweifelhaft). Beschädigung ist jede nachteilige substantielle Veränderung. Analog dem Verlust ist die endgültige Beschlagnahme durch Behörden (vor allem ausländische) zu behandeln. Bei vorübergehender Beschlagnahme könnte man § 390 HGB wegen mancher Ähnlichkeit mit dem Fall der Beschädigung anwenden. Näher liegt es jedoch, die Ansprüche des Versenders in diesem Fall nach der Regelung des Schuldnerverzuges zu bestimmen. Denn der Spediteur kommt in diesem Falle mit der Erfüllung seiner Herausgabepflicht in Verzug, so daß der Verzugsschaden nach § 286 Abs. 1 BGB zu ersetzen ist. Die Beweislast ist auch in diesem Fall nicht ungünstiger für den Versender, da bei Verzug nach § 285 BGB ebenfalls das Verschulden vermutet wird.

Siehe zu den Begriffen des „Verlustes" und der „Beschädigung" im einzelnen die Anmerkungen zu § 429 HGB.

dd) Entlastung durch Nachweis des Nichtverschuldens **Anm. 62**

Nach der gesetzlichen Regelung des § 390 HGB braucht der Versender zur Begründung des Schadensersatzes nur das Bestehen des Speditionsvertrags und die Voraussetzungen zu aa)—cc) zu behaupten und ggf. nachzuweisen. Der Spediteur kann sich jedoch von der Haftung befreien durch den Nachweis, daß der Verlust oder die Beschädigung auf Umständen beruht, die durch die Sorgfalt eines ordentlichen Kaufmanns nicht abgewendet werden konnten. Der Entlastungsbeweis geht also dahin, daß kein vom Spediteur oder seinen Erfüllungsgehilfen verschuldeter Umstand die Ursache des Verlustes oder der Beschädigung gewesen ist. Der Beweis ist an sich bereits dann geführt, wenn bei Berücksichtigung aller denkbaren Schadensursachen keine vom Spediteur zu vertretende Handlung als Ursache in Betracht kommt. In aller Regel wird ein solcher negativer Nachweis am ehesten dadurch geführt werden können, daß die wirkliche Schadensursache aufgeklärt und die Kausalität zwischen dieser Ursache und dem Verlust oder der Beschädigung nachgewiesen wird. Bleibt die Schadensursache ungeklärt und kann auch nicht mit Sicherheit ausgeschlossen werden, daß kein vom Spediteur zu vertretender Umstand ursächlich gewesen ist, so verbleibt es bei der Haftung des Spediteurs.

War das Handeln einer dritten Person mit ursächlich, so kann sich der Spediteur durch den Nachweis entlasten, daß diese Person nicht unter § 278 BGB fällt, oder daß sie die Sorgfalt eines ordentlichen Kaufmanns beachtet habe. Zu der Frage, für wessen Handeln der Spediteur nach § 278 BGB einzustehen hat, siehe Anm. 75.

Der Hauptspediteur haftet grundsätzlich (§ 52a ADSp soll hier zunächst außer Betracht bleiben) für Verschulden des Unterspediteurs, da dieser ursprüngliche Pflichten des Hauptspediteurs erfüllt, nicht dagegen für Verschulden des Zwischenspediteurs; bei diesem schuldet der Spediteur nur die sorgfältige Auswahl; siehe oben Anm. 5, 9.

Gelingt dem Spediteur der Nachweis einer außerhalb seiner Verantwortung liegenden Schadensursache, so erstreckt sich seine Entlastungspflicht auch auf die Möglichkeit eines zusätzlichen haftungsbegründenden Verschuldens (z. B. unzureichende Maßnahmen zur Verhinderung oder Geringhaltung eines an sich nicht vom Spediteur verschuldeten Schadens).

Anm. 63

aaa) Schadensursache und Kausalität im besonderen

§ 390 HGB spricht nur von **Umständen, die** durch die Sorgfalt eines ordentlichen Kaufmanns **nicht abgewendet werden konnten.** Es ist jedoch unstreitig, daß die Haftung des Spediteurs auch dann eingreift, wenn zwar der Umstand als solcher nicht abgewendet werden konnte (z. B. Hochwasser oder Regen), wohl aber die schädlichen Auswirkungen durch geeignete Vorkehrungen hätten verhindert werden können.

Die Ursache kann in einem außerhalb menschlichen Handelns liegenden Umstand zu sehen sein (z. B. Versagen einer technischen Einrichtung etwa eines Kfz, einer Kühlanlage, einer Verladeeinrichtung oder auch in Witterungsumständen wie Hochwasser, Frost usw.). In allen diesen Fällen besteht jedoch die Möglichkeit, daß menschliches Verhalten mitgewirkt hat; z. B. bei Unterlassen turnusgemäßer Kontrollen technischer Einrichtungen; unzureichenden Vorkehrungen zur Abwehr vorhersehbarer Witterungseinflüsse. Alle solchen Handlungen genügen, wenn sie ursächlich für den Verlust oder die Beschädigung und schuldhaft sind, um eine Entlastung des Spediteurs auszuschließen.

Inwieweit die Kausalität durch die noch herrschende, aber immer stärker umstrittene Adäquanztheorie eingeschränkt wird, ist mehr von theoretischer Bedeutung. Praktisch sind inadäquate Kausalverläufe nicht mit der Sorgfalt eines ordentlichen Kaufmanns vorhersehbar oder abwendbar, so daß der Entlastungsbeweis in diesem Fall mindestens im Bereich des Verschuldens gelingen wird.

Sind mehrere Ursachen nebeneinander wirksam geworden, so wird es darauf ankommen, ob der vom Spediteur zu vertretende Umstand für den ganzen Schaden kausal ist, daß also der Schaden ohne Vorliegen dieses Umstandes überhaupt nicht eingetreten wäre. In diesem Fall mißlingt dem Spediteur die Entlastung. Würde der Schaden zu einem Teil auch ohne den vom Spediteur zu vertretenden Umstand eingetreten sein, — so besonders, wenn der Spediteur es nur versäumt hat, den Schaden gering zu halten — dann kann der Entlastungsbeweis teilweise gelingen.

Liegt Mitverursachung auf seiten des Versenders oder ihm zuzurechnender Personen vor, so gilt § 254 BGB. Siehe dazu Anm. 91.

Übernimmt es der Spediteur im Einverständnis mit dem Versender, eine gewagte Versendung durchzuführen, so haftet er nicht für das sich daraus ergebende Risiko, da ein entsprechender stillschweigender Haftungsausschluß angenommen werden muß; RGZ 104, 387ff. für eine Versendung z. Zt. der französischen Rheinlandbesetzung.

bbb) Verschulden Anm. 64

Der Spediteur muß nachweisen, daß ihn und seine Erfüllungsgehilfen bzw. gesetzlichen Vertreter im Sinne des § 278 BGB hinsichtlich der schadensverursachenden Umstände kein Vorsatz und keine Fahrlässigkeit trifft. Für den Fahrlässigkeitsmaßstab gilt § 347 HGB; siehe oben Anm. 38.

ee) Verjährung Anm. 65

Die Ansprüche gegen den Spediteur unterliegen nach § 414 HGB der einjährigen Verjährung.

b) Die Haftung für Nichtbefolgung von Weisungen des Versenders, §§ 407 Abs. 2, 385 Abs. 1 HGB Anm. 66

Für den Fall der Nichtbefolgung von Weisungen des Versenders sieht § 385 Abs. 1 HGB eine doppelte Sanktion vor: Haftung des Spediteurs und Zurückweisungsrecht des Versenders hinsichtlich der weisungswidrigen Vertragsschlüsse des Spediteurs.

aa) Voraussetzungen Anm. 67

§ 385 Abs. 1 HGB sieht als einzige Voraussetzung vor, daß der Kommissionär (hier: Spediteur) nicht gemäß den Weisungen des Kommittenten (hier: Versender) gehandelt hat; siehe zum Weisungsrecht selbst oben Anm. 37. Welche einengenden Voraussetzungen zusätzlich gegeben sein müssen, ist jedoch sehr zweifelhaft und zumindest für die Folge der Haftung in der Literatur stark umstritten (siehe dazu die Anm. zu § 385 HGB).

Einen Fall der Nichtbefolgung von Weisungen entscheidet der BGH im Urt. v. 3. 2. 1953, BGHZ 9, 1ff., ohne auf § 385 einzugehen.

Unstreitig scheint zunächst zu sein, daß für das Recht zur Zurückweisung des Geschäfts kein Verschulden des Spediteurs bei der Nichtbefolgung von Weisungen erforderlich ist. Für die Folge der Schadensersatzhaftung wird jedoch allgemein Verschulden des Spediteurs oder eines Gehilfen (§ 278 BGB) als zusätzliche Voraussetzung gefordert. Keine Klarheit herrscht in der Literatur über die Beweislast. Jedoch sollte die Regelung für den Versender zumindest nicht ungünstiger gestaltet werden, als sie bei der ohne § 385 Abs. 1 HGB eintretenden Haftung aus positiver Forderungsverletzung läge: Demnach hätte sich der Spediteur insoweit zu entlasten, als sich die Vorgänge in seinem Einfluß- und Risikobereich abgespielt hätten. Ihm müßte also die Klärung obliegen, ob er oder einer seiner Gehilfen schuldhaft gehandelt hat. Legt man diese Auffassung der weiteren Erörterung zugrunde, so ist allerdings § 385 Abs. 1 HGB in bezug auf die Schadensersatzverpflichtung bedeutungslos, da sie in Voraussetzung und Folge der positiven Vertragsverletzung entspricht. Dies ist jedoch kein zwingendes Argument gegen die vorgeschlagene Auslegung des § 385 Abs. 1 HGB, da zu seiner Entstehungszeit die Haftung aus positiver Vertragsverletzung noch nicht bekannt war und er zum mindesten zur Klarstellung der Haftungsfrage von Bedeutung sein konnte.

bb) Folgen Anm. 68

aaa) Schadensersatz

Der Versender kann vom Spediteur Ersatz des aus der Nichtbefolgung der Weisungen entstehenden Schadens verlangen. Diese Folge entspricht der, die auch nach allgemeinem Schuldrecht, insbesondere bei positiver Vertragsverletzung, eintreten würde.

bbb) Zurückweisungsrecht des Versenders

Wahlweise kann der Versender auch das vom Spediteur abgeschlossene Ausführungsgeschäft zurückweisen („nicht für seine Rechnung gelten lassen"). Der Versender ist gegenüber dem Dritten nicht als Partner des Ausführungsgeschäfts gebunden, weil der Spediteur es in eigenem Namen abschließt. Das Zurückweisungsrecht bezieht sich somit nur auf das Verhältnis zwischen Versender und Spediteur. Es schließt ein:

Nichtauslieferung des Guts an den Frachtführer, Nichterstattung der Kosten des Spediteurs aus dem weisungswidrigen Geschäft, evtl. auch Ablehnung der durch die weisungswidrige Ausführung entstandenen Kosten: RGZ 114, 378; a. A. ohne Begründung Senckpiehl, S. 103.

Das Zurückweisungsrecht des Versenders erlischt mit der (auch stillschweigend möglichen) Genehmigung des Versenders. Es ist ferner durch den Grundsatz von Treu und Glauben eingeschränkt. Ist dem Versender durch das Abweichen des Spediteurs von den Weisungen keinerlei Nachteil erwachsen, so ist die Zurückweisung rechtsmißbräuchlich. Das gleiche gilt, wenn die Abweichung von der Weisung zwar finanziell nachteilig ist, der Spediteur aber bereit ist, die Kostendifferenz zu übernehmen (§§ 407 Abs. 2, 386 Abs. 2).

ccc) Konkurrenz zwischen Schadensersatz und Zurückweisung

Der Versender kann beide Rechte, Schadensersatz und Zurückweisung, nebeneinander geltend machen. Er kann also z. B. wenn der Spediteur das Gut weisungswidrig per Luftfracht statt per Bahn versendet, die Bezahlung der Mehrkosten verweigern und den durch die Luftfrachtversendung entstandenen Schaden ersetzt verlangen.

Anm. 69 **ddd) Verjährung**

Die Ansprüche des Versenders verjähren, soweit sie unter § 414 HGB fallen, in einem Jahr, im übrigen nach § 195 BGB in 30 Jahren. § 196 Ziff. 1 BGB paßt nicht, da es sich nicht um Vergütungsansprüche handelt. Im Regelfall ist außerdem die Verjährung von Ansprüchen gegen den Spediteur durch § 64 ADSp verkürzt. Siehe dort, Anhang I nach § 415 HGB.

Anm. 70 **c) Haftung nach allgemeinem Schuldrecht**

Außer §§ 390 und 385 Abs. 1 HGB enthält die gesetzliche Regelung der Spediteurhaftung keine speziellen Haftungsnormen. Alle anderen Fälle von Vertragsverletzungen des Spediteurs müssen daher nach den Regeln des allgemeinen Schuldrechts über Leistungsstörungen beurteilt werden.

aa) Unmöglichkeit

Kann der Spediteur die versprochene Besorgung der Beförderung nicht ausführen, weil er keinen entsprechenden Beförderer findet, der bereit ist, die Beförderung zu übernehmen, so haftet er im Verschuldensfall — d. h. wenn er die Möglichkeit vorher nicht ordnungsgemäß geprüft hatte — wegen Unvermögens der Vertragserfüllung; BGH vom 12. 1. 1966, VersR 1966, 461 (464). Weiterer Fall der Unmöglichkeit OLG Freiburg, JZ 1951, 223 (225). Die Beweislast für das Nichtverschulden trifft nach § 282 BGB den Spediteur.

bb) Schuldnerverzug

Der Spediteur kommt spätestens mit einer Mahnung des Schuldners nach § 284 Abs. 1 BGB, bei terminierten Geschäften auch ohne Mahnung in Schuldnerverzug, wenn er die Versendung nicht rechtzeitig ausführt. Dabei wird das Verschulden des Spediteurs nach § 285 BGB vermutet. Für die Leistungsfähigkeit seines Betriebes hat der Spediteur grundsätzlich einzustehen. Im Falle einer Überlastung steht es bei ihm, die nicht pünktlich ausführbaren Aufträge abzulehnen oder einen späteren Zeitpunkt für ihre Ausführung mit dem Versender zu vereinbaren. Ist der Schuldnerverzug eingetreten, so hat der Spediteur neben der Erfüllung nach § 286 Abs. 1 BGB den Verspätungsschaden zu ersetzen. Bezieht sich der Verzug auf eine Hauptpflicht des Spediteurs, schließt dieser z. B. das Ausführungsgeschäft nicht rechtzeitig ab, so kann der Versender nach Fristsetzung und Ablehnungsandrohung (§ 326 Abs. 1 BGB) oder bei Interessewegfall (§ 326 Abs. 2 BGB) vom Speditionsvertrag zurücktreten oder Schadensersatz wegen Nichterfüllung des ganzen Vertrages verlangen. Ist der Spediteur mit der Erfüllung einer (nicht synallagmatischen) Nebenpflicht in Verzug, so bestimmen sich die Rechte des Versenders nach § 286 Abs. 2 BGB.

An dieser Rechtslage ändert auch § 17 ADSp nichts, der die Gewährleistung von Verlade- und Lieferfristen mangels besonderer Vereinbarung ausschließt; siehe die Anm. zu § 17 ADSp, Anhang I nach § 415 HGB.

cc) Positive Vertragsverletzung

Jede Schlechterfüllung der Spediteurpflichten, ggf. auch die Nichterfüllung sekundärer Nebenpflichten kann positive Vertragsverletzung sein und Ansprüche des Versenders auf Schadensersatz, evtl. ein Rücktrittsrecht begründen. Die Frage, in welchen Fällen bei Nichterfüllung von Nebenpflichten Schuldnerverzug mit der Folge des § 286 Abs. 1 und 2 BGB oder positive Forderungsverletzung vorliegt, ist im allgemeinen Schuldrecht kaum geklärt (vgl. Köpke, Typen der positiven Vertragsverletzung, 1965) und kann daher auch nicht für das Speditionsrecht speziell entschieden werden. Sie ist vor allem im Hinblick auf die Erforderlichkeit einer Mahnung von Bedeutung, da bei positiver Forderungsverletzung Schadensersatzrechte auch ohne vorherige Mahnung gegeben sind. Von der praktischen Seite wird man ohne Mahnung als positive Forderungsverletzung alle Pflichtwidrigkeiten des Spediteurs zu sehen haben, die sich nicht als Nichterfüllung einer konkreten Erwartung des Versenders darstellen, bei denen also der Versender weder Anlaß noch Möglichkeit zur Mahnung hat.

Beispiele für positive Forderungsverletzung: Verstoß des Zwischenspediteurs gegen die durch § 411 Abs. 1 HGB begründete Pflicht zur Ausübung der Rechte des Vormanns; Verursachung einer Beschlagnahme durch Nichtmitführen des erforderlichen Warenbegleitscheins: BGH vom 20. 12. 1956, VersR 1957, 192; Auslieferung des Guts an den falschen Empfänger mit negativen Folgen für den Verkäufer/Versender: RGZ 62, 331ff. (noch nicht als positive Forderungsverletzung bezeichnet); mangelhafte Verladung von Apparaten ohne Verpackung in den Waggon, KG, VersR 1967, 446 (447); verspätete Weitergabe eines Inkassoauftrags: OLG Hamburg, VersR 1963, 36f.

dd) Verschulden bei Vertragsschluß

Wie bei anderen Verträgen kommt eine Haftung des Spediteurs für Verschulden bei Vertragsschluß in Betracht. Ob man mit dem OLG Düsseldorf, RdK 1950, 76 eine Pflicht zur Aufklärung des Auftraggebers über die Haftungsbeschränkungen annehmen kann, ist zweifelhaft; dagegen LG Hannover mit zustimmender Anmerkung von Holtfort; Schlegelberger/Schröder Anm. 11f. zu § 407. Jedoch können Falschinformationen, die zur Erteilung nicht sachdienlicher Speditionsaufträge führen, jedenfalls eine Haftung des Spediteurs begründen. Dies kann dazu führen, daß der Spediteur sich im Hinblick auf sein Verschulden beim Vertragschluß auf Haftungsbeschränkungen der ADSp nicht berufen kann.

ee) Verjährung

Es gilt grundsätzlich die 30jährige Verjährung des § 195 BGB. Für Verspätungsschäden greift die einjährige Frist des § 414 HGB ein.

3. Die Haftung nach den ADSp Anm. 71

Soweit nicht die Haftung des Spediteurs nach § 41a ADSp gänzlich durch die Speditionsversicherung ausgeschlossen ist (siehe oben Anm. 14, 15, 57), ist sie jedoch durch die übrigen Bestimmungen der ADSp so stark eingeschränkt, daß man wegen der Vielzahl sich überlagernder Klauseln fast von völligem Ausschluß der Haftung sprechen kann. Die Haftungseinschränkungen der ADSp gelten grundsätzlich für alle vertraglichen Ansprüche gegen den Spediteur, nach § 63 ADSp auch für außervertragliche. Die Haftungsregelung der ADSp wird im folgenden nur skizziert. Hinsichtlich der Einzelheiten siehe die Kommentierung zu den ADSp, Anhang I nach § 415 HGB. Zu den Grenzen der Freizeichnung siehe ferner unten Anm. 89 und Anm. 8ff. vor § 1 ADSp, Anhang I nach § 415. Ferner ist darauf hinzuweisen, daß die ADSp für die Tätigkeit des Spediteurs als Frachtführer weitgehend durch zwingendes Recht ausgeschaltet sind. Siehe Anm. 2ff. zu § 2 ADSp.

Anm. 72 **a) Haftungsgrundsatz**

Die Haftung des Spediteurs ist in § 51a ADSp wie die gesetzliche als Haftung für vermutetes Verschulden geregelt. Bei Schäden am Speditionsgut ist die Beweislast für äußerlich nicht erkennbare Schäden und für nicht dem Spediteur zumutbare Aufklärung dem Versender auferlegt. An die Entlastung nach § 51a ADSp stellt die Rechtsprechung hohe Anforderungen. Siehe dazu sehr eingehend BGH vom 21. 11. 1963, VersR 1964, 40ff.; auch hinsichtlich der Kausalität soll sich der Spediteur entlasten müssen: KG, VersR 1967, 446 (447). In der Praxis dürfte die Regelung der ADSp sich von der gesetzlichen Haftung kaum wesentlich unterscheiden. Zwar wird durch sie die Beweislast bei vielen Speditionsgütern — weil sie industriell verpackt zum Versand kommen — zugunsten des Spediteurs umgekehrt. Aber auch nach der gesetzlichen Regelung muß der Geschädigte die Tatsache der Schadensverursachung innerhalb der Obhutszeit beweisen, was bei verpackten Gütern oft sehr schwierig sein wird.

Anm. 73 **b) Haftungsausschlüsse, die den Haftungsgrund betreffen**

aa) Haftungsausschluß im Falle der Güterversicherung (§ 37 ADSp)

Schließt der Spediteur im Auftrag des Versenders eine Transport-, Lager- oder andere Güterversicherung ab, so entfällt bei Schäden am Speditionsgut nach § 37 ADSp jede Haftung des Spediteurs. Der Spediteur erlangt durch den Auftrag des Versenders zur Güterversicherung somit zwei Vorteile: völlige Haftungsbefreiung für alle entsprechenden Schäden und Anspruch auf eine besondere Vergütung nach § 38 ADSp. Die Haftungsbefreiung erlangt er, da seine Tätigkeit bei der Besorgung der Versicherung durch die besondere Vergütung bezahlt wird, gänzlich umsonst, denn die Transportversicherungsprämie wird vom Versender getragen. Siehe zur Notwendigkeit einschränkender Auslegung des § 37 ADSp die Kommentierung zu dieser Vorschrift, Anhang I zu § 415 HGB.

Anm. 74 **bb) Völliger Haftungsausschluß in der Binnenschiffahrtsspedition (§ 57 Ziff. 5 ADSp)**

Für den ganzen Bereich der Binnenschiffahrtsspedition schließt § 57 Ziff. 5 ADSp fast die gesamte Haftung des Spediteurs aus. Nur soweit in diesem Bereich eine Deckung der Schäden durch Transportversicherung nicht möglich oder nicht üblich ist, oder soweit die Versicherung wegen Verschuldens des Spediteurs nicht eingreift, bleibt noch eine Haftung des Spediteurs bestehen. Hierbei handelt es sich praktisch nur um geringe Randrisiken, da in der Binnenschiffahrt die Transportversicherung der dort vorwiegend beförderten Massengüter ganz allgemein möglich und üblich ist. Auch dieser Haftungsausschluß wird vom Versender finanziert, weil dieser die Prämie für die Transportversicherung aufzubringen hat und § 57 Ziff. 5 ADSp einen immerhin denkbaren Regreß des Transportversicherers gegen den Speditionsversicherer ausschließt, also grundsätzlich prämienverteuernd wirkt.

Anm. 75 **cc) Haftungsausschluß für selbständige Gehilfen**

§ 52a ADSp schließt jede Haftung des Spediteurs für Handlungen selbständiger Unternehmer aus. Dies entspricht der gesetzlichen Regelung für den Fall, daß diese Vertragspartner des Spediteurs beim Abschluß des Ausführungsgeschäftes sind (z. B. als Frachtführer die Beförderung durchführen, siehe oben Anm. 43). Sie weicht aber zugunsten des Spediteurs von § 278 BGB ab, soweit die selbständigen Unternehmer Pflichten erfüllen, die an sich den Spediteur nach dem Speditionsvertrag treffen. Der Spediteur kann sich somit jeder Haftung entledigen, wenn er seine Vertragspflichten einem dritten selbständigen Unternehmer zur Erledigung überträgt. Mit Recht qualifiziert daher der BGH im Urt. v. 1. 10. 1969, Warn 1969 Nr. 260 den § 52a als Haftungsausschluß.

Anm. 76 **dd) Ausschluß der Haftung für schuldhaftes Unterlassen der Gefahrabwendung (§ 57 Ziff. 4 ADSp)**

§ 57 Ziff. 4 ADSp schließt die Haftung des Spediteurs gänzlich aus für jede Folge solcher Ereignisse, die nicht von ihm verschuldet sind, wie höhere Gewalt, Witterungseinflüsse, Schadhaftwerden irgendwelcher Geräte oder Leitungen, Einwirkungen anderer Güter, Beschädigungen durch Tiere, natürliche Veränderungen des Guts. Da die Haftung des Spediteurs nach § 52a ADSp ohnehin durch den Nachweis des Nichtverschuldens ausgeschlossen wird, will § 57 Ziff. 4 ADSp den Spediteur günstiger stellen. Mindestens bewirkt die Klausel eine leichtere Entlastung des Spediteurs, da dieser nur eine der aufgeführten Schadensursachen zu beweisen hat; siehe auch § 58a ADSp. Im Falle nachgewiesenen Verschuldens des Spediteurs wird § 57 Ziff. 4 wohl nicht eingreifen. Siehe Anm. 1 zu §§ 57, 58 ADSp, Anhang I nach § 415 HGB.

ee) Ausschluß der Haftung für schweren Diebstahl und Raub im Sinne des StGB (§ 57 Ziff. 3 ADSp) Anm. 77

Ob sich dieser Haftungsausschluß auch auf die Fälle des Einbruchdiebstahls und Raubs bezieht, die von Arbeitnehmern des Spediteurs begangen oder durch deren Verschulden ermöglicht wurden, ist fraglich. Siehe Anm. 1 zu §§ 57, 58 ADSp, Anhang I nach § 415 HGB.

ff) Haftungsausschluß für Schäden durch Aufbewahrung im Freien (§ 57 Ziff. 2 ADSp) Anm. 78

Für Schäden durch Aufbewahrung von Gütern im Freien haftet der Spediteur nicht, wenn diese Art der Aufbewahrung vereinbart war oder wenn eine Aufbewahrung in Räumen nach dem üblichen Geschäftsbetrieb oder nach den Umständen untunlich war. Welchen Inhalt der Begriff „untunlich" hat, ist hier kaum zu klären. Auch in § 57 Ziff. 2 wird die Haftung für nachgewiesenes Verschulden bei Versäumung von Schutzmaßnahmen trotz grundsätzlich zulässiger Aufbewahrung der Güter im Freien wohl nicht ausgeschlossen sein. Siehe Anm. 1 zu §§ 57, 58 ADSp, Anhang I nach § 415 HGB.

gg) Haftungsausschluß für Schäden an nicht oder mangelhaft verpackten Gütern (§ 57 Ziff. 1 ADSp) Anm. 79

Auch bei einschränkender Auslegung dieser Klausel schließt sie die Haftung bei ungeklärter Schadensursache für unverpackte oder mangelhaft verpackte Güter aus. Der Spediteur würde also z. B. nicht haften, wenn er unverpackte frostempfindliche Güter nicht gegen Frost schützte (§ 57 Ziff. 1 und 4 ADSp), soweit ihm nicht Verschulden nachgewiesen werden kann. Siehe Anm. 1, 4 zu §§ 57, 58 ADSp, Anhang I nach § 415 HGB.

hh) Haftungsausschluß durch Eingrenzung der Obhutszeit (§ 53a, b ADSp) Anm. 80

Abweichend von der sonst, z. B. im Frachtrecht, überwiegend geltenden Abgrenzung ist die Obhutszeit beim Speditionsvertrag nach den ADSp bereits mit der Bereitstellung der Güter vor dem Grundstück und der Abnahme durch den Empfänger beendet. Für das Risiko der Beförderung innerhalb des Grundstücks des Empfängers übernimmt der Spediteur nach § 53a, b ADSp keine Haftung. Siehe im einzelnen die Anm. zu § 53 ADSp, Anhang I nach § 415 HGB.

ii) Haftungsausschluß bei Ablieferung an nichtbefugte Personen (§ 33 ADSp) Anm. 81

Da der Spediteur das Rollgut an jede zum Geschäft oder Haushalt des Empfängers gehörige, in den Räumen des Empfängers anwesende erwachsene Person abliefern darf, bedeutet dies einen Haftungsausschluß für den Fall, daß wertvolle Lieferungen an Personen abgeliefert werden, die nicht Besitzdiener des Empfängers sind; siehe die Anm. zu § 33 ADSp, Anhang I zu § 415 HGB. Zumindest für besonders wertvolle Güter ist dieser Haftungsausschluß auch praktisch nicht bedeutungslos.

kk) Haftungsausschluß bei Unterlassung der Wertangabe (§ 56 ADSp) Anm. 82

Bei Gütern, deren Wert mehr als 20 DM pro kg Bruttogewicht beträgt, sowie bei Geld, Urkunden und Wertpapieren wird die Haftung ganz ausgeschlossen, wenn der Versender nicht rechtzeitig eine schriftliche Wertangabe macht. Jedoch kann der Versender nach § 56d ADSp den Nachweis führen, daß der Schaden auf andere

Umstände als auf die Unterlassung der Wertangabe zurückzuführen ist oder auch bei erfolgter Wertangabe entstanden wäre. Gelingt dieser Nachweis, so entfällt der Haftungsausschluß. Dies wird immer dann der Fall sein, wenn der Wert zwar über 20 DM pro kg, aber nicht so hoch lag, daß der Spediteur besondere Maßnahmen bei der Verwahrung oder Versendung getroffen hätte.

Anm. 83 **c) Haftungseinschränkungen, die den Umfang der Ersatzpflicht betreffen**

aa) Allgemeine summenmäßige Haftungsbegrenzung (§ 54a Ziff. 2 ADSp)

Soweit nach dem bisher dargestellten eine Haftung des Spediteurs im Rahmen der ADSp überhaupt eintritt, ist sie ganz allgemein durch § 54a ADSp in doppelter Weise eng begrenzt. Der Spediteur haftet nur bis 1500 DM je Schadensfall, oder 1,50 DM pro kg Bruttogewicht des Speditionsguts. Hierbei ist die im konkreten Fall niedrigere Grenze maßgeblich. Diese Begrenzung der Haftung ist im gesamten Bereich des Fracht- und Speditionsrechts außer der in der Binnenschiffahrt üblichen die weitaus engste. Für alle hochwertigen Güter, die einen großen Teil der Speditionsgüter darstellen, kommt sie einer fast vollständigen Haftungsfreizeichnung sehr nahe. Siehe im einzelnen Anm. 6 zu § 54 ADSp, Anhang I nach § 415 HGB.

Anm. 84 **bb) Summenmäßige Beschränkung der Haftung bei Unterschlagung und Veruntreuung durch einen Arbeitnehmer des Spediteurs (§ 54a Ziff. 1 ADSp)**

Für diese Fälle wird bis zu einer Grenze von 20 000 DM je Schadensfall gehaftet, also höher als nach den allgemeinen Haftungsgrenzen. Für gesetzliche Vertreter und Prokuristen wird voll gehaftet. Für diese würde die Rechtsprechung als leitende Angestellte jedoch ohnehin keine Freizeichnung für Vorsatz anerkennen, siehe Anm. 13 vor § 1 ADSp Anh. I nach § 415.

Anm. 85 **cc) Haftungsbegrenzung durch Wertangabe (§ 54b ADSp)**

Durch Wertangabe kann der Versender die Haftungsgrenzen zwar nicht nach oben, wohl aber negativ beeinflussen. Eine Wertangabe unter den Haftungsgrenzen nach § 54a ADSp bewirkt, daß die Haftung auf den gegebenen Wert begrenzt wird. Ist der angegebene Wert höher als die Haftungsgrenzen des § 54a ADSp, so ist die Wertangabe wirkungslos. Bei Unterschieden in der Wertangabe gilt stets der niedrigere Wert, § 54d ADSp.

Anm. 86 **dd) Begrenzung durch den gemeinen Wert (§ 54c ADSp)**

Liegt der „gemeine Handelswert, bzw. in dessen Ermangelung der gemeine Wert" noch niedriger als die Haftungsbegrenzung des § 54a ADSp oder der vom Versender angegebene Wert, so stellt er die Begrenzung dar.

Anm. 87 **d) Haftungseinschränkung durch Obliegenheit zur Rüge (§ 60 ADSp)**

Nach § 60b ADSp verliert der Versender oder sonst Ersatzberechtigte sämtliche Ansprüche wegen Beschädigung oder Verlust der Güter, wenn er nicht unverzüglich, mindestens aber innerhalb 4 Tagen nach Ablieferung des Gutes den Schaden schriftlich mitteilt. Dies gilt auch bei nicht erkennbaren Schäden. Siehe zu dieser Rügepflicht im einzelnen die Anm. zu § 60 ADSp, Anhang I nach § 415 HGB.

Anm. 88 **e) Verjährung (§ 64 ADSp)**

Die Verjährung aller Ansprüche gegen den Spediteur wird in § 64 ADSp auf 6 Monate verkürzt. Von Bedeutung ist dies vor allem für die einjährige für Schäden am Speditionsgut und für Verspätungsschäden geltende Frist des § 414 HGB.

Anm. 89 **f) Grenzen der Freizeichnung**

Für die Haftungsbeschränkungen der ADSp gelten die von der Rechtsprechung entwickelten Grenzen der Freizeichnung. Versteckte Kontrolle unzulässiger Freizeichnungen enthalten schon die Gebote der Auslegung unklarer Klauseln gegen den

Benutzer allgemeiner Geschäftsbedingungen (Unklarheitenregelung) und der mit der Unklarheitenregel teilweise zusammenhängende Grundsatz der engen Auslegung von Freizeichnungsklauseln. Darüber hinaus gelten die für AGB entwickelten allgemeinen Grundsätze der offenen Inhaltskontrolle, die auf §§ 138, 242 oder analog zu § 315 BGB oder auch auf die mißbräuchliche Ausnutzung der Privatautonomie durch den Benutzer allgemeiner Geschäftsbedingungen gestützt wird. Nur wenige der ergangenen Entscheidungen sind auf die ADSp selbst bezogen, doch können die zu anderen AGB ergangenen Urteile teilweise herangezogen werden. Als allgemeine Regel hat für die ADSp wie für andere AGB zu gelten, was der BGH im Urt. v. 17. 2. 1964, BGHZ 41, 151 (154) zu den allgemeinen Lagerbedingungen ausgesprochen hat: Allgemeinen Geschäftsbedingungen, die zu einer Rechtsanwendung ähnlich der bei Gesetzen führen und den Geschäftsverkehr beherrschen sollen, muß die Anerkennung versagt werden, wenn ihre Regelung nicht mit Treu und Glauben vereinbar ist. Von den Vorschriften des dispositiven Rechts, die ihre Entstehung nicht nur Zweckmäßigkeitserwägungen, sondern einem aus der Natur der Sache sich ergebenden Gerechtigkeitsgebot verdanken, darf in allgemeinen Geschäftsbedingungen nur abgewichen werden, wenn sachliche Gründe diese Abweichung rechtfertigen. Siehe zu den sich daraus ergebenden einzelnen Beschränkungen der Wirksamkeit der ADSp Anm. 8ff. vor § 1 ADSp, sowie die Kommentierung der einzelnen Paragraphen der ADSp im Anhang I nach § 415.

g) Wirkung der Freizeichnungen bei Verschulden des Spediteurs **Anm. 90**

Die Freizeichnungsklauseln der ADSp lassen zum Teil die Frage offen, ob sie auch bei Verschulden des Spediteurs gelten sollen. Nach dem Grundsatz, daß Freizeichnungen eng auszulegen sind, muß bei diesen davon ausgegangen werden, daß sie im Falle nachgewiesenen Spediteurverschuldens nicht eingreifen. Doch kann die Rechtslage bei jeder einzelnen Klausel unterschiedlich sein. Siehe daher die Kommentierung zu den einzelnen Bestimmungen der ADSp, Anhang I nach § 415 HGB.

h) Mitwirkendes Verschulden **Anm. 91**

Mitwirkendes Verschulden des Versenders oder seiner Erfüllungsgehilfen kann die Haftung des Spediteurs nach § 254 BGB ausschließen oder mindern. Darüber hinaus kann Verschulden des Versenders unter § 57 Ziff. 4 ADSp fallen. Auch unverschuldete Umstände, die eine Haftung des Versenders gegenüber dem Spediteur begründen würden, können eine gänzliche oder teilweise Haftungsbefreiung des Spediteurs bewirken. Siehe z. B. § 31 ADSp; dazu BGH vom 22. 1. 1954, BGHZ 12, 136ff. Wirken Spediteurverschulden und haftungsbefreiende Umstände dieser Art zusammen, so wird eine Schadensteilung anzunehmen sein. Siehe hierzu Helm, Haftung für Schäden an Frachtgütern, 1966, S. 138ff., bes. S. 141.

4. Die außervertragliche Haftung des Spediteurs **Anm. 92**

a) Haftung aus § 989ff. BGB (Eigentümer-Besitzer-Verhältnis)

Da nach neuerer und richtiger Auffassung die §§ 989ff. BGB nur auf den nichtberechtigten Besitzer anwendbar sind, können sich für eine Haftung des Spediteurs nur dann Möglichkeiten ergeben, wenn das Speditionsgut dem Spediteur von einem Nichteigentümer zur Versendung übergeben wird, der dazu nicht berechtigt ist, oder wenn der Speditionsvertrag unwirksam oder beendet ist und der Spediteur auch kein Zurückbehaltungsrecht mehr hat. In diesen Fällen haftet der Spediteur dem dritten Eigentümer nach §§ 989ff. BGB. Siehe dazu im einzelnen Helm, Haftung für Schäden an Frachtgütern, S. 197ff.

b) Haftung aus unerlaubter Handlung **Anm. 93**

Gegenüber dem Eigentümer des Speditionsguts kann der Spediteur auch aus §§ 823, 831 BGB haften. Mit jeder Beschädigung oder Zerstörung des Speditionsguts durch den Spediteur oder sein Personal wird fremdes Eigentum verletzt. Im Falle des Eigenverschuldens (§ 823 BGB) oder des vermuteten Auswahl- oder Überwachungsverschuldens bei Verursachung des Schadens durch Gehilfen liegen daher die Voraussetzungen der Haftung aus unerlaubter Handlung vor.

Für den Bereich des Fracht- und Lagerrechts hat der BGH in ständiger Rechtsprechung Ansprüche aus Vertrag und unerlaubter Handlung unbeeinflußt nebeneinander bestehen lassen. Insbesondere soll den Frachtführer oder Lagerhalter eine Rechtspflicht zum Schutz der in seiner Obhut befindlichen Güter aus seiner Gewerbeausübung heraus treffen. Dieser Rechtssprechung gegenüber bestehen erhebliche Bedenken; siehe hierzu im einzelnen Helm, Haftung für Schäden an Frachtgütern, 1966, 222ff., sowie die Anm. zu § 429 HGB; ferner unten die Anm. zu § 63 ADSp, Anhang I nach § 415 HGB.

Offensichtlich wegen § 63a ADSp war bisher kein Speditionsfall Gegenstand einer veröffentlichten BGH-Entscheidung zu dieser Frage.

§ 63a ADSp wirkt der Gefahr einer Umgehung der Haftungsbeschränkungen der ADSp entgegen, indem er dem Versender verwehrt, sich ihnen gegenüber auf unerlaubte Handlung zu berufen. Ist der Versender Nichteigentümer des Speditionsguts, so stehen die Ansprüche aus unerlaubter Handlung allerdings dem Eigentümer und damit einer am Vertrag nicht beteiligten Person zu, der gegenüber § 63a ADSp nicht wirkt. Für diesen Fall sieht § 63b ADSp einen Anspruch des Spediteurs gegen den Versender auf Befreiung von der Schadensersatzschuld aus unerlaubter Handlung gegenüber dem Eigentümer vor. Siehe im einzelnen hierzu die Kommentierung zu § 63 ADSp, Anhang I nach § 415 HGB.

Anm. 94

G. Rechte des Spediteurs

Die Rechte des Spediteurs setzen sich vor allem aus drei Gruppen zusammen: Gegenleistungs-(Vergütungs-)ansprüche, zu denen vor allem die Provisionsansprüche zählen; Ansprüche auf Erstattung von Auslagen; Schadensersatzansprüche gegen den Versender. Im allgemeinen richten sich die Vertragsansprüche aus dem Speditionsvertrag gegen den Versender als Vertragspartner. Doch kann auch der Empfänger der Güter, wenn er diese annimmt, in eine Leistungsbeziehung zu dem Spediteur treten.

Anm. 95

I. Vergütungsansprüche des Spediteurs

1. Der allgemeine Provisionsanspruch

a) Allgemeines

Nach § 409 HGB hat der Spediteur Anspruch auf Zahlung der Provision. Die Bestimmung sagt aber nur über die Fälligkeit des Provisionsanspruchs etwas genaueres aus. Weder zur Bestimmung der Höhe der Provision, noch dazu, ob und in welchem Umfang der Provisionsanspruch auch bei Störungen des Speditionsvertrages besteht, enthält § 409 HGB nähere Einzelheiten.

Der Provisionsanspruch ist der Anspruch des Spediteurs auf die Gegenleistung für seine Geschäftsbesorgungstätigkeit. Er unterliegt daher den Vorschriften der §§ 320ff. BGB und, wenn man den Speditionsvertrag abweichend von der hier vertretenen Auffassung als Dienst- oder Werkvertrag ansieht, den Bestimmungen über die Dienstvergütung bzw. den Werklohn. Der Provisionsanspruch richtet sich stets nur gegen den Versender als Vertragspartner des Spediteurs. Der Empfänger ist nicht Schuldner des Spediteurs. Siehe hierzu § 34 ADSp und die dortigen Anmerkungen Anhang I zu § 415 HGB. Im Falle der Nachnahme wird zwar die Provision vom Empfänger gezahlt. Verweigert dieser jedoch die Zahlung (und damit auch die Annahme des Guts), so kann der Spediteur ihn nicht zur Zahlung zwingen.

Anm. 96

b) Entstehungsvoraussetzungen

Der Provisionsanspruch entsteht auch dann, wenn beim Abschluß des Speditionsvertrags über die Provision nicht besonders verhandelt worden ist (§ 354 HGB). Kein Provisionsanspruch besteht, wenn der Speditionsvertrag nicht wirksam abgeschlossen worden ist. Doch kann der Versender bei Durchführung des Speditionsauftrags ohne wirksamen Vertrag um den Wert der Spediteurtätigkeit ungerechtfertigt bereichert sein, so daß im Ergebnis nach § 818 Abs. 3 BGB die übliche Provision als Ersparnis des Versenders doch noch zu zahlen ist.

c) Zeitpunkt der Entstehung und Fälligkeit Anm. 97

Aus § 409 HGB ergibt sich nicht, ob der Provisionsanspruch schon bei Abschluß des Speditionsvertrages entsteht und nur seine Fälligkeit bis zur Übergabe des Speditionsguts an den Frachtführer aufgeschoben ist, oder ob er in diesem letzteren Augenblick kraft Bedingungseintritts (§ 158 Abs. 1 BGB) überhaupt erst entsteht. Auch in der Literatur ist diese Frage nicht geklärt. Unklar die Vorauflage Anm. 1, 2 zu § 409; Schlegelberger/Schröder Anm. 3 zu § 409 HGB sieht zwar die Übergabe des Guts an den Frachtführer als Entstehungsvoraussetzung für den Provisionsanspruch an, behandelt aber in Anm. 4 den Anspruch vor diesem Zeitpunkt als zwar entstanden, aber noch nicht fällig.

Wie im Dienst- und Werkvertragsrecht ist jedoch auch im Speditionsrecht davon auszugehen, daß auf die Gegenleistung als durch den Vertrag vereinbart vom Abschluß an ein Anspruch besteht. Dem Spediteur ist durch § 409 HGB nur die Vorleistungspflicht auferlegt; die Fälligkeit des Provisionsanspruchs ist hinausgeschoben. Anders als der Makler ist der Spediteur dem Versender vom Anfang an zur Tätigkeit verpflichtet; die Provisionspflicht ist Äquivalent zur Tätigkeitspflicht des Spediteurs. Der Provisionsanspruch entsteht somit bereits bei Vertragsschluß, wird aber nach § 409 HGB erst bei Übergabe des Speditionsguts an den Frachtführer oder Verfrachter fällig.

Die Konsequenz aus dieser Auffassung ist die grundsätzliche Anwendbarkeit der §§ 320ff., insbesondere des § 324 BGB auf den Provisionsanspruch. Siehe hierzu Anm. 100ff.

Die Fälligkeit des Provisionsanspruch setzt nach § 409 HGB nur die Übergabe des Speditionsguts an den Frachtführer voraus. Zu ergänzen ist, daß dies nur gilt, wenn zwischen Spediteur und Frachtführer bereits abgeschlossen ist. Ob der Frachtführer dann den Transport ausführt oder nicht, ob das Speditionsgut bei ihm untergeht oder beschädigt wird, ist für den Provisionsanspruch ohne Bedeutung. Dies ist konsequent, da die „Versendung" mit der Übergabe an den Frachtführer und mit dem Abschluß des Frachtvertrages ausgeführt ist; siehe oben Anm. 20.

Die ADSp treffen keine Sonderbestimmung zur Fälligkeit des Provisionsanspruchs. § 29 S. 1 kann nicht dahingehend ausgelegt werden, daß er die Fälligkeit der Spediteuransprüche vorverlegen soll; vielmehr erschöpft sich seine Bedeutung in der allgemeinen Ablehnung der Gewährung von Zahlungszielen. Siehe dazu Anm. 1 zu § 29 ADSp, Anhang I nach § 415 HGB.

d) Höhe der Provision Anm. 98

§ 409 HGB trifft keine Bestimmung über die Höhe der Provision. Auch die ADSp enthalten hierüber nichts, sondern sind tarifneutral. Fehlt es an einer besonderen Vereinbarung, so kann der Spediteur nach § 354 HGB die ortsübliche Provision verlangen.

Zum Entgelt bei der Sammelladungsspedition siehe Anm. 10 zu § 413 HGB.

2. Besondere Vergütungsansprüche Anm. 99

Die Provision deckt grundsätzlich auch alle Nebentätigkeiten des Spediteurs. Selbstverständlich hat aber der Spediteur im Falle des Selbsteintritts die Rechte als Frachtführer unabhängig von der Spediteurprovision, § 412 Abs. 2 HGB. Sollte der Spediteur, was in der Praxis kaum vorkommt, das Delkredere für die Verpflichtungen des Frachtführers oder sonstigen Partners aus dem Ausführungsgeschäft übernehmen, so hat er gemäß §§ 407 Abs. 2, 394 Abs. 2 S. 2 HGB Anspruch auf die Delkredereprovision Kommt außer dem Speditionsvertrag noch ein besonderer Lagervertrag oder ein anderer selbständiger Vertrag zustande, so steht der Vergütungsanspruch aus diesem Vertrag neben dem speditionsrechtlichen Provisionsanspruch. Siehe oben Anm. 45.

Ergibt sich die Notwendigkeit einer längeren Lagerung oder besonderen Beförderung, die über den vereinbarten Rahmen hinausgeht, noch nachträglich, so steht dem Spediteur dafür ein Vergütungsanspruch in der Form des Aufwendungsersatzes nach §§ 407 Abs. 2, 396 Abs. 2 HGB, 670 BGB zu; siehe dazu unten Anm. 105ff.

An dieser Rechtslage ändern die ADSp im Grundsatz nichts. Jedoch kann der Spediteur für einzelne, in den ADSp besonders aufgeführte Tätigkeiten eine besondere, der allgemeinen Provision zuzuschlagende Vergütung verlangen: für die Tätigkeit bei der Verzollung, § 25b ADSp; für Pfand- und Selbsthilfeverkauf von Speditionsgut, § 50h ADSp; für Versicherungsabschluß und -abwicklung, § 38 ADSp; für die Erhebung von Nachnahmen, § 23 ADSp; Rollgeld für den Rücktransport bei Ablehnung der Annahme durch den Empfänger, § 22 ADSp. § 20 S. 1 ADSp bestimmt, daß sich Preisangebote und -vereinbarungen immer nur auf die „namentlich aufgeführten eigenen Leistungen und/oder Leistungen Dritter" beziehen; ebenso nur auf Güter normalen Umfangs, normalen Gewichts und normaler Beschaffenheit; normale Beförderungsverhältnisse, ungehinderte Verbindungswege, Möglichkeit unmittelbarer sofortiger Weiterversendung sowie Weitergeltung der bisherigen Frachten, Valutaverhältnisse und Tarife, die der Vereinbarung zugrunde lagen, werden in § 20 ADSp ebenfalls vorausgesetzt. „Sondergebühren" gelten als vereinbart, soweit sie üblich sind und der Spediteur den Versender auch nur in genereller Weise auf sie hingewiesen hat.

Auch § 20 ADSp ändert jedoch nichts daran, daß durch die Provision alle üblichen Teiltätigkeiten des Spediteurs mit abgegolten sind, insbesondere kürzere notwendige Lagerungen, Zwischentransporte und dgl. (siehe im einzelnen die Kommentierung zu § 20 ADSp Anhang I nach § 415). Die Frage, welche Sondergebühren danach „üblich" sind, ist keine Rechts-, sondern eine Tatsachenfrage, über die ggf. Beweis erhoben werden muß (siehe § 346 Anm. 57ff.). Siehe ferner Krien/Hay, Anm. 6 zu § 20 ADSp.

Anm. 100 **3. Vergütung für nicht ausgeführte Speditionsaufträge**

Wird ein Speditionsauftrag nicht oder nicht vollständig ausgeführt, so bedarf es der Bestimmung, ob gleichwohl ein Provisionsanspruch besteht oder nicht. Die Vorauflage Anm. 2 zu § 409 HGB und Schlegelberger/Schröder Anm. 9 bis 14 zu § 409 HGB versuchen, diese Fragen teilweise durch die Heranziehung des Dienstvertragsrechts (§§ 627, 628, 615 BGB) zu lösen. Hiergegen bestehen nicht nur methodische Bedenken, siehe oben Anm. 3; auch die praktischen Ergebnisse sind nicht überzeugend. Siehe oben Anm. 33. Es erscheint daher zweckmäßig, auf die Regeln des allgemeinen Schuldrechts zurückzugreifen, soweit Speditionsrecht, ADSp und Handelsbrauch keine Lösungen ergeben.

Anm. 101 **a) Bei vom Spediteur zu vertretenden Gründen**

Ist die Nichtausführung vom Spediteur zu vertreten (§§ 276, 278 BGB, § 347 HGB), so kann ein Fall des Verzugs (§ 326 BGB), der Unmöglichkeit (§ 325 BGB) oder der positiven Forderungsverletzung gegeben sein. Hieraus kann sich unter der betreffenden Voraussetzung dieser Leistungsstörung ein Rücktrittsrecht (§§ 327, 346ff. BGB) ergeben, dessen Ausübung durch den Versender auch die Provisionsansprüche des Spediteurs vernichtet. Dieser Rücktritt aus vom Spediteur zu vertretenden Gründen ist keine „Entziehung des Auftrags" im Sinne des § 21 ADSp. Dem Spediteur steht daher kein Provisionsanspruch nach dieser Klausel zu; siehe oben Anm. 33, ferner die Anm. zu §§ 21 ADSp und 31 ADSp, Anhang I nach § 415 HGB.

Wählt der Versender anstelle des Rücktritts Schadensersatz wegen Nichterfüllung, so wird sein Schaden nach der heute allgemein anerkannten Differenztheorie berechnet, wobei die Provision als Rechnungsfaktor in die Schadensberechnung voll einbezogen wird. Er muß dabei vermögensmäßig so gestellt werden, wie wenn der Speditionsauftrag ordnungsgemäß ausgeführt und die Provision bezahlt worden wäre. Den dabei errechneten Schadensbetrag hat der Spediteur zu ersetzen.

Wählt der Versender im Falle des Schuldnerverzugs des Spediteurs Erfüllung und Ersatz des Verzugsschadens nach § 286 Abs. 1 BGB, so ist die Provision nach Erfüllung des Speditionsauftrages durch den Spediteur voll zu entrichten. Zur Frage der Aufrechnung siehe § 32 ADSp, Anhang I nach § 415 HGB. Das gleiche gilt für die positive Forderungsverletzung bei Nebenpflichtverletzungen.

b) Bei vom Versender zu vertretenden Gründen Anm. 102

Beruht die Nichtausführung des Auftrags auf einer vom Versender zu vertretenden Unmöglichkeit, so bleibt der Provisionsanspruch nach § 324 bestehen, vermindert sich aber um etwaige Ersparnisse. Die Vorauflage Anm. 2 zu § 409 HGB; ebenso Schlegelberger/Schröder Anm. 10 zu § 409 HGB wollte auf diesen Fall unter bestimmten Umständen § 615 BGB anwenden. Danach hätte der Spediteur Anspruch auf die Provision, wenn er bereits Frachtverträge abgeschlossen hat, der Versender jedoch das Speditionsgut nicht rechtzeitig liefert und damit in Annahmeverzug kommt. Der Spediteur würde von seinen Verpflichtungen aus dem Speditionsvertrag entbunden werden. Diese Lösung erscheint wenig praktikabel. Es ist dem Spediteur jederzeit möglich, die Speditionstätigkeit auch zu einem späteren Zeitpunkt erneut auszuführen. Der Spediteur kann nach § 304 BGB in diesem Falle Ersatz aller Mehraufwendungen verlangen und ist somit voll gesichert. Selbst wenn der Speditionsvertrag als Dienstvertrag zu qualifizieren wäre, so würde § 615 BGB auf ihn nicht passen, da diese Vorschrift von einer durch Zeiteinheiten bestimmten Dienstleistung ausgeht, deren anderweitige Verwertung in der Regel nicht möglich ist. Beim Speditionsvertrag liegt eine völlig andere tatsächliche Gestaltung vor. Daher ist es vorzuziehen, die Frage mit Hilfe der §§ 324, 304 BGB zu lösen.

c) Bei von keiner Partei zu vertretenden Umständen Anm. 103

Verhindert ein von keiner Partei zu vertretender Umstand die Ausführung des Speditionsvertrags (z. B. zufälliger Untergang der zu versendenden Sache), so greift § 323 BGB ein. Der Spediteur verliert den Anspruch auf die Gegenleistung, also auf die Provision. Nach § 18 S. 2 ADSp kann der Spediteur bei von ihm nicht verschuldeten „Ausführungshindernissen" vom Speditionsvertrag zurücktreten. Das gleiche Rücktrittsrecht steht in diesen Fällen nach § 18 S. 3 ADSp dem Versender zu, wenn ihm die Fortsetzung des Vertrages billigerweise nicht zugemutet werden kann. In beiden Fällen hat der Spediteur nach § 18 S. 4 ADSp keinen Anspruch auf Provision, kann aber Ersatz bereits entstandener Kosten verlangen.

Bei Entziehung des Auftrags von seiten des Versenders kann der Spediteur nach § 21 ADSp zwischen der vereinbarten Provision abzüglich der gemachten Ersparnisse und einer „angemessenen Provision" wählen. Die Klausel gilt nicht für Fälle, in denen dem Versender ein gesetzliches oder vertragliches Rücktrittsrecht zusteht; siehe dazu die Anm. zu § 21 ADSp, Anhang I nach § 415 HGB. Ihre Wirkung ist vielmehr auf den freien Widerruf des Speditionsvertrags durch den Versender beschränkt. Die provisionsrechtliche Regelung dürfte als Handelsbrauch auch dann gelten, wenn ausnahmsweise die ADSp nicht vereinbart sind. Siehe auch § 23 ADSp: bei Zurückziehung des Nachnahmeauftrags verbleibt dem Spediteur der volle Anspruch auf die Nachnahmeprovision.

4. Verjährung Anm. 104

Die Vergütungsansprüche des Spediteurs verjähren, wenn der Speditionsauftrag für den Gewerbebetrieb des Versenders ausgeführt wird, gemäß § 196 Abs. 2 BGB in 4 Jahren, wenn der Anlaß auf der Seite des Versenders nicht gewerblicher Art ist, gemäß § 196 Abs. 1 Ziff. 1 BGB in zwei Jahren. Zum Verjährungsbeginn siehe § 201 BGB.

II. Ersatz von Aufwendungen Anm. 105

1. Rechtsgrundlagen

Der Spediteur kann vom Versender nach §§ 675, 670 BGB Aufwendungsersatz verlangen (unstreitig: RGZ 109, 85 (87); OLG Braunschweig, VRS 3, 232 (233); Schlegelberger/Schröder, Anm. 15 zu § 409 HGB). Das Bestehen dieses Anspruchs ist auch in § 396 Abs. 2 HGB, auf den § 407 Abs. 2 HGB mit verweist, vorausgesetzt. Zum Begriff der „Aufwendung" als freiwilliges Opfer siehe die Kommentare zu § 256 BGB.

Der Anspruch auf Ersatz von Aufwendungen wird durch vorzeitige Beendigung des Speditionsvertrages nicht ausgeschlossen, auch wenn diese, wie z. B. beim Rücktritt eine rückwirkende Auflösung zur Folge hat. Vielmehr kann der Spediteur auch in diesen Fällen im Rahmen des § 670 BGB Ersatz der Aufwendungen verlangen, die er vor

Beendigung des Speditionsvertrages bereits gemacht hat oder zur Abwicklung bzw. zur Bewahrung des Speditionsguts noch machen muß. Siehe auch oben Anm. 103 und Anm. 4 zu § 18 ADSp Anhang I nach § 415 HGB.

Im Falle der Nichtigkeit des Speditionsvertrages kann sich der Anspruch auf Ersatz der Aufwendungen nicht auf §§ 675, 670 BGB stützen.

Ansprüche des Spediteurs können sich jedoch dann aus dem Gesichtspunkt der Geschäftsführung ohne Auftrag (§§ 683, 684, 670 BGB) oder aus ungerechtfertigter Bereicherung ergeben.

Anm. 106 **2. Die zu ersetzenden Aufwendungen**

a) Grundsatz

Nach §§ 675, 670 BGB sind die Aufwendungen zu erstatten, die der Spediteur den Umständen nach für erforderlich halten durfte. Gemäß § 408 Abs. 2 HGB darf der Spediteur dem Versender keine höhere als die mit dem Frachtführer oder Verfrachter bedungene Fracht berechnen; Beispielsfall: OLG Hamburg Seuff A. 69Nr. 12: Pflicht zur Herausgabe aller Frachtrabatte). Diese (überflüssige) Regelung ergibt sich bereits von selbst daraus, daß der Frachtkostenersatz nur wirkliche Auslagen betrifft. Ist allerdings der vom Spediteur z. B. mit dem Kfz-Frachtführer bedungene Satz tarifwidrig, so wird er kraft Tarifrechts durch den tariflich vorgesehenen ersetzt. Diesen schuldet dann der Spediteur dem Frachtführer und kann ihn auch dem Versender in Rechnung stellen, soweit er auch tatsächlich das Tarifentgelt an den Frachtführer zahlt; OLG Braunschweig BB 1955, 654. Zutreffend Schlegelberger/Schröder Anm. 32a zu § 408. Siehe hierzu für den wichtigen Fall der Sammelladungsspedition Anm. 15 zu § 413. Nach § 670 BGB kommt es nicht darauf an, ob die Aufwendungen objektiv erforderlich waren, sondern ob sie ein sorgfältiger Spediteur in der konkreten Lage für erforderlich halten durfte; OLG Braunschweig, VRS 3, 232. Von Bedeutung ist hierbei vor allem, daß der Spediteur für die speziellen Fach- und Tarifkenntnisse seines Berufsstandes einstehen muß. Die Pflicht zur Interessenwahrung ergibt, daß er zugunsten des Versenders die Aufwendungen möglichst gering zu halten hat. Bestand eine kostengünstigere Möglichkeit, so sind die Mehrkosten keine „erforderlichen" Aufwendungen. Hat der Spediteur begründete Zweifel, ob bestimmte Aufwendungen erforderlich sind oder nicht, so besteht für ihn bei den modernen Nachrichtenverbindungen die Möglichkeit, vom Versender Weisungen einzuholen. Bevor er zweifelhafte Aufwendungen macht, ist ihm daher die Rückfrage beim Versender zuzumuten. Unterläßt er diese Rückfrage, so darf er die Aufwendungen nicht den Umständen nach für erforderlich halten und erhält daher keinen Ersatz (Schlegelberger/Schröder Anm. 15a zu § 409 HGB). Siehe einen solchen Fall schon in ROHG 20, 187ff. § 26 ADSp berechtigt den Spediteur, wenn er beauftragt ist, ankommende Güter in Empfang zu nehmen, auf dem Gut ruhende Frachten, Wertnachnahmen, Zölle und Spesen auszulegen. Damit sind solche Aufwendungen generell als erforderlich anzusehen; doch bleibt auch hier die Pflicht des Spediteurs, das Interesse des Versenders zu wahren, als übergeordnete Pflicht erhalten. Er darf z. B. unberechtigte Forderungen nicht ohne weiteres erfüllen. Im Streitfall hat der Spediteur die Erforderlichkeit der Aufwendungen zu beweisen. Vielfach wird das Bestehen amtlicher Tarife ihm diesen Nachweis erleichtern; Schlegelberger/Schröder Anm. 15b zu § 409 HGB.

Macht der Spediteur Aufwendungen, die nicht erforderlich sind, so liegt insoweit Geschäftsführung ohne Auftrag vor. Mindestens im Falle der Genehmigung durch den Versender, die auch stillschweigend erfolgen kann (§ 684 S. 2 BGB) steht dann dem Spediteur der Anspruch auf Ersatz der Aufwendungen nach §§ 683, 670 BGB zu.

Aufwendungen sind nicht nur bereits erbrachte Leistungen des Spediteurs, sondern auch gegenüber Dritten eingegangene Verpflichtungen, insbesondere die Frachtzahlungspflicht aus dem in Ausführung des Speditionsauftrags vom Spediteur in eigenem Namen abgeschlossenen Frachtvertrag. Allerdings wird man dem Spediteur keinen Anspruch auf Ersatz von Tarifentgelt an den Frachtführer geben können, wenn der Spediteur in Wahrheit nicht auf Zahlung des Entgelts in Anspruch genommen wird; OLG Braunschweig BB 1955, 654.

Der Anspruch des Spediteurs auf Ersatz der Aufwendungen ist in diesem Falle ein Schuldbefreiungsanspruch (§ 257 BGB). Daß der Spediteur jederzeit eine solche Befreiung von eingegangenen Verbindlichkeiten verlangen kann, ist durch § 30 a ADSp klargestellt. Als Aufwendungen kommen insbesondere in Betracht: vom Spediteur verauslagte Frachtkosten; Lagerkosten; Versicherungsprämien; Zölle; Steuern; Kosten, die zur Erhaltung des Speditionsguts erforderlich sind.

b) Einzelfälle

Grenzfälle sind in folgenden Urteilen von der Rechtsprechung entschieden worden:

RGZ 70, 405: Erstattungsanspruch für verauslagte Zölle als bevorrechtigte Konkursforderung.

RGZ 109, 85ff.: Erstattung der Frachtkosten durch den Zwischenspediteur an den Empfänger, weil der Verkäufer „frachtfrei" verkauft hatte. Der Zwischenspediteur konnte Ersatz vom Hauptspediteur verlangen.

OLG Braunschweig, VRS 3, 233: Einlösung einer Nachnahme im illegalen Zonengrenzverkehr konnte als erforderlich angesehen werden.

BGH vom 29. 10. 1969, VersR 1970, 31—33: Rückforderung von „unter Protest" gezahlten Vorschüssen, durch die der Auftraggeber die Freigabe von Gütern auf der russischen Staatsbahn erreichte.

Die Lagerung des Speditionsguts in eigenen Lagerräumen des Spediteurs und die Beförderung mit eigenen Transportmitteln kann nach §§ 407 Abs. 2, 396 Abs. 2 HGB als Aufwendung zu vergüten sein. Dies gilt jedoch nur dann, wenn die Lagerung oder Beförderung nicht bereits aus anderem Rechtsgrund zu vergüten ist. Daher ist eine Lagerungs- bzw. Beförderungstätigkeit des Spediteurs keine Aufwendung, wenn sie zu den normalen, vereinbarten und daher durch die Provision bereits abgegoltenen Speditionstätigkeiten gehört. Ferner greift § 396 Abs. 2 HGB nicht ein, wenn hinsichtlich der betreffenden Tätigkeit ein besonderer Lager- oder Frachtvertrag abgeschlossen worden ist, evtl. auch im Wege des Selbsteintritts, § 412 HGB.

§ 20 S. 2 ADSp grenzt die Erhebung von „Sonderauslagen" auf die „üblichen" ein und macht den generellen Hinweis auf diese Auslagen zur Voraussetzung des Erstattungsanspruchs. Siehe dazu Anm. 3 zu § 20 ADSp, Anhang I zu § 415.

3. Die Art des Aufwendungsersatzes Anm. 107

Der Anspruch auf Ersatz von Aufwendungen ist nach § 256 S. 1 BGB stets auf Geldleistung gerichtet. Bestehen die Aufwendungen nicht in Geld, so ist ihr Wert zu ersetzen. Der Aufwendungsanspruch ist von der Zeit der Aufwendung an zu verzinsen. Ist der Speditionsauftrag auch für den Versender ein Handelsgeschäft, so gilt der fünfprozentige Zinssatz des § 352 HGB.

Aufwendungen, die der Spediteur in fremder Währung gemacht hat, könnte der Versender an sich nach § 244 Abs. 1 BGB in deutscher Währung nach dem Kurswert am Tage der Zahlung erstatten (Beispielsfall RGZ 109, 85 (88)). Durch § 28 ADSp wird jedoch § 244 BGB abbedungen. Danach hat der Spediteur das Recht, nach seiner Wahl entweder in der von ihm ausgelegten Fremdwährung oder in deutscher Währung den Ersatz zu verlangen — allerdings unter Beachtung etwaiger devisenrechtlicher Bestimmungen.

4. Anspruch auf Vorschuß Anm. 108

Gemäß §§ 675, 669 BGB hat der Beauftragte Anspruch auf Vorschuß für die zu machenden Aufwendungen. Welche Konsequenzen sich aus der Anwendung dieser Vorschrift für den Spediteur ergeben, ist ungeklärt. Die Vorauflage (Ratz) Anm. 11 zu § 409 vertrat den Standpunkt, der Spediteur müsse, soweit er durch den Wert des ihm übergebenen Speditionsguts und das daran bestehende Pfandrecht (§§ 410 HGB, 50 ADSp) gesichert sei, die auftragsgemäßen Verpflichtungen (z. B. durch Abschluß des Frachtvertrags) eingehen, ohne zuvor einen Vorschuß verlangen zu können. Zahlungen brauche er dagegen nicht ohne Vorschuß zu leisten. Schlegelberger/Schröder Anm. 42 zu § 407, 15c zu § 409 will dem Spediteur stets einen Anspruch auf Vorschuß geben, auch wenn er an sich durch das Spediteurpfandrecht gesichert ist. Nur in Ausnahmefällen soll ihm zumutbar sein, Aufwendungen ohne Vorschuß zu machen. Die ADSp regeln die Frage nicht speziell. Nur § 26 legt fest, daß der Spediteur als Empfangsspediteur nicht verpflichtet ist, auf dem Gut ruhende Fracht, Wertnachnahmen, Zölle und Spesen auszulegen. Mindestens für diesen Fall kann er somit seine Tätigkeit von einem Vorschuß abhängig machen. Im übrigen ist die Frage der Vorschußleistung — wie auch der Mangel an Rechtsprechung zeigt — praktisch wenig bedeutsam.

Ob ganz allgemein die Anwendung des § 669 BGB die angemessene Lösung ist, kann bezweifelt werden. Der Spediteur ist zwar wegen seiner Ansprüche auf Aufwendungsersatz durch das Spediteurpfandrecht gesichert. Die Pfandverwertung ist aber eine Notmaßnahme und überdies eine an sich spediteurfremde Tätigkeit. Sie birgt auch die Gefahr, daß Güter, die dem Versender nicht gehören, verwertet werden. Dies spräche für die Zahlung von Vorschüssen als Sicherung des Spediteurs. Andererseits ist der Versender hinsichtlich seiner Vorschüsse seinerseits nicht gesichert und hat keine Gewähr, daß der Spediteur die Vorschüsse auch korrekt verwendet. Dieser Konflikt kann in Fällen, in denen begründete Zweifel an der Solvenz oder der Zuverlässigkeit des Spediteurs bestehen, gelöst werden, indem man den Versender berechtigt, die Aufwendungen, soweit sie in Zahlungen an Dritte bestehen, direkt diesen gegenüber zu begleichen.

Anm. 109 **5. Verjährung**

Die Verjährung richtet sich nach § 196 BGB. Siehe Anm. 104.

Anm. 110

III. Schadensersatzansprüche

1. Nach gesetzlicher Regelung

a) Vertragliche Ansprüche

Dem Spediteur stehen im Falle der Leistungsstörung durch den Versender die Ansprüche aus Verzug, Unmöglichkeit und positiver Forderungsverletzung zu. Insbesondere sind Fälle nicht selten, in denen durch unsorgfältiges Verhalten des Versenders oder seiner Erfüllungsgehilfen dem Spediteur Schaden entsteht, z. B. durch gefährliche, falsch deklarierte Speditionsgüter und durch unrichtige Angaben über das Speditionsgut, die zur Beschlagnahme ganzer Sendungen und der Beförderungsmittel durch in- und ausländische Behörden oder anderen Schäden des Spediteurs (Beispielsfall: RGZ 26, 104) führen können. In vielen Fällen wird man im Verhalten des Versenders Verletzungen von Nebenpflichten sehen können. Die Schadensersatzansprüche nach Allgemeinem Schuldrecht setzen jedoch stets Vertretenmüssen, also Verschulden des Spediteurs oder seiner Erfüllungsgehilfen voraus. Allerdings ist die Beweislast teilweise umgekehrt (§§ 282, 285 BGB), so daß der Versender sich entlasten muß.

Anm. 111 **b) Deliktische Ansprüche**

Ist der Spediteur in seinem Eigentum verletzt, so kommen auch deliktische Ansprüche nach §§ 823 Abs. 1 oder 831 BGB in Betracht. Auch diese setzen Verschulden des Spediteurs voraus (§ 823 Abs. 1) oder gestatten ihm die Entlastung bei Nichtverschulden (§ 831). Auch § 823 Abs. 2 BGB kommt in Betracht, insbesondere, wenn der Versender öffentlich-rechtliche Vorschriften über die Beförderung gefährlicher Güter nicht einhält.

Anm. 112 **2. Ansprüche nach den ADSp**

Die ADSp bürden dem Versender in mehreren Bestimmungen eine Haftung ohne Verschulden auf, die über die nach BGB bestehende Haftung weit hinausgeht: § 5b ADSp (Haftung für gefährliche und verderbliche Güter; § 7a ADSp (unrichtige und unvollständige Angaben über das Speditionsgut, fehlende Gewichtsbezeichnung): § 30b ADSp (Aufklärungspflicht des Versenders über öffentlich-rechtliche, z. B. zollrechtliche Verpflichtungen); § 31 S. 1 ADSp (Haftung ohne Verschulden für Folgen von Beschlagnahme und anderen öffentlich-rechtlichen Akten. Siehe dazu BGH vom 22. 1. 1954, BGHZ 12, 136ff. Diese Haftungsverschärfungen sind, soweit sie durch sachliche Gründe geboten sind, zulässig; RGZ 170, 233 (242); BGH vom 4. 5. 1956, MDR 1956, 664 (665). Siehe zu diesen Haftungsfällen die Kommentierung zu den betreffenden §§ der ADSp, Anhang I nach § 415 HGB.

3. Verjährung **Anm. 113**

Vertragliche Ansprüche des Spediteurs verjähren in 30 Jahren (§ 195 BGB), die deliktischen Ansprüche in drei Jahren (§ 852 BGB).

IV. Sicherung der Rechte des Spediteurs **Anm. 114**

1. Pfandrecht und Zurückbehaltungsrecht

Der Spediteur hat zur Sicherung seiner Rechte nach § 410 HGB und nach § 50 ADSp ein sehr weitgehendes gesetzliches bzw. vertragliches Pfandrecht und Zurückbehaltungsrecht am Speditionsgut. Siehe dazu die Kommentierung zu § 410 HGB.

2. Aufrechnungsverbot **Anm. 115**

§ 32 ADSp enthält ein weitgehendes Aufrechnungsverbot zu Lasten des Versenders. Siehe die Kommentierung zu § 32 ADSp, Anhang I nach § 415 HGB.

3. Auskunftsansprüche **Anm. 116**

Der Spediteur kann für die Berechnung des Entgelts und aus anderen Gründen auf die Erteilung von Auskünften durch den Versender angewiesen sein. Er hat in diesen Fällen die betreffenden Auskunftsansprüche gegen den Versender. Siehe z. B. § 24 ADSp, Anhang I nach § 415 HGB.

§ 410

Der Spediteur hat wegen der Fracht, der Provision, der Auslagen und Verwendungen sowie wegen der auf das Gut gegebenen Vorschüsse ein Pfandrecht an dem Gute, sofern er es noch im Besitze hat, insbesondere mittels Konnossements, Ladescheins oder Lagerscheins darüber verfügen kann.

Inhaltsübersicht

Anm. 1

A. Das gesetzliche Pfandrecht des Spediteurs

I. Allgemeine Entstehungsvoraussetzungen

1. Speditionsvertrag

§ 410 setzt, wie alle Vorschriften der §§ 407—414 HGB, das Bestehen eines Speditionsvertrages nach §§ 407 oder 415 HGB voraus. Fehlt es an einem Gültigkeitserfordernis, oder ist der Vertrag aus anderen Gründen unwirksam, so kommt auch nicht durch die Übergabe ein sog. „faktischer" Speditionsvertrag zustande. Vielmehr ist die Rechtsfigur des faktischen Vertrags für das Speditionsrecht abzulehnen; siehe dazu im einzelnen Anm. 29 zu §§ 407—409 HGB. Eine unmittelbare Anwendung auf andere Rechtsbeziehungen, z. B. auf speditionsähnliche Geschäftsbesorgungen von Nichtkaufleuten, oder auf Geschäftsführung ohne Auftrag kommt nicht in Betracht; anderer Ansicht Schlegelberger/Schröder Anm. 3b zu § 410 HGB; Krien/Hay Anm. 11a und 6a zu § 50 ADSp. Die in diesem Zusammenhang zitierte Entscheidung RGZ 99, 56 (60) betrifft einen Fall, in dem ein Speditionsvertrag vorlag, das Pfandrecht aber wegen Ansprüchen gegen den Empfänger aus Geschäftsführung ohne Auftrag bejaht wurde.

Die Anerkennung eines Spediteurpfandrechts ohne Zustandekommen eines Speditionsvertrags ist nicht zu befürworten, da das Gesetz die Gültigkeitsvoraussetzungen für Vertragsschlüsse zum Schutze der Vertragspartner aufstellt. Nicht nur im Falle gesetzwidriger und sittenwidriger Verträge (§§ 134, 138 BGB) und bei arglistiger Täuschung (§ 123 BGB), sondern auch bei fehlender Geschäftsfähigkeit, Vertretungsmacht, bei Dissens und in weiteren Fällen der Unwirksamkeit ist der Verhandlungspartner schutzwürdig. Auf ein Pfandrecht kann sich der Spediteur nur verlassen, wenn ein wirksamer Speditionsvertrag besteht. Wie jeder Partner eines anderen schuldrechtlichen Vertrags ist er für den Fall der Unwirksamkeit auf die für die außervertraglichen Ansprüche bestehenden Sicherungen angewiesen. Es sind keinerlei Gründe ersichtlich, warum er von Gesetzes wegen einen stärkeren Schutz als andere Vertragschließende erhalten sollte.

Kommt kein Speditionsvertrag zustande, so ist der Spediteur wegen seiner Verwendungsansprüche aus §§ 994ff. BGB durch das Befriedigungsrecht des § 1003 BGB gesichert. Ansprüche aus culpa in contrahendo und aus Geschäftsführung ohne Auftrag, ebenso solche aus Rücktritt, sind durch das einfache Zurückbehaltungsrecht des BGB, ggf. auch durch das kaufmännische Zurückbehaltungsrecht gesichert. Das gleiche gilt für den Schadensersatzanspruch aus § 122 im Falle der Anfechtung durch den Versender nach §§ 119, 120 BGB. Siehe zu den allgemeinen Sicherungsrechten des Spediteurs unten Anm. 30ff. Allenfalls könnte hinsichtlich dieser Rechtsverhältnisse an eine analoge Anwendung des § 410 HGB gedacht werden.

Wird der Spediteur aufgrund eines Lager- oder Frachtvertrages tätig, so sind seine Ansprüche durch das Pfandrecht des Lagerhalters (§ 421 HGB) oder Frachtführers (§ 440 HGB) gesichert.

2. Besitz des Spediteurs am „Gut" Anm. 2

Der Spediteur muß Besitzer des Guts sein, an dem das Pfandrecht besteht. Hierfür genügt stets der unmittelbare Besitz, der in der Regel durch Besitzdiener (§ 855 BGB) ausgeübt wird. Durch die Erwähnung der Möglichkeit einer Verfügung durch Konnossement, Ladeschein oder Lagerschein ist klargestellt, daß auch der mittelbare Besitz und insbesondere der durch diese Papiere vermittelte Besitz des Spediteurs genügt. Grundsätzlich reicht jede Art von mittelbarem Besitz des Spediteurs aus. Beispielsfall: In RGZ 118, 250 (252) erkannte das RG den Pfandrechtserwerb des Hauptspediteurs am Speditionsgut, das sich in unmittelbarem Besitz des Unterspediteurs befand, an. Siehe aber einschränkend RGZ 112, 133ff.

Wie bei anderen gesetzlichen Pfandrechten erwirbt der Spediteur das Pfandrecht nur an solchen Sachen, die mit dem Willen des Versenders in seinen Besitz gelangt sind; Schlegelberger/Schröder Anm. 11 zu § 410 HGB.

Der Besitz muß jedoch nicht vom Versender selbst auf den Spediteur übertragen werden. So erwirbt der Vollmachtspediteur, der im Auftrag des Empfängers das Gut weiterversendet, den Besitz zwar vom Frachtführer, aber doch mit Willen des zum Besitz berechtigten Empfängers als seines Auftraggebers. Daher hat der Vollmachtspediteur, wenn er das Gut weiterversendet, ein Spediteurpfandrecht. Wenn er das Gut nur zurollt oder einlagert, steht ihm ein Pfandrecht nach §§ 440 oder 421 HGB zu. Hinsichtlich der älteren Literatur zu dieser Frage siehe die Vorauflage Anm. 12a zu § 410 HGB.

3. Eigentum oder Verfügungsbefugnis des Versenders; guter Glaube Anm. 3

a) Eigentum des Versenders

Grundsätzlich ist der Erwerb des Pfandrechts nur an Sachen möglich, die dem Versender gehören. Dies ist zwar in § 410 HGB — anders als in § 647 BGB — nicht ausdrücklich gesagt, ergibt sich aber mittelbar aus § 366 Abs. 3 HGB. Der Grundsatz wird jedoch beim Spediteurpfandrecht stark durchbrochen.

b) Verfügungsbefugnis Anm. 4

Gemäß § 185 BGB ist die Verfügung eines Nichtberechtigten dem Berechtigten gegenüber wirksam, wenn sie mit dessen Einwilligung erfolgt. Übergibt eine dritte Person dem Versender die Sache in Kenntnis des Umstands, daß dieser sie durch einen Spediteur versenden werde (Fälle: Der Versender übergibt das Gut einem Spediteur zur Versendung an einen Zwischenspediteur; der Verkäufer unter Eigentumsvorbehalt weiß, daß der Käufer die Ware durch Spediteure weiterversendet), so kann eine stillschweigende Einwilligung des Eigentümers angenommen werden. § 366 HGB braucht dabei nicht bemüht zu werden. Anderer Ansicht für das Werkunternehmerpfandrecht BGHZ 17, 122 (126).

c) Guter Glaube des Spediteurs Anm. 5

Nach der Rechtsprechung des BGH, Urteile vom 21. 12. 1960, BGHZ 34, 122ff. und BGHZ 34, 153ff. können gesetzliche Pfandrechte des Bürgerlichen Rechts nicht gutgläubig erworben werden. Im Gegensatz dazu erwirbt der Spediteur nach § 366 Abs. 3 und Abs. 1 HGB das Pfandrecht auch vom Nichtkaufmann bereits, wenn er in gutem Glauben an das Eigentum des Versenders oder an dessen Verfügungsbefugnis ist; BGH a. a. O., S. 155. Gutgläubiger Erwerb scheidet nach § 932 Abs. 2 BGB nur dann aus, wenn dem Spediteur Kenntnis der Nichtberechtigung oder grobfahrlässige Unkenntnis nachgewiesen wird.

Verfügungsbefugnis ist im Rahmen des § 366 HGB die Befugnis, das Speditionsgut durch einen Spediteur zu versenden. Es kommt, da es sich um ein gesetzliches Pfandrecht handelt, nicht darauf an, ob dem Eigentümer bekannt war, daß hierdurch ein gesetzliches Pfandrecht des Spediteurs begründet werden könnte.

Der Spediteur braucht keine Nachforschungen darüber anzustellen, ob der Versender zur Versendung berechtigt war, wenn nicht besondere Umstände den Verdacht des Gegenteils aufkommen lassen.

Anm. 6 **II. Die dem Pfandrecht unterliegenden Gegenstände**

1. Das „Gut“

Gegenstand des Pfandrechts ist das „Gut“. Damit ist das Speditionsgut (einschließlich Verpackung) gemeint, mit dessen Versendung der Spediteur betraut ist. An Gütern, die dem Spediteur nicht zur Besorgung der Versendung, sondern mit anderem Auftrag, z. B. zur Beförderung oder Lagerung übergeben sind, entsteht das Pfandrecht nach § 410 HGB nicht. Doch erstreckt sich das Vertragspfandrecht des § 50 ADSp auf jedes Gut, das dem Spediteur übergeben ist.

Anm. 7 **2. Mehrere Sachen als „Gut“**

Grundsätzlich erstreckt sich das Pfandrecht auf alle Güter, die auf Grund des betreffenden Speditionsauftrags im Besitz des Spediteurs sind. Der Spediteur darf das Pfandrecht an ihnen allen im Rahmen der für die Ausübung gesetzlicher Pfandrechte nach § 1257 BGB maßgeblichen Bestimmungen ausüben. Nach § 1230 S. 1 BGB darf der Spediteur unter mehreren Sachen, aus denen das Speditionsgut bestehen kann, diejenigen auswählen, welche verkauft werden. Er darf nach § 1230 S. 2 BGB aber nur so viele Pfänder zum Verkauf bringen, als zu seiner Befriedigung erforderlich sind. Aus diesen Bestimmungen läßt sich nicht generell der Grundsatz ableiten, daß der Spediteur die zum Speditionsgut gehörenden Sachen ohne Rücksicht auf die Höhe seiner Forderungen zurückhalten dürfe, so z. B. Schlegelberger/Schröder Anm. 2a zu § 410 HGB, der nur ausnahmsweise im Falle der Arglist und des Verstoßes gegen Treu und Glauben eine Freigabepflicht bejahen will; BGH vom 3. 11. 1965, VersR 1966, 115ff. § 1230 soll primär für rechtsgeschäftlich bestellte Pfandrechte gelten. Bei diesen kann — jedenfalls im Modellfall — schon bei Pfandbestellung eine Übersicherung (die ohnehin schon vom Reichsgericht als sittenwidrig erklärt worden war) vermieden werden. Die generelle Pfandklausel der Banken (Nr. 19 AGB der privaten Banken) ist demgemäß durch eine Freigabepflicht der Bank (Nr. 19 Abs. 7) für übermäßige Pfänder ergänzt. Beim Spediteurpfandrecht stehen die Forderung des Spediteurs und der Wert des Speditionsguts in keinem vorher bedachten Verhältnis. Unverhältnismäßigkeit kann hier bei wertvollen Gütern sehr leicht auftreten. Die Interessewahrungspflicht gebietet dem Spediteur, die offenbar nicht zu seiner Sicherheit benötigten Teile des Speditionsguts freizugeben. Allerdings kann vom Spediteur nicht verlangt werden, daß er Güter freigibt, solange er nicht mit Sicherheit weiß, daß die noch zurückgehaltenen zu seiner Befriedigung ausreichen. Der BGH hat eine Freigabepflicht daher nur in engen Grenzen für möglich gehalten und sie in einem Falle verneint, in dem später ein Drittel des zurückgehaltenen Bestandes zur Deckung der Spediteurforderung versteigert werden mußte: BGH vom 3. 11. 1965, VersR 1966, 115 (118) mit eingehenden Erörterungen und zahlreichen Hinweisen. Diese Freigabepflicht ist auch praktisch von Bedeutung. Anders als das Vertragspfandrecht nach § 50 ADSp deckt das gesetzliche Spediteurpfandrecht nach § 410 HGB keine inkonnexen Forderungen des Spediteurs, so daß insbesondere bei Speditionsgut, das dem Kunden nicht gehört, vom Versender die Freigabe verlangt werden kann, soweit es zur Sicherung inkonnexer Forderungen des Spediteurs benutzt wird (siehe dazu unten Anm. 16 und 27ff.).

Anm. 8 **3. Surrogate**

Das gesetzliche Spediteurpfandrecht erstreckt sich nicht auf die Surrogate, die das Gut im Falle seines Verlustes oder seiner Beschädigung oder seiner Veräußerung ersetzen; insbesondere unterliegen daher Schadensersatzansprüche gegen schädigende Dritte und Ansprüche gegen Versicherer nicht dem Pfandrecht. Nur bei ordnungsgemäßem Notverkauf des Pfandguts (§ 1219 BGB) tritt der Verkaufserlös an die Stelle des Gutes. Beachte ferner § 1247 BGB. Siehe hierzu Schlegelberger/Schröder Anm. 2b zu § 410 HGB; Krien/Hay Anm. 13 zu § 50 ADSp. Ferner kann sich der Spediteur aus den durch das Ausführungsgeschäft entstandenen Forderungen, also auch aus Schadensersatzforderungen gegen den beauftragten Frachtführer, vorweg befriedigen; §§ 407 Abs. 2, 399 HGB.

III. Die gesicherten Forderungen

Anm. 9

1. Die Arten der gesicherten Forderungen

§ 410 HGB führt nur bestimmte Arten von Forderungen des Spediteurs auf, die durch das Pfandrecht gesichert sind. Sie umfassen aber alle wichtigen mit dem Speditionsauftrag zusammenhängenden Ansprüche mit Ausnahme der Schadensersatzansprüche. Diese werden jedoch durch das vertragliche Pfandrecht des § 50 ADSp gedeckt. Ob die Ansprüche auf den Speditionsvertrag gestützt werden oder ob sie sich aus anderen Rechtsgründen ergeben (z. B. aus dem Rückgewährungsschuldverhältnis beim Rücktritt, §§ 346f. BGB; oder aus Geschäftsführung ohne Auftrag; aus ungerechtfertigter Bereicherung usw.), ist gleichgültig, wenn sie wirtschaftlich mit dem betreffenden Speditionsvertrag zusammenhängen. Allerdings entsteht bei Unwirksamkeit des Speditionsvertrags kein Pfandrecht; siehe oben Anm. 1. Nicht unter § 410 fallen die Vergütungsansprüche für Tätigkeiten, die nicht im Rahmen eines Speditionsauftrags, sondern außerhalb dessen liegen: Lagergeld aus besonderem Lagervertrag, Frachtanspruch aus besonderem Frachtvertrag.

a) Fracht Anm. 10

Hiermit ist der Erstattungsanspruch des Spediteurs hinsichtlich verauslagter Frachten gemeint. Dieser würde an sich unter den ebenfalls erwähnten Begriff der „Auslagen" fallen, ist aber der Klarheit halber noch einmal besonders erwähnt. Kommt zwischen Spediteur und Versender ein frachtrechtliches Verhältnis durch Selbsteintritt des Spediteurs (§ 412 HGB) zustande, so hat der Spediteur als Frachtführer das Pfandrecht nach § 440 HGB für alle Forderungen aus dem Frachtvertrag.

b) Provision Anm. 11

Zum Begriff der Provision siehe Anm. 95 zu §§ 407—409 HGB. Das Pfandrecht deckt auch die besonderen Provisionen für Einzeltätigkeiten des Spediteurs; siehe Anm. 99 zu §§ 407—409 HGB; Krien/Hay Anm. 6 zu § 50 ADSp.

c) Auslagen und Verwendungen Anm. 12

Siehe hierzu Anm. 105ff. zu §§ 407—409 HGB. Verwendungen, die der Spediteur auf das Speditionsgut gemacht hat, fallen ebenso wie die Auslagen unter den Begriff der Aufwendungen in § 670 BGB; aus der Rechtsprechung siehe OLG Braunschweig, VRS 3, 232 (233).

d) Vorschüsse Anm. 13

Vorschüsse kann der Spediteur dem Versender dann geben, wenn er den Auftrag zur Einziehung von Nachnahmen hat. Siehe eingehender Schlegelberger/Schröder Anm. 7 zu § 410 HGB; in der Praxis kommen sie nach Krien/Hay Anm. 6 zu § 50 ADSp kaum mehr vor. Älterer Beispielsfall: RGZ 29, 47ff. Immerhin ist es durchaus denkbar, daß z. B. ein Zwischenspediteur die von Vormännern auf das Gut gelegten Nachnahmen vorschußweise einlöst. Siehe dazu Anm. 7 zu § 411 HGB.

e) Ansprüche gegen andere Personen als den Versender Anm. 14

RGZ 99, 56 (60) gewährte dem Spediteur ein Pfandrecht am Speditionsgut wegen Ansprüchen gegen den Empfänger auf Ersatz von Versicherungskosten aus Geschäftsführung ohne Auftrag. § 410 HGB erwähnt nicht, gegen wen sich die Ansprüche richten müssen. Jedoch erscheint es vertrebar, die im Hinblick auf das Interesse dem Empfänger gemachten, im Rahmen der Spediteurtätigkeit liegenden Aufwendungen als vom Pfandrecht gesichert anzuerkennen.

Anm. 15 **2. Noch nicht fällige oder zukünftige Forderungen**

Wie alle Pfandrechte kann das gesetzliche Spediteurpfandrecht auch zur Sicherung künftiger, bedingter oder noch nicht fälliger Ansprüche bestehen. Sobald sich herausstellt, daß Ansprüche aus dem Speditionsverhältnis nicht mehr entstehen werden, erlischt das Pfandrecht.

Anm. 16 **3. Die Beziehung der Forderung zum Pfandobjekt (Konnexität)**

Wenn auch die Formulierung des § 410 HGB dies nicht unzweifelhaft klarstellt, so ist doch seit jeher unstreitig, daß dem Spediteur ein gesetzliches Pfandrecht nur hinsichtlich konnexer Forderungen zusteht. Nur wegen solcher Ansprüche, die gerade das als Pfand in Anspruch genommene Speditionsgut betreffen, kann somit ein Pfandrecht geltend gemacht werden. Wegen aller gegen den gleichen Versender bestehenden Ansprüche aus anderen Speditionsgeschäften besteht kein Pfandrecht. Will der Spediteur ein Pfandrecht am Speditionsgut geltend machen, das sich auf mit diesem Gut nicht zusammenhängende Forderungen bezieht (inkonnexes Pfandrecht), so kann dieses nur als Vertragspfandrecht nach § 50a ADSp begründet sein; jedoch ist darauf hinzuweisen, daß dieses inkonnexe Pfandrecht nach der Rechtsprechung des BGH nicht an Gütern entstehen kann, die nicht im Eigentum des Versenders stehen; siehe unten Anm. 26.

Schwierigkeiten bereitet die Abgrenzung der Konnexität, wenn unter einem einheitlichen Speditionsvertrag verschiedene Güter versendet werden oder wenn ein laufender Dauerspeditionsvertrag besteht, wie er insbesondere bei der Vollmachtspedition vorkommt (siehe Schlegelberger/Schröder Anm. 3a zu § 410 HGB). In der Literatur ist weitgehend unklar, was unter „Konnexität“ zu verstehen ist. Der BGH, Urteil vom 18. 3. 1955, BGHZ 17, 1 (3) versteht unter konnexen Forderungen „die mit der Beförderung des Gutes zusammenhängenden Forderungen“; ebenso Krien/Hay Anm. 2 zu § 50 ADSp. Schlegelberger/Schröder, der in Anm. 3 zu § 410 HGB die Konnexität in der Beziehung zu dem betreffenden Gut erblickt, widerspricht sich selbst in Anm. 3a, indem er dort auf den einheitlichen Speditionsvertrag abstellt, der verschiedene Güter betreffen könne.

Nach richtiger Auffassung muß die Konnexität im Verhältnis zwischen der zu sichernden Forderung und dem als Pfandobjekt dienenden Gut bestehen. Ob Konnexität vorliegt, kann nicht davon abhängen, wie weit der Rahmen des Speditionsvertrags gespannt ist. Sie bezieht sich nicht auf den Vertrag, sondern auf das Gut. Dies ergibt sich aus ihrer rechtstechnischen Funktion, das Speditionsgut nicht für beliebige Forderungen des Spediteurs haften zu lassen. Der Spediteur könnte sonst durch eine Zusammenfassung vieler einzelner Aufträge in summarischen Großverträgen praktisch die Wirkung eines gesetzlichen Pfandrechts für beliebige Forderungen aus Speditionsgeschäften erzielen. Dabei würden auch Güter, die verschiedenen Eigentümern gehören, für Forderungen des Spediteurs gegen den Versender, die mit ihnen in keinem Zusammenhang stehen, haften. Gerade dies wollte der BGH mit seiner Entscheidung in BGHZ 17, 1ff. verhindern.

Somit kommt es nur darauf an, ob die Forderung des Spediteurs im Zusammenhang mit der Beförderung des als Pfandobjekt beanspruchten Guts steht. Ist dies nicht der Fall, so haftet das Gut nicht als Pfand für diese Forderung, auch wenn sie aus dem gleichen Speditionsvertrag stammt. Mit dieser Auffassung entfällt auch weitgehend der Streit um das Pfandrecht des Vollmachtspediteurs, der in den dreißiger Jahren eine große Rolle spielte. Siehe zu diesem die Vorauflage Anm. 12a zu § 410 HGB; Schlegelberger/Schröder Anm. 3a zu § 410.

Allerdings ist durch die hier vertretene Auffassung eine Abgrenzung erforderlich, wann ein einheitliches „Gut“ vorliegt. Diese Abgrenzung muß nach wirtschaftlichen Gesichtspunkten und aus der Sicht des Spediteurs vorgenommen werden, der durch die Sicherheit, die ihm das Pfandrecht bietet, auf Vorleistung des Versenders verzichten kann. Ist eine dem Umfang nach umgrenzte Sendung an einen Empfänger zu versenden, so liegt ein einheitliches Gut vor. Wiederkehrende, zeitlich getrennte Sendungen müssen als verschiedene Güter betrachtet werden. Anderer Ansicht Baumbach/Duden Anm. 2 zu § 410 HGB, der allerdings bei Dauerspeditionsverträgen der hier vertretenen Ansicht ist. Wer Eigentümer der zu einer Sendung gehörenden Sache ist, kann auf die für die Konnexität bedeutsame Abgrenzung des Begriffs „Gut“ keinen Einfluß haben; denn es ist für den Spediteur nicht erkennbar, welche Güterteile wem gehören. Sind Güter an verschiedene Empfänger adressiert, so kann es sich bei ihnen nicht um einheitliches Gut handeln, denn es besteht kein Grund, dem Spediteur einem Empfänger gegenüber die Zurückhaltung zu gestatten, wenn z. B. ein anderer Empfänger eines gleichzeitig versandten Guts seine Nachnahmen nicht einlöst.

IV. Der Inhalt des Pfandrechts Anm. 17

Welche Befugnisse das gesetzliche Pfandrecht dem Spediteur gewährt, richtet sich gemäß § 1257 BGB nach den Vorschriften über das Vertragspfandrecht, ergänzt durch § 368 HGB. Der Spediteur hat aufgrund des Pfandrechts, solange dieses besteht, nach §§ 986, 868 BGB ein Recht zum Besitz; RGZ 112, 133 (136); 118, 250 (252). Er kann daher dem Herausgabeverlangen des Eigentümers entgegentreten, auch wenn dieser die betreffende Summe, zu deren Sicherung das Pfandrecht dient, hinterlegt; RGZ 1, 304 zum Kommissionärpfandrecht. Wird ihm die Pfandsache entzogen, so kann er nach §§ 1227, 985 BGB Rückübertragung des Besitzes vom Entzieher verlangen. Bei Pfandreife kann er das dem Pfandrecht unterliegende Gut nach den Vorschriften des Pfandverkaufs verkaufen lassen und sich aus dem Erlös befriedigen. Bei Pfändung durch einen Dritten im Wege der Zwangsvollstreckung kann der Spediteur Dritt-Widerspruchsklage erheben (§ 771 ZPO) oder auf vorzugsweise Befriedigung klagen (§ 805 ZPO). Im Konkurs des Eigentümers (des Versenders oder eines Dritten) hat der Spediteur ein Absonderungsrecht nach § 47 KO. Das Verfolgungsrecht des § 44 KO steht ihm nicht zu; ROHG 20, 192; Schlegelberger/Schröder Anm. 17 zu § 410 HGB. Das Vergleichsverfahren über das Vermögen des Versenders berührt das Pfandrecht des Spediteurs einschließlich der Pfandverwertung nicht. Siehe § 27 Vgl. O.

V. Der Rang des Pfandrechts Anm. 18

Für den Rang des Spediteurpfandrechts ist gemäß §§ 1257, 1209 BGB der Zeitpunkt seiner Entstehung maßgeblich (Prioritätsgrundsatz). Bestanden vor dem Spediteurpfandrecht bereits andere Pfandrechte (rechtsgeschäftlich bestellte, gesetzliche oder Pfändungspfandrechte), so geht es diesen nach. Jedoch kann der Spediteur gemäß §§ 366 Abs. 3 HGB, 1208 BGB den Vorrang erwerben, wenn er das Gut in gutem Glauben an die Lastenfreiheit oder an die Befugnis des Versenders, unter Verzicht auf die Lasten über das Gut zu verfügen, erlangt.

Eine besondere Regelung gilt gemäß § 443 HGB, wenn am Gute mehrere gesetzliche Pfandrechte des Handelsrechts bestehen. Unter besonderen Voraussetzungen können hierbei später entstandene Pfandrechte den Vorrang vor früher entstandenen haben.

VI. Erlöschen des Pfandrechts Anm. 19

1. Durch Erlöschen der Forderung

Nach §§ 1257, 1252 BGB erlischt das gesetzliche Pfandrecht des Spediteurs, wenn alle durch es gesicherten Forderungen des Spediteurs erlöschen, insbesondere wegen Erfüllung, Aufrechnung, befreiender Hinterlegung. Befriedigt ein Dritter den Spediteur, so kann unter den Voraussetzungen der §§ 268, 412, 401, 1257, 1250 Abs. 1 S. 1 BGB das Pfandrecht auf ihn übergehen. Nach § 411 Abs. 2 S. 1 HGB geht das Pfandrecht auch auf den Zwischenspediteur über, wenn er den Spediteur befriedigt. Siehe zum Erlöschen des Pfandrechts durch Erlöschen der Forderung im einzelnen Krien/Hay Anm. 9d—9f zu § 50 ADSp.

2. Durch Besitzverlust Anm. 20

Aus § 410 HGB läßt sich entnehmen, daß der Verlust des Besitzes durch den Spediteur das gesetzliche Pfandrecht zum Erlöschen bringt. Solange der Spediteur noch mittelbaren Besitz hat, besteht das Pfandrecht fort. Dies ist insbesondere dann der Fall, wenn der Spediteur das Gut einem Frachtführer oder Verfrachter zur Beförderung übergeben hat. Das Pfandrecht endet allerdings, wenn der Spediteur den mittelbaren

Besitz dadurch verliert, daß er den Lagerschein an einen Dritten überträgt; Fall: RGZ 44, 116ff. Da der Frachtführer nach § 440 Abs. 3 HGB unter Umständen noch drei Tage nach Ablieferung sein Frachtführerpfandrecht und damit mittelbaren Besitz hat, kann das Spediteurpfandrecht auch nach Ablieferung an den Empfänger insoweit noch fortbestehen. Doch gilt § 440 Abs. 3 HGB nicht unmittelbar für das Speditionspfandrecht. Gibt der Spediteur das Gut selbst an den Empfänger heraus oder bezahlt dieser die Forderungen des Frachtführers, so erlischt das Pfandrecht des Spediteurs mit dem Besitzverlust.

Verliert der Spediteur den Besitz ohne seinen Willen, so erlischt zwar sein Pfandrecht, jedoch kann er gemäß §§ 1227, 985 BGB Rückübertragung verlangen. Nach richtiger Auffassung lebt dann das Pfandrecht mit dem alten Rang wieder auf; Schlegelberger/Schröder Anm. 12 zu § 410; Krien/Hay Anm. 11e zu § 50 ADSp. Dies gilt nicht bei freiwilliger Aufgabe des Besitzes und späterer Wiedererlangung z. B. aufgrund von § 34b ADSp. In diesem Falle ist das Pfandrecht endgültig erloschen; RGZ 44, 116 (120). Verliert der Spediteur sein Pfandrecht durch Beschlagnahme des Speditionsguts, wegen einer Steuer- (Zoll-)Straftat eines Dritten, so steht ihm gegen den Staat wegen der Entziehung des Pfandrechts ein Entschädigungsanspruch zu: BGH Urt. v. 14. 4. 1958, BGHZ 27, 69 (72f.).

Anm. 21

B. Das Vertragspfandrecht nach § 50 ADSp

I. Grundstruktur

Die ADSp enthalten in § 50 eine weit über das gesetzliche Pfandrecht des § 410 HGB hinausgreifende Regelung. Das durch § 50a ADSp dem Spediteur über den Rahmen des § 410 HGB (bzw. der §§ 421, 440 HGB) hinaus gewährte Pfandrecht ist ein vertragliches Faustpfandrecht nach §§ 1204ff. BGB. Zwar hat das RG in RGZ 113, 427 (429) es in die Nähe des gesetzlichen Spediteurpfandrechts nach § 410 HGB gerückt und es „mindestens wirtschaftlich“ als „Erweiterung“ des gesetzlichen Pfandrechts betrachtet. Jedoch können die Entstehungsvoraussetzungen und der Inhalt eines gesetzlichen Pfandrechts nur durch das Gesetz selbst festgelegt werden. Da die ADSp keine Rechtsnormen darstellen, ist die privatautonome Erweiterung des Spediteurpfandrechts durch § 50a ADSp nur als besondere vertragliche Pfandrechtsbestellung wirksam und kann insoweit nur ein Vertragspfandrecht begründen; BGH v. 8. 3. 1955, BGHZ 17, 1 (6). Dies übersieht Schmid-Loßberg, Anm. zu diesem Urteil, MDR 1955, 672. Gemäß § 1205 BGB setzt das über den § 410 HGB hinausgehende Spediteurpfandrecht des § 50 ADSp somit die Übergabe des Guts als Pfandsache und die Einigung zwischen dem Eigentümer und dem Spediteur voraus. Diese Einigung erfolgt bei Abschluß des Speditionsvertrags durch Vereinbarung der ADSp und damit deren § 50a. Ist der Versender nicht Eigentümer, so kommt ein Erwerb des Pfandrechts durch den Spediteur nur mit Einwilligung des Eigentümers (§ 185 BGB) oder kraft guten Glaubens des Spediteurs (§§ 366 Abs. 1 HGB, 1207 BGB) in Betracht.

II. Die allgemeinen Voraussetzungen

Anm. 22

1. Kein Speditionsvertrag erforderlich

Die ADSp und damit das Pfandrecht des § 50a sollen für alle Verrichtungen des Spediteurs (§ 2a ADSp), unabhängig von ihrer rechtlichen Qualifikation gelten. Daher genügen auch Verträge, nach denen der Berufsspediteur als Frachtführer, Lagerhalter oder sonst irgendwie Beauftragter, z. B. auch als reiner Empfangsspediteur ohne Weitertransport und Weiterversendung, verpflichtet ist, für § 50a ADSp. Gegen diese Erweiterung des Anwendungsbereiches gegenüber dem gesetzlichen Pfandrecht des § 410 HGB bestehen keine Bedenken, da ein Sicherungsbedürfnis des Spediteurs für alle seine gewerblichen Verrichtungen in gleicher Weise besteht.

Fehlt es allerdings an einem wirksamen Vertrag zwischen Auftraggeber und Spediteur überhaupt, so kommen die ADSp als AGB der Spediteure nicht zur Anwendung, da sie keine Geltungsgrundlage haben; siehe Anm. 3ff. vor § 1 ADSp, Anhang I nach § 415 HGB. Dann kann mangels Einigung auch kein Pfandrecht entstehen.

2. Pfandrecht am Dritteigentum Anm. 23

Das Pfandrecht nach § 50a ADSp will grundsätzlich auch Güter erfassen, die dem Auftraggeber nicht gehören. Dies ergibt sich aus der Formulierung des § 50b ADSp, der für den Geschäftsverkehr zwischen Spediteuren Ausnahmen bestimmt. Die Erstreckung des Spediteurpfandrechts auf Güter, die nicht dem Versender gehören, kann nur dann wirksam werden, wenn der Versender zur Verpfändung des Gutes ermächtigt ist, oder wenn der Spediteur in gutem Glauben an das Eigentum des Versenders nach § 1207 BGB an die Verfügungsbefugnis des Versenders nach § 366 Abs. 1 HGB, § 1207 BGB den Besitz erlangt. Der gute Glaube an die Verfügungsbefugnis genügt nicht, wenn der Versender nicht Kaufmann ist oder nicht im Betriebe des Handelsgewerbes den Speditionsauftrag erteilt.

Der gute Glaube an das Eigentum des Versenders wird dem Spediteur sehr häufig fehlen, und zwar immer dann, wenn der Versender selbst Spediteur oder Kommissionär ist. Wegen der weitgehenden Üblichkeit von Eigentumsvorbehalt und Sicherungsübereignung ist, insbesondere bei Versendung von Waren durch Zwischenhändler, in manchen Branchen nicht ohne weiteres und ohne Erkundigung mit dem Eigentum des Versenders zu rechnen. Doch wird hier regelmäßig die Befugnis des Versenders zur Belastung des Speditionsguts mit einem Pfandrecht wegen der durch dieses Gut verursachten Speditions- und Frachtkosten angenommen werden können; die Verfügung über Vorbehaltsgut im ordentlichen Geschäftsgang enthält insoweit auch die Verpfändung, da der Absatz der Güter, der eine Beförderung notwendig voraussetzt, im Interesse des regelmäßig durch verlängerten Eigentumsvorbehalt gesicherten Eigentümers liegt. Für inkonnexe Forderungen kann eine solche Verpfändungsbefugnis nicht angenommen werden, da es nicht im Interesse des Eigentümers liegt, seine Güter für beliebige Forderungen des Spediteurs gegen den Versender zu verpfänden.

III. Die dem Pfandrecht unterliegenden Gegenstände Anm. 24

Siehe dazu zunächst oben Anm. 6—8. Weit über § 410 hinausgehend, gewährt aber § 50a ADSp dem Spediteur ein Pfandrecht nicht nur am Gut, sondern auch an den sonstigen in der Verfügungsgewalt des Spediteurs befindlichen Werten. Damit werden auch Forderungen, insbesondere Schadensersatz- und Versicherungsforderungen und Wertpapiere aller Art erfaßt. Allerdings bringt die Beantwortung der Frage, wann Forderungen und Rechte sich „in der Verfügungsgewalt" des Spediteurs befinden, beträchtliche Schwierigkeiten. Regelmäßig wird dies dann der Fall sein, wenn die Geltendmachung der betreffenden Forderungen an bestimmte, nur dem Spediteur zugängliche Voraussetzungen, z. B. den Besitz bestimmter Papiere, geknüpft ist. In vielen Fällen wird der Spediteur — juristisch gesehen — selbst treuhänderischer Inhaber der Forderungen sein. In diesem Fall müßte durch § 50a ADSp ein Pfandrecht an eigenen Forderungen des Spediteurs begründet werden. Dies ist gemäß §§ 1273 Abs. 2, 1256 S. 1 BGB grundsätzlich nicht zulässig. Jedoch eröffnet § 1256 Abs. 2 BGB die Möglichkeit, das Pfandrecht als bestehend zu betrachten, da der Spediteur die Forderung an den Auftraggeber abzutreten hat; denn die Zurechnung der Forderungen zum wirtschaftlichen Vermögen des Versenders nach §§ 407 Abs. 2, 392 Abs. 2 HGB kann als Belastung mit dem Recht eines Dritten betrachtet werden. Durch diese Lösung wird es ermöglicht, daß der Spediteur dem Versender die Ersatzansprüche gegen Dritte abtritt, sich aber das Pfandrecht an ihnen vorbehält.

IV. Die gesicherten Forderungen

1. Die Arten der gesicherten Forderungen Anm. 25

§ 50a ADSp umschreibt den Kreis der gesicherten Forderungen generell: Das Pfandrecht soll bestehen „wegen aller fälligen oder nicht fälligen Ansprüche", die dem Spediteur aus den in § 2a ADSp genannten Verrichtungen gegen den Auftraggeber zustehen. Über § 410 HGB geht dies in dreifacher Weise hinaus: Es sind auch Forderungen gesichert, die nicht aus Speditionsvertrag, sondern aus anderen Rechtsgründen bestehen. Auch Ansprüche, die in § 410 HGB nicht erwähnt sind, z. B. Schadensersatzansprüche gegen den Versender, fallen unter § 50a; allerdings keine Ansprüche, die mit der Spediteurtätigkeit nicht zusammenhängen, BGH vom 22. 2. 1956, BGHZ 20, 231 (233). Vor allem wird aber keine Konnexität, keine Beziehung zwischenPfandobjekt und gesicherter Forderung verlangt. Das Pfandrecht sichert inkonnexe Forderungen des Spediteurs nur, soweit sie nicht „strittig" sind (strittig sind sie nur bei substantiiertem Bestreiten; LG Köln BB 70, 904) oder die Vermögenslage des Schuldners die Forderung des Spediteurs gefährdet (§ 50c ADSp).

Gegen die Gültigkeit der Pfandklausel bestehen generell keine Bedenken, soweit Güter verpfändet werden, die dem Versender gehören. Auch der Umstand, daß die Pfandklausel in Allgemeinen Geschäftsbedingungen enthalten ist, macht sie insoweit nicht unwirksam, denn es besteht ein legitimes Interesse des vorleistenden Spediteurs, durch das Pfandrecht hinsichtlich aller nicht beglichenen Forderungen aus Spediteurgeschäften mit dem Versender gesichert zu sein. Ebenso wie die allgemeine Pfandklausel des § 19 der Allgemeinen Geschäftsbedingungen des privaten Bankgewerbes ist daher insoweit das vertraglich begründete, über § 410 HGB hinausgehende inkonnexe Pfandrecht des Spediteurs niemals von der Rechtsprechung beanstandet worden.

§ 50a ADSp begrenzt allerdings den Kreis der gesicherten Forderungen auf solche, die den Verkehrsgeschäften des Spediteurs entstammen. BGHZ 20, 231 (233f.) läßt daher zu Recht Forderungen Dritter, die der Spediteur nachträglich erworben hat, nicht am Schutz des Pfandrechts oder Zurückbehaltungsrechts nach § 50 ADSp teilnehmen.

Anm. 26

2. Sonderproblem: das inkonnexe Pfandrecht an Gütern, die dem Versender nicht gehören

a) Die Grundsatzentscheidung BGHZ 17, 1ff.

Das RG hatte den gutgläubigen Erwerb des Pfandrechts an Gütern, die dem Versender nicht gehören, auch für inkonnexe Forderungen des Spediteurs als im Sicherungsinteresse des Spediteurs erforderlich anerkannt und die betreffenden Klauseln der Spediteurbedingungen als mit den guten Sitten vereinbar betrachtet. (RGZ 113, 427 (428ff.); 118, 250 (252f.); siehe auch noch LG Hannover vom 8. 3. 1951, VRS 5, 348). Die einschränkende Rechtsprechung des BGH zu Allgemeinen Geschäftsbedingungen hat dagegen seit dem grundlegenden Urteil des BGH vom 8. 3. 1955, BGHZ 17, 1ff. den § 50 ADSp insoweit für unwirksam erklärt. Siehe ferner BGH vom 23. 3. 1956, BGHZ 20, 231; vom 23. 9. 1963, VersR 1963, 1156. Nach BGHZ 17, 1ff. soll die Nichtanerkennung des inkonnexen Pfandrechts am Dritteigentum durch einschränkende Auslegung der Erklärungen des Versenders erreicht werden. Danach fehle es einem redlichen Auftraggeber am Willen, die einem Dritten gehörenden Güter dem Spediteur zu verpfänden. Der Entscheidung ist zwar im Ergebnis voll zuzustimmen, gegen die Begründung bestehen jedoch methodische Bedenken. Was der Auftraggeber wirklich will, spielt keine entscheidende Rolle; vielmehr kommt es darauf an, was er erklärt hat. Bei den heutigen komplizierten, weitgehend formularmäßig abgewickelten Rechtsbeziehungen weiß der Erklärende sehr häufig nicht, was er erklärt; ähnlich Schlegelberger/Schröder Anm. 18b zu § 410 HGB. Zu einer die Einzelheiten umfassenden Willensbildung über den Inhalt des Erklärten kommt es in diesem Fall nicht; der Wille beschränkt sich auf die Inkraftsetzung der Allgemeinen Geschäftsbedingungen (Unterwerfung); siehe Helm JuS 1965, 124f. In Wahrheit ist hier nicht am fehlenden Willen des Versenders Anstoß zu nehmen, sondern an der inhaltlichen Unangemessenheit der ADSp-Regelung; siehe zum Problem der versteckten Inhaltskontrolle Staudinger/Weber Anm. N 289 vor § 241 BGB; BGH v. 29. 9. 1960, BGHZ 33, 216 (219f.). Daher weist auch der BGH in einer Hilfsbegründung darauf hin, § 50a ADSp sei hinsichtlich des gutgläubigen Erwerbs inkonnexer Pfandrechte im übrigen wegen Sittenwidrigkeit nach § 138 BGB nichtig. Nach neuerer und heute nahezu einhellig anerkannter Rechtsprechung des BGH unterliegen Allgemeine Geschäftsbedingungen einer abstrakten richterlichen Kontrolle auf ihre Angemessenheit. Weichen sie von dispositiven Gesetzesvorschriften ab, die ihre Entstehung nicht nur reinen Zweckmäßigkeitserwägungen, sondern einem aus der Natur der Sache sich ergebenden Gerechtigkeitsgebot verdanken, so müssen dafür sachliche Gründe vorliegen. Andernfalls sind sie als unwirksam anzusehen; BGH v. 17. 2. 1964, BGHZ 41, 151 (154).

Die dispositive gesetzliche Regelung des Spediteurpfandrechts erfaßt Speditionsgut, das nicht dem Versender gehört, nur ausnahmsweise im Falle des guten Glaubens des Spediteurs an die Versendungsbefugnis und nur im Umfang der mit der Versendung dieses Guts verbundenen Speditionskosten; siehe oben Anm. 3—5. Die Belastung von Gütern, die dem Versender nicht gehören, läßt sich nur dadurch rechtfertigen, daß die Versendung im allgemeinen dem Absatz dieser Güter dient und im Interesse des Eigentümers liegt, auch vielfach eine Werterhöhung mit sich bringt. Dies gilt aber nur für Forderungen des Spediteurs, die dieses spezielle Gut betreffen. Den Eigentümer des Guts für die übrigen Forderungen, die der Spediteur gegen den Versender aus anderen Geschäften hat, haften zu lassen, läßt sich durch keinerlei Gründe auf der Seite des Eigentümers rechtfertigen. Eine Erweiterung des gesetzlichen Pfandrechts auf inkonnexe Forderungen des Spediteurs und zugleich auf Güter, die dem Versender nicht gehören, brächte den Versender in die mißliche Lage, fremdes Gut für eigene Schulden automatisch zu verpfänden. Die Einschränkung des gesetzlichen Spediteurpfandrechts nach § 410 HGB entspricht somit voll einem aus der Natur der Sache sich ergebenden Gerechtigkeitsgebot. Demgegenüber ist der einzige Grund für die Erweiterung des Spediteurpfandrechts das Sicherungsbedürfnis des Spediteurs. Dieses könnte, wie auch in anderen Wirtschaftszweigen, gegenüber unsicheren und unbekannten Kunden durch Vorschüsse, zusätzlich durch eine Nachnahmeanweisung an den ausliefernden Frachtführer nach §§ 441 HGB, 24 KVO, 71 EVO befriedigt werden. Das Sicherungsbedürfnis des Spediteurs rechtfertigt es nicht, daß sich das Pfandrecht für inkonnexe Forderungen auf Dritteigentum erstreckt. Somit kann die hier in Frage stehende Erweiterung des Spediteurpfandrechts nicht als durch sachliche Gründe berechtigt und daher nicht als wirksam betrachtet werden.

An diesen Feststellungen ist im übrigen fast nichts Neues; vielmehr ist nahezu die gleiche Diskussion schon in den Nürnberger Kommissionssitzungen vor Erlaß des ADHGB im Jahre 1857 geführt worden. Auch damals wurde erkannt, daß die Zulassung eines inkonnexen Pfandrechts an Gütern, die dem Versender nicht gehören, geradezu eine Aufforderung zum Mißbrauch darstellte. Daß die heute noch geltende gesetzgeberische Lösung durch allgemeine Geschäftsbedingungen der Spediteure unterlaufen werden würde, konnte zu dieser Zeit kaum vorhergesehen werden. Vgl. zu diesen Vorgängen Burchard, Das Recht der Spedition, 1894, S. 40—44.

Am Ergebnis der BGH-Rechtsprechung würde sich auch nichts ändern, wenn § 50 ADSp Handelsbrauch wäre, siehe oben Anm. 3 zu § 1 ADSp, Anhang I nach § 415. Auch Handelsbräuche unterliegen einer Kontrolle auf inhaltliche Angemessenheit. Siehe Anm. 47 zu § 346 HGB. Diese Kontrolle würde hier zu dem gleichen Ergebnis führen.

b) Kritik an der Grundsatzentscheidung BGHZ 17, 1ff. **Anm. 27**

An der Grundsatzentscheidung BGHZ 17, 1 ist in der Literatur vielfach Kritik geübt worden.

Krien/Hay, Anm. 10a—c wenden sich mit eingehenden, aber angesichts der neueren und zu begrüßenden Rechtsprechung zu den Allgemeinen Geschäftsbedingungen kaum noch überzeugenden Argumenten gegen die Ablehnung des inkonnexen Pfandrechts an Drittgut. Sie bezeichnen insbesondere die Regelung der ADSp als gleichermaßen im Interesse des Auftraggebers und des Spediteurs liegend. Dies kann allerdings für die Verpfändung von Dritteigentum durch den Auftraggeber bejaht werden. Der Auftraggeber hat von der Regelung den Vorteil, gegenüber dem Spediteur Kredit für beliebige andere Spediteurleistungen auf der Basis der Sicherung durch ihm nicht gehörende Werte zu erlangen. Jedoch sind die Interessen des Eigentümers in keiner Weise gewahrt; vielmehr werden durch § 50a ADSp die Möglichkeiten gutgläubigen Pfandrechtserwerbs, wie sie das Gesetz für Einzelfälle durch §§ 366 Abs. 1 HGB, 1207 BGB eröffnet, in planmäßiger Weise mißbraucht. Bestehen bei allgemeinen Geschäftsbedingungen schon Grenzen für die Gestaltungsfreiheit im Verhältnis zum Vertragspartner, so hat dies erst recht zu gelten, wenn Allgemeine Geschäftsbedingungen Wirkungen zu Lasten Dritter entfalten sollen. In solchen Fällen muß die angemessene Berücksichtigung auch der Interessen der betroffenen Dritten gefordert werden. Der Kritik an der Rechtsprechung des BGH ist daher nicht zuzustimmen.

Anm. 28 **c) Erwerb des inkonnexen Pfandrechts mit Einwilligung des Eigentümers**

Die Rechtsprechung des BGH schließt es nicht aus, daß der Versender mit Einwilligung des Eigentümers das Gut auch für inkonnexe Forderungen des Spediteurs im Bereich des § 50a ADSp rechtsgeschäftlich verpfändet (§ 185 BGB). Schlegelberger/Schröder Anm. 18b zu § 410; ebenso schon Schröder, BB 1956, 549f. will diese Ermächtigung aus den Umständen herleiten. Ein vertragliches Pfandrecht wegen inkonnexer Forderungen an einem dem Versender nicht gehörenden Gut sei möglich, wenn der Eigentümer mit der Versendung des Gutes durch einen nach den ADSp arbeitenden Spediteur einverstanden sei, weiterhin wisse, daß diesem inkonnexe Forderungen gegen den Versender zustehen und wenn außerdem der Eigentümer ein eigenes Interesse an der Durchführung der Versendung durch den Spediteur trotz Bestehen inkonnexer Forderungen habe. Diese Auffassung schränkt Schlegelberger/Schröder durch den Hinweis ein, daß eine solche Ermächtigung jedoch wegen des entgegenstehenden Interesses des Eigentümers nicht den Regelfall bilde. Demgegenüber muß betont werden, daß die ADSp nicht inhaltlich Handelsbrauch sind, daß überdies die Begründung inkonnexer Pfandrechte an Dritteigentum auch als Handelsbrauch sittenwidrig wäre. Daher kann aus den ADSp keine Drittwirkung zu Lasten solcher Personen hergeleitet werden, die am Speditionsvertrag nicht beteiligt sind. Eine Ermächtigung des Eigentümers an den Versender, das Gut wegen inkonnexer Forderungen zu verpfänden, kann daher nur bejaht werden, wenn sie ausdrücklich erklärt ist oder sich nach den Umständen eindeutig aus dem Verhalten des Eigentümers schließen läßt — ein Fall, der wegen der offensichtlich entgegenstehenden Interessenlage praktisch nicht vorkommen wird; BGH vom 23. 9. 1963, VersR 1963, 1019—1020. Ein inkonnexes Pfandrecht des Spediteurs kann an Gütern, die nicht dem Versender gehören, auch nicht gutgläubig erworben werden; a. A. ohne nähere Begründung Schlegelberger/Schröder Anm. 18c zu § 410 HGB; BGH vom 8. 3. 1955, BGHZ 17, 1 (4f.); bestätigt durch Urteil vom 23. 3. 1956, BGHZ 20, 231, lehnt dies mit Recht ab. Wohl habe das Gesetz bei Bestellungen eines Pfandrechts an fremder Sache im Einzelfall zugunsten des gutgläubigen Erwerbers und zu Lasten des Eigentümers entschieden und nur einen gutgläubigen Erwerb des Pfandrechts an abhanden gekommenen Sachen ausgeschlossen. Der maßgebende Gedanke sei, daß der Eigentümer, der seine Sache einem anderen überlasse, diesem vertraue und sich daher auch an ihn halten solle, wenn dieser sein Vertrauen mißbraucht. Dieser Gedanke versage jedoch, wenn in Allgemeinen Geschäftsbedingungen, deren Einzelheiten der Auftraggeber nicht zu kennen brauche, ein Pfandrecht an fremden Sachen vorgesehen sei. Hier würde der Auftraggeber unter Umständen über fremdes Eigentum verfügen, ohne daß er davon wisse und ohne daß er es wolle. Hier sei es also durchaus nicht so, daß dem Spediteur ein ebenso schutzwürdiges oder sogar noch schutzwürdigeres Interesse zur Seite stehe als dem dritten Eigentümer. Dem BGH ist hierin in vollem Umfang zuzustimmen. Seine Schlußfolgerung, der Unterwerfungswille des Auftraggebers sei daher hinsichtlich der inkonnexen Forderungen nur bei den in seinem Eigentum stehenden Gütern anzunehmen, ist jedoch nach neuerer Rechtsprechung durch eine offenere Handhabung der Inhaltskontrolle ersetzbar: Da Benutzer von AGB diese nach den Grundsätzen von Treu und Glauben und eines billigen Interessenausgleiches ausgestalten müssen, können Klauseln, die diesem Grundsatz widersprechen, nicht anerkannt werden; siehe Anm. 11ff., insbesondere Anm. 12 vor § 1 ADSp, Anh. I nach § 415. § 50a ADSp ist daher von Anfang an ungültig, soweit er den Auftraggeber zwingen will, ohne die Zustimmung des Eigentümers ihm nicht gehörende Sachen für inkonnexe Forderungen des Spediteurs zu verpfänden. Es kann daher dem Spediteur nicht gestattet werden, seine Auftraggeber in genereller Weise zur Untreue gegenüber Dritten zu verpflichten. Ist aber § 50a ADSp insoweit unwirksam, so fehlt es hier an der wirksamen Einigung über die Pfandrechtsbestellung; dieser Mangel kann auch durch guten Glauben nicht ersetzt werden.

Anm. 29 **V. Inhalt, Rang und Erlöschen des Pfandrechts**

Grundsätzlich gilt hier das in Anm. 17—19 Gesagte. Besonderheiten regeln allerdings die Absätze g und h des § 50 ADSp. Das Sichberufen auf die in 50g ADSp vorgesehene Verkürzung der Frist zwischen Androhung und Pfandverkauf auf eine Woche kann gegen

Treu und Glauben verstoßen, wenn der Eigentümer dadurch nicht mehr ausreichend Zeit gefunden hat, Vorsorge zu treffen, insbesondere wenn er seinen Wohn- oder Geschäftssitz in Übersee hat.

C. Andere Sicherungsrechte des Spediteurs

Anm. 30

I. Das Zurückbehaltungsrecht nach BGB

1. Die Einrede des nichterfüllten Vertrags, 320 BGB

Sie spielt im Speditionsrecht praktisch keine bedeutende Rolle. Sie könnte allenfalls dann Bedeutung erlangen, wenn der Spediteur ausnahmsweise aufgrund besonderer Absprachen nicht zur Vorleistung verpflichtet wäre. Er könnte dann die Ausführung des Speditionsvertrags bis zur Provisionszahlung verweigern.

2. Das einfache Zurückbehaltungsrecht, 273 BGB

Anm. 31

Durch dieses Zurückbehaltungsrecht werden alle mit dem Speditionsauftrag zusammenhängenden (konnexen) Forderungen erfaßt. Der Spediteur kann wegen Nichtzahlung der Provision oder Nichterfüllung anderer Ansprüche nicht nur das Gut, sondern auch andere Werte zurückhalten. Doch gewährt das einfache Zurückbehaltungsrecht kein Recht zur Befriedigung aus dem zurückgehaltenen Gut und damit auch keine Rangsicherung. Es ist daher dem Pfandrecht und dem kaufmännischen Zurückbehaltungsrecht an Sicherungswert unterlegen. Andererseits gilt das Zurückbehaltungsrecht auch für Ansprüche des Spediteurs, die entstehen, wenn ein Speditionsvertrag nicht zustande kommt. Auch in diesem Fall entsteht regelmäßig ein mit der Auslieferung des Guts zusammenhängendes Lebensverhältnis, das unterschiedliche Ansprüche außervertraglicher Art zusammenfaßt. Hierunter fallen insbesondere Ansprüche aus culpa in contrahendo, aus Geschäftsführung ohne Auftrag und Bereicherung.

II. Das kaufmännische Zurückbehaltungsrecht nach 369ff. HGB

Anm. 32

Dieses Zurückbehaltungsrecht steht dem Spediteur an Sachen, die dem Versender als Schuldner des Spediteurs gehören, für seine Ansprüche aus Handelsgeschäften zu. Es setzt, anders als das gesetzliche Pfandrecht, voraus, daß der Speditionsvertrag auch auf seiten des Versenders ein Handelsgeschäft ist. Andererseits ist es nicht auf das Speditionsgut beschränkt, sondern betrifft alle beweglichen Sachen und Wertpapiere des Versenders, die der Spediteur in Besitz hat. Es kann nicht nur wegen der in § 410 HGB aufgeführten, sondern wegen aller Ansprüche aus dem zwischen dem Spediteur und dem betreffenden Versender abgeschlossenen Handelsgeschäft geltend gemacht werden. Es gilt auch für gesetzliche Ansprüche, die im Bereich der Handelsgeschäfte bei Nichtzustandekommen des Vertrags entstehen. Somit sichert das kaufmännische Zurückbehaltungsrecht auch inkonnexe Forderungen des Spediteurs, selbst aus Nicht-Speditionsgeschäften. Insgesamt geht es damit über § 410 HGB weit hinaus.

Andererseits kann das kaufmännische Zurückbehaltungsrecht nicht an Gütern erworben werden, die Dritten gehören. §§ 366 HGB, 932 BGB gelten nicht, so daß auch gutgläubiger Erwerb ausscheidet.

Inhaltlich tritt das kaufmännische Zurückbehaltungsrecht weit hinter das Pfandrecht zurück. Es ist kein absolutes Recht, kann also Dritten gegenüber nur unter den eingeschränkten Voraussetzungen des § 369 Abs. 3 HGB geltend gemacht werden. Es gewährt ein pfandrechtsähnliches Befriedigungsrecht, das aber insbesondere hinsichtlich des Rangs schwächer als das gesetzliche Pfandrecht ist. Siehe hierzu im einzelnen §§ 370, 371 HGB und die dortige Kommentierung. Gegenüber dem Empfänger kann der Spediteur das kaufmännische Zurückbehaltungsrecht nicht geltend machen, da der Speditionsauftrag mit der Anweisung, das Gut an den Empfänger auszuliefern, gemäß § 369 Abs. 3 HGB die Entstehung des Zurückbehaltungsrechts hindert. Siehe jedoch unten Anm. 32.

III. Das Zurückbehaltungsrecht nach § 50 ADSp

Anm. 33

Die ADSp versuchen, das kaufmännische Zurückbehaltungsrecht wesentlich zu erweitern. Nach der Formulierung des § 50a und b soll es — ebenso wie das Pfandrecht und abweichend von § 369 Abs. 1 HGB — auch an nicht dem Versender gehörenden Sachen bestehen. Dies stellt sich, wenn kein Einverständnis Dritter vorliegt, als unzulässiger Vertrag zu Lasten eines Dritten dar. Kennenmüssen des Dritten oder dgl. können nicht dessen Einverständniserklärung ersetzen. Ein gutgläubiger Erwerb eines Zurückbehaltungsrechts, den das Gesetz nicht vorsieht, kann nicht durch Vertrag ermöglicht werden. Somit ergreift das Zurückbehaltungsrecht selbst für konnexe Forderungen des Spediteurs in keinem Fall Eigentum eines Dritten, der nicht zugestimmt hat.

§ 50f S. 2 ADSp schließt die Anwendung des § 369 Abs. 3 HGB in zulässiger Weise aus. Der Spediteur kann somit aufgrund des Zurückbehaltungsrechts die Auslieferung an den Empfänger verweigern, solange er Ansprüche gegen den Versender aus Handelsgeschäften hat.

Zumindest nicht in vollem Umfang wirksam ist jedoch § 50f S. 1 ADSp. Die gesetzlichen Wirkungen des kaufmännischen Zurückbehaltungsrechts können nicht ohne weiteres auf Nichtkaufleute ausgedehnt werden. Bei ihm handelt es sich teilweise (§§ 370, 371 HGB) um pfandrechtsähnliche Gestaltungen, die gesetzlichen Regelungen vorbehalten werden müssen. Ihre freie rechtsgeschäftliche Zulassung, insbesondere im Rahmen von allgemeinen Geschäftsbedingungen, würde der Schaffung eines besitzlosen Pfandrechts an beweglichen Sachen nahe kommen und damit den numerus clausus der Sachenrechte umgehen. Auch eine Erweiterung des Absonderungsrechts nach § 49 Ziff. 4 KO ist nicht möglich.

Anm. 34 **IV. Das Befriedigungsrecht wegen Verwendungen nach § 1003 BGB**

Macht der Spediteur Verwendungen auf das Speditionsgut, insbesondere wenn er Kosten zur Erhaltung und Sicherung des Guts aufwendet, so kann er bei bestehendem Speditionsvertrag regelmäßig das Spediteurpfandrecht bzw. Zurückbehaltungsrecht geltend machen. Wenn kein wirksamer Speditionsvertrag besteht, oder wenn der Versender zum Besitz oder seiner Weiterübertragung nicht berechtigt war, gelten stattdessen bzw. neben dem Speditionsvertrag die Regeln der §§ 987ff. BGB. Der Spediteur hat Ansprüche auf Ersatz von Verwendungen nach Maßgabe der §§ 994ff. BGB. Diese Ansprüche sind durch das Befriedigungsrecht nach § 1003 BGB gesichert.

§ 411

Bedient sich der Spediteur eines Zwischenspediteurs, so hat dieser zugleich die seinem Vormanne zustehenden Rechte, insbesondere dessen Pfandrecht, auszuüben.

Soweit der Vormann wegen seiner Forderung von dem Nachmanne befriedigt wird, geht die Forderung und das Pfandrecht des Vormanns auf den Nachmann über. Dasselbe gilt von der Forderung und dem Pfandrechte des Frachtführers, soweit der Zwischenspediteur ihn befriedigt.

Inhaltsübersicht

Anm. 1 **I. Allgemeines**

1. Begriff und Funktion des Zwischenspediteurs

Der Zwischenspediteur ist ein vom Hauptspediteur mit der Weiterversendung beauftragter Spediteur. Im Rahmen des Zwischenspeditionsvertrages ist der Hauptspediteur Versender. Zur Unterscheidung vom Unterspediteur siehe Anm. 5 zu §§

407—409 HGB; zur Unterscheidung vom bloßen Erfüllungsgehilfen RGZ 94, 97 (101) bzw. vom Unterspediteur RGZ 109, 288 (291f.). Typischer Fall für die Einschaltung eines Zwischenspediteurs ist etwa der folgende: Der Versender übergibt das Gut dem Hauptspediteur zur Versendung nach einem in Übersee gelegenen Ort. Der Hauptspediteur übergibt es einem Frachtführer zum Transport an einen Zwischenspediteur im Seehafen. Dieser versendet es im Auftrag des Hauptspediteurs durch einen Verfrachter weiter an den Empfänger. Selbstverständlich kann auch dort der Adressat wieder ein vom ersten Zwischenspediteur beauftragter zweiter Zwischenspediteur sein, der seinerseits das Gut durch einen ausländischen Frachtführer zu Lande weiterversendet; siehe aus der Praxis den Fall OLG Braunschweig, VRS 3, 232. In dieser Weise entsteht eine Kette von Spediteuren und Frachtführern, durch deren Hände das Gut wandert. § 411 HGB stellt Regeln für die Wahrung der Rechte des Vormanns durch den Nachmann, insbesondere auch hinsichtlich der Sicherungsrechte auf. Das den Spediteur sichernde gesetzliche Pfandrecht und Zurückbehaltungsrecht (siehe dazu die Anm. zu § 410) würde ohne § 411 HGB mit dem Verlust des Besitzes am Speditionsgut erlöschen und der Spediteur, wenn er bis dahin nicht befriedigt ist, ohne Sicherheit bleiben. Die Wahrung der Rechte des Spediteurs durch den Zwischenspediteur, andererseits aber auch die Sicherung des letzteren, falls er den Hauptspediteur oder Frachtführer vorschußweise befriedigt, wird vor allem dann nötig, wenn im Verhältnis zwischen Versender und Empfänger der letztere die Versandkosten zu tragen hat.

Die Kette der Wahrnehmungspflichten bzw. des Übergangs der Sicherheiten wäre unterbrochen, wenn sie nicht auch im Verhältnis zwischen Frachtführer und Spediteur aufrecht erhalten würde. Dies geschieht durch § 411 Abs. 2 S. 2 und durch § 441 HGB.

2. Terminologie des Gesetzes Anm. 2

Das Gesetz spricht in § 411 Abs. 1 HGB vom „Vormann", in Abs. 2 auch vom „Nachmann". Diese Bezeichnungen erfassen die in der Kette vorangehenden bzw. nachfolgenden Spediteure oder auch Frachtführer. Somit ist beim oben Anm. 1 gebrachten Beispiel der Hauptspediteur Vormann des Frachtführers. Dieser ist Vormann des Zwischenspediteurs; der letztere ist wiederum Vormann des Verfrachters. Andererseits ist der Frachtführer Nachmann des Hauptspediteurs, der Zwischenspediteur Nachmann des Frachtführers und der Verfrachter Nachmann des Zwischenspediteurs.

II. Rechte und Pflichten des Zwischenspediteurs nach § 411 Abs. 1 HGB Anm. 3

§ 411 Abs. 1 HGB spricht nur von einer Verpflichtung des Zwischenspediteurs zur Ausübung der Rechte des Vormanns, nicht dagegen von seiner Berechtigung. Da jedoch die Berechtigung zur Rechtsausübung Voraussetzung dieser Pflicht ist, setzt § 411 Abs. 1 HGB eine solche Berechtigung voraus.

1. Die Rechte des Vormanns Anm. 4

Unter den Rechten des Vormanns sind die Ansprüche des vorangehenden Frachtführers oder Spediteurs einschließlich der Sicherungsrechte zu verstehen. Diese Ansprüche (vor allem Provisions-, Auslagen-, Schadensersatzansprüche) richten sich regelmäßig gegen den vorhergehenden Auftraggeber. Sie sind jedoch vom Zwischenspediteur in erster Linie gegenüber dem Nachmann zu wahren. Dies wird dadurch ermöglicht, daß dem Zwischenspediteur das gesetzliche Pfandrecht gestattet, das Gut zurückzuhalten, bis die Ansprüche befriedigt oder sichergestellt sind. Hierzu kann sich der Zwischenspediteur einer Nachnahmeanweisung an den von ihm beauftragten Frachtführer bedienen, der nun seinerseits das Pfandrecht auszuüben hat, d. h. das Gut dem Empfänger oder Nachmann nicht aushändigen darf, bevor die Nachnahme eingelöst ist.

2. Die Stellung des Zwischenspediteurs bei Wahrung der Rechte des Vormanns Anm. 5

Da es sich in § 411 Abs. 1 HGB nicht um einen Fall gesetzlicher Zession handelt, tritt der Zwischenspediteur bei Ausübung der Rechte des Vormanns in eigenem Namen auf. Es liegt somit ein Fall der Rechtsstandschaft vor, die auch im etwaigen Prozeß ausgeübt werden kann (siehe Schlegelberger/Schröder Anm. 2 zu § 411 HGB). Da es im

Prozeß regelmäßig um den Auslieferungsanspruch des Nachmanns oder Empfängers, oder um Ersatzansprüche wegen Nichtauslieferung des Guts gehen wird, bedeutet das Recht zur Ausübung der Rechte des Vormanns im Prozeß vor allem, daß sich der Zwischenspediteur auf das Pfandrecht des Vormanns zur Rechtfertigung der Nichtauslieferung berufen kann.

Anm. 6 **3. Die Pflicht zur Ausübung der Rechte des Vormanns**

Diese Pflicht ist durch § 411 Abs. 1 HGB gesetzlich festgelegt. Daher muß der Zwischenspediteur von sich aus tätig werden, auch wenn er nicht besonders mit der Ausübung der Rechte beauftragt ist. Die Pflicht zur Rechtsausübung bezieht sich allerdings nur auf Rechte, die dem Zwischenspediteur bekannt sind; eine Fragepflicht besteht nicht (Schlegelberger/Schröder Anm. 2 zu § 411). Bei der Wahrnehmung der Rechte hat der Zwischenspediteur die Sorgfalt eines ordentlichen Kaufmanns (§ 347 HGB) zu beobachten. Der schuldhafte Verstoß gegen die aus § 411 Abs. 1 HGB begründeten Pflichten führt zur Haftung wegen positiver Forderungsverletzung; siehe dazu Anm. 70 zu §§ 407—409 HGB.

Anm. 7 **III. Der gesetzliche Forderungsübergang nach § 411 Abs. 2 HGB**

Befriedigt der Nachmann (Spediteur oder Frachtführer) den Vormann auf Vorschuß, löst er z. B. eine Nachnahme ein, die der Frachtführer wegen der eigenen Kosten und der Kosten des Hauptspediteurs auf das Gut gelegt hat, so entfällt zwar wegen Erfüllung (§§ 267, 362 BGB) für ihn die Pflicht zur Ausübung der Rechte des Vormanns nach § 411 Abs. 1 HGB. Er ist aber darauf angewiesen, nunmehr seine Auslagen von seinem Nachmann einzuziehen. Dies wird ihm durch § 411 Abs. 2 HGB erleichtert, indem die Rechte des Vormanns einschließlich des Pfandrechts kraft Gesetzes auf ihn übergehen. Er kann sie daher gegen den jeweils zur Zahlung Verpflichteten geltend machen, vor allem aber das Pfandrecht des Vormanns seinem Nachmann entgegensetzen und diesem die Auslieferung des Guts bis zur Zahlung der betreffenden Kosten verweigern. Auch hierbei können sich Ketten bilden; z. B. kann das Spediteurpfandrecht des Hauptspediteurs auf den Frachtführer übergehen; das übergegangene Spediteurpfandrecht kann gemeinsam mit dem Frachtführerpfandrecht nach § 411 Abs. 2 HGB auf den Zwischenspediteur übergehen, wenn dieser den Frachtführer durch Einlösung der Nachnahmen befriedigt. In der Hand des Zwischenspediteurs vereinigen sich dann drei gesetzliche Pfandrechte: das des Hauptspediteurs, das des Frachtführers und das eigene des Zwischenspediteurs.

§ 411 Abs. 2 HGB erfaßt nicht nur die gesetzlichen Pfandrechte, sondern mit den Forderungen alle Sicherungsrechte, insbesondere auch das Vertragspfandrecht nach § 50 ADSp und das kaufmännische Zurückbehaltungsrecht.

Ein einmal erloschenes Pfandrecht kann beim Nachmann nicht wieder aufleben, da mit seinem Erlöschen die Kette von gesetzlichen Rechtsübergängen unterbrochen ist; Fall: RGZ 44, 116 (120).

§ 412

Der Spediteur ist, wenn nicht ein anderes bestimmt ist, befugt, die Beförderung des Gutes selbst auszuführen.

Macht er von dieser Befugnis Gebrauch, so hat er zugleich die Rechte und Pflichten eines Frachtführers oder Verfrachters; er kann die Provision, die bei Speditionsgeschäften sonst regelmäßig vorkommenden Kosten sowie die gewöhnliche Fracht verlangen.

Inhaltsübersicht

A. Rechtsnatur des Selbsteintritts

Anm. 1

Wie der Kommissionär gemäß §§ 400—405 HGB kann der Spediteur durch Selbsteintritt die Ausführung des Beförderungsgeschäfts selbst übernehmen. Andere Ausführungsgeschäfte darf der Spediteur nicht selbst ausführen (z. B. Versicherung des Gutes). Die kommissionsrechtlichen Vorschriften über den Selbsteintritt gelten nach allgemeiner Auffassung für den Speditionsvertrag nicht. Die ADSp enthalten keine Sonderregelung.

Die Rechtsnatur des speditionsrechtlichen Selbsteintritts entspricht nach allgemeiner Auffassung der des kommissionrechtlichen Selbsteintritts. Da § 412 HGB den Selbsteintritt nur sehr allgemein regelt und alle Einschränkungen und Besonderheiten, die das Kommissionsrecht für den Selbsteintritt des Kommissionärs vorsieht, fehlen, ist es jedoch zweifelhaft, ob der Selbsteintritt des Spediteurs strukturell mit dem des Kommissionärs voll zu vergleichen ist.

Die Rechtsnatur des Selbsteintritts ist aus dem Gesetz selbst nicht ersichtlich. Ausdrücklich bestimmt § 412 HGB nur, daß der Spediteur die Beförderung selbst ausführen darf und welche Folgen sich an die Selbstausführung knüpfen. Daraus läßt sich nur der sichere Schluß ziehen, daß es für den Selbsteintritt zumindest vor der Ausführung keiner abzugebenden Willenserklärung des Spediteurs bedarf.

Allgemein wird jedoch angenommen, der Selbsteintritt nach § 412 HGB stelle eine einseitige Willenserklärung des Spediteurs dar, wobei lediglich streitig ist, ob diese Willenserklärung empfangsbedürftig ist (Baumbach/Duden Anm. 1 zu § 412; wohl auch Heymann/Kötter Anm. 2 zu § 412; Gierke S. 567) oder nicht (Schlegelberger/Schröder Anm. 5 zu § 412); siehe ferner Züchner, VersR 1968, 1021.

Nach Wortlaut und Sachzusammenhang zwingt das Gesetz nicht dazu, im Selbsteintritt eine Willenserklärung zu sehen. Das Gesetz kann sich durchaus damit begnügen, den Spediteur die Selbstausführung als reine Tathandlung als Erfüllung des Speditionsvertrags zu gestatten und zur Voraussetzung für die Anwendung von Frachtrecht zu machen. Auch ist es eine sehr zweifelhafte Konsequenz, etwa bei Selbstausführung durch einen nicht vertretungsberechtigten Arbeitnehmer des Spediteurs oder bei nachträglicher Anfechtung des Selbsteintritts (Schlegelberger/Schröder Anm. 5 zu § 412 HGB) nach erfolgter Beförderung den tatsächlichen Beförderungsvorgang nicht dem Frachtrecht unterstellen zu wollen. Einfacher und sachgerechter ist es daher, den Selbsteintritt beim Speditionsvertrag als rein tatsächlichen Vorgang ohne rechtsgeschäftlichen Charakter anzusehen, an den sich die Anwendbarkeit des Frachtrechts als gesetzliche Folge knüpft. Danach bedürfte es für den Selbsteintritt überhaupt keiner Erklärung, auch nicht ihres Zugangs — wie dies auch der praktischen Handhabung sicher am nächsten kommt. In diese Richtung gehen auch die Erwägungen der BGH-Urteile vom 29. 6. 1959, VersR 1959, 659 (661) und vom 25. 10. 1962, BGHZ 38, 150 (154): Ein Selbsteintritt liege mindestens insoweit vor, als der Spediteur die Beförderung selbst ausgeführt habe. Das Urt. v. 25. 10. 1962 läßt die Frage offen für den Beförderungsabschnitt, für den der Spediteur einen dritten Frachtführer herangezogen hatte.

Sieht man im Gegensatz zur hier vertretenen Auffassung im Selbsteintritt eine Willenserklärung, so ergibt sich zwangsläufig die Frage, ob der Spediteur ihn auch schon vor Ausführung der Beförderung erklären kann (unklar, wohl ablehnend hierzu Schlegelberger/Schröder, Anm. 6 zu § 412 HGB) und ob er durch bloße Erklärung des Selbsteintritts die Rechtsstellung eines Frachtführers übernehmen, die Beförderung aber durch einen Unterfrachtführer (§ 432 HGB) ausführen lassen kann (unechter Selbsteintritt; Sieg, VersR 1965, 302). Diese Möglichkeiten werden in der Literatur durchweg bejaht; siehe Vorauflage; Schlegelberger/Schröder, Anm. 4, 9 zu § 412; Baumbach/Duden, Anm. 1 zu § 412; Heymann/Kötter, Anm. 3 zu § 412; Sieg, VersR 1965, 302.

Insbesondere die Zulassung des „unechten“ Selbsteintritts ist nicht ganz unbedenklich. Einmal kann sie in Widerspruch treten mit der speditionsvertraglichen Pflicht des Spediteurs, das Interesse des Versenders zu wahren, wenn der Spediteur mit dem Selbsteintritt bei Ausführung durch einen Unterfrachtführer bezweckt, die Differenz zwischen der nach § 412 Abs. 2, 2. Hs. dem Versender zu berechnenden gewöhnlichen Fracht und der — soweit nicht zwingende Tarife dies verbieten — mit dem Unterfrachtführer ausgehandelten billigeren Fracht zusätzlich zu verdienen. Hierin liegt jedenfalls ein Verstoß gegen §§ 407 Abs, 2, 387 HGB, wonach der Spediteur verpflichtet ist, dem Versender alle erzielbaren Preisvorteile zukommen zu lassen; zutreffend Schlegelberger/Schröder Anm. 11c zu § 412; a. A. Heymann/Kötter Anm. 3 zu § 412. Auch besteht der gesetzgeberische Grund, dem Spediteur die einseitige Umgestaltung des Vertrags zu gestatten, darin, ihm die Ausführung der Beförderung und das damit verbundene Verdienst zu ermöglichen, nicht aber, ihm zusätzliche Provisionseinnahmen bei tatsächlicher Fremdausführung zu gewähren. Das Gesetz spricht auch nur von der Befugnis, die Beförderung „selbst“ auszuführen, nicht dagegen, sie durch Dritte ausführen zu lassen.

Zum anderen bereitet in solchen Fällen die Bestimmung des anzuwendenden Frachtrechts große Schwierigkeiten; siehe dazu unten Anm. 4. Auch wenn die haftungsrechtliche Stellung des Versenders durch diese Art des Selbsteintritts eher verbessert wird, so besteht doch kein Grund, das Gesetz in dieser Weise ausdehnend auszulegen.

Sieht man mit der hier vertretenen Auffassung den Selbsteintritt als reine Tathandlung an, so verbleibt es bei Beförderung durch einen selbständigen Frachtführer unabhängig von irgendwelchen durch den Spediteur abgegebenen Erklärungen bei der Anwendung reinen Speditionsrechts. Der Spediteur hat keine Ansprüche auf gewöhnliche Fracht und Kosten gemäß § 412 Abs. 2 HGB, sondern nur auf Erstattung der an den Frachtführer gezahlten Fracht als Aufwendungen gemäß § 667 BGB. Er haftet nur nach Speditionsrecht, also auch nur für Auswahlverschulden, hat aber seine Ansprüche gegen den Frachtführer an den Versender abzutreten.

Die Ausführung der Beförderung durch eigenes Personal und eigene Beförderungsmittel stellt dagegen einen Selbsteintritt dar, ebenso die Beförderung durch gemietete Fahrzeuge oder durch Lohnfuhrunternehmer. In diesen Fällen übernimmt der Spediteur die Beförderung in eigener Regie.

Anm. 2

B. Die Voraussetzungen des Selbsteintritts

§ 412 HGB gestattet dem Spediteur ohne einschränkende Voraussetzungen den Selbsteintritt, wenn nicht „ein anderes bestimmt“ ist. Anderweitige Bestimmungen können durch den Speditionsvertrag, wohl auch durch Weisungen des Versenders (wie hier Schlegelberger/Schröder Anm. 2 zu § 412; Heymann/Kötter, Anm. 1 zu § 412) getroffen werden. War der Selbsteintritt in dieser Weise ausgeschlossen, so treten die Wirkungen des § 412 nicht ein, es sei denn, der Versender genehmigte die unbefugte Selbstausführung nachträglich; Schlegelberger/Schröder Anm. 8 zu § 412; Heymann/Kötter Anm. 1 zu § 412.

Der Selbsteintritt ist ausgeschlossen, wenn er den Interessen des Versenders zuwiderlaufen würde, z. B. wenn die Beförderung durch einen dritten Frachtführer schneller, sicherer oder billiger ausgeführt werden könnte. Denn in diesem Falle würde der Selbsteintritt der Pflicht des Spediteurs zur Wahrung der Interessen des Versenders widersprechen (Schlegelberger/Schröder, Anm. 2, 11 zu § 412). Nach der Natur der Sache ist der Selbsteintritt ferner dann ausgeschlossen, wenn die Beförderung schon durch einen Frachtführer ausgeführt ist. Der Spediteur kann aber vor Beginn der Beförderung noch selbst eintreten, auch wenn er schon einen Frachtvertrag mit einem Frachtführer abgeschlossen hat; a. A. Heymann/Kötter Anm. 1 zu § 412. Allerdings kann er dann die an den betreffenden Frachtführer zu erbringenden Leistungen nicht als Auslagen berechnen. Vielmehr ist es seine Sache, wie er vom einmal geschlossenen Frachtvertrag, den er ja in eigenem Namen abgeschlossen hat, wieder loskommt.

Das Selbsteintrittsrecht besteht für jede Art von Beförderung (siehe Anm. 22 zu §§ 407—409). Betätigt sich der Spediteur per Selbsteintritt als Landfrachtführer, Binnenschiffahrts-Frachtführer, Verfrachter oder Luftfrachtführer, so unterliegt er insoweit den Normen des betreffenden Frachtrechts; siehe unten Anm. 4f.

Außer dem Bestehen des Speditionsvertrages stellt § 412 HGB keinerlei Voraussetzungen für den Selbsteintritt auf. Insbesondere ist es — anders als in § 400 HGB — nicht erforderlich, daß die selbst übernommene Beförderungstätigkeit einen ermittelbaren Marktpreis hat; ebenso Schlegelberger/Schröder Anm. 2 zu § 412; Heymann/Kötter Anm. 1 zu § 412. Siehe auch unten Anm. 7f.

C. Abgrenzung zwischen Frachtvertrag und Spedition mit Selbsteintritt Anm. 3

Schwierigkeiten kann die Abgrenzung zwischen einem vom Spediteur schon ursprünglich als Frachtvertrag abgeschlossenen Vertrag und einem durch Selbsteintritt ausgeführten Speditionsvertrag bereiten. Die Frage ist praktisch wichtig, weil im ersteren Fall bei Beförderungen im Güterfernverkehr die gesamte Tätigkeit des Spediteurs einschließlich Abholung und Zuführung im Nahbereich der KVO unterliegt, bei Selbsteintritt dagegen diese speditionellen Nebentätigkeiten jedenfalls nach der hier vertretenen, in der Literatur herrschenden Meinung nicht unter die KVO, sondern unter das Speditionsrecht fallen; siehe dazu unten Anm. 6. Die Abgrenzung hat nach dem ursprünglichen Vertragsinhalt zu erfolgen; maßgeblich ist also, ob der Spediteur sich von Anfang an selbst zur Beförderung verpflichten wollte oder nicht. Im Zweifel wird bei einem berufsmäßigen Spediteur eher eine Spediteur- als eine Frachtführertätigkeit geschuldet sein. Siehe hierzu eingehend Sieg, VersR 1965, 304f. und OLG München, VersR 1968, 365f.; auch für den Gemischtbetrieb OLG Hamburg, VersR 1970, 741; dieses Urteil wurde allerdings durch das BGH-Urteil vom 3. 3. 1972, Betrieb 1972, 817, aufgehoben; siehe unten Anm. 6. Das OLG Düsseldorf, VersR 1966, 56, ebenso das OLG München, VersR 1966, 841, will die Verträge des Gemischtbetriebs grundsätzlich als Frachtverträge ansehen; dazu kritisch Züchner, VersR 1966, 281f.; ferner Beitrag ohne Verfasserangabe, Transport-Dienst 1961, 1823ff.; weiteres Beispiel für die Abgrenzung zwischen Speditions- und Frachtvertrag, LG Frankfurt, VersR 1951, 151 (Linienverkehr als Frachtvertrag). Die Art der Ausstellung des KVO-Frachtbriefs kann für die Ermittlung des Willens der Parteien bestenfalls ein Indiz sein, weil der Frachtbrief vielfach nach Abschluß des Speditionsvertrages ausgestellt worden sein wird.

Immerhin spricht es für einen reinen Frachtvertrag, wenn der Spediteur den Versender als Absender einsetzt, für einen Speditionsvertrag mit Selbsteintritt, wenn er sich zugleich als Absender und Frachtführer einträgt. Siehe Guthke, VP 1958, 36 und sehr differenziert Sieg, VersR 1965, 305. Auch kann im Einverständnis des Versenders mit einer frachtvertraglichen Handhabung eine nachträgliche Änderung des Speditionsvertrags in einen Frachtvertrag zu sehen sein.

Ausgeschlossen ist der Selbsteintritt in den Fällen der Spedition zu festen Kosten (§ 413 Abs. 1 HGB), da dann von Anfang an nur Frachtrecht anzuwenden ist. Siehe zum Zusammentreffen von Selbsteintritt und Sammelladungsversendung Anm. 10 zu § 413 HGB.

D. Die Rechtsfolgen des Selbsteintritts Anm. 4

I. Allgemeines

Nach § 412 Abs. 1, 1. Hs., hat der Spediteur bei Selbstausführung zugleich die Rechte und Pflichten eines Frachtführers oder Verfrachters. Somit gilt der Speditionsvertrag unverändert zwischen Versender und Spediteur weiter. Insbesondere richten sich die Pflichten des Spediteurs und die aus ihrer Verletzung folgende Haftung, soweit seine ursprüngliche Spediteurtätigkeit in Frage steht, weiterhin nach Speditionsrecht. Siehe dazu Guthke, VP 1958, 35ff. sowie die unten Anm. 6 angegebene, in Widerspruch zur BGH-Rechtsprechung stehende Literatur. Soweit der Spediteur dagegen als Frachtführer tätig wird, gilt zwischen ihm und dem Versender das Frachtrecht der betreffenden Sparte: z. B. die KVO: BGH vom 25. 10. 1962, BGHZ 38, 150 (152ff.); BGH vom 1. 12. 1965, VersR 1966, 134; für die durch §§ 85, 26 GüKG für zwingend erklärten Haftungsregelungen des HGB-Landfrachtrechts: BGH-Urteile vom 8. 11. 1967, BGHZ 49, 218 und 49, 221 (heute überholt, siehe Anm. 11 zu §§ 39, 40 ADSp Anhang I nach § 415 HGB).

Siehe jedoch im einzelnen unten Anm. 6.

Anm. 5

II. Die Bestimmung des anzuwendenden Frachtrechts

Durch die starke Zersplitterung des Frachtrechts, siehe dazu die Anm. vor § 425 HGB, tritt die Frage auf, welche Bestimmungen für das zwischen dem Spediteur und dem Versender bestehende Frachtverhältnis maßgeblich sind. Nach der hier vertretenen Beschränkung des Selbsteintritts auf tatsächliche Beförderung durch den Spediteur selbst ist dies relativ leicht zu ermitteln. Es gilt dann zunächst, falls vorhanden, das für die betreffende Beförderungsart zwingend vorgeschriebene Frachtrecht, z. B. für die Güterfernbeförderung mit Kraftfahrzeugen das zwingende Haftungs- und Tarifrecht der KVO, für die internationale Beförderung mit Kraftfahrzeugen die CMR; für die Möbelbeförderung die BBM; siehe im einzelnen Anm. 7—11 zu §§ 39, 40 ADSp, Anhang I nach § 415 HGB sowie die Anmerkungen zu § 425 HGB.

Soweit zwingende Normen nicht bestehen, werden die frachtvertraglichen Bestimmungen durch entgegenstehende Klauseln der ADSp verdrängt, da diese nach ihrem § 2a auch für Frachtgeschäfte des Spediteurs gelten sollen. Dies übersieht Schlegelberger/Schröder Anm. 10 zu § 412.

Erklärt der Spediteur den Selbsteintritt, überträgt aber die Beförderung an einen selbständigen Frachtführer weiter, so liegt nach der hier vertretenen Auffassung kein Selbsteintritt vor. Vielmehr verbleibt es zwischen Versender und Spediteur bei der Anwendung des Speditionsrechts. Nach herrschender Meinung ist allerdings in diesen Fällen ein wirksamer Selbsteintritt gegeben; welche frachtrechtlichen Bestimmungen dann zwischen Spediteur und Versender gelten sollen, ist freilich zweifelhaft und umstritten. Ziemlich unklar hierzu die Vorauflage Anm. 4 zu § 412 HGB. Unklar auch Schlegelberger/Schröder Anm. 10 zu § 412, der dazu nur feststellt, daß die KVO dann nicht gelte.

Am plausibelsten erscheint dann allenfalls die Lösung, das für den Unterfrachtvertrag geltende Recht auch für den Speditionsvertrag gelten zu lassen. Da der Spediteur bei Selbsteintritt die Beförderung mit dem betreffenden Beförderungsmittel als eigene Leistung schuldet, kann sich auch seine Verpflichtung einschließlich der Haftung als Frachtführer oder Verfrachter nur nach den für dieses Beförderungsmittel geltenden Recht bestimmen. Anders ist wohl kaum zu klären, welche Rechtsstellung ein Spediteur erlangen soll, der z. B. noch zwischen der Beförderung per Eisenbahn, Güterkraftverkehr oder Binnenschiffahrt wählen kann und dann den Selbsteintritt erklärt. Die in der Vorauflage Anm. 4 zu § 412 HGB vertretene Auffassung würde zu dem seltsamen Ergebnis führen, daß der Spediteur nach Landfrachtrecht des HGB für Schäden zu haften hätte, für die der ausführende Frachtführer seinerseits möglicherweise nicht haften würde. Läßt man die tatsächliche Ausführung des Frachtvertrags für die Bestimmung des anzuwendenden Frachtrechts maßgeblich sein, so würde dies zu dem etwas sonderbaren, aber sachlich vertretbaren Ergebnis führen, daß den Spediteur selbst die Pflichten einer Eisenbahn, eines Verfrachters, eines KVO-Frachtführers oder Luftfrachtführers usw. treffen würden. Zustimmend für die KVO, ablehnend für das Eisenbahnfrachtrecht BGH vom 27. 5. 1957, VersR 1957, 503 (504); kritisch zu dieser Entscheidung Schmid-Lossberg, MDR 1963, 172. Siehe auch Anm. 13f. zu § 413. Im übrigen, insbesondere für den speditionellen Teil der Pflichten des Spediteurs, verbliebe es bei der Regelung der ADSp. Nach BGHZ 38, 150ff. soll neben der tarifrechtlich zwingend vorgeschriebenen KVO die Anwendung der ADSp überhaupt nicht mehr möglich sein, siehe dazu Anm. 13. Nach herrschender Meinung würde demgegenüber insbesondere § 52a ADSp gelten, wonach der Spediteur für Verschulden der an der Ausführung von Aufträgen beteiligten selbständigen Dritten nicht zu haften hat. In jedem Fall hätte der Spediteur seine ihm gegen den Unterfrachtführer zustehenden Schadensersatzansprüche gegen den Frachtführer gemäß §§ 667 BGB, 52a ADSp an den Versender abzutreten. In haftungsrechtlicher Sicht wäre damit die Lage des Versenders für diesen Fall des Selbsteintritts eher günstiger als bei normalem Abschluß eines Ausführungsgeschäftes zwischen Spediteur und Frachtführer. Denn für Schäden im Bereich der Frachtbeförderung würden dem Versender hiernach im Ergebnis der Spediteur und der Unterfrachtführer in gleichem Umfang haften.

III. Sonderproblem: Abgrenzung zwischen Speditionsrecht und KVO-Frachtrecht bei teilweiser Beförderung im Selbsteintritt Anm. 6

Problematisch ist die Bestimmung des anwendbaren Rechts, wenn der Spediteur einen Teil der Beförderung mit eigenem Kfz auf einer unter den Begriff „Güterfernverkehr" fallenden Strecke im Selbsteintritt ausführt. Dies kommt besonders häufig auch bei vom Spediteur zusammengestellten Sammelladungen vor. Siehe dazu im speziellen § 413 Abs. 2 und die dortige Anm. 14.

Im Urteil vom 25. 10. 1962, BGHZ 38, 150 (154) hat der BGH auf einen Fall, in dem der Spediteur das Gut zum größten Teil per Selbsteintritt (als Sammelladung) mit eigenem Kfz im Güterfernverkehr befördert hatte, ausschließlich KVO-Recht angewendet. Das Urteil läßt zwar nicht klar erkennen, ob dies auch für die Teile der Beförderung gelten sollte, die nicht im Selbsteintritt ausgeführt wurden. Doch ergibt sich dies aus der Interpretation des Urteils unter Zugrundelegung eines vollständigeren Tatbestandes (Sieg, VersR 1965, 297ff.). Noch nicht so eindeutig und auf der damaligen anderen Rechtsgrundlage BGH vom 19. 1. 1951, BGHZ 1, 83ff. Dem BGH-Urteil vom 25. 10. 1962 folgte das OLG Karlsruhe, VersR 1964, 329 und das OLG München, VersR 1966, 841f. Andererseits stellte sich das OLG München in einem anderen Urteil, VersR 1968, 365 und das OLG Hamburg, VersR 1970, 741 gegen die BGH-Rechtsprechung. Das letztere Urteil wurde vom BGH nunmehr im Urteil vom 3. 3. 1972, Betrieb 1972, 817f. aufgehoben. In dieser Entscheidung nimmt der BGH in einem Fall der Sammelladungsspedition ausdrücklich auf sein Urteil vom 25. 10. 1962 Bezug; siehe dazu auch Anm. 14 zu § 413 HGB.

Das Urteil vom 25. 10. 1962 hat in der Literatur berechtigten Widerspruch gefunden: Sieg, VersR 1965, 297ff.; Schmid-Lossberg, MDR 1963, 171ff., Transport-Dienst 1963, 256; MDR 1965, 356; Züchner, VersR 1965, 330ff.; VersR 1968, 1019; Voigt, VP 1966, 114ff.; Beiträge ohne Verfasserangabe Transport-Dienst 1964, 1198ff.; 1965, 618ff. und 1724ff.; Hein/Eichhoff/Pukall/Krien, GüKG, Loseblattkommentar, Bd. II, Vorbem. vor § 29 KVO. Die Rechtsprechung des BGH führt im Ergebnis dazu, daß der Spediteur, wenn er nur einen Teil der Beförderung im Güterfernverkehr durch Selbsteintritt ausführt, für die ganze Strecke nach KVO, d. h. insbesondere auch für die Erfüllung der Ausführungsgeschäfte durch andere Frachtführer oder die Eisenbahn als seine Erfüllungsgehilfen haftet. Damit wird dem Spediteur für speditionelle Tätigkeit eine Art Delkredere-Haftung aufgebürdet, die dem Speditionsrecht — nicht nur nach dem der ADSp, sondern auch dem gesetzlichen (§ 408 Abs. 1 HGB) — fremd ist. Bei konsequenter Anwendung des Grundsatzes müßten durch § 33 KVO weitere Bereiche der speditionellen Tätigkeit des Spediteurs in die KVO-Haftung hineingezogen werden. Die hiergegen in der Literatur angegebenen Einwände können weit mehr überzeugen als die Begründung des BGH. Insbesondere kann nicht akzeptiert werden, daß es im Interesse des Versenders geboten sei, den ganzen Transport unter eine einheitliche Haftungsordnung zu stellen. Eine solche haftungsrechtliche Einheit besteht weder bei kombinierten Transporten mit mehreren Beförderungsmitteln, noch gibt es sie, wenn der Spediteur einzelne Güter per Stückgut einem Frachtführer oder der Bahn zur Beförderung übergibt. Für den letzteren Fall ist unstreitig, daß der Spediteur hinsichtlich des Transportvorganges nur nach § 408 Abs. 1 für Auswahlverschulden, für seine eigenen Tätigkeiten nur nach dem Speditionsrecht — also meist nach den ADSp — haftet. Es ist wenig einleuchtend, warum gerade bei Selbsteintritt und Sammelladungsspedition etwas anderes gelten soll. Die Rechtsprechung des BGH wirft im übrigen neue Abgrenzungsprobleme auf, z. B. für die Fälle, in denen nur ein kleinerer Teil der Beförderung im Selbsteintritt vorgenommen wird. Soll auch dann der gesamte Speditionsvertrag dem KVO-Recht unterliegen?

Aus den genannten Gründen wäre es glücklicher, nur die vom Spediteur tatsächlich selbst ausgeführten Beförderungsstrecken (und die von ihm in Sammelladungsversendung ausgeführten Teile der Beförderung) der KVO zu unterwerfen.

Im übrigen wäre es sehr zu begrüßen, wenn der Gesetzgeber angesichts des Nebeneinanders von zwingendem KVO- und dispositivem Speditionsrecht und der vielfachen Existenz von Gemischtbetrieben eine klare Abgrenzung zwischen Speditionsrecht und Güterfernbeförderungsrecht vornehmen würde. Siehe dazu die Vorschläge von

Züchner, VersR 1968, 1019, die allerdings für die Sammelladungsspedition den Interessen der Spediteure sehr weit entgegenkommen.

Siehe zur Frage des Versicherungsschutzes die Erklärung der SVS/RVS-Versicherer vom 28. 4. 1972, abgedruckt nach § 5 RVS, Anhang II nach § 415. a. E.

Anm. 7 **IV. Der Anspruch des Spediteurs auf Fracht, Provision und Kosten**

1. „Gewöhnliche Fracht"

§ 412 Abs. 2, 2. Hs. HGB gewährt dem Spediteur Anspruch auf die „gewöhnliche Fracht". Soweit eine Tarifbindung besteht, wie z. B. im Güterfernverkehr, ist dies die Tariffracht. § 112 Abs. 2, 2. Hs. benachteiligt den Versender, wenn sich nachträglich herausstellt, daß der Spediteur die Möglichkeit gehabt hätte, günstiger abzuschließen; denn bei Abschluß eines Frachtvertrages mit einem Dritten hätte er als Spediteur die Verpflichtung gehabt, die für den Versender günstigste Möglichkeit wahrzunehmen und ihm den niedrigeren Preis in Rechnung zu stellen. Allerdings darf der Spediteur nicht die Beförderung per Selbsteintritt selbst ausführen — bzw. die gewöhnliche Fracht nicht berechnen — wenn ihm bekannt ist oder mit der Sorgfalt eines ordentlichen Spediteurs bekannt hätte sein müssen, daß eine billigere Abschlußmöglichkeit bestanden hätte; Schlegeberger/Schröder Anm. 11 zu § 412 HGB, siehe ferner oben Anm. 2.

Andererseits kann bei Selbsteintritt der Spediteur auch keine höhere als die gewöhnliche Fracht in Rechnung stellen.

Ist eine gewöhnliche Fracht nicht feststellbar, so kann der Spediteur nach §§ 316, 315 BGB ihre Höhe nach billigem Ermessen bestimmen (ebenso Schlegelberger/Schröder Anm. 11 zu § 407 HGB; Heymann/Kötter, Anm. 3 zu § 412).

Anm. 8 **2. Die Provision und die sonstigen regelmäßigen Kosten**

Durch die Erwähnung dieser Ansprüche wird klargestellt, daß der Spediteur durch den Selbsteintritt seines Verdienstes aus dem Speditionsauftrag nicht verlustig geht, obwohl er nicht zum Zwecke des Abschlusses eines Drittgeschäftes tätig wird.

Wann der Provisionsanspruch fällig wird, ist streitig. Die Vorauflage sah die Fälligkeit mit Beginn der Beförderung gegeben. Vom hier vertretenen Standpunkt aus ist daran festzuhalten, da der Selbsteintritt als tatsächlicher Vorgang erst in diesem Augenblick wirksam wird. Schlegelberger/Schröder Anm. 11 zu § 412 HGB will den Provisionsanspruch fällig werden lassen, wenn der Spediteur das Gut zur Ausführung der Beförderung in Besitz nimmt, also evtl. auch früher als mit dem Beginn der Beförderung.

Die regelmäßigen Kosten können auch verlangt werden, soweit sie wegen Selbsteintritts tatsächlich nicht entstanden sind. Seine wirklichen Auslagen kann der Spediteur nach § 670 immer dann geltend machen, wenn sie mit dem Selbsteintritt nicht in Beziehung stehen, z. B. Kosten der Transportversicherung, der Verzollung, der Verpackung u. ä. Ähnlich Schlegelberger/Schröder Anm. 11 zu § 412 HGB.

§ 413

Hat sich der Spediteur mit dem Versender über einen bestimmten Satz der Beförderungskosten geeinigt, so hat er ausschließlich die Rechte und Pflichten eines Frachtführers. Er kann in einem solchen Falle Provision nur verlangen, wenn es besonders vereinbar ist.

Bewirkt der Spediteur die Versendung des Gutes zusammen mit den Gütern anderer Versender auf Grund eines für seine Rechnung über eine Sammelladung geschlossenen Frachtvertrags, so finden die Vorschriften des Abs. 1 Anwendung, auch wenn eine Einigung über einen bestimmten Satz der Beförderungskosten nicht stattgefunden hat. Der Spediteur kann in diesem Falle eine den Umständen nach angemessene Fracht, höchstens aber die für die Beförderung des einzelnen Gutes gewöhnliche Fracht verlangen.

Inhaltsübersicht

Übersicht Anm. 1

§ 413 HGB behandelt in seinen beiden Absätzen zwei besondere Fälle, die aber miteinander nichts gemein haben: In Abs. 1 die Spedition zu festen Kosten, in Abs. 2 die Sammelladungsspedition. Nur in der rechtlichen Behandlung entsprechen sich die Fälle: der Spediteur hat in beiden die rechtliche Stellung als Frachtführer.

A. Die Spedition zu festen Kosten (Spedition mit festen Spesen), § 413 Abs. 1 HGB Anm. 2

I. Voraussetzungen

Spediteur und Versender müssen sich über einen „bestimmten Satz der Beförderungskosten“ geeinigt haben. Beispielsfall BGH vom 18. 2. 1972, NJW 1972, 1003.

1. „Bestimmter Satz der Beförderungskosten“ Anm. 3

Nach allgemeiner Auffassung liegt hier eine ungenaue Ausdrucksweise des Gesetzes vor. Richtiger müßte es „Versendungskosten“ heißen, denn, wie sich aus § 413 Abs. 1 S. 2 HGB ergibt, soll regelmäßig die Provision des Spediteurs, also die Vergütung für die eigentliche Spediteurtätigkeit durch den Pauschsatz mit abgegolten sein. Unter „festem Satz“ ist nicht nur eine bestimmte Summe zu verstehen, sondern ggf. auch ein am Gewicht oder an anderen Merkmalen des zu befördernden Gutes ausgerichteter Satz pro Einheit. Auch ein Dauer-Speditionsvertrag zu festen Kosten ist zulässig und fällt unter § 413 Abs. 1. Werden für einzelne Nebentätigkeiten des Spediteurs, z. B. für Versicherungsbeschaffung, Aufbewahrung usw. besondere Vergütungen neben der Pauschale vereinbart, so schließt dies eine Spedition zu festen Kosten nicht aus. Auch die besondere Vereinbarung einer Provision für die Spediteurtätigkeit selbst läßt, wie sich aus § 413 Abs. 1 S. 2 HGB ergibt, noch Raum für eine Spedition zu festen Kosten, wenn wenigstens die reinen Beförderungskosten bindend fixiert sind; Schlegelberger/Schröder Anm. 5 zu § 413; Heymann/Kötter Anm. 1 zu § 413 a. E. Eine bloße Limitierung der Frachtkosten im Speditionsauftrag ist keine Einigung über feste Kosten (Schlegelberger/Schröder Anm. 2b zu § 413; Heymann/Kötter Anm. 1 zu § 413). Andererseits ist die Einigung über eine bestimmte Beförderung, die vom Spediteur selbst zu festen Kosten auszuführen ist, ein Frachtvertrag. Diese Abgrenzung hat keine entscheidende Bedeutung, da in beiden Fällen Frachtrecht anzuwenden ist.

2. „Einigung“ über feste Kosten Anm. 4

Das Gesetz sagt nicht, wann die Einigung erfolgen muß. Sie kann daher bereits bei Abschluß des Speditionsvertrags vorgenommen werden, ist aber auch später im Wege der Vertragsänderung noch möglich. Nach Schlegelberger/Schröder Anm. 2c zu § 413 soll diese nur bis zum Abschluß des Frachtvertrages durch den Spediteur zulässig sein. Dieser Auffassung ist nicht zuzustimmen, siehe zu der ähnlichen Streitfrage zum Zeitpunkt des Selbsteintritts Anm. 2 zu § 412. Wie hier im Ergebnis Heymann/Kötter Anm. 1 zu § 413. Geht dem Versender ein entsprechender Antrag des Spediteurs auf Einigung über feste Kosten zu, so kann er den Antrag auch stillschweigend annehmen (§ 151 BGB), ebenso kann der Antrag nach der Rechtsprechung zum kaufmännischen Bestätigungsschreiben durch bloßes Schweigen des Versenders gemäß § 346 HGB wirksam werden; Schlegelberger/Schröder Anm. 2 zu § 413. In jedem Fall ist ein Vertrag erforderlich; eine einseitige Erklärung genügt nicht.

Die Vereinbarung der Spedition zu festen Kosten ist auch im Rahmen eines Dauervertrages möglich, bei dem der Spediteur dem Versender verspricht, ihm laufend während der Vertragsdauer zur Versendung übergebene Güter zu festen Kosten zu versenden; Beispielsfall: BGH vom 27. 5. 1957, VersR 1957, 503.

Die Parteien können sich auch darüber einigen, daß ein Teil der Beförderung zu festen Kosten ausgeführt werden soll; Schlegelberger/Schröder Anm. 3 zu § 413 a. E. Siehe hierzu die ähnlich gelagerte Problematik in Anm. 6 zu § 412 und unten Anm. 7.

Die Vereinbarung der Beförderung zu festen Kosten verpflichtet den Spediteur nicht zur Selbstausführung. Sie steht mit dem Selbsteintritt — der außerdem möglich ist — in keinem Zusammenhang.

Anm. 5

II. Die Wirkungen der Spedition zu festen Kosten

1. Vergütung

Der Spediteur kann den vereinbarten Pauschsatz verlangen, ohne Rücksicht darauf, ob ihm selbst höhere oder geringere Kosten erwachsen sind. Eine Provision steht ihm daneben nach § 413 Abs. 1 HGB nicht zu, wenn sie nicht besonders vereinbart ist. Dies gilt jedoch nur für die allgemeine Provision, nicht dagegen für Sonderprovisionen, wie die Vergütung für Verzollung oder Versicherungsbeschaffung.

In der Vereinbarung der Vergütung ist der Spediteur nicht frei, soweit die betreffende Beförderung selbst tarifgebunden ist; BGH vom 12. 12. 1960, VRS 20, 199 (200). Andernfalls würde das gesetzlich verankerte Tarifgefüge in Unordnung gebracht werden. Dogmatisch läßt sich die Tarifbindung bei der Spedition zu festen Kosten auf § 413 Abs. 1 S. 1 HGB stützen, da das Tarifrecht des jeweiligen Beförderungszweiges zum Frachtrecht gerechnet werden kann. Siehe ferner unten Anm. 7.

Vereinbart der Spediteur mit einem tarifunkundigen Versender einen Kostensatz, der unter dem bindenden Tarifsatz liegt, so ist darin ein (unzulässiger) Verzicht des Spediteurs auf das Tarifentgelt zu sehen, der unwirksam ist. Dem Spediteur stehen gegen den Versender die Ansprüche auf das tarifliche Entgelt zu. Der Gegenansicht von Schlegelberger/Schröder Anm. 2, 5 zu § 413 kann daher nicht zugestimmt werden; zutreffend OLG Hamburg BB 1955, 462 und BGH vom 11. 6. 1959, VersR 1959, 630f. hinsichtlich der Sammelladungsspedition. Allerdings hat der Versender gegen den Spediteur einen Schadensersatzanspruch aus culpa in contrahendo, wenn ihm durch das Verhalten des Spediteurs ein Schaden entstanden ist, z. B. wenn er die Versendung wegen zu hoher Kosten gar nicht oder selbst ausgeführt hätte, oder wenn ihm eine billigere Transportmöglichkeit entgangen ist. Für die Sammelladungsspedition erwähnt der BGH im Urteil vom 11. 6. 1959 die Möglichkeit eines solchen Anspruchs aus culpa in contrahendo; im betreffenden Urteil konnte er jedoch nicht berücksichtigt werden, da es an der notwendigen Aufrechnungserklärung gefehlt hatte. Mindestens für den Fall limitierter Versendungskosten wird diese Auffassung auch von Schlegelberger/Schröder Anm. 2b zu § 413 vertreten.

Anm. 6

2. Auslagenersatz

Der Anspruch auf Auslagenersatz nach § 670 BGB bleibt bestehen, soweit es sich nicht um die Beförderungskosten handelt. Da der Spediteur bei der Spedition zu festen Kosten, wenn er einen Frachtvertrag über das Speditionsgut mit einem Dritten abschließt, für eigene Rechnung tätig wird, trifft § 670 BGB insoweit nicht zu. Vielmehr wird die an einen Dritten gezahlte Fracht durch die Pauschale abgegolten. Den Ersatz besonderer Auslagen, die durch die Befolgung von Weisungen des Versenders entstanden sind, kann der Spediteur jedoch verlangen; Schlegelberger/Schröder Anm. 5 zu § 413.

3. Anwendung des Frachtrechts Anm. 7

Der Speditionsvertrag untersteht im übrigen nach § 413 Abs. 1 S. 1 HGB ausschließlich dem Frachtrecht. Auch wenn die Vorschrift den Verfrachter nicht erwähnt, so gilt sie doch auch für den Fall der Seebeförderung; ebenso Schlegelberger/Schröder Anm. 4 zu § 413; Baumbach/Duden Anm. 1 zu § 413, Heymann/Kötter Anm. 1 zu § 413.

Welche frachtrechtlichen Normen Anwendung finden, ist in § 413 HGB nicht bestimmt. Da das HGB bei seinem Inkrafttreten noch nicht mit so differenzierten frachtrechtlichen Regelungen zu rechnen brauchte, wie sie heute bestehen, hat sich die Bedeutung dieser Frage verschärft. Eine wirklich überzeugende Lösung ist nicht zu erkennen. Sicherlich überholt ist es, nur auf §§ 425—452 HGB abzustellen; so noch Schlegelberger/Schröder Anm. 4 zu § 413. Am richtigsten scheint es, die zwingenden Normen des Beförderungszweiges, in dem das Gut wirklich befördert wird, auch zwischen Spediteur und Versender gelten zu lassen — so z. B. die KVO im Falle der Güterbeförderung mit Kraftfahrzeugen; Endrigkeit, Güterverkehr 1964, 167; Heymann/Kötter Anm. 1 zu § 413; der BGH erkennt dies im Urteil vom 27. 5. 1957, VersR 1957, 503 (504) für das Güterfernverkehrsrecht der KVO an, lehnt aber die Anwendung des Eisenbahnrechts auf den Spediteur ausdrücklich ab. Der Spediteur, der eine Beförderung zu festen Kosten mit der Eisenbahn übernimmt, soll dann wohl nach Landfrachtrecht des HGB haften, das aber seinerseits abdingbar wäre. Da der BGH a. a. O. darauf abstellt, die Beförderung im Güterfernverkehr mit Lkw sei stillschweigend vereinbart gewesen, scheint ihm die vereinbarte Beförderungsart ausschlaggebend zu sein. Im Urteil vom 18. 2. 1972, NJW 1972, 1003f. hat der BGH das Recht der CMR angewandt, obwohl es zur Beförderung noch nicht gekommen war. Auch hier war demnach die vertraglich vorgesehene Beförderungsart (mit dem Kfz) für die Bestimmung des anzuwendenden Frachtrechts maßgeblich. Dieser Rechtsprechung ist grundsätzlich zuzustimmen, offen bleibt allerdings, welches Recht anzuwenden sein soll, wenn über das Beförderungsmittel keine Abmachungen, auch keine stillschweigenden, vorliegen. Man müßte in diesem Fall auf das tatsächlich benutzte Beförderungsmittel abstellen. Somit hätte es der Spediteur in der Hand, durch die Wahl des Beförderungsmittels den Inhalt des Speditionsvertrags zu festen Kosten nachträglich noch zu gestalten. Dies würde der Regelung des § 315 BGB entsprechen und wäre damit zulässig. Bei Beförderung mit verschiedenen Verkehrsmitteln könnten sogar verschiedene Frachtrechte für die einzelnen Abschnitte anwendbar werden.

Siehe zu diesem Komplex auch die Anm. 5 zu § 412 HGB.

Die ADSp bestimmen in § 50c ausdrücklich, daß der Spediteur auch im Falle des § 413 HGB nur nach Maßgabe der ADSp hafte. Außerhalb zwingenden Rechts ist dies zulässig und verstößt auch nicht gegen die guten Sitten. Zu § 412 allerdings zweifelnd BGH vom 25. 10. 1962, BGHZ 38, 150 (152f.). Soweit keine zwingende Haftung betroffen ist, verdrängen die ADSp nach ihrem § 2a ohnehin das sonst anzuwendende Frachtrecht. Gemäß § 52a, b ADSp haftet der Spediteur grundsätzlich, also auch im Fall der Spedition zu festen Kosten, nicht für Verschulden der von ihm beauftragten Frachtführer, hat aber die gegen diese bestehenden Ansprüche nach § 52a an den Versender abzutreten. Nach § 413 Abs. 1 würde er für diese an sich gemäß § 431 BGB bzw. den entsprechenden frachtrechtlichen Bestimmungen anderer Sparten haften; RGZ 48, 108ff.; 94, 97 (98); offenbar anderer Ansicht RGZ 114, 109 (111).

Die Anwendung des Frachtrechts auf die Spedition zu festen Kosten erweist sich angesichts seiner starken Zersplitterung als nicht sehr praktikabel. Daher hat die Rechtsprechung in der Anwendung des § 413 Abs. 1 HGB noch keine feste Linie gefunden. Im Urteil vom 29. 10. 1967, VersR 1970, 31f. behandelt der BGH einen eindeutigen Fall der internationalen Spedition zu festen Kosten rein nach den ADSp, ohne die Frage, ob zwingendes Frachtrecht entgegenstehen könnte, überhaupt zu prüfen.

Die Haftung des Spediteurs endet, wenn der übernommene Beförderungsvorgang beendet ist. Verweigert der Endempfänger die Annahme und lagert die ausliefernde

Eisenbahn das Speditionsgut ein, so gilt für neue Tätigkeiten des Spediteurs im Auftrag des Versenders nicht mehr der alte Speditionsvertrag. Daher handelt es sich bei der neuen Tätigkeit nicht mehr um eine Spedition zu festen Kosten. Siehe dazu RGZ 48, 108ff.

Soweit der Spediteur die Ausführung der Beförderung einem Frachtführer überträgt, haftet er für dessen Verschulden bzw. für das Verschulden von dessen Leuten wie für einen Unterfrachtführer.

Im Grundsatz zutreffend Schlegelberger/Schröder Anm. 4a, c zu § 413; Baumbach/Duden Anm. 1 zu § 413. Schlegelberger/Schröder übersehen aber, daß § 278 in den meisten Sparten des Frachtrechts durch Spezialregelungen verdrängt ist.

Für den Zwischenspediteur wird als Gehilfen dann gehaftet, wenn diesem Tätigkeiten übertragen werden, die in den Bereich der vom Hauptspediteur übernommenen Aufgaben fallen. Ging der Hauptspeditionsvertrag zu festen Kosten aber nur auf Beförderung an einen Zwischenspediteur, so haftet insoweit der Hauptspediteur nach § 408 Abs. 1 nur für Auswahlverschulden. Das Verschulden des Zwischenspediteurs wird ihm in diesem Fall nicht zugerechnet; zutreffend Schlegelberger/Schröder Anm. 4a zu § 413; Heymann/Kötter Anm. 1 zu § 413 (S. 921).

Anm. 8

B. Die Sammelladungsspedition

Literatur:

Krien, VRS 1, 1—26 (teilweise überholt); Illing, Güterverkehr 1960, 154; Endrigkeit, Güterverkehr 1959, 162ff.; Rudolf Meyer, Der Spediteur in seinem Verhältnis zu Eisenbahn und Kraftverkehr, 1957, S. 53ff.; Horst-Peter Schmitz, Die Zusammenarbeit zwischen Eisenbahn und Spedition auf vertraglicher Basis in der Bundesrepublik Deutschland, Diss. Köln 1957, S. 85ff.

I. Wesen und Voraussetzungen der Sammelladungsspedition

1. Wesen und Organisation

Die Sammelladungsspedition ist in § 413 Abs. 2 HGB deutlich definiert: Der Spediteur versendet das Gut zusammen mit den Gütern anderer Versender aufgrund eines für seine Rechnung mit einem Frachtführer geschlossenen Frachtvertrags. Der Vorteil dieser Versendungsart liegt in der kostensparenden Ausnützung von Beförderungskapazitäten. Die Sammelladungsspedition spielt insbesondere eine erhebliche Rolle bei der Bahnbeförderung, bei der an größeren Plätzen Stückgutsendungen von Spediteuren zusammengestellt und im Waggon zu besonderem Tarif per Sammelladung versandt werden. Hierfür hat die Bahn „Bestimmungen über den organisierten Spediteur-Sammelgutverkehr der Deutschen Reichsbahn" (Bahn-Sammel-Best. 1949) erlassen, die als Allgemeine Geschäftsbedingungen von den beteiligten Spediteuren anerkannt werden müssen. Diese sollen Ende 1972 durch „Geschäftsbedingungen für den organisierten Bahn-Sammelgutverkehr" ersetzt werden, deren Text z. Z. (Sommer 1972) noch nicht vorliegt.

Den Sammelgutverkehr gestattet die Deutsche Bundesbahn grundsätzlich nur den zugelassenen „Verkehrsführern", Spediteuren, die als Absender des betreffenden Eisenbahn-Frachtvertrages über die Sammelladung fungieren. Als „Verkehrsführer" treten vielfach Gesellschaften mbH auf, die von den örtlichen Spediteuren zum Zwecke des Betriebs einer neutralen gemeinschaftlichen Sammelladungsversendung begründet worden sind. Dem Verkehrsführer können Spediteure, die nicht als Verkehrsführer bestellt sind, als „Beilader" Güter für die Sammelladungen zuführen. Der Verkehrsführer versendet die Sammelladung an den ebenfalls besonders zugelassenen Empfangsspediteur. Für diesen wird vom Verkehrsführer ein „Bordero" ausgestellt, in dem die weitere Behandlung der einzelnen Güter dem Empfangsspediteur mitgeteilt wird. Dieser sortiert die Sammelladung auseinander und leitet ggf. einzelne Teile an die „Briefspediteure" weiter, die ihrerseits die Auslieferung an den Endempfänger besorgen.

Im Güterkraftverkehr ist keine entsprechend starre Organisation der Sammelladungsspedition vorhanden. Hier befördern die Spediteure ihre Sammelladungen häufig selbst im eigenen Lkw. Jedenfalls betreffen die meisten von der Rechtsprechung behandelten Fälle solche Sammelladungsbeförderungen im Selbsteintritt.

Auch bei der Sammelladungsversendung durch besondere Gesellschaften handelt es sich um echte Sammelladungsspeditionen im Sinne des § 413 HGB. Der Sammelladungsspediteur dürfte dann Zwischenspediteur sein, soweit er die Güter vom Beilader überwiesen erhält — allerdings mit der Rechtsstellung eines Frachtführers. Beschränkt sich die gemeinsame Versendung von Sammelladungen auf gelegentliche Fälle und wird sie nicht unter gemeinschaftlicher Firma betrieben, so handelt es sich bei dem Zusammenschluß der Spediteure um eine Gesellschaft des BGB. In diesem Falle gilt § 413 Abs. 2 HGB zwischen dem betreffenden beteiligten Spediteur und seinem Versender, und zwar auch dann, wenn der Spediteur im Außenverhältnis nicht als Absender hinsichtlich des Frachtvertrags auftritt, sondern die Federführung einem anderen Spediteur als Verkehrsführer überläßt. In diesem Falle liegt eine reine Innengesellschaft vor, deren sich der Spediteur zur Ausführung der Versendung bedient.

2. Das Verhältnis der Sammelladungsspedition zum Selbsteintritt **Anm. 9**

Ganz überwiegend, auch in der Vorauflage Anm. 1, wird die Auffassung vertreten, § 413 Abs. 2 sei ein besonders geregelter Fall des Selbsteintritts; Schlegelberger/Schröder Anm. 7, 7a zu § 413; Heymann/Kötter Anm. 2 zu § 413; BGH vom 3. 3. 1972, Betrieb 1972, 1817 (1818). Nach der hier vertretenen Auffassung, vgl. Anm. 1 zu § 412, liegt Selbsteintritt nur vor, wenn der Spediteur das Gut selbst befördert; siehe auch Illing, Güterverkehr 1960, 155. Für eine Unterscheidung zwischen Selbsteintritt und Sammelversendung auch Schmid-Lossberg, MDR 1963, 173. Siehe ferner unten Anm. 13. Aber auch wenn man dem Spediteur den „unechten" Selbsteintritt gestatten will, besteht kein überzeugender Grund, neben § 413 Abs. 2 den § 412 ergänzend anzuwenden.

3. Die Zulässigkeit der Sammelladungsspedition im Verhältnis zum Versender **Anm. 10**

Die ADSp gestatten dem Spediteur die Sammelladungsversendung in § 14a ausdrücklich. Auch ohne diese Bestimmung wäre sie im Rahmen der Interessenwahrnehmung und mangels anderer Weisungen des Versenders zulässig. Die Auffassung von Schlegelberger/Schröder Anm. 1, 7a zu § 413; Heymann/Kötter Anm. 2 zu § 413, nach der die Sammelladungs-Versendung dem Spediteur schon dann untersagt sein soll, wenn nach dem Speditionsvertrag der Selbsteintritt unzulässig ist, entbehrt jeder praktischen Begründung und liegt auch nicht im Interesse des Versenders, für den die Sammelladungsversendung zur Kostenersparnis führen würde. Sie wird nur dogmatisch begründet, weil nämlich die Sammelladungsspedition als Fall des Selbsteintritts verstanden wird. Nach der hier vertretenen Auffassung, siehe oben Anm. 1 zu § 412, kann der Selbsteintritt nur durch Selbstbeförderung ausgeübt werden. Die Sammelladungsversendung bei Drittausführung ist somit kein Selbsteintritt. Auch unter Zugrundelegung der herrschenden Lehre zur Rechtsnatur des Selbsteintritts ist die Auffassung von Schlegelberger/Schröder indessen nicht zwingend, da die subsidiäre Anwendung des Selbsteintrittsrechtes im Fall der Sammelladungsspedition wegen der andersartigen Interessenlage durchaus zweifelhaft sein muß.

Zuzustimmen ist dagegen Schlegelberger/Schröder Anm. 7a zu § 413 darin, daß die Versendung per Sammelladung dann unzulässig ist, wenn sie dem Interesse des Versenders widerspricht, insbesondere, wenn das Gut durch die Zusammenverladung mit anderen Gütern gefährdet werden könnte.

§ 14a S. 2 ADSp stellt zusätzlich klar, daß die Übergabe eines Stückgut-Frachtbriefs durch den Versender an den Spediteur kein Verbot der Sammelladungsversendung darstellt.

Problematisch ist die Frage, wie lange der Spediteur ihm übergebene Güter liegenlassen darf, bis er eine Sammelladung zusammenbekommt. § 17 ADSp schließt zwar die Gewährleistung einer bestimmten Reihenfolge in der Abfertigung der Güter aus. Doch läßt sich ein Recht, die Güter liegen zu lassen, daraus nicht herleiten. Der Spediteur wird unter Abwägung der Interessen des Versenders darüber zu entscheiden haben, ob für diesen der mit der Sammelladungsversendung erzielbare Preisvorteil — der nach § 14b ADSp teilweise an den Versender weiterzugeben ist — oder die schnellere Abfertigung bei Einzelversendung günstiger ist. Auch eine Rückfrage beim Versender ist dem Spediteur zuzumuten.

Durch Handelsbrauch kann der Spediteur sogar gehalten sein, die Sammelversendung im Interesse des Versenders zu wählen; Schlegelberger/Schröder Anm. 7a zu § 413; Düringer/Hachenburg/Lehmann, 3. Aufl., § 413 Anm. 8.

Wünscht der Versender keine Sammelversendung, so kann er diese durch Weisung an den Spediteur untersagen. Nach § 14a S. 1 ADSp muß die Weisung schriftlich erfolgen.

Anm. 11

4. Weitere Voraussetzungen der Sammelladungsversendung

Der Spediteur muß mit dem Versender nicht zuvor eine Vereinbarung über die Beförderung in Sammelladung treffen; er muß die Sammelladung auch nicht selbst zusammengebracht haben. Um die Rechtsfolgen des § 413 Abs. 2 HGB herbeizuführen, genügt die tatsächliche Versendung in Sammelladung.

§ 413 Abs. 2 HGB verlangt, daß Güter mehrerer Kunden zur Sammelladung vereinigt werden. Dies ist auch dann der Fall, wenn die Güter schon von einem Dritten planmäßig dem gleichen Spediteur zugeleitet worden sind, RGZ 106, 419 (420). Keine Sammelladungsspedition im Sinne des § 413 Abs. 2 liegt daher vor, wenn Güter eines Versenders vom Spediteur gesammelt und dann versandt werden.

Anm. 12

II. Wirkungen der Sammelladungsversendung

1. Allgemein: Anwendung von Frachtrecht

In jedem Falle der Sammelladungsversendung, gleich ob zu festen Kosten, im Selbsteintritt oder nicht, hat der Spediteur nur die Rechte und Pflichten eines Frachtführers (oder Verfrachters).

Es gilt das oben Anm. 7 Bemerkte, insbesondere haftet der Spediteur für die den Transport ausführenden Frachtführer; RGZ 110, 59 (64); BGH vom 3. 3. 1972, Betrieb 1972, 817 (818). § 278 BGB ist allerdings durch die entsprechenden Normen des Frachtrechts (z. B. § 431 HGB) verdrängt. Unzutreffend insoweit Schlegelberger/Schröder Anm. 8 zu § 413. Der Sammelladungsspediteur ist nicht Frachtführer im begrifflichen Sinne, da er keine Beförderung auszuführen übernimmt. Auch gelten nicht alle Bestimmungen des Frachtrechts unterschiedslos für die Sammelladungsspedition. So zutreffend Illing, Güterverkehr 1960, 155; Sieg, VersR 1965, 303; a. A. Endrigkeit, Güterverkehr 1959, 163.

Die Sammelversendung mit Gütern anderer Versender bringt häufig spezielle Gefahren für das Gut mit sich. Daher ist der Spediteur hier zu besonderer Sorgfalt verpflichtet; Schlegelberger/Schröder Anm. 10 zu § 412 BGB.

Anm. 13

2. Die Anwendbarkeit der KVO auf die Sammelladungsversendung

Häufig werden Güter nur auf Teilstrecken als Sammelladung befördert, im übrigen aber einzeln als Stückgut mit der Eisenbahn oder durch Kfz-Frachtführer. Hierbei sind zwei Fälle zu unterscheiden: 1. Beförderung per Sammelladung durch einen dritten Frachtführer oder die Eisenbahn und 2. Beförderung per Sammelladung durch den Spediteur selbst im Wege des Selbsteintritts; so z. B. im Fall, der den Urteilen des OLG Hamburg, VersR 1970, 741 und des BGH vom 3. 3. 1972, Betrieb 1972, 817 zugrunde lag. Siehe zur Erforderlichkeit dieser Unterscheidung Schmid-Lossberg, MDR 1963, 173. In letzterem Falle gilt jedenfalls für die Strecke, auf der das Gut vom Spediteur selbst befördert wird, das zwingende KVO-Frachtrecht, wenn die Beförderungsstrecke dem Güterfernverkehr unterliegt. Dies ergibt sich zweifelsfrei aus § 20 Güterkraftverkehrsgesetz; unstreitig; siehe dazu Sieg, VersR 1965, 301; OLG Hamburg, VersR 1970, 741 (742). Im anderen Falle, wenn also die Beförderung von einem dritten Frachtführer ausgeführt wird, würde an sich gemäß § 413 Abs. 2 ebenfalls die KVO-Haftung eingreifen. Der BGH hält in ständiger Rechtsprechung, siehe dazu auch die in Anm. 6 zu § 412 angegebene Literatur und OLG-Rechtsprechung, das KVO-

Frachtrecht für zwingend. Dagegen wird in der Literatur überwiegend die Auffassung vertreten, § 413 Abs. 2 HGB sei abdingabres Recht und könne daher, wenn der Spediteur nicht selbst als Güterfernverkehrsunternehmer das Gut befördere, durch die ADSp abbedungen werden. Insbesondere sei § 52a ADSp anzuwenden, wonach der Spediteur nicht für die von ihm beauftragten selbständigen Unternehmer hafte; Sieg, VersR 1965, 302f.; Schmid-Lossberg, MDR 1963, 171ff., Beiträge ohne Verfasserangabe, Transport-Dienst 1961, 1823ff.; 1962, 1348 und 1965, 620. OLG München, VersR 1968, 365 (366); OLG Hamburg, VersR 1970, 741, vom BGH im Urteil vom 3. 3. 1972, Betrieb 1972, 817 aufgehoben. Dieser Auffassung ist der Vorzug zu geben. §§ 26, 20 GüKG wollen bewirken, daß die Beförderung im Güterfernverkehr hinsichtlich des Entgelts und der Beförderungsbedingungen in einem geregelten Wettbewerb zur Eisenbahn steht. Daher soll keine Güterfernverkehrsbeförderung zu anderen als den genormten Bedingungen der KVO ausgeführt werden. Daraus rechtfertigt sich die Einbeziehung der vom Spediteur im Selbsteintritt selbst ausgeführten Ferntransporte mit Kraftfahrzeugen in die KVO. Bei Ausführung der Sammelladungsbeförderung durch einen Dritten befördert dieser aber bereits auf der Grundlage der KVO und der Tarife. Der Spediteur als Absender hat daher die nach der KVO bestehenden Ansprüche gegen den KVO-Frachtführer, die er an den Versender abtritt (§ 52a ADSp). Ob der Spediteur seinerseits dem Versender nochmals nach KVO haftet oder nicht, kann den Wettbewerb zwischen Schiene und Straße nicht beeinträchtigen. Auch wenn der Spediteur Sammelladungen per Bahn versendet, haftet er deshalb nicht nach Eisenbahn-Frachtrecht. Somit fallen die echten Sammelladungsversendungen nicht unter die KVO.

3. Die Anwendbarkeit der KVO bei Sammelladungsversendung auf Teilstrecken **Anm. 14**

Der BGH will darüber hinaus im Urteil vom 3. 3. 1972, Betrieb 1972, 817ff. auch im Falle der nur teilweisen Beförderung des Frachtguts per Sammelladung auf den ganzen Vertrag, also auch auf den vom Spediteur durch Einzelversendung mit Bahn oder Kfz ausgeführten Strecken die KVO anwenden. Das dispositive Speditionsrecht und damit die ADSp sollen daher für solche Speditionsverträge nicht gelten, bei denen der Transport „überwiegend" im Sammelladungsverkehr als Güterfernverkehr stattfindet. Der Spediteur soll für die außerhalb der Sammelladungsstrecke eingesetzten Frachtführer (auch für die Eisenbahn) als Erfüllungsgehilfen nach KVO-Recht haften. Der BGH beruft sich auf seine Entscheidung vom 25. 10. 1962, BGHZ 38, 150 (154), die einen Fall teilweisen Selbsteintritts (Beförderung im Güterfernverkehr) betraf. Diese Entscheidung hatte bereits in der Literatur und in der Rechtsprechung der Oberlandesgerichte erheblichen Widerspruch gefunden; siehe oben Anm. 6 zu § 412. Gerade für die Beförderung von Sammelladungen führt das Urteil vom 3. 3. 1972 zu paradoxen Ergebnissen: Erhält ein Spediteur Güter zur Versendung und macht er von der dem Versender günstigen Möglichkeit Gebrauch, sie auf einer Teilstrecke kostensparend per Sammelladung zu versenden, so hat dies die Folge, daß er für alle übrigen Verrichtungen verschärft nach der KVO haftet — wobei im übrigen sein Haftpflichtversicherungsschutz zweifelhaft ist (Sieg, VersR 1965, 300). Die Behandlung der Güter außerhalb des betreffenden Transportabschnittes wird also nach unterschiedlichem Recht beurteilt, je nachdem ob der Spediteur diesen einen Transportabschnitt per Sammelladung oder per Stückguttransport ausführen läßt. Das Argument des BGH, eine einheitliche Beurteilung der Haftung für den ganzen Beförderungsvorgang sei im Interesse des Versenders erforderlich, kann kaum überzeugen. Bei Ausführung der Versendung durch Abschluß von Stückgutfrachtverträgen tritt genau das gleiche Problem auf, da der Versender nur für den Zeitraum der Güterfernbeförderung die vom Spediteur gemäß § 52a ADSp abgetretenen Ansprüche gegen den KVO-Frachtführer hat, sich aber für den übrigen Zeitraum mit den Ansprüchen gegen den Spediteur nach den ADSp bzw. gegen den Speditionsversicherer nach SVS/RVS begnügen muß.

4. Vergütung und Auslagen **Anm. 15**

Hinsichtlich der Vergütung greifen bei der Sammelladungsversendung das Recht des HGB und zwingendes Tarifrecht ineinander; siehe BGH vom 28. 4. 1967, VRS 39, 94 (96f.). Nach HGB kann der Spediteur, wie sich aus § 413 Abs. 2 S. 2 ergibt, nur eine den Umständen angemessene Fracht, nicht daneben noch die Spediteurprovision verlangen; offenbar anderer Ansicht Krien/Hay, Anm. 8 zu § 14 ADSp. Die angemessene Fracht darf die gewöhnliche Einzelfracht nicht übersteigen; zutreffend Schlegelberger/Schröder Anm. 9 zu § 413. Was als „angemessene Fracht" zu betrachten ist, unterliegt nach § 315 Abs. 3 BGB der richterlichen Kontrolle.

Hinsichtlich der Berechnung des Entgelts ist der Spediteur nach oben zunächst durch das Privatrecht eingeschränkt. Er hat den Versender angemessen am Vorteil der Sammelversendung zu beteiligen; siehe hierzu Heymann/Kötter Anm. 3 zu § 413. Dies wird auch durch § 14b ADSp ausdrücklich festgelegt. Zur Weitergabe des Preisvorteils an den Versender ist der Spediteur auch verpflichtet, wenn er mehrere Sendungen des gleichen Versenders in (unechter) Sammelladung versendet.

Im übrigen gilt für die Sammelladungsspedition im innerdeutschen Verkehr im Entfernungsbereich über 150 km zwingendes Preisrecht. Die Verordnung PR 9/66 über Vergütungen im Spediteursammelgutverkehr mit Eisenbahn und Kraftwagen (Kundensatzverordnung) mit mehreren Änderungs-VOen (Abdruck und Erläuterung bei Bönisch, Kundensatzfibel, 6. Aufl. 1969 mit laufenden Ergänzungen) legt einen zwingenden Margentarif fest. Der Spediteur hat dem Versender einen im „Kundensatzzeiger" einheitlich festgelegten „Kundensatz" zu berechnen, der neben der vom Spediteur an den Frachtführer zu zahlenden Fracht auch die eigentliche Spediteurprovision enthält. Dieser Kundensatz darf in bestimmten Fällen vom Spediteur um 5% unter- und um 10% überschritten werden. Von den Sätzen dieser VO abweichende Entgeltvereinbarungen des Spediteurs sind nichtig und werden durch die Tarifentgelte ersetzt; BGH vom 11. 6. 1959, VersR 1959, 630f. Siehe im einzelnen hierzu Bönisch, a. a. O., der auf S. 51f. auch weitere instanzgerichtliche Rechtsprechung abdruckt.

Nach dem Urteil des BGH vom 28. 4. 1969, VRS 93, 94ff., sollte dem Spediteur außerhalb des Anwendungsbereichs der Kundensatzverordnung die Möglichkeit offenstehen, von einzelnen Versendern auch ein unter dem Frachttarif liegendes Entgelt zu verlangen, wenn die insgesamt aus der Sammelladung erzielten Einnahmen des Spediteurs das an den KVO-Beförderer zusammen zu zahlende Tarifentgelt für die Sammelladung nicht unterschritten. Diese Entscheidung ist inzwischen durch das sechste Änderungsgesetz zum GüKG überholt. Durch diese Änderung wurde § 20 Abs. 2 S. 2 GüKG so gefaßt, daß der Spediteur nunmehr dem einzelnen Versender mindestens den Frachtsatz des für die Sendung geltenden Tarifs berechnen muß. Siehe zu § 20 Abs. 2 GüKG Hein/Eichhoff u. a., Güterkraftverkehrsgesetz Bd. 2, Anmerkungen zu § 20.

Neben der angemessenen, tariflich zulässigen Fracht kann der Spediteur wie bei der Spedition zu festen Kosten Ersatz derjenigen Auslagen verlangen, die unabhängig von der Art der Versendung entstanden sind; siehe zur Kostenverteilung im internationalen Spediteur-Sammelgutverkehr die „Combiterms", Lieferklauseln für den internationalen Spediteur-Sammelgutverkehr, von Ramberg und Holtz, Zürich 1969. Die „Combiterms" sind vereinbarungsbedürftige Lieferklauseln.

Anm. 16

IV. Rechtsstellung des Empfangsspediteurs einer Sammelladung

Sammelladungen, die für verschiedene Empfänger bestimmt sind, werden — wenn nicht an eine andere Niederlassung des Spediteurs — regelmäßig an einen Empfangsspediteur adressiert. Dieser steht in keinem Rechtsverhältnis zum Versender, sondern ist, je nach Sachlage, Gehilfe des Sammelladungsspediteurs oder dessen Zwischenspediteur. Er hat die Sammelladung auseinanderzusortieren und sie an die einzelnen Empfänger oder Briefspediteure weiterzuleiten. Siehe dazu Heymann/Kötter Anm. 2 zu § 413 a. E.

§ 414

Die Ansprüche gegen den Spediteur wegen Verlustes, Minderung, Beschädigung oder verspäteter Ablieferung des Gutes verjähren in einem Jahre. Die Verjährungsfrist kann durch Vertrag verlängert werden.

Die Verjährung beginnt im Falle der Beschädigung oder Minderung mit dem Ablaufe des Tages, an welchem die Ablieferung stattgefunden hat, im Falle des Verlustes oder der

verspäteten Ablieferung mit dem Ablaufe des Tages, an welchem die Ablieferung hätte bewirkt sein müssen.

Die im Abs. 1 bezeichneten Ansprüche können nach der Vollendung der Verjährung nur aufgerechnet werden, wenn vorher der Verlust, die Minderung, die Beschädigung oder die verspätete Ablieferung dem Spediteur angezeigt oder die Anzeige an ihn abgesendet worden ist. Der Anzeige an den Spediteur steht es gleich, wenn gerichtliche Beweisaufnahme zur Sicherung des Beweises beantragt oder in einem zwischen dem Versender und dem Empfänger oder einem späteren Erwerber des Gutes wegen des Verlustes, der Minderung, der Beschädigung oder der verspäteten Ablieferung anhängigen Rechtsstreite dem Spediteur der Streit verkündet wird.

Diese Vorschriften finden keine Anwendung, wenn der Spediteur den Verlust, die Minderung, die Beschädigung oder die verspätete Ablieferung des Gutes vorsätzlich herbeigeführt hat.

Inhaltsübersicht

A. Allgemeines

Anm. 1

§ 414 HGB behandelt die Verjährung der wichtigsten gegen den Spediteur gerichteten Ersatzansprüche. Soweit die ADSp eingreifen, wird § 414 HGB allerdings durch § 64 ADSp verdrängt. Im Rahmen der Speditionsversicherung kann § 414 HGB keine Bedeutung gewinnen, da § 10 Ziff. 1 SVS die Geltendmachung des Versicherungsanspruchs an engere Voraussetzungen bindet.

Durch die gesetzliche Verweisung der §§ 423, 439 HGB gilt § 414 HGB auch im Lagervertragsrecht und im Landfrachtrecht. Doch sind im Landfrachtrecht die §§ 439, 414 HGB praktisch ganz durch Sonderregeln für die einzelnen Beförderungszweige verdrängt; siehe die Anm. zu § 439 HGB.

B. Die Ansprüche, die der verkürzten Verjährung unterliegen

Anm. 2

I. Speditionsvertragliche Ansprüche

§ 414 Abs. 1 HGB führt die Ansprüche wegen Verlust, Beschädigung, Minderung oder verspäteter Ablieferung auf. Hierbei handelt es sich um die in Anm. 58ff. zu §§ 407 bis 409 HGB dargestellten Ansprüche aus §§ 407 Abs. 2, 390, 408 HGB und aus schuldrechtlichen Leistungsstörungen. Voraussetzung ist, daß der Schaden in Verlust, Beschädigung oder Minderung der Güter besteht; nicht unter § 414 HGB fallen Ansprüche wegen unterlassener Rüge, wenn der Verlust nicht beim Spediteur, sondern bei einem Frachtführer eingetreten ist. Siehe dazu RGZ 114, 308 (310f.).

Nicht nach ihrer Formulierung, wohl aber nach ihrer Stellung innerhalb der Regelung des Speditionsvertrags bezieht sich die Vorschrift nur auf speditionsvertragliche Ansprüche und zwar auch solche, die sich aus der Verletzung von Nebenpflichten ergeben; Krien/Hay, Anm. 3 zu § 64 ADSp. Da jedoch durch §§ 423, 439 HGB Lager- und Frachtgeschäft ebenfalls dem § 414 HGB unterliegen, ist die Frage, ob die betreffenden

Ansprüche aus Speditions-, Lager- oder Landfrachtgeschäften des Spediteurs herrühren, ohne Belang; daher verzichtet der BGH im Urteil vom 28. 4. 1953 — in BGHZ 9, 301ff. insoweit nicht abgedruckt — mit Recht auf die Erörterung der Abgrenzungsfragen. Auf Tätigkeiten des Spediteurs, die keine speditions-, fracht- oder lagervertraglichen sind, findet § 414 HGB keine unmittelbare Anwendung; die entsprechende Anwendung auf Geschäftsbesorgungsverträge wie die des Empfangsspediteurs ist zu befürworten; Krien/Hay, Anm. 3 zu § 64 ADSp. Soweit die ADSp gelten, spielt die Qualifikation der betreffenden Tätigkeiten des Spediteurs keinerlei Rolle, da ohnehin alle Ansprüche gegen ihn dem § 64 ADSp unterworfen sind.

Anm. 3

II. Ansprüche aus unerlaubter Handlung

Für Ansprüche aus unerlaubter Handlung, die in Parallele zu solchen aus dem Speditionsvertrag stehen, ist die analoge Anwendung des § 414 HGB zu empfehlen. Da die Deliktsansprüche, insbesondere die aus §§ 823, 831 BGB, gemäß § 852 BGB erst in drei Jahren verjähren, vereitelt sonst die Berufung auf deliktische Ansprüche die im Interesse des Spediteurs auf eine schnellere Klärung hinwirkende Regelung des § 414 HGB. Jedoch hat der BGH in ständiger Rechtsprechung die Anwendung des § 414 HGB auf Ansprüche aus unerlaubter Handlung abgelehnt: BGH vom 28. 4. 1953, BGHZ 9, 301 (302ff.), zum Lagervertrag; bestätigt durch BGH vom 8. 7. 1955, BGHZ 18, 98 (104) und vom 7. 7. 1964, VersR 1964, 1045 (1046), zu § 40 KVO. Das selbständige Nebeneinander von Ansprüchen aus unerlaubter Handlung und Frachtvertrag hat der BGH in weiteren Entscheidungen bejaht: vom 13. 5. 1955, BGHZ 17, 214 (218) und vom 9. 5. 1957, BGHZ 24, 193, zur EVO; vom 21. 4. 1960, BGHZ 32, 194ff.; vom 23. 3. 1966, BGHZ 46, 140ff.; vom 29. 10. 1971, VersR 1972, 101f. zur KVO-Haftung. Der BGH-Rechtsprechung zustimmend: Heymann/Kötter, Anm. 1 zu § 414; Baumbach/Duden, Anm. 1 zu § 414; Emmerich, JuS 1967, 345ff. Gegen diese Rechtsprechung ausführlich: Helm, Haftung für Schäden an Frachtgütern, 1966, S. 287, 291ff.; Schlechtriem, ZHR 133, 105 (118f.); Schlegelberger/Schröder, Anm. 1a zu § 414 HGB.

Für den Spediteur ist die Frage zumeist bedeutunglos, da § 64 ADSp alle Ansprüche gegen den Spediteur „gleichviel aus welchem Rechtsgrund" einer sechsmonatigen Verjährung unterwirft.

Anm. 4

III. Ansprüche von Nichtvertragspartnern gegen den Spediteur

§ 414 HGB gilt nicht für Ansprüche, die Dritte gegen den Spediteur haben. Auch § 64 ADSp kann solche Ansprüche von Nicht-Vertragspartnern nicht erfassen. Siehe genauer Anm. 2 zu § 64 ADSp, Anhang I nach § 415 HGB.

Anm. 5

IV. Ansprüche wegen Verlust, Beschädigung, Minderung oder Verspätung

Nur die in § 414 HGB speziell bezeichneten Ansprüche verjähren nach dieser Vorschrift, nicht dagegen andere speditionsrechtliche Ansprüche, z. B. Schadensersatzansprüche wegen Unterlassung der Transportversicherung oder Herausgabeansprüche hinsichtlich des Speditionsguts oder des Frachtbriefs, auf Rechnungslegung usw. Zum Begriff des Verlustes und der Beschädigung siehe oben Anm. 61 zu §§ 407—409 HGB und die Anm. zu § 429 HGB. Der Begriff der Minderung wird sonst nur in §§ 423 und 439 HGB gebraucht. Unter Minderung ist der teilweise Verlust (z. B. Leckage, Verlust einzelner Colli) zu verstehen. Siehe eingehend BGHZ 18, 98 (100ff.). Die Definitionsfrage, die früher streitig war (vgl. Vorauflage Anm. 4c zu § 423 HGB), ist praktisch bedeutungslos, da unstreitig die Ersatzansprüche wegen aller körperlichen Beeinträchtigungen des Guts unter § 414 HGB fallen.

Verspätete Ablieferung ist nicht nur die Ablieferung an den Frachtführer, sondern auch die Ablieferung durch den Frachtführer an den Empfänger, soweit der Spediteur aus Spediteurverschulden für diese zu haften hat (Schlegelberger/Schröder Anm. 1e zu § 414 HGB).

C. Die Dauer der Verjährung

Anm. 6

I. Dauer der Verjährung und vertragliche Vereinbarungen

Die Verjährungsfrist beträgt ein Jahr. Sie kann nach § 414 Abs. 1 S. 2 HGB verlängert und — was durch § 64 ADSp erfolgt ist — nach § 252 S. 2 BGB auch verkürzt werden. Eine Verlängerung kommt vor allem in Fällen in Betracht, in denen über die Ersatzansprüche noch verhandelt wird. Dies ist mit dem OLG Kiel, Schleswig-Holsteinische Anzeigen 1921, 123 (124) anzunehmen, wenn vereinbar wird, den Prozeß bis zur Entscheidung des Rechtsstreits zwischen dem Spediteur und der Versicherung ruhen zu lassen. Besonders problematisch ist die Verjährungsfrage, wenn die Verhandlungen mit dem Speditionsversicherer noch andauern. Denn die Erfolgsaussicht des Prozesses gegen den Spediteur hängt davon ab, ob der Speditionsversicherer zahlt (§ 41a ADSp). In einer Stillhaltevereinbarung bis zur Klärung der Versicherungslage kann dann eine Verlängerung der Verjährung über die Halbjahresfrist des § 64 ADSp oder sogar über die Jahresfrist des § 414 HGB hinaus liegen. Da die ADSp für Zusatzvereinbarungen keine Schriftformklausel enthalten, ist die stillschweigende Verlängerung der Verjährung ohne weiteres möglich. Eine großzügige Auslegung des Verhaltens der Parteien in dieser Richtung ist zu befürworten, wenn sich aus der Sachlage ergibt, daß das Stillhalten des Versenders auch im Interesse des Spediteurs lag. Regelmäßig wird es im Interesse des Spediteurs liegen, von einer Klage verschont zu bleiben, solange über die Leistungspflicht des Speditionsversicherers noch nicht endgültig entschieden ist.

II. Arglisteinrede

Anm. 7

Der Einrede der Verjährung kann die allgemeine Arglisteinrede als Gegeneinrede entgegenstehen, wenn der Spediteur durch sein Verhalten, insbesondere durch Vertröstungen, den Versender von der Geltendmachung der Ansprüche abgehalten hat; BGH vom 3. 2. 1953, BGHZ 9, 1 (5); vom 28. 4. 1953, BGHZ 9, 301 (302), insoweit gekürzt abgedruckt.

D. Beginn der Verjährungsfrist

Anm. 8

I. Bei Beschädigung oder Minderung im Falle der Ablieferung

Der Beginn der Verjährung ist in § 414 Abs. 2 HGB auf den Tag der Ablieferung, bei Verlust und Verspätung auf den Tag, an dem die Ablieferung hätte erfolgen müssen, festgesetzt.

Unter „Ablieferung" ist nicht etwa die Ablieferung des Spediteurs an den beauftragten Frachtführer, sondern die Ablieferung an den Empfänger zu verstehen; Schlegelberger/Schröder Anm. 3 zu § 414 HGB. Dies ergibt sich zwingend aus dem Sinn der Vorschrift: Die Frist kann erst zu laufen beginnen, wenn das Gut beim Empfänger kontrolliert werden kann. Dazu ist z. B. zumeist das Auspacken aus der Verpackung erforderlich. Auch können Schäden am Gut, für die der Spediteur zu haften hat, häufig noch während der Beförderung durch den Frachtführer entstehen; da die Verjährung nicht vor der Entstehung des Anspruchs beginnen kann, wäre dann der Beginn der Verjährung unsicher.

Findet die Ablieferung nicht an einem Tage statt, sondern an mehreren verschiedenen Tagen, so ist der letzte Tag des Ablieferungsvorgangs maßgeblich; unstreitig für den Lagervertrag BGHZ 18, 98 (104).

II. Bei Beschädigung und Minderung im Falle der Nichtablieferung

Anm. 9

Kommt es nicht zur Ablieferung an den Empfänger, z. B. weil dieser nicht erreichbar ist oder die Annahme bzw. Zahlung einer Nachnahme verweigert, so muß ein anderes Ereignis den Beginn der Verjährung bezeichnen. In der Literatur ist umstritten, ob dieser Zeitpunkt der Augenblick der versuchten Ablieferung (Heymann/Kötter, Anm. 2 zu § 414; Krien/Hay, Anm. 16 zu § 64 ADSp) oder etwa der Zeitpunkt der Rückablieferung nach Rücktransport zum Versender ist (Schlegelberger/Schröder,

Anm. 3 zu § 414 HGB; Baumbach/Duden, Anm. 2 zu § 414 HGB). Der in § 414 Abs. 2 HGB zum Ausdruck gekommene Gedanke, daß bei der Nicht- oder Zuspätablieferung der Zeitpunkt, zu dem die Ablieferung hätte erfolgen sollen, maßgeblich wird, ist auch hier verwertbar. Daher ist bei fristgemäßem Ablieferungsversuch der Zeitpunkt, zu dem die Ablieferung spätestens hätte erfolgen sollen, als Beginn der Verjährung vorzuschlagen. Der Rücktransport erfolgt im übrigen aufgrund eines neuen Auftrags oder als Geschäftsführung ohne Auftrag; für ihn gelten dann neue Verjährungsfristen. Die Auslieferung an eine falsche Person (Fehlauslieferung) ist Verlust, daher gilt der Termin der vertragsgemäßen Ablieferung als Fristbeginn; siehe nächste Anmerkung.

Anm. 10

III. Bei Verlust oder Verspätung

In diesem Fall ist der Zeitpunkt, zu dem hätte abgeliefert werden müssen, maßgeblich. In diesem Sinne sind die Fälle, in denen es zur wirklichen pünktlichen Ablieferung der Sendung nicht kommt, als Verlust oder Verspätung zu betrachten. Wird eine teilweise geminderte Sendung pünktlich abgeliefert, so beginnt trotz des Teilverlustes die Frist mit der Ablieferung. Ist zwar ein Teilverlust (Minderung) gegeben, aber noch nicht das ganze Gut abgeliefert, so beginnt die Verjährungsfrist erst dann zu laufen, wenn das gesamte Gut pünktlich abgeliefert ist. Siehe dazu mit sehr eingehender Begründung BGHZ 18, 98 (101); Schlegelberger/Schröder Anm. 3a zu § 414 HGB; Baumbach/Duden Anm. 2 zu § 414 HGB.

Der im Falle von Verlust und Verspätung maßgebliche Tag, an dem die Ablieferung hätte bewirkt sein müssen, ist im Hinblick auf die Unverbindlichkeit von Lieferfristen nach § 17 ADSp schwer zu bestimmen. Nach richtigem Verständnis kann jedoch § 17 ADSp den Spediteur nicht davon entbinden, das Gut mit der durch die Sorgfalt eines ordentlichen Kaufmanns gebotenen Eile zu versenden. Daher ist zu ermitteln, wann die Ablieferung bei Anwendung dieser Sorgfalt spätestens hätte erfolgen müssen. Siehe Anm. 1 zu § 17 ADSp Anhang I nach § 415 HGB.

Die Verjährung beginnt auch zu laufen, wenn der Anspruchsberechtigte Verlust, Beschädigung oder Minderung nicht kennt, auch dann, wenn sie äußerlich nicht erkennbar waren; ROHG 15, 126.

Anm. 11

E. Erhaltung der Aufrechnungsmöglichkeiten trotz Verjährung

Nach § 390 BGB könnte der Versender mit seiner verjährten Ersatzforderung gegen eine Forderung des Spediteurs nur aufrechnen, wenn die Aufrechnungslage bereits vor Eintritt der Verjährung gegeben war. § 414 Abs. 3 HGB gestattet jedoch dem Versender, ähnlich wie § 479 BGB, die Aufrechnung auch nach der Verjährung noch vorzunehmen, wenn vor Ablauf der Verjährungsfrist der Verlust, die Beschädigung, Minderung oder verspätete Ablieferung angezeigt ist oder durch entsprechende in § 414 HGB aufgeführte gerichtliche Schritte diese Anzeige ersetzt ist. Ob die Rechtsprechung zu § 479 BGB, nach der die Aufrechnung nur noch gegen Ansprüche aus dem gleichen Vertrag (hier demnach aus dem gleichen Speditionsvertrag) zulässig sein soll, hier gelten kann, ist zweifelhaft. Siehe hierzu Heymann/Kötter, Anm. 3 zu § 414; Baumbach/Duden, Anm. 3 zu § 414 HGB. Zu § 479 siehe Anm. 142 zu § 377; Soergel/Ballerstedt, Anm. 1 zu § 479; aus der Rechtsprechung: BGH vom 22. 2. 1961, LM Nr. 6 zu § 633 (Bl. 3); vom 4. 11. 1964, LM Nr. 3 zu § 479. Zumindest ist es zu erwägen, die Aufrechnung auch gegen Ansprüche aus der gleichen laufenden Geschäftsverbindung zuzulassen. Dabei ist zu bedenken, daß die Haftungskonstruktion der ADSp wegen der Einschaltung von Speditions- und Transportversicherern sehr leicht zu verspäteter Ersatzleistung des Spediteurs führen kann, da dieser im Hinblick auf §§ 41, 37 ADSp abwarten wird, ob einer der Versicherer leistet. Andererseits ist die Zurückhaltung der Provision für den Versender sehr riskant. Denn für ihn ist vielfach nicht im voraus überschaubar, von wem er die Ersatzleistung erhalten wird. Er läuft daher Gefahr, bei Zurückhaltung der Provision in einen negativ verlaufenden Prozeß verwickelt zu werden, während er bei Zahlung der Provision seine Ansprüche trotz Anmeldung des Schadens verlöre. Bei derartig verwickelten Rechtsbeziehungen liegt es durchaus im Interesse des Versenders wie des Spediteurs, wenn der erstere die Provision zahlen kann und sich gegenüber Provisionsansprüchen aus späteren Geschäftsbeziehungen noch auf die gerügten Mängel aufrechnungsweise berufen kann.

§ 32 ADSp schränkt die Aufrechnung gegen Forderungen des Spediteurs viel weitergehend ein. Siehe die Anm. dazu in Anhang I nach § 415 HGB.

F. Lange Verjährung im Falle des Vorsatzes des Spediteurs **Anm. 12**

Bei Vorsatz des Spediteurs (oder seiner Erfüllungsgehilfen, § 278 BGB) soll die Abkürzung der Verjährung nicht gelten; die Ansprüche verjähren dann nach § 195 in 30 Jahren. Der Vorsatzbegriff ist der allgemein zivilrechtliche. Daher genügt bereits bedingter Vorsatz. Der Vorsatz ist vom Versender nachzuweisen.

Vorsatz schließt grundsätzlich nicht die vertragliche Verkürzung der Verjährung durch § 64 ADSp aus. Jedoch wird man im Falle des Vorsatzes oder der groben Fahrlässigkeit des Spediteurs selbst (bei einer juristischen Person ihrer Organe nach §§ 30, 31 BGB) oder seiner leitenden Angestellten, die vertragliche Verkürzung der Verjährung als unzulässig anzusehen haben. Dies gilt jedenfalls dann, wenn man § 276 Abs. 2 BGB und die neuere Rechtsprechung zur Haftungsfreizeichnung in Allgemeinen Geschäftsbedingungen auch auf die Verjährung anwendet. Für § 276 Abs. 2 BGB hat dies RGZ 135, 174 (176f.), zum damaligen § 70 ADSp ausdrücklich abgelehnt. Jedoch bedeutet eine allgemeine Verkürzung der Verjährung für den Fall des Vorsatzes einen ebenso scharfen Eingriff in die Rechte des Partners wie eine materielle Haftungseinschränkung; daher ist — entsprechend der allgemeinen Tendenz der Rechtsprechung zur Einschränkung von Freizeichnungen in Allgemeinen Geschäftsbedingungen, die Verjährungsverkürzung in diesen Fällen abzulehnen. So zu §§ 26 GüKG und 40 KVO: BGHZ 35, 150 (155).

G. Analoge Anwendung des § 414 HGB auf Zurückbehaltungsrecht **Anm. 13**

In der Vorauflage (ebenso jetzt Heymann/Kötter, Anm. 3 zu § 414 HGB) wurde die Auffassung vertreten, § 414 HGB müsse auch auf die Einrede des nichterfüllten Vertrags angewandt werden, die ebenso wie die Aufrechnungseinrede zu behandeln sei. Abgesehen davon, daß es sich bei den in § 414 HGB erwähnten Ansprüchen nicht um synallagmatische Verpflichtungen handelt, so daß für sie nicht § 320 BGB, sondern nur § 273 BGB angewandt werden könnte, besteht kein erkennbarer Grund, warum der Spediteur, der mit der Geltendmachung von Provisionsansprüchen ein Jahr wartet, bis die Verjährungsfrist für Gegenansprüche abgelaufen ist, dann diese Ansprüche beliebig soll durchsetzen können. Es ist vielmehr anzunehmen, daß in solchen Fällen der Versender vielfach seine Gegenansprüche nicht geltendmachen wird, weil er nicht mehr damit rechnet, vom Spediteur auf Zahlung der Provision in Anspruch genommen zu werden. Für eine analoge Anwendung des § 414 HGB auf das Zurückbehaltungsrecht des Versenders bestehen daher keine zwingenden Gründe. Wie hier Schlegelberger/Schröder, Anm. 4a zu § 414; Krien/Hay, Anm. 23 zu § 64 ADSp.

§ 415

Die Vorschriften dieses Abschnitts kommen auch zur Anwendung, wenn ein Kaufmann, der nicht Spediteur ist, im Betriebe seines Handelsgewerbes eine Güterversendung durch Frachtführer oder Verfrachter für Rechnung eines anderen in eigenem Namen zu besorgen übernimmt.

§ 415 HGB erweitert — ähnlich wie § 406 Abs. 1 S. 2 für das Kommissionsrecht — den Anwendungsbereich des Speditionsrechts auf die kaufmännische Gelegenheitsspedition. Siehe die Anm. zu § 406 HGB. **Anm. 1**

Durch § 415 werden somit Speditionstätigkeiten von kaufmännischen Nichtspediteuren den §§ 407—414 HGB unterworfen. Für die Anwendbarkeit der §§ 407ff. wird zu fordern sein, daß die Besorgung der Versendung gegen Vergütung (Provision) übernommen wird. Daher zählt zur Gelegenheitsspedition in aller Regel nicht die Versendung durch den Verkäufer beim Versendungskauf, da diese Tätigkeit als Nebenleistung des Verkäufers durch den Kaufpreis mit abgegolten ist. In diesen Fällen gilt Geschäftsbesorgungsrecht (§§ 675ff. BGB); a. A. Heymann/Kötter, Anm. 2 zu § 415 HGB. Der Verkäufer kann aber dann Gelegenheitsspediteur sein, wenn die Versendung nicht durch den Kaufvertrag mit abgegolten ist, vor allem dann, wennn sie so schwierig ist, daß eine unentgeltliche Übernahme der Versendungstätigkeit nicht zu erwarten ist, etwa bei schwierigen Versendungen ins Ausland. In diesem Falle gilt Speditionsrecht; dem Verkäufer steht dann ein Provisionsanspruch, das Spediteurpfandrecht, das Recht zum Selbsteintritt und zur Sammelladungsversendung zu.

Anm. 2 § 415 HGB kann nicht automatisch die ADSp in den Vertrag einbeziehen. Noch weniger als beim Berufsspediteur kann beim Gelegenheitsspediteur die Geltung der ADSp ohne Vereinbarung angenommen werden. Vgl. Anm. 3—7 vor § 1 ADSp, Anhang I nach § 415 HGB.

Anm. 3 § 415 HGB gilt nicht für Tätigkeiten, die nicht die Voraussetzungen des Speditionsvertrags erfüllen, also z. B. für Fracht-, Lager-, Maklertätigkeit. Siehe dazu Anm. 4 zu §§ 407—409 HGB.

Anhang I nach § 415

Allgemeine Deutsche Spediteurbedingungen (ADSp)

Vorbemerkungen

Inhaltsübersicht

Literatur: Krien/Hay, Die Allgemeinen Deutschen Spediteurbedingungen, Kommentar, 1959; Krien/Schmid-Lossberg, Allgemeine Deutsche Spediteurbedingungen, 2. Aufl. 1958; Hald, ADSp, 2. Aufl. 1958; Proppe, ADSp, 1966 (Textausgabe mit kurzer Erläuterung); Wolgast, ADSp, 4. Aufl. 1972 (Textausgabe mit kurzer Erläuterung); Wolf, ADSp, 3. Aufl. 1971 (Textausgabe mit kurzer Erläuterung); Schmid-Lossberg, Allgemeine Deutsche Spediteurbedingungen und SVS/RVS, Textausgabe mit Erläuterungen in Stichworten, 2. Aufl. 1958.

Allgemeine Literatur sowie Monographien zum Speditionsrecht siehe vor den Anm. zu §§ 407—409. Eine umfangreiche Zusammenstellung der Literatur (über 100 Titel) bringt Staudinger/Weber, Rdz N 111 vor § 241 BGB. Aus der älteren Literatur sind noch brauchbar die Kommentare von Schwartz und Isaac, siehe Literaturverzeichnis zu §§ 407—409 HGB.

Auch heute noch aktuell ist ferner die polemische Kontroverse um die Schaffung der ADSp: kritisch zu den ADSp vor allem Richter, JW 1929, 2032ff.; Koehler, LeipzZ 1927, Sp. 1450ff.; für die ADSp Isaac, JW 1927, 2785 und JW 1929, 284; vermittelnd Reuver, JW 1929, 2801.

I. Entstehungsgeschichte der ADSp **Anm. 1**

Die ADSp entstanden aus den bereits zu Beginn des Jahrhunderts bestehenden Allgemeinen Geschäftsbedingungen der Spediteure; Abdruck solcher Bedingungen bei Senckpiehl, S. 397—405. Von ihren Vorläufern sind vor allem die Allgemeinen Geschäftsbedingungen des Vereins Deutscher Spediteure von 1923 und 1924 zu erwähnen. Diese Geschäftsbedingungen wurden vom Reichsgericht nach dem 1. Weltkrieg zunehmend beanstandet: noch positiv RGZ 99, 107ff. Sittenwidrigkeit stellten fest die Entscheidungen RGZ 103, 82ff.; 110, 59ff.; RG, JW 1925, 1395; JW 1927, 655; RGZ 115, 218. Diese Rechtsprechung erzwang eine Revision durch eine Kommission des Verkehrsausschusses des Deutschen Industrie- und Handelstages in den Jahren 1926 und 1927. An dieser Kommission waren der Reichsverband der Deutschen Industrie, der Zentralverband des Deutschen Großhandels, die Hauptgemeinschaft des Deutschen Einzelhandels mit je einem und der Verein Deutscher Spediteure mit drei Vertretern beteiligt. Nicht vertreten waren private Auftraggeber, Handwerk, Landwirtschaft und die öffentliche Hand. Den Vorsitz führte der Vizepräsident der Handelskammer Berlin im Namen des Deutschen Industrie- und Handelstages. Kennzeichnend für die damals ausgearbeitete Fassung der ADSp war die Ersetzung der Haftung durch Versicherung (siehe oben Anm. 57 zu §§ 407—409 HGB). Die Kündigung der Speditionsversicherung durch die Versicherungsunternehmen zum 30. 6. 1929 führte dann zu neuerlicher Revision, bei der nunmehr auch die Speditionsversicherer und der Zentralverband des Deutschen Bank- und Bankiergewerbes und der Deutsche Versicherungsschutzverband zugezogen wurden.

Die neuen ADSp traten sodann am 1. Juli 1929 in Kraft. Zahlreiche kleinere Veränderungen sind zwar seitdem vorgenommen worden, doch hat sich an der Grundstruktur der ADSp nichts mehr geändert.

Unter dem 29. 12. 1939 wurde die Anwendung der ADSp den Spediteuren durch Anordnung des Reichsverkehrsministers verbindlich vorgeschrieben (wörtlicher Abdruck der Anordnung bei Schlegelberger/Schröder Anm. 11a zu § 407 HGB). Wie heute unstreitig ist, haben die ADSp damit jedoch nicht den Charakter einer Rechtsverordnung erlangt; vielmehr beschränkte sich die Anordnung darauf, im Wege verwaltungsrechtlichen Zwangs die Spediteure zur Vereinbarung der ADSp zu zwingen. Wurden sie nicht vereinbart, so galten sie nicht automatisch; Hamann, MDR 1959, 209f.; Krien/Hay Anm. 1 zu § 2 ADSp; Schlegelberger/Schröder Anm. 11b zu § 407 HGB; Bindels, NJW 1955, 1132; Benkard, BB 1953, 782ff.; BGH vom 1. 12. 1953, VersR 1954, 163; a. A. zu seiner Zeit Nehring, HansRGZ 1940, A, Sp. 76—84, der eine automatische Geltung der ADSp ähnlich wie beim damals geltenden Preisrecht annahm. Ebenso im Ergebnis noch Hald, 2. Aufl. 1958, S. 9f.; OLG Kiel, VRS 1, 151 und VRS 2, 251; LG Köln, VRS 1, 310; siehe auch KG, MDR 1950, 286ff.

Nach dem 2. Weltkrieg trat vor allem eine bedeutende praktische Änderung ein. Neben die bis dahin ausschließlich vereinbarte Speditionsversicherung aufgrund des SVS/RVS, vertreten durch die Firma Oskar Schunck, Berlin, jetzt München (Abdruck in Anhang II zu § 415 HGB), trat eine zweite konkurrierende Speditionsversicherung, die „Speditions-Police" des Gerling-Konzerns, vertreten durch die Firma Hans Rudolf Schmidt & Co., Hamburg (Abdruck in Anhang III zu § 415 HGB). Nach jahrelanger Diskussion in der Literatur ist nunmehr durch das Urteil des BGH vom 13. 3. 1970, VersR 1970, 564 geklärt, daß die ADSp auch mit dieser abweichenden Versicherung ausdrücklich oder stillschweigend vereinbart werden können; siehe dazu Anm. 13, 14 zu §§ 39, 40 ADSp.

Um diese Neuerung auch in der Formulierung der ADSp zum Ausdruck zu bringen, wurden von seiten der Firma Hans Rudolf Schmidt und einzelner Autoren abweichende Fassungen der §§ 39—41 ADSp vorgeschlagen; vor allem von Proppe, ADSp 1966;

Wolgast, ADSp, 4. Aufl. 1972. Diese Fassungen werden auch in der Praxis bereits benutzt. Sie sind jeweils nach dem Originaltext der betreffenden Paragraphen der ADSp abgedruckt. Da die Speditionspolice im Deckungsumfang nicht hinter dem SVS/RVS zurückbleibt, ist die Änderung für die Kunden des Spediteurs ohne Nachteile. Auch aus kartellrechtlicher Sicht bestehen keine Bedenken gegen die Änderung.

Anm. 2

II. Rechtsnatur der ADSp

Die ADSp sind Allgemeine Geschäftsbedingungen, die nicht zur Regelung eines Einzelfalles, sondern einer unbestimmten Anzahl von Verträgen aufgestellt und benutzt werden. Dies ist heute in der Literatur unstreitig: Krien/Hay Anm. 1 zu § 2 ADSp; Brüning, Dissertation (1963), S. 55f.; Schmidt-Tophoff, MDR 1961, 186; Benkard, BB 1953, 783; siehe dazu auch Anm. 3; BGH vom 8. 3. 1955, BGHZ 17, 1 (2). Ältere Entscheidungen, die den ADSp unmittelbare gesetzliche Wirkung zuschreiben, sind heute überholt (z. B. OLG Kiel, VRS 1, 151; OLG Köln, VersR 1950, 118). Die ADSp haben auch nicht durch Gesetz oder Rechtsverordnung den Charakter von Rechtsnormen erlangt, wie etwa die KVO durch das GüKG. Sie sind daher nicht ipso jure wirksam. Mithin können die ADSp zwar als privat gesetzte Normen, nicht aber als Rechtsnormen betrachtet werden.

Diese Qualifizierung der ADSp hat entscheidenden Einfluß auf ihre Geltung überhaupt, auf ihre Auslegung und Revisibilität, sowie auf ihre inhaltliche Kontrolle durch die Gerichte. Siehe dazu im einzelnen Anm. 168ff. zu § 346.

Anm. 3

III. Geltungsgrund

1. Geltung der ADSp als Handelsbrauch oder Verkehrssitte

Die ADSp oder einzelne ihrer Klauseln könnten als ausformulierte Handelsbräuche oder Verkehrsstitten gelten. In diesem Fall würden sie den Inhalt der Speditionsverträge mit bestimmen, ohne daß der an ihnen beteiligte Versender Kenntnis vom Inhalt der ADSp oder ihrem Bestehen haben müßte. Von der in Anm. 6 behandelten **Geltung kraft Handelsbrauchs** oder **Verkehrssitte** unterscheidet sich diese Möglichkeit dadurch, daß nicht die Zugrundelegung der (möglicherweise im einzelnen unterschiedlichen) Bedingungen, sondern ihr Inhalt selbst Handelsbrauch oder Verkehrssitte wäre. Siehe hierzu ausführlich Krien/Hay Anm. 6 zu § 2 ADSp.

a) Geltung der ADSp im ganzen als Handelsbrauch oder Verkehrssitte

Vielfach wird in der Literatur behauptet, die ADSp seien als ganzes Handelsbrauch im Sinne von § 346 HGB: Schlegelberger/Schröder Anm. 11e zu § 407 HGB; Krien/Hay Anm. 6 zu § 2 ADSp; Bindels, NJW 1955, 1132f.; Benkard, BB 1953, 783; Schmid-Lossberg, BB 1952, 804; OLG Braunschweig, MDR 1950, 548ff.; OLG Bremen, VersR 1951, 210f. Zweifel an der Geltung der ADSp als Handelsbrauch äußert Ewald, BB 1951, 852f., die Geltung als Verkehrssitte lehnt er ab. Gänzlich ablehnend Schmidt-Tophoff, MDR 1961, 187; Baumbach/Duden, Bemerkung vor § 1 ADSp, Anhang nach § 415 HGB; Ratz in der Vorauflage dieses Kommentars Anm. 28 zu § 407 HGB; Bindels, BB 1958, 22. Siehe zu dem Parallelfall der AGNB: BGH vom 8. 12. 1965, VersR 1966, 180 (181) (AGNB vom Berufungsgericht als örtlicher Handelsbrauch anerkannt ,vom BGH nicht gerügt) und vom 28. 11. 1969, VersR 1970, 151 (152) (AGNB evtl. Handelsbrauch). Zu den „Tegernseer Gebräuchen" des Holzhandels siehe Weynen, NJW 1954, 628f.

Eine allgemeine Entscheidung, ob die ADSp Handelsbrauch sind oder nicht, ist schon aus der Definition des Handelsbrauchs heraus nicht möglich. Abgesehen von lokalen Unterschieden, die hier wohl nicht ins Gewischt fallen, erfassen die Handelsbräuche nicht durchweg alle Kaufleute, sondern können, wie Krieg, Die ADSp in Verträgen mit Deutschen und Ausländern, Diss. Frankfurt 1965, S. 53ff. zutreffend herausstellt, auf Gruppen beschränkt sein. Jedenfalls gibt es große Gruppen von Kaufleuten, die mit den ADSp kaum je zu tun haben, weil sie nicht üblicherweise als Versender von

Gütern auftreten (z. B. Einzelhandelskaufleute, Buchhändler, Handwerker). Für diese kommt eine Geltung als Handelsbrauch mangels Übung überhaupt nicht in Betracht. Ebenso wenig können die ADSp inhaltlich als Verkehrssitte gelten.

Auch innerhalb der öfter als Versender auftretenden Kaufleutegruppe könnten die ADSp als ganzes jedoch nur dann inhaltlich Handelsbrauch sein, wenn alle Klauseln dauernd in Übung wären; siehe hierzu BGH vom 29. 6. 1959, VersR 1959, 659 (661), und wenn eine einheitliche Fassung mindestens lokal oder in bestimmten Wirtschaftsbereichen verwendet würde. Siehe hierzu das Merkblatt des DIHT von 1957, abgedruckt in Anm. 61 zu § 346 HGB Nr. 1, 12, 13. Beide Voraussetzungen liegen nicht vor. Die Spediteure machen nicht von allen Klauseln dauernd Gebrauch und — wie bereits dargelegt — weichen auch die benutzten Texte voneinander ab; so zutreffend Bindels, BB 1958, 22. Auch die Darlegung von Krien/Hay Anm. 6 zu § 2 ADSp, die im einzelnen nachweist, welche Klauseln den kodifizierten Berliner Handelsbräuchen von 1900 und 1924 entsprechen, kann daran nichts ändern. Das gleiche gilt für die von Schmid-Lossberg, BB 1952, 104 zitierte Gemeinschaftserklärung der Industrie- und Handelskammern der Bizone und der Arbeitsgemeinschaft Spedition und Lagerei, die den ADSp den Charakter von Handelsbräuchen beilegen wollen. Ihre Erklärung kann angesichts der damaligen Verhältnisse ohnehin kaum auf tatsächlichen Untersuchungen beruhen.

Aufzeichnungen von Handelsbräuchen können im übrigen zwar ihrer Feststellung dienlich sein, legen aber die Bräuche nicht bindend fest und geben daher auch keine Sicherheit für deren Bestehen. Siehe dazu Anm. 62—68 zu § 346 BGB. Im übrigen waren noch 1939 verschiedene von den ADSp abweichende Geschäftsbedingungen in Gebrauch; Nehring HansRGZ 1940 A Sp. 79. Auch gegenwärtig gelingt es Großverladern und der öffentlichen Hand immer wieder, eine Vereinbarung der ADSp auszuschließen. Siehe dazu Krieg, Die ADSp in Verträgen mit Deutschen und Ausländern, Diss. Frankfurt 1965, S. 25.

b) Einzelne Klauseln als Handelsbrauch Anm. 4

Allerdings enthalten die ADSp eine Anzahl vielbenutzter Klauseln, die den Charakter einer einheitlichen Übung haben; siehe Krien/Hay, Anm. 6 zu § 2 ADSp. Diese können somit auch ohne Vereinbarung der ADSp als Handelsbräuche ipso jure gelten. Ob sie die Qualifikation einer über das Handelsrecht hinausreichenden Verkehrssitte haben, muß bezweifelt werden; dies würde nämlich die Kenntnis der allgemeinen Übung bei Nichtkaufleuten voraussetzen, die regelmäßig nicht erwartet werden kann. So auch Benkard, BB 1953, 784.

2. Vereinbarung (Unterwerfung, Verweisung) Anm. 5

Da die ADSp nicht Handelsbrauch sind, erlangen sie wie alle Allgemeinen Geschäftsbedingungen ihre Geltung nur durch besondere Vereinbarung, die auch als „Unterwerfung" oder „Verweisung" bezeichnet wird; Krien/Hay Anm. 4 zu § 2 ADSp; Schlegelberger/Schröder Anm. 11c zu § 407 HGB; Baumbach/Duden Anhang nach § 415 HGB, Vorbem. Das KG hat in zwei Urteilen vom 22. 10. 1949, MDR 1950, 286ff. und vom 4./5. 4. 1951, VRS 3, 228 (230) die ADSp als allgemeine Geschäftsbedingungen als „Rechtsnormen" ipso jure gelten lassen; ebenso OLG Schleswig-Holstein, MDR 1950, 548ff. Zustimmend Krien, JR 1950, 601. Für diese Lösung schon Hamann, MDR 1949, 210f. und BB 1950, 831, mit weiteren Hinweisen. Dagegen OLG Braunschweig vom 25. 9. 1950, VRS 2, 417; OLG Freiburg, JZ 1951, 223 (225); Stoldt, MDR 1951, 141f.; Ewald, BB 1951, 883.

Das Urteil des BGH vom 19. 1. 1951, BGHZ 1, 83ff. hat weitere Verwirrung geschaffen, da es so verstanden werden konnte, als wolle es die ADSp und andere AGB ipso jure gelten lassen. Jedoch hat der BGH alsbald dahingehend Klarheit geschaffen, daß die Unterwerfung vertraglicher Natur sei: Zu den ALB schon ziemlich eindeutig BGH vom 5. 10. 1951, BGHZ 3, 200 (203); für die ADSp Urteil vom 18. 12. 1951, VRS 4, 198 (199); völlig klarstellend BGH vom 3. 2. 1953, BGHZ 9, 1; vom 22. 1. 1954, BGHZ 12, 136 (142); vom 8. 3. 1955, BGHZ 17, 1 (2); vom 29. 6. 1959, VersR 1959, 659ff.; vom 29. 9. 1960, BGHZ 33, 216 (218f.).

In der Literatur ist heute ebenfalls fast unstr., daß die ADSp — wie andere AGB — nicht ipso jure gelten: Fikentscher, BB 1961, 297f.; Schmidt-Tophoff, MDR 1961, 186; Krien/Hay Anm. 1ff. zu § 2 ADSp; Schlegelberger/Schröder Anm. 11b—d zu § 407; Krieg, Dissertation, S. 6f.; Brüning, Dissertation, S. 55f. Siehe zu dieser Problematik zu AGB allgemein Helm, JuS 1965, 122. Literaturnachweise bei Staudinger/Weber, 11. Aufl. 1967, Anm. N 195 vor § 241 BGB; Schmidt-Salzer, AGB 1971, S. 18ff. Für die ipso-jure-Geltung der ADSp als Normen noch Roesch, VP 1964, 49. Allerdings werden in der Literatur verschiedenartige Geltungsgründe herangezogen, um doch eine Wirksamkeit von AGB ohne besondere Vereinbarung zu begründen. Hierher gehört die Auffassung von Lukes, der die Geltung aus dem Imperativcharakter der AGB als Normen und aus dem Aufstellungsvorgang als einseitigem Rechtsgeschäft herleiten will (JuS 1961, 305, dagegen Isele, JuS 1961, 301; Knieper, ZRP 1971, 61); Naendrup, Die Teilnichtigkeit im Recht der AGB, 1966, hat sich im wesentlichen an Lukes angeschlossen. Flume, Festschrift für den Deutschen Juristentag, 1960, I, S. 167, will AGB ohne nähere Begründung „von Rechts wegen" gelten lassen. Krause, BB 1955, 255ff. und Meeske, BB 1959, 863 nehmen eine Obliegenheit des Kunden zum Widerspruch bzw. culpa in contrahendo an. Auch hierdurch wird praktisch eine Wirksamkeit ohne Vereinbarung erreicht.

In ähnlicher Weise wirkt sich die unten Anm. 7 wiedergegebene BGH-Rechtsprechung aus, die eine Wirksamkeit Allgemeiner Geschäftsbedingungen schon bei „Kennenmüssen" des Kunden bejaht.

Allen diesen Begründungen ist entgegenzuhalten, daß sie mit der Rechtsquellenlehre nicht vereinbar sind, weil sie dem AGB-Benutzer eine Art Gesetzgebungsbefugnis zuweisen. Wer mit einem AGB-Benutzer, also z. B. einem Spediteur, einen Vertrag schließt, ist durch nichts verpflichtet, die Frage der AGB-Geltung zur Sprache zu bringen. Dies ist vielmehr Sache dessen, der Wert auf die Vereinbarung der AGB legt. Somit muß der Spediteur dafür sorgen, daß die ADSp mit dem Kunden zweifelsfrei vereinbart werden. Zu alledem zutreffend Krieg, Die ADSp in Verträgen mit Deutschen und Ausländern, S. 22ff. Als einzige Ausnahme kommt die gesetzlich vorgesehene Wirkung von Handelsbrauch und Verkehrssitte in Betracht. Da die ADSp, wie oben dargelegt, kaum voll inhaltlich Handelsbrauch sind, wird eine den hier abgelehnten Auffassungen entsprechende Wirkung nur insoweit erreicht werden können, als die Zugrundelegung der Geschäftsbedingungen des Unternehmers sich allgemein als Verkehrssitte durchgesetzt hat (Geltung kraft Handelsbrauchs bzw. ergänzender Verkehrssitte, unten Anm. 6). Durch allzu leichte Annahme einer stillschweigenden Unterwerfung hat die Rechtsprechung allerdings das Erfordernis der vertraglichen Inkraftsetzung verschiedentlich zur Fiktion werden lassen; siehe unten Anm. 7; Krien/Hay Anm. 5 zu § 2 ADSp wollen in der Unterwerfung einen von der Vereinbarung zu unterscheidenden Vorgang im Sinne einer Geltung kraft fahrlässiger Unkenntnis (siehe unten Anm. 7) sehen. Jedoch hat sich durch die Rechtsprechung die Begriffsbildung insoweit gefestigt, daß unter „Unterwerfung" nur die vertragliche zu verstehen ist.

Die Unterwerfung kann im betreffenden Speditionsvertrag selbst als unselbständige Nebenabrede vereinbart werden, sie kann aber auch durch einen generellen Rahmenvertrag für alle zukünftigen Geschäfte der betreffenden Partner vereinbart werden. Da der Speditions-, Fracht- oder Lagervertrag formfrei ist, kann die Unterwerfung auch durch konkludentes Handeln (stillschweigend) erfolgen. Eine Zustimmung des Auftraggebers durch bloßes Schweigen ist dagegen nur als Vertragsschluß zu werten, wenn die Voraussetzungen eines kaufmännischen Bestätigungsschreibens vorliegen. Siehe hierzu § 346 Anm. 101—118; aus der Rechtsprechung insbesondere BGH vom 29. 6. 1959, VersR 1959, 659 (660); BGH vom 14. 10. 1969, WM 1969, 1452 (1453).

Im Fall BGH vom 14. 6. 1962, BB 1962, 902 und Betrieb 1962, 1138 (insoweit nicht voll abgedruckt) reichte für die Vereinbarung von Allgemeinen Geschäftsbedingungen bereits das Schweigen auf die bloße Auftragsbestätigung (Vertragsannahme). Jedoch erscheint diese isolierte Entscheidung bedenklich.

Eine stillschweigende Vereinbarung von Allgemeinen Geschäftsbedingungen kann nach der Rechtsprechung dann vorliegen, wenn der Partner in laufender Geschäftsbeziehung zum Benutzer von AGB steht und ggf. auch auf Rechnungsformularen auf die

AGB hingewiesen worden ist. In diesem Falle kann davon ausgegangen werden, daß dem Kunden durch die Hinweise die Benutzung der ADSp durch den Spediteur bekannt ist. Schließt er in Kenntnis dieses Umstandes weitere Verträge mit dem Spediteur ab, so unterwirft er sich stillschweigend den ADSp; Krien/Hay Anm. 4 zu § 2 ADSp.

Aus der Rechtsprechung zu den ADSp: BGH vom 6. 3. 1956, BGHZ 20, 164 (langjährige Geschäftsverbindung); BGH vom 4. 5. 1956, MDR 1956, 664 (665) (Hinweis des Spediteurs in dem die Geschäftsverbindung eröffnenden Angebot, daß er nur zu den ADSp abschließe, genügt auch für den zweiten formlos geschlossenen Vertrag); Rechtsprechung zu anderen AGB: BGH vom 2. 4. 1962, VersR 1962, 552 (553); BGH vom 10. 7. 1961, MDR 1961, 932f. (insoweit nicht abgedruckt) (mehrfache einzelne Verträge mit AGB-Vereinbarung begründen noch nicht die Geltung in weiteren Verträgen); BGH vom 17. 2. 1965, BB 1965, 435; (Nachbestellung bei einmaligem vorherigem Abschluß zu AGB begründet ihre Geltung auch für den zweiten Vertrag). In jedem Fall wird jedoch zu fordern sein, daß der Hinweis deutlich erkennbar erfolgt, BGH vom 7. 5. 1969, WM 1969, 772f.; BGH vom 18. 6. 1971, NJW 1971, 2126ff. (Geltung von AGB der Banken gegenüber ausländischen Bankierkunden bei mehreren Hinweisen; mit ablehnender Anmerkung von Schmidt-Salzer). Nicht genügend ist der Hinweis des Spediteurs auf der Rechnung gegenüber einem nicht in Geschäftsbeziehung stehenden Auftraggeber: BGH vom 29.6. 1959, VersR 1959, 659 (660). Überhaupt hat als Grundsatz zu gelten, daß Hinweise auf Allgemeine Geschäftsbedingungen in Schriftstücken, die nicht dem Vertragsabschluß oder dessen Vorbereitung dienen, grundsätzlich unbeachtlich sind. Dies rechtfertigt sich schon daraus, daß Rechnungen, Lieferscheine u. ä. bei korrekter kaufmännischer Behandlung durchaus nicht in die Hände von abschlußberechtigten Personen zu kommen brauchen. Siehe hierzu im einzelnen Schmidt-Salzer, Allgemeine Geschäftsbedingungen, 1971, S. 45ff.

Ferner ist die Annahme einer stillschweigenden Unterwerfung unter die ADSp ausgeschlossen, wenn die Parteien andere Bedingungen, etwa die ALB des Deutschen Möbeltransports vereinbart haben; BGH vom 28. 4. 1953, in BGHZ 9, 201ff. insoweit nicht abgedruckt; BGH vom 8. 7. 1955, BGHZ 18, 98 (99f.); zur KVO BGH vom 25. 10. 1962, BGHZ 38, 150 (154f.); siehe zur letzteren Entscheidung aber Anm. 4 zu § 2 ADSp. Gegenüber dem Empfänger, mit dem der Spediteur in keinem Vertragsverhältnis steht, gelten die ADSp nicht: BGH vom 29. 6. 1959, VersR 1959, 659 (661). Ähnlich schon RGZ 102, 39 (44). Siehe dazu Anm. 2 zu § 34 ADSp.

3. Geltung kraft ergänzender Verkehrssitte oder Handelsbrauchs Anm. 6

Da die Vertragserklärungen der Parteien unter Kaufleuten nach Maßgabe der Handelsbräuche (§ 346 HGB) und zwischen Kaufleuten und Nichtkaufleuten nach der Verkehrssitte (§ 157 BGB) auszulegen sind, könnte die dauernde praktische Übung eine Anwendbarkeit der ADSp ohne besondere Vereinbarung begründen. Die Vertragserklärungen von Spediteur und Kunden können demnach möglicherweise dahin ausgelegt werden, daß die Zugrundelegung der ADSp gewollt ist. In diesem Fall kommt es nicht darauf an, ob der einzelne Kunde die ADSp kannte oder nicht.

Allerdings ist es zweifelhaft, ob ein solcher Handelsbrauch bzw. eine solche Verkehrssitte allgemein besteht. Krien/Hay, Anm. 6 zu § 7 ADSp stellen dies als unbestritten hin; es mag dies möglicherweise auch der Rechtslage vor dem 2. Weltkrieg entsprochen haben (siehe OLG Kiel vom 9. 3. 1950, MDR 1950, 548 (550f.), OLG Bremen, VRS 3, 299 (300). Gierke, Handels- und Schiffahrtsrecht 8., Aufl. 1958, S. 564 will sogar allgemein, Benkard, BB 1953, 784 zumindest gegenüber geschäftstätigen Nichtkaufleuten eine solche Verkehrssitte annehmen. Für Geltung kraft Handelsbrauchs ferner Krien, JR 1950, 601; Möller, BB 1962, 394 (395f.). Gegen die Geltung kraft Handelsbrauchs Brüning, Diss. 1963, 107f., unter Berufung auf die Mitteilung von Sieg, VW 1948, 80, der die Zahl der Spediteure, die den SVS/RVS gezeichnet haben, nur auf 20% schätzt. Wenig überzeugend Krieg, Die ADSp in Verträgen mit Deutschen und Ausländern, Diss. Frankfurt 1965, der zwar die Geltung kraft Handelsbrauchs ablehnt, die viel eingreifendere Geltung als inhaltlicher Handelsbrauch aber teilweise bejaht.

Da Handelsbrauch und Verkehrssitte tatsächliche und wechselnde Übungen sind, kann zu der Streitfrage eine auf Dauer gültige Aussage überhaupt nicht gemacht werden. So zutreffend Brüning, a. a. O., S. 104ff. Skeptisch in dieser Hinsicht auch BGH vom 29. 6. 1959, VersR 1959, 659 (661); Baumbach/Duden, Anhang nach § 415 HGB Vorbem. vor § 1 ADSp.

Z. Zt. ist das Bestehen eines einheitlichen Handelsbrauchs, erst recht einer entsprechenden Verkehrssitte, durch die neuere Entwicklung sehr fraglich geworden. Da mindestens zwei verschiedene Fassungen der ADSp verbreitet werden und da die ADSp durch mindestens zwei unterschiedliche Versicherungen (SVS/RVS oder Speditoinspolice, siehe unten Anhang II und III ergänzt werden, kann kaum ein allgemeiner Brauch bestehen, eine bestimmte Fassung im Einzelfall zugrunde zu legen. So zutreffend Möller, BB 1962, 394 (396), der aber die Geltung der ADSp als ganzes (ohne Festlegung der ergänzenden Speditionsversicherung) als Handelsbrauch betrachtet.

Denkbar ist demnach nur ein Handelsbrauch, der es dem Spediteur gestattet, durch Zugrundelegung einer der Fassungen der ADSp den Inhalt des Speditionsvertrags einseitig zu gestalten. Aber auch insoweit wäre von Fall zu Fall eine Feststellung der tatsächlichen Übung, die auch lokal und in unterschiedlichen Gruppen von Beteiligten (insoweit zutreffend Krieg, Die ADSp in Verträgen mit Deutschen und Ausländern, Diss. Frankfurt 1965, S. 53ff.) verschieden sein könnte, erforderlich; so zutreffend Brüning, Diss. (1963) 145. Der Wirkung des Handelsbrauchs kann sich der Kunde durch Widerspruch beim Abschluß des Speditionsvertrags theoretisch entziehen. Daß freilich ein Spediteur bereit sein wird, unter Verzicht auf die ADSp abzuschließen, kann allenfalls bei Großaufträgen praktisch vorkommen, wenn wirtschaftliche Gründe das Geschäft auch unter Verzicht auf die günstige Haftungsregelung der ADSp rentabel erscheinen lassen; siehe dazu Krieg, Die ADSp in Verträgen mit Deutschen und Ausländern, Diss. Frankfurt 1965, S. 25.

Ein Handelsbrauch, nach dem sich der Empfänger von Speditionsgütern stillschweigend den ADSp, insbesondere der Zahlungspflicht des § 34 ADSp unterwirft, ist bisher nicht nachgewiesen; BGH vom 29. 6. 1959, VersR 1959, 659 (661).

Anm. 7

4. Geltung wegen fahrlässiger Unkenntnis des Kunden

Nach mehreren Entscheidungen des BGH soll es für eine stillschweigende Unterwerfung unter Allgemeine Geschäftsbedingungen, insbesondere die ADSp, genügen, daß der Kunde mit dem Zugrundelegen der betreffenden Bedingungen rechnen mußte und keinen Widerspruch erhob. Zu den ADSp: BGH vom 19. 1. 1951, BGHZ 1, 83 (86); vom 3. 2. 1953, BGHZ 9, 1ff.; vom 8. 7. 1955, BGHZ 18, 98 (99); vom 4. 5. 1956, MDR 1956, 664 (665) (die Frage, ob Kennenmüssen ausreicht, noch offenlassend); vom 29. 6. 1959, VersR 1959, 659 (661) (die vorherige Rechtsprechung wieder bestätigend). Zu anderen AGB insbesondere BGH vom 22. 1. 1954, BGHZ 12, 136 (139); vom 25. 10. 1966, VersR 1966, 63 (64); siehe ferner zustimmend Krien/Hay, Anm. 5 zu § 2 ADSp, die diesen Vorgang als „Unterwerfung" bejahen; Baumbach/Duden Anhang nach § 415 HGB Vorbem. vor § 1 ADSp; Fikentscher, BB 1961, 298; Colditz, NJW 1962, 1093f.; OLG Kiel, MDR 1950, 548 (549); OLG Hamburg, VersR 1953, 144 (145); LG Frankfurt, VRS 10, 343 (344). Diese Rechtsprechung läuft im Ergebnis darauf hinaus, eine Willenserklärung durch fahrlässiges Unterlassen eines Partners zu ersetzen. Eine derartige Aushöhlung der Grundlagen der Rechtsgeschäfte widerspricht eindeutig § 305 BGB und ist als tiefer Eingriff in die Privatautonomie des Kunden strikt abzulehnen. Kritisch zu diesem Komplex auch Fabricius, JuS 1966, 4ff. und 60.

Der Rechtsprechung muß vorgeworfen werden, daß sie das Interesse an einer Vertragsnormung der echten Entscheidungsfreiheit beim Abschluß von Verträgen übergeordnet hat. Auch rechtspolitisch ist diese Entwicklung sehr bedenklich: da es dem Spediteur wie jedem Benutzer von Allgemeinen Geschäftsbedingungen ein leichtes ist, von Anfang an deutlich auf seine Bedingungen hinzuweisen, besteht keinerlei Grund, ihm die Vorteile der AGB nach dann einzuräumen, wenn er den Hinweis unterlassen hat. So zu verfahren, heißt, die normalen Maßstäbe für die Sorgfalt beim Abschluß von Verträgen in ihr Gegenteil zu verkehren. Siehe hierzu zutreffend Krieg, Die ADSp in Verträgen mit Deutschen und Ausländern, Diss. Frankfurt 1965, S. 20ff.

Eine Geltung der ADSp trotz Nichtkenntnis auf seiten der Kunden kann daher nur angenommen werden, wenn das Vorliegen einer betreffenden Verkehrssitte oder eines Handelsbrauchs festgestellt ist. Das OLG Kiel setzt im Urt. vom 9. 3. 1950, MDR 1950, 548 Kennenmüssen der handelsbräuchlichen Geltung gleich. In den zitierten Entscheidungen dürften regelmäßig Handelsbräuche und Verkehrssitten der betreffenden Art vorgelegen haben. Jedoch wäre es wichtig, in jedem Falle exakt das Vorliegen einer solchen Übung zu prüfen. Wie hier auch Grunsky, JurA 1969, 87 (90f.). Die Geltung der ADSp in einem derartigen Fall gegenüber einem Ingenieur wird abgelehnt vom OLG Oldenburg vom 19. 1. 1949, VRS 1, 149.

IV. Auslegung und Revisibilität

1. Revisibilität

Anm. 8

Wie alle Allgemeinen Geschäftsbedingungen, deren Anwendungsbereich über den Bezirk eines Oberlandesgerichts hinausgeht, unterliegen die ADSp der freien Nachprüfung durch das Revisionsgericht. Siehe statt vieler Staudinger/Weber, Rdz N 313 bis 320 vor § 241 BGB; Schmidt-Salzer, AGB, 1971, S. 84ff. Zu den ADSp speziell: Krien/Hay Anm. 3 zu § 2 ADSp; Benkard, BB 1953, 784. Aus der Rechtsprechung siehe besonders: RGZ 81, 119; BGH vom 19. 1. 1951, BGHZ 1, 83 (85f.); der Grundsatz ist durch zahlreiche Entscheidungen zu anderen AGB abgesichert; speziell für die ADSp: BGH vom 8. 5. 1955, BGHZ 17, 1 (3). Daher kann die Auslegung der einzelnen Bestimmungen der ADSp mit der Bindungswirkung des § 136 GVG unbeschränkt erfolgen. Die Rechtsprechung des BGH ist somit unabhängig von den Tatsachenfeststellungen der Instanzgerichte und kann eine leitende Funktion entwickeln.

2. „Objektive“ Auslegung

Anm. 9

Aus dem normativen Charakter der ADSp als allgemeine Geschäftsbedingungen ergibt sich, daß sie unabhängig von den Gegebenheiten des Einzelfalles und vom konkreten Willen der Parteien auszulegen sind. Dieser Grundsatz ist vom BGH in zahlreichen Entscheidungen zu verschiedenen allgemeinen Geschäftsbedingungen befolgt und bestätigt worden. Siehe in der Literatur statt vieler: Staudinger/Weber, RdZ N 311f. vor § 241 BGB; zu den ADSp: Krien/Hay, Anm. 2 zu § 1 ADSp; Schlegelberger/Schröder, Anm. 11 zu § 407 HGB. Aus der sehr umfangreichen Rechtsprechung zu AGB im allgemeinen siehe als besonders eingehend begründete Entscheidung bzw. besonders typische Fälle: BGH vom 25. 10. 1952, BGHZ 7, 365 (368); vom 29. 10. 1956, BGHZ 22, 90 (97f.); vom 27. 6. 1957, BGHZ 25, 34ff.; vom 29. 9. 1960, BGHZ 33, 216 (218); vom 9. 2. 1970, WM 1970, 552 (554). Speziell zu den ADSp: BGH vom 8. 3. 1955, BGHZ 17, 1 (3).

Insbesondere spielt für die Frage, welche Bedeutung einer Klausel der ADSp im Einzelfall zukommt, der Wille des betreffenden Spediteurs oder Versenders keine Rolle. Vielmehr sind die ADSp so auszulegen, wie sie von einem durchschnittlichen Spediteur oder Auftraggeber verstanden werden. Hierbei wird regelmäßig die Verständnismöglichkeit des Versenders als des weniger Informierten zugrunde zu legen sein. Da zu den Versendern in nicht unbeträchtlichem Umfang auch Nichtkaufleute gehören, ist deren Verständnisfähigkeit maßgeblich. Der Grundsatz der gleichmäßigen Auslegung verbietet es andererseits, den ADSp gegenüber Privatpersonen und Kaufleuten unterschiedlichen Inhalt beizumessen. Daher kommt es letzten Endes darauf an, wie ein Nichtkaufmann als Versender die ADSp verstehen muß. Für Kaufleute könnten sich allerdings ergänzende Handelsbräuche entwickeln. Diese werden jedoch, soweit sie örtlicher oder bezirklicher Natur sind, von den ADSp selbst in § 2c abbedungen.

Nicht maßgeblich sind für die Auslegung Allgemeiner Geschäftsbedingungen die Belange der an ihrer Fassung beteiligten Wirtschaftskreise, soweit sie im Wortlaut keinen eindeutig erkennbaren Ausdruck gefunden haben; BGH vom 18. 11. 1952, BGHZ 8, 55 (56) zu allgemeinen Verfrachtungsbedingungen.

3. Die Unklarheitenregel

Anm. 10

Für die ADSp gilt die für alle AGB entwickelte Regel, nach der unklare Klauseln zu Ungunsten des Benutzers, also des Spediteurs, auszulegen sind. Siehe zu dieser Regel statt vieler: Staudinger/Weber, Rdz N 324 vor § 241 BGB; Schmidt-Salzer, AGB 1971,

Nr. 120. Aus der sehr umfangreichen Rechtsprechung siehe die besonders genaue Entscheidung des BGH vom 11. 7. 1960, WM 1960, 1119 (1120) (zu Allgem. Lief. Bed.). Speziell zu den ADSp siehe BGH vom 7. 10. 1970, BB 1971, 129 („nicht über den Wortlaut hinaus auszulegen"). Gegen die Anwendung der Unklarheitenregel auf die ADSp wohl entgegen der h. M. Krien/Hay, Anm. 2 zu § 2 ADSp. Da die ADSp eine große Anzahl nicht sehr klarer Klauseln enthalten, kommt der Unklarheitenregel bei ihrer Auslegung große praktische Bedeutung zu.

Anm. 11 **4. Der Grundsatz enger Auslegung von Freizeichnungsklauseln**

Teilweise sich mit der Unklarheitenregel überschneidend gilt ferner der von der Rechtsprechung anerkannte Grundsatz, daß Freizeichnungsklauseln eng auszulegen sind. Siehe statt vieler Staudinger/Weber, Rdz N 321 vor § 241 BGB; Schmidt-Salzer, AGB 1971, Nr. 121.

Aus der Rechtsprechung siehe zu den ADSp speziell BGH vom 3. 11. 1965, WM 1966, 115 (118): in dieser Entscheidung wird zwar der Grundsatz angewandt, jedoch nicht ausdrücklich auf ihn verwiesen. Überall wo die ADSp den Spediteur von den nach dem Gesetz bestehenden Pflichten oder den Folgen der Pflichtverletzung ganz oder teilweise freizeichnen, ist daher eine enge Auslegung geboten. A. A. wohl Krien/Hay, Anm. 2 zu § 2 ADSp.

Anm. 12

V. Inhaltskontrolle

1. Allgemeines

Die ADSp unterliegen, soweit sie nicht schon wegen Kollision mit zwingendem Recht unwirksam sind (siehe dazu Anm. 15), wie alle anderen Allgemeinen Geschäftsbedingungen, nach der neueren Rechtsprcehung des BGH einer Kontrolle ihres Inhalts auf inhaltliche Angemessenheit. Sie sind auch nicht etwa deshalb anders zu behandeln als andere Allgemeine Geschäftsbedingungen, weil bei ihrer Entstehung verschiedene Interessenverbände mitgewirkt haben. Diese Mitwirkung konnte, wie schon ein kurzer Überblick über die Haftungsregelung (Anm. 71ff. zu §§ 407—409 HGB) zeigt, nicht verhindern, daß die ADSp sehr einseitig zugunsten der Spediteure formuliert sind.

Dies zeigt sich an zahlreichen Stellen, insbesondere an § 41 a ADSp: Die Haftung wird fast vollständig durch Versicherung ersetzt, zu der die Spediteure außer der 10%igen Schadensbeteiligung keinerlei Beitrag zu leisten haben. Die als Ersatz der Haftung fungierende Speditionsversicherung ist zudem durch die Leistungsgrenzen der §§ 6, 9 SVS für größere Schäden gänzlich unzureichend. Soweit noch Haftung des Spediteurs besteht, wird diese rigoros im Umfang beschränkt (§ 54 ADSp). Das Zusammenspiel zwischen Speditionsversicherung, Spediteurhaftung und Sachversicherung ist sehr unvollkommen und kann vom Geschädigten aus kaum durchschaut werden. Dieser weiß sehr häufig nicht, an wen er seine Ansprüche zu richten hat; daher hat sich eine umfangreiche Rechtsprechung zur Abgrenzung zwischen Spediteurhaftung und Speditionsversicherung entwickelt. Siehe die Anm. zu §§ 37, 41 ADSp und 5 SVS, Anhang II nach § 415 HGB. Bei der Frage, wen er zu verklagen hat, steht der Geschädigte unter Druck verkürzter Verjährung (§ 64 ADSp) und kurzer Anmelde- und Erlöschensfristen im Verhältnis zum Speditionsversicherer (§ 10 Ziff. 1, 6 SVS). Dazu kommen zahlreiche einzelne Verschlechterungen in der Position des Auftraggebers gegenüber der gesetzlichen Rechtslage durch die ADSp. Diesen empfindlichen Nachteilen steht als einziger praktisch wichtiger Vorteil des Auftraggebers der Umstand gegenüber, daß er Ansprüche gegen solvente Versicherer erhält, also das Risiko der Zahlungsunfähigkeit des Spediteurs nicht zu tragen hat. Von einer ausgewogenen, die Belange aller Beteiligten in angemessener Weise berücksichtigenden Regelung kann bei den ADSp daher kaum die Rede sein. Die Untersuchung des Inhalts der ADSp/SVS-Regelung zeigt somit, daß offenbar auch eine Beteiligung der wichtigsten Gruppen — zu denen hier auch Privatpersonen gehört hätten — keine Gewähr dafür geben kann, daß diese auch in der Lage sind, ihre Positionen gleich stark zu vertreten; siehe zu diesem Komplex die noch lesenswerten Beiträge von Koehler, LZ 1927, Sp. 1450—1458; Richter, JW 1929, 2032ff.; Reuver, JW 1929, 2801ff.

Schließlich kann auch die vorübergehende Verbindlicherklärung der ADSp durch die kriegsbedingte Anordnung vom 29. 12. 1939 keine Argumente für eine besondere

Ausgewogenheit des Inhalts der ADSp liefern. Die vielfach vertretene Auffassung, daß den ADSp eine Sonderstellung innerhalb der AGB zukomme, ist daher nicht gerechtfertigt. Siehe für diese Sonderstellung: OLG Schleswig, MDR 1950, 548; wohl auch RGZ 135, 174 (177); Krien, JR 1950, 601; dagegen: Ewald, BB 1951, 883.

Der BGH hat daher zu Recht durch mehrere Entscheidungen zugunsten der Auftraggeber in das Gefüge der ADSp eingegriffen. Dies deckt sich mit den allgemeinen Gesichtspunkten, die vom BGH für die Inhaltskontrolle Allgemeiner Geschäftsbedingungen aufgestellt worden sind. Zwar stützt der BGH seine Rechtsprechung auf verschiedene Rechtsgründe (§§ 138, 242 BGB, 315 BGB analog; Reduktion der Vertragsfreiheit bei Massenverträgen; Zurückführung des Unterwerfungswillens auf solche Bedingungen, mit denen der Gegner billiger- und gerechterweise hätte rechnen müssen; indirekt durch enge Auslegung und Unklarheitenregel). Es handelt sich aber inhaltlich um eine einheitliche Institution: als maßgeblich kann die Formulierung des BGH-Urteils vom 17. 2. 1964, BGHZ 41, 151 (154) zu den ALB des Deutschen Möbeltransportgewerbes gelten: Allgemeinen Geschäftsbedingungen, die zu einer Rechtsanwendung ähnlich der von Gesetzen bestimmt sein und den Geschäftsverkehr beherrschen sollen, muß die Anerkennung versagt werden, wenn ihre Regelung nicht mit Treu und Glauben vereinbar ist. Von Vorschriften des dispositiven Rechts, die ihre Entstehung nicht nur Zweckmäßigkeitserwägungen, sondern einem aus der Natur der Sache sich ergebenden Gerechtigkeitsgebot verdanken, darf in AGB nur abgewichen werden, wenn sachliche Gründe diese Abweichung rechtfertigen.

Diese Grundsätze gelten uneingeschränkt auch für die ADSp. Siehe zur Ungültigerklärung des § 50a ADSp, BGH vom 8. 3. 1955, BGHZ 17, 1; ferner Anm. 28 zu § 410 HGB.

Die Nichtigkeit einzelner Klauseln hat nicht etwa die Nichtigkeit der ADSp insgesamt oder des Speditionsvertrags zur Folge: BGH vom 4. 5. 1956, MDR 1965, 664 (665). Zu dem Problem allgemein: BGH vom 6. 3. 1967, BGHZ 47, 172 (179); vom 19. 4. 1972, WM 1972, 770.

2. Vorsatz und grobe Fahrlässigkeit des Spediteurs oder eines seiner leitenden Angestellten Anm. 13

Von besonderer Bedeutung für die ADSp ist vor allem das von der Rechtsprechung über § 276 Abs. 2 BGB hinaus entwickelte Verbot der Freizeichnung für Vorsatz und grobe Fahrlässigkeit des Unternehmers und seiner leitenden Angestellten; BGH vom 6. 3. 1956, BGHZ 20, 164 (167), zu § 54a Ziff. 2 ADSp, noch auf eine tatsächliche Monopolstellung des Spediteurs gestützt; BGH vom 16. 11. 1961, VersR 1962, 22 (24) zu § 57 Nr. 5 ADSp; BGH vom 11. 7. 1966, BGHZ 46, 43 (55) zu § 41 ADSp; OLG Hamburg, VersR 1954, 334 (335); VersR 1969, 766; OLG Hamm, BB 1964, 1322f. Zweifelnd Krien/Hay, Anm. 17 zu § 2 ADSp; heute überholt: OLG Schleswig-Holstein, MDR 1950, 548 (549). Zu anderen AGB siehe BGH vom 29. 10. 1962, BGHZ 38, 183ff.; ferner Schmidt-Salzer, Allgemeine Geschäftsbedingungen, 1971, Randziffer 175, Fn. 4; neuerdings zur Kaibetriebsordnung Hamburg, BGH vom 29. 10. 1971, VersR 1972, 101; zu AGB der Banken BGH vom 13. 4. 1972, WM 1972, 582 (585); zustimmend für die ADSp: Schlegelberger/Schröder, Anm. 25g zu § 408 HGB.

Entsprechend diesem Verbot ist selbst die Ersetzung der Haftung durch Versicherung bei grob fahrlässigem und vorsätzlichem Organisationsverschulden unwirksam. A. A. OLG Schleswig, MDR 1950, 548; RGZ 110, 59 (63f.) erklärte auch schon ohne Monopolstellung die Haftungsbeschränkung für unwirksam, weil der Spediteur wissentlich von den Weisungen des Versenders hinsichtlich der Wahl des Beförderungsmittels abgewichen war.

Anders als im deutschen Recht ist die Rechtslage in Österreich, wo der Haftungsausschluß der §§ 39, 41 AÖSp nur bei Vorsatz und grober, mit dem Spediteurbetrieb in keinem Zusammenhang stehender Fahrlässigkeit unwirksam sein soll; ÖsterrOGH vom 3. 2. 1965, VersR 1965, 200.

3. Beweislastveränderungen Anm. 14

Bedeutsam können für die ADSp ferner die für die Beweislastregelung entwickelten Grundsätze werden; siehe BGH vom 17. 2. 1964, BGHZ 41, 151ff. Auf eine kurze

Formel gebracht, muß die Beweislastregelung von Allgemeinen Geschäftsbedingungen den normalerweise gegebenen Beweismöglichkeiten entsprechen. Eine Verlagerung der Beweislast auf den Auftraggeber ist somit unwirksam, soweit sie ihm Beweise für Umstände auferlegt, die sich im Einfluß- und Kontrollbereich des Spediteurs abspielen.

Anm. 15 **4. Abdingung von Kardinalpflichten**

Die Abdingung von sog. Kardinalpflichten ist nach der Rechtsprechung des BGH unzulässig. Siehe hierzu BGH vom 13. 3. 1956, NJW 1956, 1056 (1066) (Freizeichnung für anfängliche Seeuntüchtigkeit) vom 29. 5. 1968, BGHZ 50, 200 (206f.) und BGH v. 5. 7. 1972, Betrieb 1972, 1668 (1969) (Abdingung der Haftung für zugesicherte Eigenschaften beim Kauf); vom 24. 2. 1971, NJW 1971, 1036 (betreffend Heizöllieferung). Zu diesen Kardinalpflichten gehört ebenfalls die aus dem treuhänderischen Charakter des Speditionsvertrags fließende Pflicht zur Interessewahrnehmung. Siehe zu dieser Anm. 35 zu §§ 407—409 HGB.

Anm. 16 **VI. Rechtsmißbrauch durch Berufung auf die ADSp im Einzelfall**

Das Sichberufen auf eine Klausel der ADSp kann im Einzelfall rechtsmißbräuchlich sein, auch wenn die Klausel generell nicht zu beanstanden ist. Dies liegt insbesondere im Falle des venire contra factum proprium vor. Siehe BGH vom 31. 1. 1957, VersR 1957, 193 (194) zu §§ 41a, 54 ADSp; OLG München, VersR 1955, 520 (522); LG München, VersR 1955, 233. Siehe ferner allgemein zur mißbräuchlichen Berufung auf Allgemeine Geschäftsbedingungen BGH vom 5. 1. 1955, WM 1955, 230 (234); vom 30. 5. 1960, WM 1960, 855 (856f.), in BGHZ 32, 357 insoweit nicht abgedruckt; vom 29. 9. 1960, BGHZ 33, 216 (219); vom 24. 1. 1963, NJW 1963, 1148 (1149); vom 13. 4. 1972, WM 1972, 582 (585). Ein Fall, in dem der BGH die Berufung auf die ADSp auf Rechtsmißbrauch hin untersuchte, aber nicht für ungültig ansah, lag der Entscheidung vom 3. 11. 1965, WM 1966, 115 (117f.) zugrunde.

Anm. 17 **VII. Besondere Abreden**

Besondere Abreden zwischen Spediteur und Versender sind formlos gültig. Solche Sonderabreden können auch stillschweigend getroffen werden. Dies wird regelmäßig dann der Fall sein, wenn sich aus dem Verhalten des Spediteurs ergibt, daß er über die ADSp hinausgehende Pflichten übernehmen wollte.

Anm. 18 **VIII. ADSp und zwingendes Recht**

Soweit die Geschäfte des Spediteurs zwingendem Recht unterliegen, so insbesondere bei der Güterfernbeförderung mit Kraftfahrzeugen nach der KVO, können die ADSp nicht wirksam werden. Siehe dazu im einzelnen die Anm. 2ff. zu § 2 ADSp. Ferner können alle Haftungsvergünstigungen der ADSp mit § 276 Abs. 2 BGB in Konflikt geraten, wenn der Spediteur selbst den Schaden vorsätzlich herbeigeführt hat: BGH vom 18. 3. 1955, VersR 1955, 306 (307). § 276 Abs. 2 ist allerdings durch die neuere Rechtsprechung des BGH zu AGB heute weit überholt worden. Siehe oben Anm. 12, 13.

Text der ADSp:

I. Allgemeines

§ 1

Der Spediteur hat seine Verrichtungen mit der Sorgfalt eines ordentlichen Kaufmanns auszuführen und hierbei das Interesse des Auftraggebers wahrzunehmen.

Anm. Der Paragraph wiederholt nur teilweise den Inhalt des § 408 Abs. 1 HGB. Siehe Anm. 35, 38 zu §§ 407—409 HGB.

§ 2

a) Die ADSp gelten im Verkehr mit Kaufleuten und Nichtkaufleuten für alle Verrichtungen des Spediteurs, gleichgültig, ob sie Speditions-, Fracht-, Lager-, Kommissions- oder sonstige mit dem Speditionsgewerbe zusammenhängende Geschäfte betreffen.

b) Die ADSp finden keine Anwendung insoweit, als der Spediteur lediglich als Erfüllungsgehilfe einer Beförderungsunternehmung aufgrund der besonderen Bedingungen (z. B. EVO, KVO) oder nach dem Bahnspeditionsvertrag als bahnamtlicher Rollfuhrunternehmer tätig ist. Die ADSp gelten ferner nicht für die Betätigung des Spediteurs im Möbeltransport mit geschlossenen Möbelwagen, es sei denn, daß es sich um den Verkehr von und nach dem Ausland handelt; auch insoweit finden die ADSp nur Anwendung, als es sich um eine nach verkehrsüblicher Beurteilung reine Speditionstätigkeit handelt.

c) Weichen besondere örtliche oder bezirkliche Handelsbräuche oder gesetzliche Bestimmungen von den ADSp ab, so gehen die ADSp vor, es sei denn, daß die gesetzlichen Bestimmungen zwingender Natur sind. Bei Betätigung des Spediteurs in See- oder Binnenschiffahrtstransporten können abweichende Vereinbarungen nach den dafür etwa aufgestellten besonderen Beförderungsbedingungen des Spediteurs getroffen werden.

d) Außerdem gelten diejenigen Bedingungen, die dritte an der Ausführung Beteiligte (s. § 52a) aufgestellt haben.

I. § 2a keine geltungsbegründende Vorschrift **Anm. 1**

§ 2a kann nicht ipso jure die Geltung der ADSp begründen; siehe dazu Anm. 3—6 vor § 1 ADSp. Vielmehr ist es seine Aufgabe, im Falle der Vereinbarung der ADSp zu bestimmen, für welche Rechtsverhältnisse die ADSp maßgeblich sein sollen. Durch § 2a soll den Tätigkeiten des Spediteurs, gleich welchem Vertragstypus sie zu unterstellen sind, eine einheitliche Vertragsgrundlage gegeben werden. Allerdings muß es sich um Geschäfte handeln, die mit dem Speditionsgewerbe zusammenhängen. Beispielsfälle, in denen dies verneint wurde: OLG Hamburg, VRS 1, 310; VersR 1971, 729 (732), für Montageverpflichtung; siehe ferner zur Frage, ob ein Geschäftsbesorgungsvertrag des Spediteurs hierunter fällt, BGH vom 11. 7. 1966, BGHZ 46, 43 (47). Die Einstufung der vom Spediteur abgeschlossenen Verträge als Verkehrsverträge, die mit § 2a ADSp eng zusammenhängt, spielt in § 2 SVS eine entscheidende Rolle. Siehe dort Anhang II nach § 415 HGB.

II. Nichtanwendung der ADSp **Anm. 2**

1. Beim Fehlen vertraglicher Beziehungen

Die ADSp gelten, wie in Anm. 3—7 vor § 1 dargelegt, nur aufgrund vertraglicher Vereinbarungen. Gegenüber dem Eigentümer des versandten Gutes sind also die ADSp nicht anwendbar, wenn der Spediteur nicht mit ihm in einem Vertragsverhältnis steht, also insbesondere, wenn er als Erfüllungsgehilfe, z. B. als Unterspediteur (siehe Anm. 5 zu §§ 407—409 HGB), oder als Erfüllungsgehilfe eines Frachtführers (z. B. als Unterfrachtführer) oder der Eisenbahn (z. B. als Rollfuhrunternehmer, siehe Anm. 4 zu §§ 407 bis 409 HGB und die Anm. zu § 456 HGB) tätig wird. Außervertragliche Ansprüche des Eigentümers gegen den Spediteur als Erfüllungsgehilfen unterliegen daher auch nicht nach § 63 ADSp den Haftungsbeschränkungen. Allerdings kann der Unterspediteur unter Umständen vom Hauptspediteur als seinem Vertragspartner nach § 63b ADSp Befreiung von der betreffenden Schuld verlangen, wenn zwischen ihm und dem Hauptspediteur die ADSp vereinbart sind.

2. Verdrängung der ADSp durch zwingendes Recht **Anm. 3**

Über den Wortlaut des § 2b ADSp hinaus können die ADSp ganz allgemein da nicht eingreifen, wo zwingendes Recht besteht.

a) Güterfernverkehr (KVO)

Im Güterfernverkehr unterliegt der Spediteur der zwingenden KVO. Siehe § 24 GüKG, Anhang I nach § 452 HGB. Nach ständiger Rechtsprechung des BGH gilt dies auch für den Fall des Selbsteintritts des Spediteurs; BGH vom 27. 5. 1957, VersR 1957, 503ff. für einen Fall der Spedition zu festen Kosten; für den Selbsteintritt auf Teilstrekken: BGH vom 30. 4. 1959, VersR 1959, 502 (503), betr. die internationale Kfz-Beförderung vor Inkrafttreten der CMR; BGH vom 25. 10. 1962, BGHZ 38, 150 (154); vom 3. 3. 1972, Betrieb 1972, 817ff. für die Sammelbeförderung im Selbsteintritt auf Teilstrecken; siehe oben Anm. 2 zu § 412 und Anm. 14 zu § 413 HGB.

Somit kann der Spediteur im Bereich des zwingenden Güterkraftverkehrsrechts die ADSp nicht wirksam vereinbaren. § 26 GüKG erklärt jedoch die KVO nur im Bereich der Haftung für zwingend; im übrigen müßte eine Abbedingung und Ersetzung durch die ADSp zulässig sein. Der BGH betrachtet aber im Gegensatz zu seiner eingehenden Entscheidung vom 3. 1. 1957, VersR 1957, 193 (194) im Urteil vom 25. 10. 1962, BGHZ 38, 150 (154) mit zustimmender Anmerkung von Liesecke, LM Nr. 15 zu GüKG, die Vereinbarung der ADSp im Güterfernverkehr generell für tarifwidrig und damit nichtig. Diese Auffassung ist mit § 26 GüKG nicht zu vereinbaren. Siehe dazu die Anmerkungen zu § 26 GüKG, Anhang I nach § 452 HGB; sowie Anm. 5 zu § 412 und Anm. 13 zu § 413 HGB.

Anm. 4 **b) Güternahverkehr**

Bis 1969 waren auch bei Frachtbeförderung im Güternahverkehr mit Kraftfahrzeugen die ADSp durch die Haftungsregelung der §§ 85, 26 GüKG ausgeschaltet: BGH-Urteile I b 135/65 und I b 35/66 vom 8. 11. 1967, BGHZ 49, 221 und 49, 218. Durch die Änderung des GüKG vom 19. 6. 1969 ist nunmehr klargestellt worden, daß im Güternahverkehr kein zwingendes Recht gilt, solange keine amtlichen Beförderungsbedingungen durch Rechtsverordnung eingeführt sind. Die ADSp — einschließlich ihrer Haftungsregelung — sind also im Güternahverkehr gültig. Siehe im einzelnen die Anmerkung zu § 85 GüKG, Anhang I nach § 452 HGB.

Anm. 5 **c) Internationale Straßenbeförderung (CMR)**

Für die grenzüberschreitende Beförderung im Güterkraftverkehr im Bereich der Mitgliedsstaaten gilt die CMR, abgedruckt in Anhang III nach § 452 HGB. Siehe dazu BGH vom 18. 2. 1972, NJW 1972, 1003.

Anm. 6 **d) Möbelbeförderung (BBM)**

Für die Möbelbeförderung gelten kraft Rechtsverordnung ebenfalls zwingend die BBM; siehe Anhang IV nach § 452 HGB.

Anm. 7 **III. Das Verhältnis der ADSp zu Handelsbräuchen und dispositivem Recht**

§ 2c S. 1 ADSp will den Vorrang der ADSp vor örtlichen und bezirklichen Handelsbräuchen und dispositivem Gesetzesrecht festlegen. Als Rückschluß ließe sich aus dieser Regelung entnehmen, daß überbezirkliche Handelsbräuche den ADSp vorgehen sollen. Jedoch scheinen sich solche entgegenstehenden Bräuche bisher nicht entwickelt zu haben.

Anm. 8 **IV. ADSp und besondere Beförderungsbedingungen**

§ 2c S. 2 ADSp behandelt das Verhältnis der ADSp zu besonderen Beförderungsbedingungen des Spediteurs. Hier wird dem Spediteur die Möglichkeit eröffnet, als Frachtführer in der Binnenschiffahrt oder als Verfrachter im Seetransport andere Bedingungen als die ADSp zu vereinbaren. Dies werden in der Binnenschiffahrt regelmäßig die Oberrheinischen Konnossementsbedingungen und in der Seeschiffahrt die üblichen Charter- bzw. Konnossementsbedingungen sein. S. 2 ist an sich überflüssig, da der Spediteur rechtlich nicht gezwungen ist, die ADSp zu verwenden. Er stellt jedoch wohl klar, daß die gleichzeitige Vereinbarung von Beförderungsbedingungen in See- und Binnenschiffahrt die ADSp verdrängen soll, so daß die ersteren den ADSp vorgehen;

BGH vom 12. 12. 1960, VRS 20, 199 (200) für die Oberrheinischen Konnossementsbedingungen.

Wenn aus § 2c S. 2 ADSp geschlossen werden sollte, daß anderweitig vereinbarte Bedingungen neben den ADSp nicht zulässig sein sollen, so gehen die ADSp damit über die in allgemeinen Geschäftsbedingungen gegebenen Wirkungsmöglichkeiten hinaus. Selbstverständlich bleibt dem Spediteur die Möglichkeit, die ADSp durch andere Vereinbarungen zu ersetzen oder zu ergänzen. Selbst wenn er die ADSp vereinbart, so setzt sich ihnen gegenüber der Wille der Parteien, einzelne ihrer Bestimmungen abzudingen, aufgrund ihrer privatautonomen Gestaltungsfreiheit durch. Waren sich die Parteien z. B. darüber einig, daß für eine Lagertätigkeit die ALB gelten sollen, so setzt sich dieser Wille auch dann durch, wenn formularmäßig zugleich die ADSp vereinbart wurden. Allerdings muß die Abgrenzung so erfolgen, daß Klarheit über die jeweils anzuwendende Ordnung besteht; siehe hierzu die in Anm. 3a. E. vor § 1 ADSp angegebene Rspr. BGH vom 8. 7. 1955, BGHZ 18, 98 (100) führt zwar aus, daß ALB und ADSp wegen ihres verschiedenen Inhalts nicht nebeneinander angewendet werden könnten. Es bestehen jedoch keine Bedenken, für einzelne Arten von Geschäften des Spediteurs andere AGB als die ADSp anzuwenden, wenn dies vereinbart wird. Es kann auch nicht zugegeben werden, daß eine stillschweigende Abdingung der ADSp nicht möglich sein soll, wie dies Krien/Hay, Anm. 15 zu § 2 ADSp annehmen. Gegenüber der generellen Regelung von AGB muß sich der privatautonome wirkliche Wille der Parteien auch dann durchsetzen können, wenn er nur durch konkludentes Handeln zum Ausdruck gekommen ist; vgl. zu dem ähnlichen Problem der Schriftformklauseln Schmidt-Salzer, NJW 1968, 1257 (1258). Voraussetzung ist allerdings immer, daß der abweichende Wille eindeutig ermittelt werden kann.

Siehe auch Nr. 45 Sped. Police, Anhang III nach § 415.

V. ADSp und Bedingungen Dritter **Anm. 9**

§ 2d ADSp trifft eine sehr unklare Regelung. In welcher Weise die Bedingungen Dritter in das Rechtsverhältnis zwischen Spediteur und Auftraggeber einbezogen werden sollen, ist nicht erkennbar; am ehesten kann der Satz so verstanden werden, daß die nach § 52a ADSp an den Auftraggeber abzutretenden Ansprüche sich nach den Bedingungen des Dritten richten sollen; so auch Krien/Hay, Anm. 20 zu § 2 ADSp. Doch ist dies auch ohne § 2d unzweifelhaft, da der Spediteur ohnehin nur die Rechte abtreten kann, die er gegen den Dritten hat; diese wiederum richten sich nach dessen Bedingungen, soweit diese wirksam vereinbart sind.

§ 3

Eine Abtretung der Rechte des Auftraggebers an einen Dritten sowie die Geltendmachung von Ansprüchen gegen den Spediteur namens oder für Rechnung eines Dritten (vgl. § 67 VVG) kann nur insoweit erfolgen, als Rechte gegen den Spediteur auf Grund dieser Bedingungen bestehen.

§ 3 ADSp besagt zunächst, daß der Auftraggeber an Dritte nicht mehr Rechte **Anm.** abtreten kann, als ihm nach den ADSp zustehen. Diese Feststellung ist überflüssig, da nach allgemeinem Schuldrecht ohnehin niemand mehr Rechte abtreten kann, als er selbst hat. Dies gilt selbstverständlich auch für die Legalzession des § 67 VVG.

Weiter will jedoch § 3 ADSp verbieten, Rechte Dritter gegen den Spediteur über den Umfang der ADSp hinaus geltend zu machen. Dies ist zulässig, soweit damit der Auftraggeber als Geltendmachender genannt ist, denn er kann sich schuldrechtlich verpflichten, nicht als Vertreter Dritter gegen den Spediteur aufzutreten. Unwirksam ist die Klausel jedoch gegenüber dem Dritten selbst und jedem anderen Vertreter des Dritten. Da die ADSp nur Wirkung zwischen Spediteur und Auftraggeber bzw. deren Rechtsnachfolgern entfalten, sind Dritte oder deren Vertreter oder Beauftragte nicht gehindert, ihre etwaigen außervertraglichen Ansprüche gegen den Spediteur unbeschränkt geltend zu machen.

§ 4

Alle Angebote des Spediteurs gelten nur bei unverzüglicher Annahme zur sofortigen Ausführung des betreffenden Auftrages, sofern sich nichts Gegenteiliges aus dem Angebot ergibt, und nur, wenn bei Erteilung des Auftrages auf das Angebot Bezug genommen wird.

Anm. Die Vorschrift enthält Abweichungen von §§ 145, 147 BGB. Da ein „Angebot" des Spediteurs häufig kein Vertragsantrag im Sinne der §§ 145 ff. BGB, sondern eine vorbereitende Grundlage des Vertragsschlusses sein wird, klärt § 4 ADSp für diesen Fall, daß eine solches Angebot Inhalt des unverzüglich danach abgeschlossenen Speditionsvertrages ist, wenn bei Auftragsteilung auf dieses Angebot Bezug genommen wird.

II. Von der Annahme ausgeschlossene Güter

§ 5

a) Güter, welche Nachteile für andere Güter oder sonstige Gegenstände, Tiere oder Personen zur Folge haben können oder welche schnellem Verderben oder Fäulnis ausgesetzt sind, sind mangels schriftlicher Vereinbarung von der Annahme ausgeschlossen.

b) Werden derartige Güter dem Spediteur ohne besonderen Hinweis übergeben, so haftet der Auftraggeber auch ohne Verschulden für jeden daraus entstehenden Schaden.

c) Der Spediteur kann, sofern die Sachlage es rechtfertigt, derartige Güter im Wege der Selbsthilfe nach seiner Wahl öffentlich oder freihändig, möglichst jedoch unter Benachrichtigung des Auftraggebers, verkaufen lassen oder zur Abwendung von Gefahren ohne vorherige Benachrichtigung des Auftraggebers vernichten.

Anm. 1 **I. Ausschluß der Verpflichtung zur Annahme von Gütern (§ 5a ADSp)**

Auch wenn die Versendung, Beförderung oder Lagerung eines der in § 4a ADSp umschriebenen Güter an sich aufgrund eines Verkehrsvertrages geschuldet wurde, steht dem Spediteur ein Leistungsverweigerungsrecht zu. Diese Klausel, die zur Schadensverhütung eingeführt ist, entspricht den im Frachtrecht üblichen Regelungen; vgl. §§ 8 KVO, 54 EVO; für die Seeschiffahrt §§ 564a—564b HGB.

Anm. 2 **II. Haftung des Auftraggebers für Schäden**

Diese Haftung ist ausdrücklich als Haftung ohne Verschulden konstruiert. Da es sich um eine sinnvolle Risikoverteilung (vgl. §§ 564a, 564b HGB) handelt, bestehen keine Bedenken gegen die Angemessenheit dieser Haftung. Siehe Anm. 112 zu §§ 407—409 HGB.

Anm. 3 **III. Verkaufs- und Vernichtungsrecht des Spediteurs**

Die Veräußerung oder Vernichtung ist nach § 5c ADSp nur zulässig bei den in § 5a ADSp angegebenen Gütern, also dann nicht, wenn die Annahme schriftlich vereinbart ist. Das Verkaufs- oder Vernichtungsrecht ist als angemessen zu betrachten. Siehe dazu §§ 564a und 564b HGB für den Seetransport. Der Verkauf erfolgt für Rechnung des Auftraggebers.

III. Auftrag, Mitteilungen, Weisungen, Ermessen des Spediteurs

§ 6

Für die Befolgung mündlicher, telephonischer oder telegraphischer Aufträge oder sonstiger Mitteilungen, die von keiner Seite schriftlich bestätigt sind, ebenso für die Befolgung von Mitteilungen an Kutscher oder andere gewerbliche

Angestellte übernimmt der Spediteur keine Gewähr; auch geschieht die Übergabe von Gütern und Schriftstücken irgendwelcher Art an Arbeitnehmer des Spediteurs, wenn sie nicht vorher mit dem Spediteur oder einem seiner bevollmächtigten Angestellten ausdrücklich oder stillschweigend vereinbart war, ausschließlich auf Gefahr des Auftraggebers.

I. Der erste Halbsatz schreibt keine Schriftform für die betreffenden Aufträge und sonstigen Mitteilungen, auch nicht für Weisungen des Auftraggebers vor, sondern enthält allenfalls einen Haftungsausschluß; BGH vom 18. 3. 1955, VersR 1955, 306. Dieser betrifft bei der gebotenen engen Auslegung (siehe Anm. 11 vor § 1 ADSp) nur die „Gewähr", also eine etwaige Haftung ohne Verschulden; ebenso Krien/Hay, Anm. 6 zu § 6 ADSp; anders wohl SVS-Schiedsgericht, VersR 1953, 398 (399). Da eine solche Gewährleistung ohnehin nicht besteht (siehe Anm. 58—70 zu §§ 407—409 HGB, insbesondere Anm. 66ff.), ist der erste Halbsatz weitgehend bedeutungslos. Allenfalls kann die Bestimmung so verstanden werden, daß bei Nichtberücksichtigung nicht schriftlich bestätigter Aufträge und Mitteilungen der Beweis der Sorgfaltspflichtverletzung dem Auftraggeber obliegen soll (so wohl Krien/Hay, Anm. 6 zu § 6 ADSp). Jedenfalls schließt § 6 die Haftung für unmißverständliche und vom Spediteur auch verstandene Weisungen nicht deshalb aus, weil sie nicht schriftlich erteilt sind. BGH, a. a. O. **Anm. 1**

II. Soweit der zweite Halbsatz ausdrücken soll, daß rechtsgeschäftliche Erklärungen an nicht bevollmächtigtes Personal unwirksam sein sollen, bestätigt er nur die ohnehin bestehende Rechtslage. Ob § 6, 2. Hs. die von der Rechtsprechung zum Schutze des Vertrauens Dritter entwickelten Grundsätze der Anscheinsvollmacht ausschließen kann, ist fraglich. Zumindest würde einem Spediteur, der zuerst den Anschein einer Bevollmächtigung herbeigeführt hat und sich dann auf § 6 ADSp beruft, der Einwand der unzulässigen Rechtsausübung (venire contra factum propreum) entgegengesetzt werden können; Hald, ADSp, 2. Aufl. 1958, S. 17f. Soweit die gesetzlichen Wirkungen der Besitzübergabe an Besitzdiener des Spediteurs (§ 855 BGB) ausgeschlossen werden sollen, ist dies wirkungslos, da insoweit keine Privatautonomie besteht. **Anm. 2**

Vgl. auch die entgegengesetzte Regelung zu Lasten des Auftraggebers in § 33 ADSp.

§ 7

a) Der dem Spediteur erteilte Auftrag hat Zeichen, Nummern, Anzahl, Art, Inhalt der Stücke und alle sonstigen, für die ordnungsmäßige Ausführung des Auftrags erheblichen Angaben zu enthalten. Die etwaigen Folgen unrichtiger oder unvollständiger Angaben fallen dem Auftraggeber zur Last, auch wenn ihn kein Verschulden trifft. Der Spediteur ist ohne Auftrag nicht verpflichtet, die Angaben nachzuprüfen oder zu ergänzen, es sei denn, daß dies geschäftsüblich ist.

Der Auftraggeber haftet ferner für alle Schäden, die dem Spediteur oder Dritten dadurch entstehen, daß auf Frachtgütern von mindestens 1000 kg Rohgewicht die durch das Gesetz über die Gewichtsbezeichnung an schweren, auf Schiffen beförderten Frachtstücken vom 28. Juni 1933 (RGBl. I S. 412) vorgeschriebene Gewichtsbezeichnung nicht angebracht ist.

b) Zur Verwiegung des Gutes ist der Spediteur nur auf besonderen schriftlichen Auftrag verpflichtet.

c) Im Zweifel enthält eine vom Spediteur erteilte Empfangsbescheinigung keine Gewähr für Art, Inhalt, Wert, Gewicht oder Verpackung.

d) Bei Gütern, deren Menge im Speditionsgewerbe üblicherweise nicht nachgeprüft wird, namentlich bei Massengütern, Wagenladungen und dergleichen, enthält die Empfangsbescheinigung im Zweifel auch keine Bestätigung der Menge.

I. Zu Abs. a siehe Anm. 112 zu §§ 407—409 HGB. Gegen die hier eingeführte Haftung des Auftraggebers ohne Verschulden bestehen keine Bedenken, da sie eine sachangemessene, auch vom Gesetzgeber im Frachtrecht selbst in ähnlicher Weise getroffene **Anm.**

Regelung darstellt; BGH vom 4. 5. 1956, MDR 1956, 664 (665). Siehe zum Vergleich §§ 426 Abs. 3, 427 HGB; 17 Abs. 1 KVO; 57 Abs. 1 EVO. Weitere Angaben siehe Helm, Haftung, S. 141, Fn. 708. § 7a enthält zugleich eine Freizeichnung für Schäden, die dem Auftraggeber selbst entstehen. Siehe z. B. KG, VersR 1955, 519ff.

II. Zu Abs. b siehe Anm. 46 zu §§ 407—409 HGB.

III. Abs. c, d enthalten (zulässige) Beweisregelungen zugunsten des Spediteurs. Vgl. für das Seerecht §§ 643 Ziff. 8, 645, 646, 656, 662 HGB.

§ 8

Übergibt ein Hersteller oder Händler bestimmter Erzeugnisse dem Spediteur eine Sendung ohne Inhaltsangabe zum Versand, so ist im Zweifel anzunehmen, daß die Sendung die Erzeugnisse des Versenders enthält. Die Bestimmungen des § 7 werden hierdurch nicht berührt.

Anm. Die Bestimmung soll den Spediteur bei Sendungen ohne Inhaltsangabe von der Pflicht befreien, den Inhalt durch Untersuchung oder Rückfragen festzustellen. Der Spediteur haftet demnach auch nicht für Schäden, die dadurch entstehen, daß er die Vermutung des § 7 ADSp bei der Behandlung des Guts zugrunde gelegt hatte.

§ 9

Der Auftraggeber hat seine Adresse und etwaige Adressenänderung dem Spediteur unverzüglich anzuzeigen; andernfalls ist die letzte dem Spediteur bekanntgegebene Adresse maßgebend.

§ 10

a) Der Spediteur braucht ohne besonderen schriftlichen Auftrag Benachrichtigungen nicht eingeschrieben und Urkunden aller Art nicht versichert zu versenden.

b) Der Spediteur ist nicht verpflichtet, die Echtheit der Unterschriften auf irgendwelchen das Gut betreffenden Mitteilungen oder sonstigen Schriftstücken oder die Befugnis der Unterzeichner zu prüfen, es sei denn, daß mit dem Auftraggeber schriftlich etwas anderes vereinbart oder der Mangel der Echtheit oder der Befugnis offensichtlich erkennbar ist.

c) Der Spediteur ist berechtigt, aber nicht verpflichtet, eine von ihm versandte Benachrichtigung (Avis) als hinreichenden Ausweis zu betrachten; er ist berechtigt, aber nicht verpflichtet, die Berechtigung des Vorzeigers zu prüfen.

Anm. 1 **I.** Abs. a grenzt die Sorgfaltspflicht des Spediteurs ein. Gleichwohl haftet der Spediteur, wenn die unversicherte oder nicht eingeschriebene Versendung auf grobe Fahrlässigkeit des Spediteurs selbst, eines Organs oder leitenden Angestellten zurückgeht; siehe Anm. 13 vor § 1 ADSp; Hald, ADSp, 2. Aufl. 1958, S. 23f. und Schwartz, Anm. 1 zu § 10 wollen aus § 10a eine Beweislastregel zugunsten des Spediteurs entnehmen, nach der eine vom Speditüer abgesandte Willenserklärung auch als zugegangen gelten soll. Eine solche extensive Auslegung ist bei AGB nicht zulässig. Vgl. dazu Anm. 10f. vor § 1 ADSp. Für sie liegt auch im Wortlaut keinerlei Anhaltspunkt vor. Bei von ihm versandten Willenserklärungen hat somit der Spediteur deren Zugang als Wirksamkeitsvoraussetzung nachzuweisen. Wie hier schon Isaac, Anm. I 1 zu § 11 ADSp.

Anm. 2 **II.** Abs. b entbindet den Spediteur von zwei Pflichten: der Prüfung der Unterschriften und der Prüfung der Unterschriftsbefugnis.

a) Durch die Einschränkung der Prüfungspflicht hinsichtlich der Unterschriften erhalten nicht etwa die betreffenden, von Dritten unterschriebenen Schriftstücke Verbindlichkeit für den Auftraggeber; nur die Haftung des Spediteurs für Unterlassen der Prüfung wird ausgeschlossen.

b) Die Prüfung der Unterschriftsbefugnis ist rechtlich die Prüfung der Vertretungsmacht des Unterzeichnenden. Die Vorschrift kann auch hier den vom nicht Bevollmächtigten unterzeichneten Schriftstücken keine Geltung für und gegen den Auftraggeber verschaffen, sondern nur die Haftung des Spediteurs einschränken. Vielfach werden aber die zur Anscheins- und Duldungsvollmacht entwickelten Grundsätze — siehe Anm. 12 zu § 54 HGB — der vom Auftraggeber geduldeten oder nicht verhinderten Unterschrift eines Nichtberechtigten im Ergebnis die Wirkung rechtlicher Bindung verschaffen.

§ 11

a) Eine über das Gut erteilte Weisung bleibt für den Spediteur bis zu einem Widerruf des Auftraggebers maßgebend.

b) Ein Auftrag, das Gut zur Verfügung eines Dritten zu halten, kann nicht mehr widerrufen werden, sobald die Verfügung des Dritten beim Spediteur eingegangen ist.

I. § 11 a ADSp bestätigt die in § 408 Abs. 1 HGB bestimmte Pflicht, die Anweisungen des Versenders zu befolgen. Siehe jedoch § 13 ADSp; siehe ferner Anm. 38 zu §§ 407—409 HGB. **Anm.**

II. Die zweckmäßige Regelung des § 11 b ADSp befreit den Spediteur davon, entscheiden zu müssen, wessen Weisungen bzw. Verfügungen er zu befolgen hat, die des Auftraggebers oder des Dritten. Siehe im einzelnen Krien/Hay, Anm. 8 zu § 11 ADSp.

§ 12

Die Mitteilung des Auftraggebers, der Auftrag sei für Rechnung eines Dritten auszuführen, berührt die Verpflichtung des Auftraggebers gegenüber dem Spediteur nicht.

§ 12 ADSp klärt nur, was ohnehin nach den Grundsätzen des Rechts und der Verkehrsauffassung zu gelten hätte. Wenn der Auftraggeber auch für Rechnung eines Dritten handelt, so bleibt er doch alleiniger Vertragspartner des Spediteurs. Anders ist die Rechtslage, wenn der Abschließende im Namen eines Dritten, also als dessen offener Stellvertreter, auftritt. Dann ist der Dritte Auftraggeber und hat sämtliche Rechte und Pflichten aus dem Speditions- oder sonstigen Verkehrsvertrag. **Anm.**

§ 13

Mangels ausreichender oder ausführbarer Weisung darf der Spediteur, unter Wahrung der Interessen des Auftraggebers, nach seinem Ermessen handeln, insbesondere Art, Weg oder Mittel der Beförderung wählen.

Siehe hierzu Anm. 37, 42, 66 bis 68 zu §§ 407—409 HGB. **Anm.**

§ 14

a) Der Spediteur darf die Versendung des Gutes zusammen mit Gütern anderer Versender in Sammelladung (bzw. auf Sammelkonossement) bewirken, falls ihm nicht das Gegenteil ausdrücklich schriftlich vorgeschrieben ist. Die Übergabe eines Stückgutfrachtbriefes ist kein gegenteiliger Auftrag.

b) Bei Versendung in Sammelladung hat der Spediteur dem Auftraggeber einen entsprechenden Vorteil zu gewähren.

Anm. Siehe hierzu Anm. 8—11 zu § 413 HGB.

§ 15

Übernimmt der Spediteur Gut mit einem ihm vom Auftraggeber übergebenen Frachtbrief oder sonstigen Frachtpapier, so darf er das Gut mit einem neuen, seine Firmenbezeichnung tragenden Frachtpapier unter Nennung des Namens des Auftraggebers befördern, falls dieser nicht etwas anderes bestimmt hat.

Anm. Die Klausel soll sicherstellen, daß der Spediteur das Frachtgut auch dann in eigenem Namen versenden oder im Wege des Selbsteintritts befördern darf, wenn der Versender schon einen Frachtbrief ausgestellt hat. Somit kommt der Ausstellung eines Frachtbriefes durch den Versender nicht die Bedeutung zu, den Spediteur anzuweisen, als offener Stellvertreter des Versenders aufzutreten.

Die in § 15 vorgesehene Nennung des Namens des Versenders macht diesen nicht zum Absender im Sinne des Frachtvertrags. Da der Spediteur im eigenen Namen auftritt, hat er alleine Rechte und Pflichten eines Absenders. Die Nennung des Namens des Versenders im neuen Frachtbrief ist daher nur ein Hinweis ohne rechtsgeschäftliche Bedeutung. Siehe auch Anm. 25 zu § 407—409 HGB.

IV. Untersuchung, Erhaltung und Verpackung des Gutes

§ 16

a) Der Spediteur ist zur Untersuchung, Erhaltung oder Besserung des Gutes und seiner Verpackung mangels schriftlicher Vereinbarung nur im Rahmen des Geschäftsüblichen verpflichtet. § 388 Absatz 1 HGB wird hierdurch nicht berührt.

b) Der Spediteur ist mangels gegenteiliger Weisung ermächtigt, alle auf das Fehlen oder die Mängel der Verpackung bezüglichen, von der Eisenbahn verlangten Erklärungen abzugeben.

Anm. 1 **I.** Zu § 16a ADSp siehe Anm. 46, 54 zu §§ 407—409 HGB. Der Ausschluß der Pflicht zur Verbesserung der Verpackung bedeutet nicht auch die Befreiung von einer etwaigen, aus der allgemeinen Interessewahrnehmungspflicht folgenden Verpflichtung des Spediteurs zur Benachrichtigung des Versenders vom ungeeigneten Zustand der Verpackung.

Anm. 2 **II.** § 16b ADSp gestattet dem Spediteur die in § 62 Abs. 2, 4 EVO; Art. 12 § 3 CIM vorgesehene Anerkennung der nicht ordnungsgemäßen Verpackung gegenüber der Eisenbahn zu erklären, ohne nochmals beim Versender zurückzufragen. Die Folge dieser Erklärung ist eine Beschränkung der Haftung der Eisenbahn auf nachgewiesenes Verschulden, § 83 Abs. 1b und Abs. 2, 3 EVO; Art. 27 § 3b, 28 § 2 S. 1 CIM. Siehe im einzelnen die Kommentierung zu diesen Vorschriften in Anhang I und II nach § 460 HGB.

Der Rechtsgedanke des § 16b ADSp, der insoweit nur Ausdruck eines bestehenden Handelsbrauchs ist, wird auch für die §§ 18 Abs. 2 und 4 KVO zu gelten haben; Krien/Hay, Anm. 11 zu § 16 ADSp.

Anm. 3 **III.** Steht zu befürchten, daß das Gut wegen mangelhafter Verpackung Transportschäden erleiden wird, so muß der Spediteur in Erfüllung seiner allgemeinen Pflicht zur Wahrnehmung der Interessen des Versenders (siehe Anm. 46, 51 zu §§ 407—409), den Versender von dieser Sachlage benachrichtigen, oder die Verpackung verbessern.

V. Fristen

§ 17

Mangels Vereinbarung werden Verlade- und Lieferfristen nicht gewährleistet, ebensowenig eine bestimmte Reihenfolge in der Abfertigung von Gütern gleicher Beförderungsart. Die Bezeichnung als Meß- oder Marktgut bedingt keine bevorzugte Abfertigung.

§ 17 ADSp schließt nur eine „Gewährleistung" für Fristen aus, d. h. er lehnt eine Haftung für unverschuldete Verspätung ab. Diese Auslegung ergibt sich aus dem für allgemeine Geschäftsbedingungen geltenden Grundsatz enger Auslegung von Freizeichnungsklauseln; siehe Anm. 11 vor § 1 ADSp. Daher hat der Spediteur das Gut mit der durch die Sorgfalt eines ordentlichen Kaufmanns gebotenen Eile zu versenden; Krien/Hay, Anm. 3 zu § 17 ADSp; Hald, ADSp, S. 33; Beitrag ohne Verfasserangabe, Transport-Dienst 1965, 1053. Der Spediteur haftet für schuldhafte Verspätung; siehe Anm. 69 zu §§ 407—409 HGB. Kann der Spediteur die Beförderung nicht alsbald besorgen, so hat er für eine ordnungsgemäße Einlagerung zu sorgen und haftet für Schäden aus Nichtbeachtung dieser Pflicht: SVS-Schiedsgericht vom 9. 7. 1954, VRS 7, 272. **Anm.**

VI. Hindernisse

§ 18

Von dem Spediteur nicht verschuldete Ereignisse, die ihn an der Erfüllung seiner Pflichten ganz oder teilweise behindern, ferner Streiks und Aussperrungen befreien ihn für die Zeit ihrer Dauer von seinen Verpflichtungen aus den von diesen Ereignissen berührten Aufträgen. Auch ist der Spediteur in solchen Fällen, selbst wenn eine feste Übernahme vereinbart ist, berechtigt, aber nicht verpflichtet, vom Vertrage zurückzutreten, auch wenn der Auftrag schon teilweise ausgeführt worden ist. Dem Auftraggeber steht in diesen Fällen das gleiche Recht zu, wenn ihm die Fortsetzung des Vertrages billigerweise nicht zugemutet werden kann. Tritt der Spediteur oder der Auftraggeber gemäß vorstehender Bestimmungen zurück, so sind dem Spediteur die entstandenen Kosten zu erstatten.

I. Leistungsverzögerung durch unverschuldete Versendungshindernisse **Anm. 1**

§ 18 S. 1 ADSp drückt nur aus, was sich ohnehin aus § 285 BGB ergibt: Durch unverschuldete Ereignisse gerät der Spediteur nicht in Schuldnerverzug. Zu diesen zählen auch Streik und Aussperrung.

Soweit es sich um dauernde Hindernisse handelt, kann Unvermögen oder Unmöglichkeit auf der Seite des Spediteurs vorliegen, die nach § 323 BGB zur beiderseitigen Leistungsbefreiung führen würden. Siehe Anm. 32ff. zu §§ 407—409 HGB. Bei vom Spediteur verschuldeten Leistungsstörungen bleibt es bei der Regelung des Allgemeinen Schuldrechts (§§ 286 Abs. 1, 326, 325 BGB; siehe oben Anm. 70 zu §§ 407—409; Krien/Hay, Anm. 4 zu § 18 ADSp).

II. Rücktritt bei Versendungshindernissen **Anm. 2**

1. Rücktrittsrecht des Spediteurs

Nach § 18 S. 2 ADSp hat der Spediteur in den genannten Fällen ein vertragliches Rücktrittsrecht. Hierbei ist zu beachten, daß der Spediteur nach §§ 675, 671 BGB grundsätzlich nicht zur Unzeit kündigen darf. Diese Beschränkung hat auch für die Ausübung des vertragsmäßigen Rücktrittsrechts zu gelten. Siehe auch Anm. 34 zu §§ 407—409 HGB.

Anm. 3 **2. Rücktrittsrecht des Auftraggebers**

§ 18 S. 3 ADSp gewährt im Fall der Unzumutbarkeit auch dem Auftraggeber ein Rücktrittsrecht. Dieses geht insoweit über das gesetzliche Widerrufsrecht hinaus, als es auch bei schon begonnener Versendung ausgeübt werden kann. Siehe dazu Anm. 33 zu §§ 407—409 HGB.

Anm. 4 **3. Kostenersatzanspruch des Spediteurs**

§ 18 S. 4 ADSp gibt dem Spediteur in den Fällen des Rücktritts nach S. 2 und 3 einen Anspruch auf Ersatz der Kosten. Siehe hierzu Anm. 103, 105 zu §§ 407—409 HGB. Ein Anspruch auf Provision besteht nicht; Krien/Hay, Anm. 11 zu § 18 ADSp.

§ 19

Der Spediteur ist nicht verpflichtet, zu prüfen und den Auftraggeber darauf hinzuweisen, ob gesetzliche oder behördliche Hindernisse für die Versendung (z. B. Ein- und Ausfuhrbeschränkungen) vorliegen.

Anm. Die Klausel klärt den Umfang der Sorgfaltspflicht des Spediteurs hinsichtlich der behördlichen Hindernisse. Sie gilt nicht, wenn der Spediteur positive Kenntnis von einem behördlichen Versendungshindernis hat. Auch dürfte sie, wie die Erwähnung der Einfuhr- und Ausfuhrbeschränkungen erkennen läßt, nicht für solche behördliche Hindernisse gemeint sein, die im Bereich der Beförderung der Versendung selbst auftreten und daher dem Spediteur bei gehöriger Fachkenntnis bekannt sein müßten; z. B. behördliche Transitverbote für bestimmte Waren usw. So auch Krien/Hay, Anm. 7 zu § 19 ADSp.

VII. Leistungen, Entgelt und Auslagen des Spediteurs

§ 20

Angebote des Spediteurs und Vereinbarungen mit ihm über Preise und Leistungen beziehen sich stets nur auf die namentlich aufgeführten eigenen Leistungen und/oder Leistungen Dritter und, wenn nichts anderes schriftlich vereinbart ist, nur auf Güter normalen Umfangs, normalen Gewichts und normaler Beschaffenheit; sie setzen normale unveränderte Beförderungsverhältnisse, ungehinderte Verbindungswege, Möglichkeit unmittelbarer sofortiger Weiterversendung sowie Weitergeltung der bisherigen Frachten, Valutaverhältnisse und Tarife, welche der Vereinbarung zugrunde lagen, voraus. Die üblichen Sondergebühren und Sonderauslagen gelangen außerdem zur Erhebung, vorausgesetzt, daß der Spediteur den Auftraggeber darauf hingewiesen hat; dabei genügt ein genereller Hinweis, wie etwa „zuzüglich der üblichen Nebenspesen".

Anm. 1 S. 1 dieser wenig klaren Bestimmung beschränkt die Tragweite von Vereinbarungen: Der Spediteur soll nur zu den namentlich aufgeführten Leistungen verpflichtet sein und auch zu diesen nur unter einer Art clausula rebus sic stantibus. Zum anderen sollen auch Preisvereinbarungen sich nur auf solche Leistungen beziehen.

§ 20 S. 2 ADSp sagt nicht, was geschehen soll, wenn zusätzliche Leistungen des Spediteurs zur Besorgung der Versendung erforderlich werden oder wenn die vorausgesetzten Umstände sich ändern. Genau genommen wäre der Spediteur zu weitergehenden Leistungen nur nach neuer Vereinbarung, also bei Änderung des ursprünglichen Speditionsvertrags verpflichtet und könnte erhöhte Provisionsansprüche ebenfalls nur unter diesen Voraussetzungen geltend machen. Doch dürfte die Klausel anders gemeint sein: Der Spediteur soll wohl für zusätzlich unvorhergesehen notwendig werdende Leistungen zusätzliche Vergütungsanpsrüche erhalten.

Auch der BGH faßt im Urt. vom 29. 10. 1969, VersR 1970, 31 (32) die Klausel in dieser Weise auf. § 20 ADSp enthalte eine Risikoverteilung für Ereignisse, die nach dem Abschluß des Vertrags eintreten. Alle Umstände, die ein ordentlicher Kaufmann in seine Kalkulation einbeziehen konnte, gingen zu Lasten des Spediteurs. Zu dieser Kalkulation gehörten auch die Kosten der Beseitigung solcher Hindernisse, mit denen der Spediteur bei Anwendung der Sorgfalt eines ordentlichen Kaufmanns rechnen mußte. Solche Mehrkosten waren im betreffenden Fall die vorhersehbaren Nachforderungen russischer Dienststellen bei einem Transittransport durch die UdSSR.

Praktisch dürfte die „namentliche Aufführung" aller möglicherweise notwendig werdenden Nebentätigkeiten des Spediteurs wohl kaum möglich sein. Die Klausel wird daher dahin auszulegen sein, daß ergänzend notwendige Tätigkeiten nur dann nicht in den Pflichtenkreis des Spediteurs und unter den Abgeltungsbereich der Provision fallen, wenn sie besonders schwerwiegende, auch für den Spediteur wirtschaftlich ins Gewicht fallende Abweichungen vom vereinbarten bzw. vom normalen Verlauf des Speditionsauftrags darstellen. Siehe auch Anm. 99 zu §§ 407—409 HGB. **Anm. 2**

S. 2 ergänzt die Rechtslage für solche Tätigkeiten, die üblicherweise besonders vergütet werden. Diese sollen offenbar in den Pflichtenkreis des Spediteurs fallen, aber nur unter den Voraussetzungen der Üblichkeit besonderer Vergütung und des wenigstens generellen Hinweises des Spediteurs auf die besondere Vergütungspflicht einen speziellen Vergütungsanspruch begründen. Siehe auch Anm. 99 zu §§ 407—409 HGB; zu den Einzelheiten Krien/Hay, Anm. zu § 20 ADSp. **Anm. 3**

§ 21

Wird ein Auftrag wieder entzogen, so steht dem Spediteur nach seiner Wahl entweder der Anspruch auf die vereinbarte Vergütung, unter Anrechnung der ersparten Aufwendungen, oder eine angemessene Provision zu.

Siehe Anm. 33, 101—103 zu §§ 407—409 HGB. Eine „Entziehung des Auftrags" liegt nicht vor, wenn der Versender wegen einer vom Spediteur zu vertretenden Leistungsstörung (Verzug, Unmöglichkeit, positive Forderungsverletzung) vom Speditionsvertrag zurücktritt. So wohl auch Krien/Hay, Anm. 3 zu § 21 ADSp. **Anm.**

§ 22

Lehnt der Empfänger die Annahme einer ihm zugerollten Sendung ab, so steht dem Spediteur für die Rückbeförderung Rollgeld in gleicher Höhe wie für die Hinbeförderung zu.

§ 22 ADSp enthält nur eine Klarstellung der sich aus § 354 HGB ohnehin ergebenden Vergütungspflicht für die Rückbeförderung. Da die Rückbeförderung einerseits im Interesse des Versenders erforderlich ist, andererseits nicht nach dem Speditionsvertrag geschuldet wird, könnte sich ein Anspruch auf Kostenerstattung auch aus § 683 BGB ergeben. **Anm.**

Siehe auch oben Anm. 99 zu §§ 407—409 HGB.

§ 23

Die Provision wird auch dann erhoben, wenn ein Nachnahme- oder sonstiger Einziehungsauftrag nachträglich zurückgezogen wird oder der Betrag nicht eingeht.

Siehe Anm. 53, 99 zu §§ 407—409 HGB. Im Gegensatz zu § 21 ADSp hat der Spediteur bei freier Zurückziehung des Nachnahmeauftrags Anspruch nicht nur auf eine angemessene, sondern auf die volle Provision; siehe Anm. 101 ff. zu §§ 407—409 HGB. **Anm.**

§ 24

Hat der Spediteur die Versendung von Gütern nach dem Auslande bis ins Haus des außerdeutschen Empfängers zu einem festen Prozentsatze des Fakturenwerts einschließlich des Zolles übernommen, so ist der Auftraggeber verpflichtet, den vollen Fakturen-

wert, ohne Rücksicht auf einen etwa eingeräumten Kassenskonto, einschließlich Zoll, Fracht und Verpackung anzugeben.

Anm. Siehe Anm. 116ff. zu §§ 407—409 HGB und die Kommentierung zu § 413 Abs. 1 HGB.

§ 25

a) Der Auftrag zur Versendung nach einem Bestimmungsort im Auslande schließt den Auftrag zur Verzollung ein, wenn ohne sie die Beförderung bis zum Bestimmungsort nicht ausführbar ist.

b) Für die Verzollung kann der Spediteur neben den tatsächlich auflaufenden Kosten eine besondere Provision erheben.

c) Der Auftrag, unter Zollverschluß eingehende Sendungen zuzuführen oder frei Haus zu liefern, schließt die Ermächtigung für den Spediteur ein, nach seinem Ermessen (siehe § 13) die erforderlichen Zollförmlichkeiten zu erledigen und die zollamtlich festgesetzten Zollbeträge auszulegen.

d) Erteilt der Auftraggeber dem Spediteur Anweisungen für die zollamtliche Abfertigung, so sind diese genau zu beachten. Falls die zollamtliche Abfertigung nach den erteilten Weisungen nicht möglich ist, hat der Spediteur den Auftraggeber unverzüglich zu unterrichten.

Anm. Siehe Anm. 49, 99, 66ff. zu §§ 407—409 HGB.

§ 26

Der Auftrag, ankommende Güter in Empfang zu nehmen, ermächtigt den Spediteur, verpflichtet ihn aber nicht, auf dem Gut ruhende Frachten, Wertnachnahmen, Zölle und Spesen auszulegen.

Anm. Siehe Anm. 105—108, insbesondere 106 zu §§ 407—409 HGB.

§ 27

Der Spediteur ist berechtigt, von ausländischen Auftraggebern oder Empfängern nach seiner Wahl Zahlung in ihrer Landeswährung oder in deutscher Währung zu verlangen.

Anm. Die Vorschrift enthält eine Sonderregelung zu § 244 BGB. Die Schuld des ausländischen Auftraggebers ist Wahlschuld, wobei das Wahlrecht dem Spediteur als Gläubiger zusteht.

§ 28

Wird der Spediteur fremde Währung schuldig, oder hat er fremde Währung ausgelegt, so ist er (soweit nicht öffentlich-rechtliche Bestimmungen entgegenstehen) berechtigt, nach seiner Wahl entweder Zahlung in der fremden oder in deutscher Währung zu verlangen. Verlangt er deutsche Währung, so erfolgt die Umrechnung zum Briefkurs der letzten vorliegenden Berliner Börsennotiz am Tage der Auftragserteilung, es sei denn, daß er nachweisbar einen anderen Kurs gezahlt hat.

Anm. Siehe Anm. 107 zu §§ 407—409 HGB. § 28 bezieht sich auf den Auslagenersatzanspruch, der entsteht, wenn der Spediteur zur Ausführung des Speditionsvertrags Verpflichtungen in fremder Währung übernommen oder Zahlungen in fremder Währung geleistet hat.

§ 29

Rechnungen des Spediteurs sind sofort zu begleichen. Zahlungsverzug tritt, ohne daß es einer Mahnung oder sonstiger Voraussetzungen bedarf, spätestens nach Ablauf von fünf Tagen nach Fälligkeit ein, sofern er nicht nach dem Gesetz schon vorher eingetreten ist. Der Spediteur darf im Falle des Verzuges die ortsüblichen Spesen und Zinsen berechnen. Weitergehende gesetzliche Ansprüche bleiben unberührt.

S. 1 bestimmt generell, daß für Forderungen des Spediteurs keine Zahlungsziele gelten. Die Klausel kann nicht so ausgelegt werden, daß sie dem Spediteur die Möglichkeit gibt, durch vorzeitige Rechnungsstellung die Fälligkeit seiner Forderungen (siehe z. B. § 409 HGB hinsichtlich der Provisionsforderung) vorzuverlegen. Zutreffend Schlegelberger/Schröder Anm. 4 zu § 409 HGB. Der Spediteur kann selbstverständlich durch Sondervereinbarung Zahlungsziele gewähren. Dies ist auch mündlich oder stillschweigend möglich, da die ADSp keine allgemeine Schriftformklausel nach § 127 BGB enthalten. **Anm. 1**

S. 2 trifft eine Sonderregelung gegenüber § 284 BGB. Danach müßte der Spediteur mahnen oder einen kalendermäßig bestimmten Leistungszeitpunkt mit dem Auftraggeber vereinbaren. **Anm. 2**

S. 3 und 4 gewähren im Verzugsfall dem Spediteur zunächst einen Anspruch auf die ortsüblichen Spesen. Darüber hinaus könnte S. 3 auch so verstanden werden, daß dem Spediteur auch ortsübliche Zinsen über §§ 288 BGB, 353 Abs. 1 S. 1 HGB hinausgehend, gebühren. Gegen diese Auslegung KG, NJW 1957, 1561. Da die Formulierung offenläßt, ob sich das Wort „ortsüblich" auch auf die Zinsen bezieht, andererseits die Zinshöhe kaum örtlich unterschiedlich sein wird, muß § 29 entsprechend der für AGB geltenden Unklarheitenregel (siehe Anm. 10 vor § 1 ADSp) mit dem KG eng ausgelegt werden. Der Spediteur kann also höhere Zinsen als 5% nur als Verzugsschaden nach § 286 Abs. 1 BGB fordern, wobei er nachzuweisen hat, daß er selbst Kredit zu dem betreffenden Zins in Anspruch nimmt. **Anm. 3**

§ 30

a) Von Forderungen oder Nachforderungen für Frachten, Havarieeinschüsse oder -beiträge, Zölle, Steuern und sonstige Abgaben, die an den Spediteur, insbesondere als Verfügungsberechtigten oder als Besitzer fremden Gutes gestellt werden, hat der Auftraggeber den Spediteur auf Aufforderung sofort zu befreien. Andernfalls ist der Spediteur berechtigt, die zu seiner Sicherung oder Befreiung ihm geeignet erscheinenden Maßnahmen zu treffen, nötigenfalls, sofern die Sachlage es rechtfertigt, auch durch Vernichtung des Gutes.

b) Der Auftraggeber hat den Spediteur in geschäftsüblicher Weise rechtzeitig auf alle öffentlich-rechtlichen, z. B. zollrechtlichen, Verpflichtungen aufmerksam zu machen, die mit dem Besitz des Gutes verbunden sind. Für alle Folgen der Unterlassung haftet der Auftraggeber dem Spediteur.

1. § 30 a S. 1 regelt einen Sonderfall des Aufwendungsersatzes. Soweit die Aufwendungen in der Eingehung von Verbindlichkeiten bestehen, steht dem Spediteur ein Schuldbefreiungsanspruch gegen den Auftraggeber zu. Siehe dazu Anm. 106 zu §§ 407—409 HGB. **Anm. 1**

2. § 30 a S. 2 ADSp will den Spediteur berechtigen, Maßnahmen zu seiner Befreiung oder Sicherung zu treffen, falls der Auftraggeber seinen Verpflichtungen aus § 30 a S. 1 nicht nachkommt. Es muß sich jedoch um Maßnahmen handeln, die mit seiner Interessewahrnehmungspflicht und dem Grundsatz von Treu und Glauben vereinbar sind. Eine Vernichtung des Guts kommt daher nur als ultima ratio in Betracht, z. B. dann nicht, wenn das Spediteurpfandrecht dem Spediteur ausreichende Sicherheit bietet. **Anm. 2**

3. Zur Haftung nach § 30 b S. 2 ADSp siehe Anm. 113 zu §§ 407—409 HGB. **Anm. 3**

§ 31

Durch eine Beschlagnahme oder andere öffentlich-rechtliche Akte werden die Rechte des Spediteurs gegenüber dem Auftraggeber nicht berührt; der Auftraggeber bleibt Vertragsgegner des Spediteurs und haftet, auch wenn ihn kein Verschulden trifft, dem Spediteur für alle aus solchen Ereignissen entstehenden Folgen.

Etwaige Ansprüche des Spediteurs gegenüber dem Staat oder einem sonstigen Dritten werden hierdurch nicht berührt.

Anm. 1 **1.** Die Bestimmung bestätigt teilweise Selbstverständliches. Durch eine Beschlagnahme wird der Staat ohnehin nicht Partei der hinsichtlich dieser beschlagnahmten Sache bestehenden Schuldverträge. Sollte ein behördlicher Akt aber auf rechtlich einwandfreier Grundlage eine solche Folge anordnen, so wären die ADSp als allgemeine Geschäftsbedingungen demgegenüber wirkungslos.

Anm. 2 **2.** § 31 ADSp betrifft nicht solche behördliche Akte, die reine Beförderungshindernisse darstellen — für diese gelten §§ 18, 19 ADSp —, sondern solche, durch die dem Spediteur die Verfügungsmacht über das Gut entzogen wird; Krien/Hay, Anm. 2f. zu § 31 ADSp.

Anm. 3 **3.** § 31 Abs. 1, 2. Hs. ADSp begründet eine Haftung des Auftraggebers ohne Verschulden für Beschlagnahmen; Anwendungsfall: BGH vom 22. 1. 1954, BGHZ 12, 136ff. Da von keiner Seite verschuldete Beschlagnahmen ein Risiko darstellen, das jedenfalls nicht in den Einflußbereich des Spediteurs sondern eher des Wareneigentümers fällt, ist die Regelung nicht zu beanstanden. Allerdings kann sich der Spediteur auf sie nicht berufen, wenn er die Speditionsversicherung nicht gedeckt hat (§ 41c ADSp, OLG Düsseldorf, NJW 1953, 1518). Für verschuldete Beschlagnahme haftet der Spediteur. Sie wird auch von der Speditionsversicherung nicht gedeckt. Siehe dazu Anm. 47 zu §§ 407—409 HGB, sowie § 5 SVS, Anhang II nach § 415 HGB.

Anm. 4 **4.** Praktische Bedeutung könnte S. 1 für die Provisionsfrage gewinnen.

a) Hat der Spediteur die Beschlagnahme zu vertreten, so greift unstreitig § 31 S. 1 ADSp nicht ein. Vielmehr gelten hierfür die vom Spediteur für den Fall seines Vertretenmüssens allgemein maßgeblichen Regeln (siehe dazu oben Anm. 101 zu §§ 407—409 HGB; Krien/Hay, Anm. 5 zu § 31 ADSp).

b) Hat der Auftraggeber den öffentlichen Eingriff zu vertreten, dann würde § 324 BGB gelten; siehe oben Anm. 102 zu §§ 407—409 HGB. Der Spediteur behielte seine Ansprüche aus dem Speditionsvertrag, also auch den Provisionsanspruch, müßte sich aber Ersparnisse anrechnen lassen.

c) Bei von keiner Partei zu vertretenden Umständen würde § 18 ADSp eingreifen. Der Spediteur hätte keinen Provisionsanspruch, wohl aber Kostenerstattungsansprüche. Siehe im einzelnen Anm. 103 zu §§ 407—409 HGB.

In den Fällen b) und c) könnte § 31 ADSp dadurch eine Änderung herbeiführen, daß er die Provisionsansprüche des Spediteurs auch bei teilweiser Nichtausführung ungekürzt bestehen ließe; so Krien/Hay, Anm. 5 zu § 31 ADSp.

Jedoch kann dieser Auffassung nicht zugestimmt werden. Da die ADSp sich in diesem Punkt nicht klar ausdrücken, muß die für AGB allgemein geltende Unklarheitenregel (siehe Anm. 10 vor § 1 ADSp) eingreifen. Es verbleibt daher bei der Regelung der §§ 324 BGB bzw. 18 ADSp. Im übrigen wäre eine Klausel, die dem Spediteur die volle Leistung ohne Anrechnung von Ersparnissen zubilligte, kaum als angemessene Regelung im Sinne der heute geltenden Maßstäbe für die Inhaltskontrolle von AGB (siehe Anm. 12 vor § 1 ADSp) anzusehen.

§ 32

Gegenüber Ansprüchen des Spediteurs ist eine Aufrechnung oder Zurückbehaltung nur mit fälligen Gegenansprüchen des Auftraggebers, denen ein Einwand nicht entgegensteht, zulässig.

Anm. 1

I. Die Einschränkung der Aufrechnung

Gemäß §§ 387, 390 BGB kann mit nicht fälligen oder einredebehafteten Gegenforderungen nicht aufgerechnet werden. Erklärt der Schuldner dennoch die Aufrechnung mit solchen Gegenforderungen, so muß im Prozeß über die Forderung die Fälligkeit der Gegenforderung bzw. die ihr entgegenstehende Einrede geprüft werden. Wenn § 32 ADSp dagegen dem Kunden verbietet, mit Gegenforderungen aufzurechnen, die nicht fällig sind oder denen ein „Einwand" entgegensteht, so soll diese nicht sehr klar formulierte Bestimmung offensichtlich die Rechtsstellung des Spediteurs verbessern. Zweck des § 32 ADSp ist es, zu verhindern, daß der Spediteur wegen seiner Ansprüche mit zweifelhaften (illiquiden) Gegenforderungen und deren zeitraubender Prüfung hingehalten wird; so BGH vom 22. 1. 1954, BGHZ 12, 136 (143); vom 4. 5. 1956, MDR 1956, 664 (665); vom 20. 12. 1956, VersR 1957, 192 (193). Die Aufrechnung mit einer solchen Gegenforderung ist unzulässig, so daß sie im Prozeß gegen den Spediteur nicht berücksichtigt zu werden braucht, vielmehr der Kunde hinsichtlich seiner Gegenforderung auf Widerklage oder selbständige Klage verwiesen ist.

Unter „Einwand" im Sinne des § 32 ADSp ist dabei jeder Einwand im weitesten Sinne, auch das Bestreiten der Entstehung der Gegenforderung, zu verstehen; siehe z. B. OLG Düsseldorf, NJW 1961, 224f. Doch hat die oben angegebene Rechtsprechung des BGH es dem Spediteur mit Recht versagt, mit unsubstantiiertem Bestreiten der Gegenforderung die Aufrechnung zu verhindern. Um einen Einwand im Sinne des § 32 ADSp darzutun, muß der Spediteur vielmehr mit Tatsachenbehauptungen belegen, worin der „Einwand" besteht. Fehlt es an solchen oder lassen sich diese sofort als unrichtig erkennen, so kann das Gericht die Aufrechnung trotz § 32 ADSp berücksichtigen und über die Gegenforderung Beweis erheben oder eine Entscheidung unter Vorbehalt der Entscheidung über die Aufrechnung erlassen. Der Spediteur kann somit den § 32 ADSp nicht seinerseits dazu benutzen, mit unsubstantiierten oder offensichtlich unzutreffenden Einwänden die Aufrechnung zu verhindern. Siehe zur Abtretung der durch das Aufrechnungsverbot geschützten Spediteurforderung auf einen Nichtspediteur, BGH vom 20. 12. 1956, VersR 1957, 192 (193).

Auf § 32 ADSp wird sich der Spediteur im Falle eigenen Vorsatzes nicht berufen können. Die vorsichtige Entscheidung RGZ 142, 143 (144f.) bezog sich auf einen Individualvertrag und ist wohl durch die neuere Rechtsprechung des BGH zu den Allgemeinen Geschäftsbedingungen (siehe Anm. 12 vor § 1 ADSp) überholt.

II. Die Einschränkung von Zurückbehaltungsrechten **Anm. 2**

§ 32 ADSp will die Ausübung von Zurückbehaltungsrechten in gleicher Weise wie die Aufrechnung einschränken. Da Zurückbehaltungsrechte wirtschaftlich vielfach eine aufrechnungsähnliche Wirkung erzielen, ist die Klausel als in gleichem Umfang zulässig zu betrachten wie die Aufrechnungsbeschränkung. Die Anwendung formularvertraglicher Aufrechnungsbeschränkungen auf Zurückbehaltungsrechte wurde im übrigen vom BGH im Urt. v. 2. 4. 1962, VersR 1962, 552 (554) zu Dock- und Reparaturbedingungen als zulässig angesehen.

VIII. Ablieferung

§ 33

Die Ablieferung von Rollgut darf mit befreiender Wirkung an jede zum Geschäft oder Haushalt gehörige, in den Räumen des Empfängers anwesende erwachsene Person erfolgen.

I. Grundsätzliche Bedeutung des § 33 ADSp **Anm. 1**

Die Bestimmung klärt, an wen der Spediteur mit befreiender Wirkung abliefern darf, wenn ihm das Zurollen der Güter (Ablieferung beim Empfänger) obliegt. Im Regelfall ist die Ablieferung kein Rechtsgeschäft, sondern nur das tatsächliche Verbringen aus der Obhut des Spediteurs in die des Empfängers. Siehe dazu Anm. 60 zu §§ 407—409 und die Anm. zu § 429 HGB. Die Person, die das Gut in Empfang nimmt, braucht daher nicht vom Empfänger bevollmächtigt zu sein, sondern nur die Funktion eines Besitzdieners nach § 855 BGB auszuüben. Unzutreffend insoweit Krien/Hay,

Anm. 5ff. zu § 33 ADSp, die hier von „Bevollmächtigung" und „Ermächtigung" sprechen. Siehe dazu im einzelnen die Anm. zu § 429 HGB. Dem § 33 ADSp kommt daher nur für diejenigen Fälle eine Bedeutung zu, in denen eine unter § 33 ADSp fallende Person, die nicht Besitzdiener des Empfängers nach § 855 BGB ist — also z. B. eine nicht weisungsgebundene Person — das Rollgut in Empfang nimmt. In diesen Fällen gilt nach § 33 ADSp die Ablieferung als ebenso geschehen, wie wenn der Empfänger Besitz erlangt hätte. Siehe dazu auch Anm. 81 zu §§ 407—409 HGB.

Ob die Person, die das Rollgut in Empfang nimmt, rechtsgeschäftliche Vertretungsmacht hat, ist nur dann von Bedeutung, wenn keine oder nicht lediglich eine tatsächliche Besitzübergabe erfolgt, sondern die Ablieferung durch andere an ihrer Stelle besonders vereinbarte Vorgänge ersetzt wird — z. B. bei Auslieferung an einen Dritten oder bei Weiterverwahrung des Guts durch den Spediteur aufgrund eines selbständigen Verwahrungsvertrags. Siehe hierzu die Anm. zu § 429 HGB. In diesen Fällen kann § 33 ADSp dem Spediteur nicht helfen, wenn er mit einer unter § 33 ADSp fallenden, aber nicht bevollmächtigten Person eine besondere Form der Ablieferung vereinbart. Denn hierzu bedarf es einer rechtsgeschäftlichen Vertretungsmacht, die durch § 33 ADSp nicht ersetzt wird.

Anm. 2 **II. Die empfangsberechtigten Personen nach § 33 ADSp**

§ 33 ADSp läßt die Ablieferung an Personen genügen, die folgende Voraussetzungen erfüllen:

a) Sie müssen „erwachsen" sein. Da der Terminus „erwachsen" in der Rechtssprache keine allgemein gültige Definition erfahren hat, sind die ADSp in diesem Punkt unklar. Als Allgemeine Geschäftsbedingungen sind sie zugunsten des Kunden auszulegen (siehe oben Anm. 10 vor § 1 ADSp). Danach wird Volljährigkeit des Annehmenden erforderlich sein. Anders Krien/Hay, Anm. 11 zu § 32 ADSp; Hald, ADSp, S. 59, die sehr ungenaue und zur Rechtsunsicherheit führende Kriterien für das „Erwachsensein" aufstellen.

b) Die Personen müssen zum Haushalt oder Erwerbsgeschäft des Empfängers gehören. Wer Empfänger ist, richtet sich nach dem Inhalt des Speditionsvertrags bzw. nach den vom Versender getroffenen Verfügungen. Siehe dazu Anm. 12 zu §§ 407—409 HGB. Die Ablieferung an eine in den Räumen des Empfängers anwesende, aber nicht zu seinem Haushalt oder Erwerbsgeschäft gehörende Person befreit daher nicht. Nach welchen Maßstäben bestimmt wird, wer zum Haushalt oder Geschäft des Empfängers gehört, läßt sich dem § 33 ADSp nicht entnehmen. Im allgemeinen wird davon auszugehen sein, daß alle Arbeitnehmer des Empfängers auch zu seinem Geschäft gehören. Zweifelhaft ist die Rechtslage bei Personen, die nur gelegentlich untergeordnete Tätigkeiten ausüben, z. B. stundenweise hinzugezogene Putzfrauen usw.; Krien/Hay Anm. 10 zu § 33 ADSp.

c) Die betreffende Person muß in den Räumen des Empfängers anwesend sein. Eine Ablieferung an eine solche Person außerhalb der Räume des Empfängers befreit daher nicht — soweit nicht § 855 BGB sowieso hilft. Zu den „Räumen" müssen auch Garten- und Hofflächen gerechnet werden.

§ 34

a) Die Empfangnahme des Gutes verpflichtet den Empfänger zur sofortigen Zahlung der auf dem Gute ruhenden Kosten einschließlich von Nachnahmen. Erfolgt die Zahlung nicht, so ist der Kutscher berechtigt, das Gut wieder an sich zu nehmen.

b) Unterbleibt bei der Ablieferung aus Versehen oder aus sonstigen Gründen die Bezahlung der Kosten einschließlich von Nachnahmen, so ist der Empfänger, wenn er trotz Aufforderung den Betrag nicht zahlt, zur sofortigen bedingungslosen Rückgabe des Gutes an den Spediteur oder im Unvermögensfalle zum Schadensersatz an den Spediteur verpflichtet. Die Geltendmachung eines Gegenanspruches oder eines Zurückbehaltungsrechtes sowie Verfügungen über das Gut sind unzulässig.

Anm. 1 **I. Verhältnis des § 34 ADSp zu frachtrechtlichen Parallelbestimmungen**

§ 34 ADSp will den Empfänger zum Schuldner der Speditionskosten und Nachnahmebeträge machen und die Rechtsstellung des Spediteurs gegenüber dem Empfänger stärken. Der Paragraph entspricht insoweit in seiner Funktion den §§ 436, 614 HGB, 25 Abs. 2 S. 3 KVO, 75 Abs. 2 EVO, geht aber inhaltlich über diese insoweit hinaus, als der Empfänger durch die bloße Annahme des Guts auch ohne den Frachtbrief bereits zur Zahlung verpflichtet werden soll.

Soweit der Spediteur als Frachtführer, ggf. auch durch Selbsteintritt nach § 412 HGB, tätig wird, stehen ihm in jedem Fall die Rechte eines Frachtführers nach dem Frachtrecht der jeweiligen Sparte, im Güternahverkehr also nach § 436 HGB, im Güterfernverkehr nach § 25 Abs. 2 S. 3 KVO zu. Da die KVO nur hinsichtlich der Haftung des Frachtführers unabdingbar ist — siehe § 26 GüKG Anhang I nach § 452 HGB — kann der Spediteur auch im Güterfernverkehr anstelle des § 25 KVO die ADSp-Regelung vereinbaren. Siehe aber Anm. 3 zu § 2 ADSp.

II. Geltung des § 34 ADSp gegenüber dem Empfänger Anm. 2

Als allgemeine Geschäftsbedingungen erlangen die ADSp nur durch Unterwerfungsvertrag Geltung; siehe Anm. 3 vor § 1 ADSp. Daher gelten sie gegenüber dem Empfänger, der zum Spediteur in keinem Vertragsverhältnis steht, grundsätzlich nicht; BGH vom 29. 6. 1959, VersR 1959, 659 (661). Zustimmend Schlegelberger/Schröder, Anm. 9c zu § 407 HGB; ähnlich schon RGZ 102, 39 (44).

Um die Rechte des Spediteurs gegenüber dem Empfänger nach § 34 ADSp zu begründen, muß also ein besonderer Unterwerfungsvertrag zwischen Empfänger und Spediteur geschlossen werden. Eine solche Unterwerfung kann keinesfalls in der bloßen Annahme des Speditionsguts gesehen werden. Für den Empfänger, an den das Gut vorbehaltlos ausgeliefert wird, besteht keinerlei Interesse, mit dem Spediteur einen Vertrag abzuschließen. Vielfach handelt es sich um Fälle, in denen im Verhältnis zwischen Versender und Empfänger der erstere die Versandkosten zu zahlen hat und der Empfänger das Gut ohne weiteres zurückweisen würde, wenn er zur Kostenzahlung, insbesondere zur Zahlung von Nachnahmen herangezogen werden würde. In solchen Fällen kann der Wille des Empfängers, eine Zahlungsverpflichtung einzugehen, nicht aufgrund des § 34 ADSp fingiert werden. Will der Spediteur vom Empfänger Zahlung verlangen, hat er insbesondere eine Nachnahme einzuziehen, so muß er die Auslieferung von der Zahlung abhängig machen, was ihm schon aufgrund seines gesetzlichen Spediteurpfandrechts nach § 410 HGB jederzeit möglich ist; siehe im einzelnen die Erläuterungen zu § 410 HGB. Will er das Gut dennoch ausliefern, so muß er dafür sorgen, daß der Empfänger mindestens die Verpflichtung zur Zahlung übernimmt — z. B. in Form einer Schuldmitübernahme neben dem Versender. Der Spediteur kann auch mit dem Empfänger bei Auslieferung die Geltung der ADSp vertraglich vereinbaren und damit die Rechte aus § 34 ADSp gegen den Empfänger begründen; Krien/Hay Anm. 5 zu § 34 ADSp. Allerdings muß es zweifelhaft sein, ob die ADSp mit der Folge der Verpflichtung des Empfängers nach § 34 ADSp auch dann schon als vereinbart gelten können, wenn nur auf einer bloßen Empfangsbescheinigung ein Hinweis auf sie steht. Denn auf einer derartigen Bescheinigung vermutet der Empfänger keine Vertragsanträge zur Inkraftsetzung von allgemeinen Geschäftsbedingungen und vielfach wird auch die den Empfang bestätigende Person nicht zu schuldrechtlichen Verpflichtungserklärungen bevollmächtigt sein.

Schließlich besteht auch kein Handelsbrauch, nach dem die Regelung des § 34 ADSp zwischen Spediteur und Empfänger nur aufgrund der Annahme des Gutes ohne besondere Vereinbarung gelten würde. Dieser würde voraussetzen, daß die Spediteure in nicht unerheblichem Umfang tatsächlich Speditionsgut auslieferten, ohne von den anderen bestehenden Möglichkeiten Gebrauch zu machen, sich wegen der Kosten zu sichern. Denn nur eine ständige tatsächliche Anwendung kann einer Regel den Charakter als Handelsbrauch geben. Daher hat der BGH im Urteil vom 29. 6. 1959, VersR 1959, 659 (661) es abgelehnt, § 34 ADSp im Verhältnis zum Empfänger als Handelsbrauch anzusehen.

§ 34 ADSp kann somit nur in den Ausnahmefällen, in denen seine Geltung zwischen Spediteur und Empfänger zweifelsfrei vereinbart ist, wirksam werden. Auch dann kann jedoch die Berufung auf § 34 ADSp rechtsmißbräuchlich sein, siehe dazu unten Anm. 3.

Anm. 3 **III. Der Inhalt des § 34 ADSp im einzelnen**

1. § 34a S. 1 ADSp

Dieser Satz legt eine Verpflichtung des Empfängers zur sofortigen Zahlung aller auf dem Gut ruhenden Kosten fest, die durch die Empfangnahme des Gutes begründet werden sollen. Anders als nach § 436 HGB und den diesem entsprechenden frachtrechtlichen Bestimmungen der anderen Sparten des Frachtrechts ist es also für die Begründung der Verpflichtung nicht erforderlich, daß dem Empfänger ein Frachtbrief ausgehändigt wird und daß die betreffenden Forderungen sich aus dem Frachtbrief ergeben. Diese Regelung, durch die es dem Spediteur ermöglicht werden soll, sich durch bloße Ablieferung einen zusätzlichen Schuldner zu verschaffen, stößt schon ganz allgemein in ihrer inhaltlichen Angemessenheit auf Bedenken, da sie den Empfänger in die Lage bringen kann, sich einer Zahlungspflicht gegenüber zu sehen, mit der er bei Annahme des Gutes nicht rechnen konnte und die er nach Annahme nicht mehr zum Erlöschen bringen kann. Auch wenn man § 34 ADSp insoweit als inhaltlich angemessen betrachten sollte, so kann sich der Empfänger jedenfalls im Einzelfall gegenüber § 34a ADSp auf die exceptio doli generalis berufen: Läßt sich der Spediteur, ohne den Empfänger auf die Belastung des Guts aufmerksam zu machen, die Geltung der ADSp vom Empfänger bescheinigen, so wird ihm nach dem Grundsatz von Treu und Glauben (venire contra factum proprium) regelmäßig später die Berufung auf § 34a S. 1 ADSp verwehrt sein; denn durch sein Verhalten hat er den Empfänger zur Abgabe einer Verpflichtungserklärung veranlaßt, ohne ihm zuvor die Möglichkeit einer Abwägung zu geben, deren Ergebnis den Empfänger unter Umständen zur Verweigerung der Annahme und damit zur Vermeidung der Zahlungspflicht geführt hätte.

Anm. 4 **2. § 34a S. 2 und b S. 1 ADSp**

Gegen das sofortige Rücknahmerecht des Spediteurs nach § 34a S. 2 ADSp bestehen keine Bedenken. Es soll dem Spediteur nur die Geltendmachung seines Pfandrechts und Zurückbehaltungsrechts erleichtern. Das gleiche gilt für den Rückgabeanspruch des Spediteurs nach § 34b ADSp. Auch dieser soll nur dazu dienen, den alten Sicherungsstand wiederherzustellen. Da der Spediteur zuvor nicht verpflichtet war, das Gut ohne Zahlung auszuliefern, bestehen keine Bedenken gegen die Regelung der ADSp. Durch die Zurückerlangung des Besitzes am Frachtgut lebt allerdings das gesetzliche Spediteurpfandrecht nicht wieder auf; siehe Anm. 20 zu § 410 HGB.

Krien/Hay Anm. 11 zu § 34 ADSp sind der Auffassung, die Übergabe des Guts an den Empfänger durch Leute des Spediteurs begründe beim Empfänger nur fehlerhaften Besitz im Sinne des § 858 BGB, wenn die Leute des Spediteurs sich über eine Weisung zur Einziehung von Beträgen beim Empfänger hinwegsetzten bzw. sie versehentlich nicht ausführten. Dem Spediteur stünden dann die Besitzstörungsansprüche des BGB, insbesondere der Herausgabeanspruch nach § 861 BGB zu. Dem kann nicht zugestimmt werden. § 858 Abs. 1 BGB verlangt zur Begründung fehlerhaften Besitzes verbotene Eigenmacht des Erwerbers, d. h. eine Entziehung oder Störung des Besitzes. Der Erwerb durch Übergabe vom Besitzdiener kann jedoch nicht als „Entziehung" oder „Störung" betrachtet werden; vielmehr erhält der Empfänger den Besitz, ohne eine störende Aktivität zu entfalten. Sein Besitz ist daher nicht fehlerhaft (= rechtswidrig). Es ist vielmehr Sache des Spediteurs, seine Leute so zu instruieren, daß sie den Besitz nicht ohne seinen Willen aufgeben. Tun sie dies dennoch, so können die Folgen nicht auf dem Wege des Besitzschutzrechts beseitigt werden.

Inwieweit dem Spediteur, wenn § 34b ADSp nicht gilt, Ansprüche gegen den Empfänger aus ungerechtfertigter Bereicherung zustehen (Krien/Hay Anm. 11 zu § 34 ADSp), hängt von den Umständen des Einzelfalles ab und kann nicht generell entschieden werden.

Anm. 5 **3. § 34b S. 2 ADSp**

Diese Bestimmung will die Rechtsstellung des Empfängers bei Bestehen des Rückgabeanspruches des Spediteurs nach § 34b S. 1 ADSp schwächen. So sollen dem Empfänger gegenüber dem Rückgabeanspruch des Spediteurs keinerlei Zurückbehaltungsrechte zustehen und auch das Sichberufen auf Gegenansprüche soll unzulässig sein. Diese Klausel, die nur die ungestörte Wiederherstellung des status quo sichern will, wird auch nach den Grundsätzen der Inhaltskontrolle für allgemeine Geschäftsbedingungen als angemessen und daher als wirksam betrachtet werden können.

Das dem Empfänger nach § 34b S. 2 ADSp auferlegte Verfügungsverbot kann nach § 137 BGB keine dingliche Wirkung entfalten. Schuldrechtliche Auswirkungen wird es nur haben, wenn der Empfänger schuldhaft, also insbesondere in Kenntnis des Rückforderungsrechts des Spediteurs über das Gut verfügt. In diesem Falle kommt insbesondere § 280 BGB als Anspruchsgrundlage in Betracht; Krien/Hay Anm. 12 zu § 34 ADSp.

IX. Versicherung des Gutes

§ 35

a) Zur Versicherung des Gutes ist der Spediteur nur verpflichtet, soweit ein ausdrücklicher schriftlicher Auftrag dazu unter Angabe des Versicherungswertes und der zu deckenden Gefahren vorliegt. Bei ungenauen oder unausführbaren Versicherungsaufträgen gilt Art und Umfang der Versicherung dem Ermessen des Spediteurs anheimgestellt. Die Versicherung tritt erst in Kraft, sobald der Spediteur bei ordnungsmäßigem Geschäftsgang in der Lage gewesen ist, die Versicherung abzuschließen.

b) Der Spediteur ist nicht berechtigt, die bloße Wertangabe als Auftrag zur Versicherung anzusehen.

c) Durch Entgegennahme eines Versicherungsscheines (Police) übernimmt der Spediteur nicht die Pflichten, die dem Versicherungsnehmer obliegen; jedoch hat der Spediteur alle üblichen Maßnahmen zur Erhaltung des Versicherungsanspruchs zu treffen.

§ 36

Mangels abweichender schriftlicher Vereinbarung versichert der Spediteur nur zu den an seinem Erfüllungsort üblichen Versicherungsbedingungen und nicht gegen Bruchgefahr. Bei Gegenständen, die überwiegend Kunst- oder Liebhaberwert haben, wird nur der gänzliche Verlust des Kunstwerks bei dem einzelnen Stück versichert. Der Spediteur genügt seiner Versicherungspflicht stets durch Versicherung auf Grund einer etwaigen Generalpolice.

§§ 35, 36 ADSp betreffen nicht die Speditions- und Rollfuhrversicherung, sondern den Abschluß einer Transport-, Lager-, Feuer- oder anderer Sachversicherung hinsichtlich des Speditionsguts durch den Spediteur in eigenem Namen und für Rechnung des Versenders. Siehe hierzu Anm. 11, 50, 73 zu §§ 407—409 HGB. **Anm.**

§ 37

a) Im Falle der Versicherung steht dem Auftraggeber als Ersatz nur zu, was der Spediteur von dem Versicherer nach Maßgabe der Versicherungsbedingungen erhalten hat.

b) Der Spediteur genügt seinen Verpflichtungen, indem er dem Auftraggeber auf Wunsch die Ansprüche gegen den Versicherer abtritt; zur Verfolgung der Ansprüche ist er nur auf Grund besonderer schriftlicher Abmachung und nur für Rechnung und Gefahr des Auftraggebers verpflichtet.

c) Eine weitergehende Verpflichtung oder eine Haftung besteht für den Spediteur in keinem Falle.

Übersicht

Anm. 1

I. Überblick

§ 37 ADSp betrifft den Einfluß der Güterversicherung (insbesondere der Transport- oder Lagerversicherung) auf die Spediteurhaftung. Der Paragraph enthält eine Freizeichnungsregelung, die den Spediteur, wenn er in eigenem Namen für Rechnung des Versenders eine Güterversicherung abschließt, siehe Anm. 11, 50, 73 zu §§ 407—409 HGB, von der Haftung befreien soll. Diese Freizeichnung ist von erheblicher Bedeutung, da § 41a den Spediteur in diesem Falle nicht schützt. § 41a gilt nur für Schäden, die von der Speditionsversicherung gedeckt werden. Da diese aber nach § 5 Abs. 1 A SVS; Ziff. 2 S. 4 Sped. Police die transportversicherten Schäden nicht erfaßt, kann auch § 41a nicht eingreifen; vgl. dazu KG, VersR 1967, 446 (448). Siehe zum Haftungssystem der ADSp generell Anm. 57, 71ff., insbesondere Anm. 73 zu §§ 407—409 HGB. § 37 gilt nur, wenn der Spediteur den Versicherungsvertrag abgeschlossen hat, nicht dagegen, wenn der Versender selbst die Transportversicherung nimmt. In diesem Fall kann es daher auch zum Regreß des Transportversicherers gegen den Spediteur kommen, ohne daß § 37 ADSp eingreift. Vgl. hierzu den vom KG VersR 1967, 446ff. entschiedenen Fall.

Anm. 2

II. Konkurrenz zwischen Spediteurhaftung, Speditionsversicherung und Transport- oder Lagerversicherung

1. Das Verhältnis der Speditionsversicherung zur Transport- und Lagerversicherung

Nach § 5 Ziff. 1 A SVS; Ziff. 2 S. 4 Sped. Police sind Gefahren, welche durch eine Transportversicherung gedeckt sind, grundsätzlich nicht in der Speditionsversicherung versichert. Andererseits enthalten die üblichen Waren-Transportversicherungen keine derartige Subsidiaritätsklausel. Die Allgemeinen Deutschen Binnen-Transportversicherungs-Bedingungen von 1963 (ADB, abgedruckt in DTV-Handbuch, hrsg. vom Deutschen Transportversicherungs-Verband eV, Loseblattsammlung, Stand 1971, S. 387) sehen zwar in § 2 Abs. 1e eine Subsidiarität gegenüber anderen Güterversicherungen vor; aber die Speditionsversicherung ist davon nicht erfaßt, da sie keine Güterversicherung ist (siehe dazu Anm. 4, 5 zu §§ 39, 40 ADSp).

In der Rollfuhrversicherung ist die Rechtslage gemäß § 2 Ziff. 1 SVS; Ziff. 2 Abs. 4 Sped. Police entsprechend.

Im Verhältnis zur Lagerversicherung ist die Speditionsversicherung ebenfalls subsidiär, siehe § 5 Ziff. 1 C SVS; Ziff. 2, S. 4, Nr. 4b Sped. Police.

Im Bereich der Seeversicherung können sich die Speditionsversicherung und die See-Güterversicherung in besonderen Fällen überschneiden. Dann könnte eine Doppelversicherung im Sinne des § 10 ADS vorliegen. Vgl. zur Doppelversicherung durch Haftpflicht- und Güterversicherung Ritter/Abraham, Das Recht der Seeversicherung, 2. Aufl. 1967, Anm. 8 zu § 10 ADS. Jedoch schließt die Subsidiarität der Speditionsversicherung hier die Doppelversicherung ebenfalls aus.

Anm. 3

2. Das Verhältnis der Transport- und Lagerversicherung zur Spediteurhaftung

Transportversicherung und Spediteurhaftung betreffen zwei grundsätzlich verschiedene Risiken. Im eigentlichen Speditionsgeschäft, in dem der Spediteur nicht selbst befördert, sondern nur die Versendung, also die Beförderung durch andere besorgt, haftet er nicht für die eigentliche Transportgefahr. Siehe Anm. 60 zu §§ 407—409 HGB. Die Transportversicherung betrifft andererseits in allen Zweigen des Frachtgeschäfts nur den eigentlichen Beförderungszeitraum, für den der Spediteur, außer im Falle des Selbsteintritts, nicht haftet. Vgl. für den Seetransport § 88 ADS, für den Binnentransport § 5 ADB 1963.

Überschneidungen mit der Spediteurhaftung kommen also bei der eigentlichen Spediteurtätigkeit kaum vor. Speditionsversicherung und Transportversicherung oder Lagerversicherung können jedoch in besonderen Fällen in Konkurrenz treten. So umfaßt z. B. die Einheitsversicherung (DTV-Jahrbuch S. 494ff.) nach ihrem § 1 nach dem Grundsatz des Globalversicherungsschutzes auch das Verweilen der Güter beim Spediteur. Ferner ergeben sich Überschneidungen zwischen Speditions- und Transport- oder Lagerversicherung, soweit der Spediteur als Lagerhalter oder Frachtführer im Selbsteintritt oder bei Abholung und Zuführung der Güter im Rollfuhrverkehr tätig wird. Siehe dazu auch § 1 RVS. Somit kann festgestellt werden, daß für den größten Teil der Spediteurhaftung die Transport- und Lagerversicherung kein Ersatz sein kann, weil sie die betreffenden Haftungsrisiken nicht deckt.

III. Der Inhalt des § 37 ADSp

Anm. 4

1. Abführung der Versicherungsleistung statt Haftung

Den Schlüssel zu § 37 ADSp bilden seine Absätze a und c. Danach soll im Fall der Transport- oder Lagerversicherung jeder Anspruch, der über die nach Absätzen a und b geschuldete Abführung der Versicherungsleistung hinausgeht, gänzlich ausgeschlossen sein. Nach Abs. a hat der Spediteur die bereits empfangenen Schadensersatzleistungen des Transport- oder Lagerversicherers an den Versender abzuführen. Steht die Versicherungsleistung noch aus, so hat der Spediteur nach Abs. b den Anspruch gegen den Transportversicherer an den Versender abzutreten. Nach § 75 Abs. 1 und 2 VVG stehen bei der Versicherung für fremde Rechnung dem Versicherten, also hier dem Versender, ohnehin die Ansprüche aus dem Versicherungsvertrag zu. Sie brauchen ihm also nicht abgetreten zu werden. Allerdings benötigt er zur Geltendmachung dieser Ansprüche entweder den Versicherungsschein oder die Zustimmung des Spediteurs, der regelmäßig Inhaber des Versicherungsscheins sein wird (§ 75 Abs. 2 VVG). Somit schuldet der Spediteur praktisch nicht die Abtretung, sondern nur die Zustimmung zur Geltendmachung der Ansprüche durch den Versender gemäß § 75 Abs. 2 VVG.

Diese in § 37 ADSp geregelten Pflichten zur Abführung der Versicherungsleistung rweitern nicht etwa den Pflichtenkreis des Spediteurs. Sie ergeben sich vielmehr schon nach dem Gesetz aus dem Speditionsvertrag: §§ 675, 667 BGB, siehe Anm. 56 zu §§ 407 bis 409 HGB. Bei der Wahrnehmung der Versenderinteressen ist dem Spediteur nach § 37b, 2. Hs. ADSp nicht einmal die Verfolgung der Ansprüche gegen den Versicherer auferlegt; er braucht nur die versicherungsvertraglichen Obliegenheiten wie z. B. die Schadensanmeldung zu erfüllen. Auch insoweit verbessert also § 37 die Rechtsposition des Spediteurs.

2. Die Wirkung der Freizeichnung

Anm. 5

Ein mehr theoretisches Problem bildet die Frage, ob § 37 die Haftung des Spediteurs gänzlich ausschließen will, oder ob nur dem Versender die Geltendmachung der Ansprüche gegen den Spediteur abgeschnitten werden soll, so daß der Transportversicherer gegen den Spediteur gemäß § 67 VVG Rückgriff nehmen könnte. Die letztere Auffassung vertreten Krien/Hay Anm. 4 zu § 37 ADSp, die jedoch darauf hinweisen, daß die von Spediteuren für die Versender gezeichneten Policen regelmäßig einen Regreßverzicht des Transportversicherers gegenüber dem Spediteur enthalten. Praktisch bewirkt somit § 37, gleich wie man ihn auslegt, eine vollständige Haftungsbefreiung des Spediteurs.

3. Der Umfang der Freizeichnung in § 37 ADSp

Anm. 6

Würde man § 37a und c ADSp so auslegen, daß der Spediteur von seiner Haftung nur insoweit befreit werden sollte, wie der Güterversicherer den Schaden ersetzt, so würde der Abschluß der Transportversicherung den Spediteur nicht wesentlich entlasten, da die meisten Haftungsfälle im Bereich der Spediteurtätigkeit von der Transportversicherung nicht erfaßt werden. Siehe oben Anm. 2. Nach der im Speditionsschrifttum herrschenden Meinung soll, gestützt auf die sehr allgemeine Wortfassung, § 37 ADSp den Spediteur jedoch nicht nur dann von der Haftung befreien, wenn die Transport- oder Lagerversicherung den Schaden deckt, sondern seine Haftung soll gänzlich ausgeschlossen sein. Somit soll sich die Bedeutung der Freizeichnung nicht darauf beschränken, eine doppelte Haftung durch Güterversicherung und Spediteurhaftung auszuschließen, sondern es sollen auch gerade außerhalb des Bereichs der Güterversicherung bestehende Ansprüche des Versenders ausgeschlossen werden. Siehe statt vieler Krien/Hay, Anm. 2 zu § 37 ADSp; Schwartz, Anm. 1 zu § 35 ADSp; Hald, ADSp, S. 73f.

Eine solche Auslegung des § 37 ist jedoch nicht zu begründen. Der Haftungsausschluß kann sich sinnvollerweise nur auf den Deckungsbereich der vom Spediteur für Rechnung des Versenders genommenen Güterversicherung erstrecken. Dies ist schon deshalb anzunehmen, weil § 37 sich nicht auf eine bestimmte Güterversicherung bezieht und die Deckung eines bestimmten Risikobereichs durch Güterversicherung alle anderen Risiken unverändert läßt. So ändert z. B. der Abschluß eines Feuerversicherungsvertrags nichts am Einbruch-Diebstahl-Risiko. Jede weitergehende Auslegung, die dem Versender die Haftung nach dem Speditionsrecht entziehen würde, ohne ihm Ansprüche gegen den Güterversicherer zu beschaffen, würde unbegründete Lücken in den Haftpflicht- und Versicherungsschutz des Versenders reißen. Eine solche Auslegung würde auch mit den Grundsätzen für die Auslegung allgemeiner Geschäftsbedingungen, siehe Anm. 10, 11 vor § 1 ADSp, nicht vereinbar sein.

Die hier vertretene Auslegung stimmt auch mit der Formulierung des Abs. b gut überein. In diesem Absatz geht § 37 davon aus, daß die Ersatzpflicht des Spediteurs durch Abtretung der Ansprüche aus der Güterversicherung erfüllt wird. Bestehen solche Ansprüche nicht, so tritt auch die Haftungsbefreiung nicht ein. Somit ist festzuhalten: § 37 befreit den Spediteur insoweit von der Haftung, als er dem Versender Ersatzansprüche aus der von ihm für diesen genommenen Güterversicherung abtritt. Für alle Risiken, die außerhalb der betreffenden Güterversicherung liegen, haftet der Spediteur trotz § 37 im Rahmen der Haftungsregelung der ADSp. Genügt die Güterversicherung nicht, um den vollen Schaden des Versenders auszugleichen, so steht dem Versender nach § 37b, c kein ergänzender Anspruch gegen den Spediteur zu.

Schließt man sich der herrschenden Meinung zur Auslegung des § 37 ADSp an, so bestehen erhebliche Bedenken, ob die Klausel einer Inhaltskontrolle nach der neueren Rechtsprechung zu Allgemeinen Geschäftsbedingungen (siehe Anm. 12 vor § 1 ADSp) standhalten würde. Soweit die Transportversicherung dem Versender keinen Ersatz leistet, fehlt ganz allgemein jeder sachliche Grund dafür, daß der Versender haftungsmäßig schlechter gestellt sein sollte, wenn er dem Spediteur den Auftrag zur Transportversicherung erteilt, als wenn er dies nicht tut.

Der Versender bezahlt die Prämie; die Versicherung wird von Anfang an für seine Rechnung genommen; der Spediteur hat nach § 38 ADSp Anspruch auf eine besondere Provision für den Abschluß der Transportversicherung. Auch kann man kaum mit Krien/Hay Anm. 2 zu § 37 ADSp davon sprechen, der Versender treffe mit der Weisung zur Nahme der Transportversicherung die Entscheidung, ob er die Versicherung oder die Spediteurhaftung bevorzuge. Einmal handelt es sich hier nicht um eine wirkliche „Wahl", weil beim eigentlichen Spediteurverschulden die „wählbaren" Möglichkeiten unterschiedliche Risiken betreffen. Zum anderen wird auch der durchschnittliche Verbotskunde — auf diesen kommt es wegen § 41 ADSp allein an — nicht erkennen, daß der Auftrag zur Transportversicherung ihn jeder Haftung gegen den Spediteur berauben soll. Schließlich wird er auch vom Spediteur über diese sich aus den ADSp ergebenen Folgen seiner Weisung zur Nahme der Transportversicherung kaum jemals aufgeklärt werden.

Nach alledem enthält die Freizeichnung des § 37 ADSp bei der hier abgelehnten weiten Auslegung keine den Interessen der Parteien entsprechende angemessene Regelung, sondern begünstigt ganz ausschließlich und ohne Äquivalent den Spediteur. Insofern dürfte § 37 ADSp nach den allgemeinen Grundsätzen über die Inhaltskontrolle Allgemeiner Geschäftsbedingungen (BGHZ 41, 151ff.; siehe oben Anm. 12 vor § 1 ADSp) unwirksam sein. Der Spediteur muß daher damit rechnen, daß die über den Deckungsbereich der Transportversicherung hinausgehende Freizeichnung des § 37 ADSp von den Gerichten in Zukunft nicht anerkannt werden wird. Selbstverständlich ist es andererseits, daß der Versender nicht zweimal vom Versicherer und Spediteur Ersatz für den gleichen Schaden verlangen kann.

Anm. 7 **4. Fälle der Haftung des Spediteurs und des Speditionsversicherers**

Unstreitig schließt § 37 ADSp nicht die Haftung aus, die den Spediteur trifft, wenn er schuldhaft Weisungen des Versenders hinsichtlich der Versicherungsnahme nicht befolgt. Denn § 37 ADSp setzt voraus, daß der Spediteur die Transport- oder Lagerversicherung im Einklang mit den Weisungen des Versenders gedeckt hat. Ist dies nicht der Fall, so fehlt es an der Grundvoraussetzung des § 37 ADSp. Der Spediteur haftet demnach für Nicht- oder nicht ordnungsgemäße Befolgung der Versicherungsweisung des Versenders. Allerdings greifen in diesem Fall die übrigen Haftungsbeschränkungen der ADSp ein. Auch bei der Abwicklung des Speditionsvertrags können Spediteurfehler vorkommen, die für den Auftraggeber den Verlust seiner Versicherungsansprüche zur Folge haben können, z. B. Versäumnis der Schadensfeststellung; siehe RGZ 112, 149 (154f.).

Ferner ist darauf hinzuweisen, daß die Freizeichnung im Zweifel auch dann unwirksam sein wird, wenn eine ordnungsgemäß abgeschlossene Transportversicherung durch fehlerhafte Maßnahmen des Spediteurs unwirksam wird. In diesen Fällen wird sogar gemäß § 5 SVS von der Speditionsversicherung gehaftet. Es besteht kein Grund, eine Haftung des Spediteurs zu verneinen, wenn der Kunde Verbotskunde ist.

IV. Übersicht über die Haftung des Spediteurs, Güterversicherers und Speditionsversicherers Anm. 8

Für den Versender ist nach dem oben Dargelegten die Haftungssituation sehr unterschiedlich, je nachdem, welche Versicherungen genommen sind.

(1) Wenn auftragsgerecht weder die Speditionsversicherung noch eine Güterversicherung genommen ist (Verbotskunde ohne Güterversicherung)

In diesem Falle richtet sich die Haftung nach den ADSp. §§ 41a und 37 ADSp greifen nicht ein.

(2) Wenn keine Speditionsversicherung, wohl aber Güterversicherung genommen ist (Verbotskunde mit Güterversicherung)

Hier greift § 41a ebenfalls nicht ein. Die Haftung bestimmt sich also grundsätzlich nach den ADSp. Der Versender hat nach Abtretung durch den Spediteur die Ansprüche gegen die Güterversicherung — der Spediteur ist insoweit gemäß § 37 ADSp von der Haftung befreit.

(3) Wenn der Auftrag in der Speditionsversicherung, nicht aber in der Güterversicherung versichert ist

In diesem Falle haftet der Spediteur im Deckungsbereich der Speditionsversicherung nicht — § 41c ADSp — außerhalb dieses Deckungsbereichs nach Maßgabe der ADSp. Dem Versender stehen somit Ansprüche gegen den Speditionsversicherer (ausgerichtet an der gesetzlichen Spediteurhaftung) und gegen den Spediteur außerhalb des Deckungsbereichs der Speditionsversicherung nach Maßgabe der ADSp zu.

(4) Wenn der Auftrag in der Speditionsversicherung und in einer Güterversicherung versichert ist

Hier können Ansprüche gegen drei Beteiligte entstehen: gegen den Speditionsversicherer im Deckungsbereich der Speditionsversicherung — insoweit ist der Spediteur gemäß § 41a ADSp von der Haftung befreit; gegen den Güterversicherer im Deckungsbereich der betreffenden Güterversicherung — insoweit befreit § 37 ADSp den Spediteur von der Haftung; gegen den Spediteur selbst, soweit weder Speditionsversicherung noch Güterversicherung eingreifen; hier ist der Spediteur weder durch § 37 noch durch § 41a ADSp geschützt. Seine Haftung bestimmt sich nach den ADSp. Zum Verhältnis zwischen Speditionsversicherung und Güterversicherung siehe Anm. 2.

(5) Wenn der Auftraggeber selbst in eigenem Namen eine Güterversicherung genommen hat

In diesem Falle greift § 37 ADSp nicht ein. Daher erlangt der Transportversicherer, wenn er den Auftraggeber entschädigt, nach § 67 VVG dessen Ansprüche gegen den Spediteur bzw. Speditionsversicherer (Fall: KG, VersR 1967, 446ff.).

§ 38

Für die Versicherungsbesorgung, Einziehung des Schadensbetrages und sonstige Bemühungen bei Abwicklung von Versicherungsfällen und Havarien steht dem Spediteur eine besondere Vergütung zu.

Anm. Siehe Anm. 99 zu §§ 407—409 HGB.

X. Speditionsversicherungsschein (SVS) und Rollfuhrversicherungsschein (RVS)

§ 39

a) Der Spediteur ist, wenn der Auftraggeber es nicht ausdrücklich schriftlich untersagt hat, verpflichtet, die Schäden, die dem Auftraggeber durch den Spediteur bei der Ausführung des Auftrages erwachsen können, gemäß dem hier beigefügten „Speditionsversicherungsschein" (SVS) auf Kosten des Auftraggebers zu versichern. Die Versicherung soll bei denjenigen Versicherern gedeckt werden, die von den Spitzenverbänden der Wirtschaft, die diese ADSp festgestellt haben, beauftragt sind.

b) Nach Maßgabe des SVS werden auch Schäden versichert, die denjenigen Personen erwachsen können, denen das versicherte Interesse zur Zeit des den Schaden verursachenden Ereignisses zugestanden hat.

c) Es wird nachdrücklichst darauf hingewiesen, daß lt. § 5 Ziff. 1 SVS alle Schäden, die durch Transport- oder Lagerversicherung gedeckt sind oder üblicherweise gedeckt werden, von der Speditionsversicherung ausgeschlossen sind.

Dagegen wird der Auftraggeber gegen die sogen. Rollfuhrschäden gemäß dem beigefügten Rollfuhrversicherungsschein (RVS) versichert, sofern er diese Zusatzversicherung nicht ausdrücklich schriftlich untersagt hat.

§ 40

Der Auftraggeber unterwirft sich sowie alle Personen, in deren Interesse oder für deren Rechnung er handelt, allen Bedingungen des SVS und des RVS. Insbesondere hat er für rechtzeitige Schadensanmeldung zu sorgen (§ 10 SVS).

Vorschläge zur Neufassung der ADSp

Wolgast, ADSp, 4. Aufl. 1972 und Proppe, ADSp, 1969 haben zu §§ 39 a und c, und 40 ADSp neue Formulierungen vorgeschlagen. Diese lauten:

Fassung Wolgast:

§ 39

a) Der Spediteur ist, wenn der Auftraggeber es nicht ausdrücklich schriftlich untersagt hat, verpflichtet, die Schäden, die dem Auftraggeber durch den Spediteur bei der Ausführung des Auftrages erwachsen können, mindestens im Umfange des „Speditionsversicherungsscheines" (SVS) oder der „Speditions-Police" (Sp-Police) auf Kosten des Auftraggebers zu versichern.

b) unverändert.

c) Es wird nachdrücklichst darauf hingewiesen, daß nach den Versicherungsbedingungen alle Schäden, die durch Transport- oder Lagerversicherung gedeckt sind, von der Speditionsversicherung ausgeschlossen sind, es sei denn, daß eine ordnungsgemäß geschlossene Transport- oder Lagerversicherung durch fehlerhafte Maßnahmen des Spediteurs unwirksam wird. Wegen der transport- und lagerversicherbaren Gefahren wird auf die Versicherungsbedingungen verwiesen.

Dagegen wird der Auftraggeber gegen die sog. Rollfuhrschäden mindestens im Umfange des RVS oder der Sp-Police versichert, sofern er die Zusatzversicherung nicht ausdrücklich schriftlich untersagt hat.

§ 40

Der Auftraggeber unterwirft sich sowie alle Personen, in deren Interesse oder für deren Rechnung er handelt, allen Bedingungen der gemäß § 39 a abgeschlossenen Speditions- und Rollfuhrversicherungen. Insbesondere hat er nach Maßgabe dieser Versicherungsbedingungen für rechtzeitige Schadensmeldung zu sorgen.

Fassung Proppe:

§ 39

a) Der Spediteur ist, wenn der Auftraggeber es nicht ausdrücklich schriftlich untersagt hat, verpflichtet, die Schäden, die dem Auftraggeber durch den Spediteur bei der Ausführung des Auftrags erwachsen können, mindestens im Umfange des beigefügten „Speditionsversicherungsscheins" (SVS) oder der beigefügten „Speditions-Police" (Sp-Police) auf Kosten des Auftraggebers zu versichern.

b) unverändert.

c) Es wird nachdrücklichst darauf hingewiesen, daß nach den Versicherungsbedingungen alle Schäden, die durch Transport- oder Lagerversicherung gedeckt sind oder — außer bei Transportversicherung — üblicherweise gedeckt werden, von der Speditionsversicherung ausgeschlossen sind, es sei denn, daß eine ordnungsgemäß geschlossene Transport- oder Lagerversicherung durch fehlerhafte Maßnahmen des Spediteurs unwirksam wird.

Dagegen wird der Auftraggeber gegen die sog. Rollfuhrschäden mindestens im Umfang des beigefügten SVS oder der beigeführten Sp-Police versichert, sofern er die Zusatzversicherung nicht ausdrücklich schriftlich untersagt hat.

§ 40

Der Auftraggeber unterwirft sich sowie alle Personen, in deren Interesse oder für deren Rechnung er handelt, allen Bedingungen der gemäß § 39a abgeschlossenen Speditions- und Rollfuhrversicherungen. Insbesondere hat er nach Maßgabe dieser Versicherungsbedingungen für rechtzeitige Schadensmeldung zu sorgen.

Literatur

Krien/Hay, Die ADSp, Kommentar (1959) enthält auf S. 462—724 eine eingehende Kommentierung des SVS/RVS; Steinfeld, Formen der Speditionsversicherung, Veröff. d. Seminars f. Versicherungswissenschaft d. Univ. Hamburg u. d. Versicherungswissenschaftlichen Vereins Hamburg eV, neue Folge, Heft 26, 1965; Hald, SVS/RVS Spediteurversicherung, 1958; Wolgast, ADSp, 4. Aufl. 1972; Wolf, ADSp, 2. Aufl. 1971; Proppe; ADSp, 1966; Hootz, Grenzen der Freizeichnung des Spediteurs, § 41 ADSp, 1954; Heim, Wesen und Umfang der Speditionsversicherung, VP 1957, 167 ff. und 183 ff. Siehe ferner die Literaturangaben vor § 1 ADSp.

I. Die Eigenart der Speditionsversicherung Anm. 1

1. Der Zusammenhang zwischen ADSp und Speditionsversicherung

Siehe zum folgenden Steinfeld, 1—14.

Die Speditionsversicherung ist ein auf die ADSp abgestimmter besonderer Typ von Versicherung. Sie wurde bei Festlegung der ADSp eigens neu geschaffen, um die Haftung des Spediteurs zu ersetzen. In §§ 39a, 40 sehen die ADSp vor, daß die Speditionsversicherung bei denjenigen Versicherern gedeckt werden soll, die „von den Spitzenverbänden der Wirtschaft, die diese ADSp festgestellt haben", zu den Bedingungen des SVS (und des später beigefügten RVS) gedeckt werden soll. Nach § 41 c ADSp sollen sich Spediteure, die keine Speditionsversicherung zu diesen Bedingungen und bei den betreffenden Versicherern gedeckt haben, nicht auf die ADSp und die in ihnen enthaltenen Haftungsbefreiungen berufen können. Diese Monopolisierung der Speditionsversicherung hat sich tatsächlich und rechtlich nach dem Zweiten Weltkrieg nicht aufrecht erhalten lassen; siehe Steinfeld, S. 11 ff. mit Literaturangaben. Es besteht heute die Möglichkeit, auch eine andere gleichwertige Versicherung bei anderen Versicherern zu nehmen, ohne die Vorteile der ADSp-Regelung einzubüßen. Neben die SVS/RVS-Police (abgedruckt unten Anhang II nach § 415 HGB) ist die Speditionspolice des Gerling-Konzerns (abgedruckt in Anhang III nach § 415 HGB) getreten, die sich inhaltlich weitgehend am Modell des SVS/RVS orientiert. Siehe zu den hiermit verbundenen Rechtsfragen unten Anm. 13 f.

Die Speditionsversicherung knüpft an die Spediteurhaftung insoweit an, als sie dem Kunden Ansprüche auf Schadensersatz gegen den Speditionsversicherer gewährt, die, im Rahmen besonderer Grenzen, sich nach der gesetzlichen Haftung des Spediteurs bemessen. Siehe §§ 3, 4 SVS; Nr. 2 ff. Sped.Police und die dortigen Anmerkungen. Die Versicherung wird vom Spediteur in eigenem Namen für Rechnung des Auftraggebers abgeschlossen. Dieser hat daher dem Spediteur die Prämie zu erstatten und erlangt dafür selbst die Ansprüche gegen den Speditionsversicherer auf Erbringung der Versicherungsleistung. Dafür verliert er gemäß § 41 ADSp grundsätzlich den Anspruch auf Schadensersatz gegen den Spediteur. Siehe zu diesem Zusammenhang Anm. 14f. zu §§ 407—409 HGB.

Leistet der Speditionsversicherer an den Versender, so gehen die Ansprüche gegen Dritte in analoger Anwendung des § 67 VVG auf ihn über: OLG Köln, VersR 1967, 34f.

Die Leistung des Speditionsversicherers ist in verschiedener Weise durch die Versicherungsbedingungen beschränkt. Soweit Haftungsausschlüsse für einzelne Gefahren vorliegen, haftet der Spediteur anstelle des Speditionsversicherers. Jedoch ist seine Haftung durch die ADSp drastisch beschränkt; siehe dazu Anm. 3 zu § 41 ADSp und Anm. 72—91 zu §§ 407—409 HGB. Soweit der Speditionsversicherer nach Maßgabe der gesetzlichen Spediteurhaftung zu leisten hat, gelten jedoch die summenmäßigen Beschränkungen der Versicherungsbedingungen. Insbesondere ist die Versicherungsleistung durch §§ 6 B 2a SVS, 3 RVS, auf 5000 DM pro Auftrag beschränkt, wenn der Absender dem Spediteur nicht eine höhere Versicherungssumme schriftlich aufgibt, für die er jedoch erhöhte Prämien zu zahlen hat. Entsprechendes gilt nach Ziff. 24 Sped.Police. Über 400 000 DM für den einzelnen Verkehrsvertrag kann die Speditionsversicherungssumme nicht erhöht werden; § 6 B 3 SVS. In diese Höchstsumme müssen sich sogar mehrere an sich voneinander unabhängige Auftraggeber teilen, wenn sie durch dasselbe Schadensereignis geschädigt werden; § 9 Ziff. 1 SVS, Nr. 14 Sped.Police. Eine ergänzende Haftung des Spediteurs bei höheren Schäden kommt nach § 41 ADSp nicht in Betracht; siehe dort Anm. 3. Für hochwertige Sendungen bietet somit die Speditionsversicherung keinen ausreichenden Schutz. Demgegenüber stellt die Speditionsversicherung den Versender nur in wenigen nebensächlichen Punkten besser als die Spediteurhaftung, z. B. bezüglich der Haftung für den sorgfältig ausgewählten Zwischenspediteur, § 4 Ziff. 1b SVS, für den der Hauptspediteur zwar nach § 408 HGB nicht zu haften hätte — immerhin müßte er aber seine Ansprüche gegen den Zwischenspediteur sowieso an den Versender abtreten.

Anm. 2 **2. Die Speditionsversicherung als laufende Versicherung**

Die Speditionsversicherung ist laufende Versicherung im Sinne des § 187 Abs. 2 VVG, d. h. die versicherten Interessen sind bei Abschluß durch den Spediteur nur der Gattung nach (durch die Versicherungsbedingungen) bezeichnet und werden erst nach ihrer Entstehung dem Versicherer einzeln aufgegeben. Der Spediteur deckt die gesamte Speditionsversicherung für seinen Speditionsbetrieb durch einen Versicherungsvertrag unter einer Generalpolice. Damit sind im Rahmen des § 6 SVS bzw. Nr. 2ff. Sped.Police alle vom Spediteur abgeschlossenen Verkehrsverträge grundsätzlich versichert. Der Spediteur hat gegenüber dem Versicherer Anmeldepflichten zu erfüllen (§ 6 Nr. 4 SVS; Nr. 18—24 Sped.Police). Fehler oder Versäumnisse bei dieser Anmeldung beeinträchtigen jedoch den Versicherungsschutz des Kunden nicht (§§ 8 Abs. 4 und 15 SVS; Nr. 26 Sped.Police). Siehe auch KG vom 4./5. 4. 1951, VRS 3, 228 (230); BGH vom 4. 5. 1956, VRS 11, 123 (127).

Anm. 3 **3. Die Speditionsversicherung als Versicherung für fremde Rechnung**

Die Speditionsversicherung ist Versicherung für fremde Rechnung (§ 74 VVG). Versicherungsnehmer ist der Spediteur. Dieser ist auch gegenüber dem Versicherer zur Prämienzahlung verpflichtet. Aber er zahlt für Rechnung des betreffenden Auftraggebers und kann von diesem Erstattung verlangen. Auch stehen nicht dem Spediteur als Versicherungsnehmer, sondern dem Auftraggeber oder sonst Versicherten im Schadensfalle die Ansprüche auf die Versicherungsleistung gegen den Versicherer direkt zu. Nach § 1 SVS ist Versicherter entweder der Auftraggeber oder derjenige, dem das versicherte Interesse z. Z. des den Schaden verursachenden Ereignisses zugestanden hat, vor allem also der Auftraggeber. Die Speditionsversicherung nach der Sped.Police ist nach deren Nr. 1 eine Versicherung für Rechnung wen es angeht, weil sie auch partielle Haftpflichtversicherungen enthält und insoweit für eigene Rechnung des Spediteurs abgeschlossen wird; siehe hierzu unten Anm. 6ff. Für solche Versicherungen verweist § 80 Abs. 2 VVG auf §§ 75—79 weiter, so daß in jedem Fall im Verhältnis zum Auftraggeber die Bestimmungen über die Versicherung für fremde Rechnung Anwendung finden.

4. Die Rechtsnatur der Speditionsversicherung Anm. 4

Die Speditionsversicherung fällt in die Gruppe der Schadensversicherungen. Im übrigen ist ihre Rechtsnatur umstritten. Siehe hierzu Steinfeld, S. 7f. Die Speditionsversicherung ähnelt zwar der Haftpflichtversicherung, da die Beschreibung des Umfangs der geschuldeten Versicherungsleistungen sich gemäß §§ 3, 4 SVS; Nr. 2ff. Sped.Police am Umfang der gesetzlichen Spediteurhaftung orientiert. Gleichwohl ist sie keine echte Haftpflichtversicherung, weil sie nicht ein bestehendes Haftungsrisiko des Spediteurs deckt; siehe auch OLG Köln, VersR 1967, 34 (35). Dieses ist nämlich durch § 41 ADSp ausgeschlossen. Außerdem ist bei der Haftpflichtversicherung deutschen Typs grundsätzlich kein unmittelbarer Anspruch des Geschädigten gegen den Versicherer begründet. Versicherter ist vielmehr der Haftpflichtige. § 3 PflichtVersG, der in der Kfz-Haftpflichtversicherung einen unmittelbaren Anspruch des Geschädigten gegen den Versicherer einführte, stellt eine untypische Neueinführung des Gesetzgebers dar. Andererseits ist die Speditionsversicherung mit der Sachversicherung (Transportversicherung) insoweit verwandt, als sie dem Auftraggeber die Stellung eines Versicherten einräumt und auf bestimmte Sachen, die Gegenstand einzelner Speditions-, Fracht- oder Lagerverträge sind, bezogen ist. Auch zur Transportversicherung bestehen jedoch signifikante Unterschiede, vor allem, wenn man die Universalität des Risikos als Merkmal der Transportversicherung ansieht. Die Frage, zu welcher Gruppe von Versicherungen die Speditionsversicherung gehört, ist vornehmlich von Bedeutung für das Versicherungsaufsichtsrecht. Siehe zur Übersicht über die Arten der Versicherungen: Möller, Versicherungsrecht, Versicherungswissenschaftliches Studienwerk, 2. Aufl., Wiesbaden 1971. Zur Einordnung der Speditionsversicherung im besonderen: Krien/Hay, Anm. 4 vor § 1 SVS, 2c zu § 1 SVS; ferner Steinfeld, S. 7f. mit weiteren Literaturangaben. Prölss, VVG § 129, Anm. 7.

Die Speditionspolice enthält in Nr. 4 eine Haftpflichtversicherung hinsichtlich der Haftung des Spediteurs nach den ADSp für die Fälle, in denen die Speditionsversicherung als solche nicht eingreifen würde. Siehe Anhang III nach § 415 HGB.

5. Das Verhältnis der Speditionsversicherung zu anderen Versicherungen Anm. 5

a) Zur Transport- und Lagerversicherung

Vgl. dazu die Anm. zu § 37 ADSp. Aus dem oben Anm. 4 dargestellten, ergibt sich der Unterschied zwischen Transport-(oder Lager-)versicherung und Speditionsversicherung: Bei der Transport- oder Lagerversicherung handelt es sich um eine reine Sachversicherung. Eine Haftpflicht irgendeiner Person ist nicht Voraussetzung für die Ersatzpflicht des Versicherers. Auch die Transport- oder Lagerversicherung wird regelmäßig als laufende Versicherung vom Spediteur in eigenem Namen für Rechnung des Auftraggebers genommen.

Die **Deckungsbereiche** beider Versicherungen überschneiden sich nicht, weil die Speditionsversicherung gegenüber der Tranpsortversicherung subsidiär gestaltet ist (§ 5 SVS, Ziff. 1 A, B; Nr. 2 S. 4, 4b Sped.Police). Im Falle der Transport- oder Lagerversicherung entfällt die Haftung des Speditionsversicherers. Nach dem SVS wird in den Sonderfällen des § 5 B die Haftung des Speditionsversicherers darüberhinaus auch dann schon ausgeschlossen, wenn der Schaden in der Transportversicherung versicherbar war. Bei Lagerschäden entfällt die Leistungspflicht nach § 5 1 C SVS, soweit durch Lagerversicherung die Gefahr gedeckt werden konnnte und üblicherweise gedeckt wird. Siehe genauer § 5 SVS. Somit gibt es nach dem SVS Fälle, in denen weder die Speditionsversicherung noch die Transport- oder Lagerversicherung eingreift. Siehe auch die Anm. zu § 37 ADSp.

b) Zur Haftpflichtversicherung Anm. 6

Neben der Speditionsversicherung ist auch eine Haftpflichtversicherung des Spediteurs möglich. Eine solche ist für den Spediteur allerdings nur von erheblichem Interesse, soweit die allgemeine Haftungsersetzung durch die Speditionsversicherung (§ 41 ADSp) unwirksam ist. Dies ist einmal gegeben, wenn der Auftraggeber die Speditionsversicherung ausdrücklich verbietet (§§ 39a, 41a ADSp). In diesem Falle ist jedoch der Spediteur durch die weitreichenden Haftungsbeschränkungen der ADSp praktisch gegen jedes größere Haftungsrisiko geschützt. Anders ist die Rechtslage jedoch im zweiten Falle, nämlich in den Bereichen, in denen eine Haftung durch zwingendes Gesetzesrecht vorgeschrieben ist.

In diesen Fällen gelten die Haftungsbeschränkungen der ADSp, also auch der Grundsatz der Ersetzung der Haftung durch die Speditionsversicherung (§ 41 ADSp) nicht. Der Spediteur muß daher in vollem Umfang haften, so daß die Absicherung dieser Haftpflicht durch Versicherung sinnvoll ist. Dies ist in folgenden Bereichen der Fall (siehe dazu auch Anm. 3ff. zu § 2 ADSp):

Anm. 7 aa) Soweit der Spediteur als Fernverkehrs-Frachtführer im Sinne des GüKG und der KVO tätig wird. Hierfür ist durch § 27 GüKG sogar eine besondere Haftpflichtversicherung gesetzlich vorgeschrieben. Siehe Anhang I nach § 452 HGB; zur Organisation der KVO-Versicherung siehe Enge, Versicherungswissenschaftliches Studienwerk, F VI, S. 293f. Der SVS nimmt Beförderungen im Güterfernverkehr aus der Haftung des Speditionsversicherers aus, soweit Transportversicherung möglich und üblich war, § 5 1 B b und Abs. B letzter Satz.

Anm. 8 **bb) Bei Transport von Möbeln und Umzugsgut**

Auch insoweit besteht eine zwingende Haftung, siehe Anhang IV nach § 452 HGB. Für den Möbelfernverkehr besteht Versicherungspflicht; unrichtig Baumbach/Duden, Anm. zu § 27 GüKG, Anhang I nach § 452 HGB, der die Änderung des § 44 GüKG durch das 4. Änderungsgesetz vom 1. 8. 1961 übersehen hat.

Die zwingend vorgeschriebene Haftpflichtversicherung wird in der Speditionspolice durch Nr. 5 Abs. 2 vorgesehen. Nach dem SVS/RVS ist zweifelhaft, ob die Haftung aus Möbelspedition oder -beförderung unter die Speditionsversicherung fällt. Krien/Hay, Anm. 2c zu § 6 SVS und Krien, MDR 1954, 672 stehen auf dem Standpunkt, die SVS/RVS-Versicherung erfasse nur Verkehrsverträge, die den ADSp unterlägen. Da die Möbelspedition nach § 2b ADSp nicht unter die ADSp fällt, bestünde kein Versicherungsschutz nach SVS für die Möbelspedition. Im Gegensatz dazu hat der BGH im Urteil vom 14. 7. 1954, MDR 1954, 670ff. den Versicherungsschutz auch bei Verträgen, die nicht den ADSp unterliegen, bejaht. Dieser letzteren Auffassung ist mit Steinfeld S. 55f. zuzustimmen. Da die Speditionsversicherer den Standpunkt vertreten, der SVS/RVS decke die Möbelbeförderung nicht, wird diese außerhalb des Bereichs der Speditionspolice nach den Bedingungen des Möbelversicherungsscheins (MVS) versichert.

Anm. 9 **cc) Bei der bahnamtlichen Rollfuhr entsprechend der Rollvorschrift besteht ebenfalls eine zwingende Haftung** (siehe die Anm. zu § 456 HGB).

Hierfür sieht die Sped.Police in Nr. 5 Abs. 1 eine Haftpflichtversicherung vor. Hinsichtlich der Deckung von Schäden durch den SVS/RVS entspricht die Rechtslage weitgehend der bei der Möbelbeförderung. Siehe daher oben Anm. 8 und die dort angegebene Literatur. Die Versicherung erfolgt hier außerhalb des Bereichs der Sped.Police nach den Bedingungen des Bahnrollfuhrversicherungsscheins BRVS; siehe dazu Krien, MDR 1954, 672; Hald, S. 410ff.

Anm. 10 **dd) Im internationalen Güterfrachtrecht**

Für die internationale Güterbeförderung mit Kraftfahrzeugen gilt die CMR (siehe Anhang III nach § 452 HGB). Sie sieht ebenfalls in Art. 41 eine zwingende Haftung vor. Jedoch besteht eine Versicherungspflicht allenfalls für den innerdeutschen Teil der Beförderung, wenn dieser als Güterfernverkehr zu qualifizieren ist; Voigt, VP 1962, 157—160. Die Versicherung wird üblicherweise aufgrund der KVO-Haftpflichtversicherung vorgenommen; Enge, Versicherungswissenschaftliches Studienwerk F VI, 294.

Anm. 11 **ee) Im Güternahverkehr**

Ein besonderes Bedürfnis nach Haftpflichtversicherung besteht seit der Änderung des § 85 GüKG im Jahre 1969 nicht mehr. Der Spediteur kann hier unbeschränkt die ADSp zugrundelegen und damit seine Haftung entweder über § 41 ADSp gänzlich ausschließen oder — beim Verbotskunden — sich auf die weitgehenden Haftungsbeschränkungen der ADSp berufen. Siehe die Kommentierung zu § 85 GüKG Anhang I nach § 452 HGB. Im Güterliniennahverkehr gilt nach § 94 GüKG die Versicherungspflicht wie im Güterfernverkehr. Die AGNB sehen in § 21 eine Pflicht des Güterfernverkehrsunternehmers zur Haftpflichtversicherung vor. Siehe Anhang IV nach § 452. Die Versicherung wird hier ebenfalls gemeinsam mit der KVO-Versicherung betrieben; Enge, a. a. O., S. 294.

II. Die Pflicht zur Deckung der Speditionsversicherung **Anm. 12**

1. Grundsätzliche Pflicht zur Deckung und Verbot des Auftraggebers

Ohne besondere Vereinbarung ist der Spediteur nach § 39c verpflichtet, die Speditionsversicherung zu decken. Von dieser Pflicht ist der Spediteur nur dann entbunden, wenn der Auftraggeber die Speditionsversicherung ausdrücklich und schriftlich untersagt („Verbotskunde"). Die Konsequenz für den Kunden ist in diesem Fall vor allem, daß er anstelle der am HGB orientierten Schadensersatzansprüche gegen den Speditionsversicherer nur die durch die ADSp sehr stark eingeschränkten Ansprüche gegen den Spediteur erhält. Siehe dazu auch § 41a ADSp. Andererseits entfällt für ihn aber auch die Pflicht zur Erstattung der Speditionsversicherungs-Prämie. Die Untersagung der Speditionsversicherung ist für den Auftraggeber vor allem dann von Interesse, wenn die zu befördernde Ware nicht schadensempflindlich ist, oder wenn sie für den Bereich des Speditionsvorgangs bereits anderweitigen Versicherungsschutz genießt (z. B. durch Einheitsversicherung oder durch eine durchlaufende Transportversicherung).

§ 39a bestimmt nicht nur die Pflicht des Spediteurs, sondern vor allem sein Recht zur Versicherung des Auftrags in der Speditionsversicherung, die ihm eine kostenlose Haftungsbefreiung bringt.

Die Speditionsversicherung wird vom Spediteur stets durch laufende Versicherung vorgenommen. Siehe oben Anm. 2. Es ist daher Sache des Spediteurs, für die „Verbotsaufträge" gemäß § 6 B Ziff. 1 SVS, Nr. 20 Sped.Police die Untersagung der Versicherung dem Speditionsversicherer mitzuteilen.

2. Die Art der zu nehmenden Speditionsversicherung **Anm. 13**

§ 39a bezieht sich ausdrücklich auf den SVS. Eine nach anderen Bedingungen abgeschlossene Speditionsversicherung würde somit die Verpflichtung nach § 39a nicht erfüllen. Über die Frage, ob die SVS-Versicherung — mit oder ohne Sondervereinbarung mit dem Versender — durch die Speditions-Police ersetzt werden kann, wurde in der Literatur ein jahrelanger erbitterter Streit ausgetragen: Für das in § 39 verankerte Monopol haben sich ausgesprochen: Prölss, VersR 1955, 257; Krien, VersR 1953, 414ff.; Deringer, BB 1960, 889; 1961, 808; Schwartz, ZHR 125, 241 (259) und 127, 74ff.; Fikentscher, BB 1961, 297 (301); Colditz, NJW 1962, 1093ff.; Thieler, VersR 1968, 683. Auch jetzt noch, allerdings ohne Hinweis auf das BGH-Urteil vom 30. 3. 1970, Wolf, ADSp, 3. Aufl. 1971, Anm. 11 zu § 39 und Erläuterung zum SVS.

Gegen das Monopol der SVS-Versicherung sind: Baumbach/Duden, Anm. 2 zu §§ 39—41 ADSp, Anhang nach § 415 HGB; Bindels, NJW 1955, 1132ff.; BB 1958, 16ff.; ZfV 1961, 221ff.; Ruwe, VersR 1953, 412ff. und 1954, 4f.; Wolgast, BB 1954, 676; VN 1959, 89ff.; BB 1961, 807; NJW 1962, 1556ff.; VersR 1963, 1013; 1970, 850; ZHR 126, 303ff.; Schmidt-Tophoff, MDR 1961, 188; Rösch, VP 1964, 52; Helm, Haftung für Schäden an Frachtgütern, 1966, S. 29 Fn. 105; Steinfeld, Formen der Speditionsversicherung, 1965; dort auch zahlreiche weitere Hinweise.

In der Rechtsprechung der Landgerichte und Oberlandesgerichte hat sich die Zulassung der Sped.Police nach und nach durchgesetzt. Nicht ganz eindeutig OLG Nürnberg, NJW 1954, 603. OLG Hamburg, VersR 1963, 799f.; OLG Hamm, VersR 1963, 822ff.; OLG Düsseldorf, NJW 1962, 1574; siehe dazu im einzelnen Steinfeld, a. a. O., S. 48ff., mit weiteren Hinweisen auf die Rechtsprechung der Landgerichte.

Schließlich hat der BGH im Urteil vom 30. 3. 1970, VersR 1970, 564, einen Schlußstrich unter den Streit gezogen. Er hat dem Spediteur bei Deckung einer Speditionsversicherung zu Bedingungen, die dem SVS/RVS mindestens gleichwertig sind, die Berufung auf die ADSp nicht versagt, und damit § 41 c weitgehend inhaltlich verändert. Siehe dazu auch Anm. 7 f zu § 41 ADSp. Da die Speditions-Police in Nr. 2 die Haftung „mindestens im Rahmen des SVS/RVS" ausdrücklich gewährleistet, ist durch diese „Meistbegünstigungsklausel" die Gleichwertigkeit der Speditions-Police voll gesichert. Auch die Kontroverse, ob es zur Deckung einer Speditionsversicherung nicht nach dem SVS, sondern nach anderen Bedingungen einer besonderen Vereinbarung des Spediteurs mit dem Auftraggeber bedarf, ist durch das genannte BGH-Urteil entschieden: Es betraf einen Fall, in dem eine solche Sondervereinbarung nicht vorlag. Somit kann davon ausgegangen werden, daß §§ 39 a, 41 c ihr Ziel, die ADSp monopolartig nur demjenigen Spediteur zugute kommen zu lassen, der seine Speditionsversicherung nach dem SVS/RVS deckt, nicht mehr erreichen kann. Dieser Rechtsprechung des BGH ist zuzustimmen, da durch die Deckung der Speditionsversicherung nach anderen, den SVS/RVS gleichwertigen Bedingungen dem Auftraggeber kein Schaden entstehen kann.

Anm. 14 **3. Die Wahl des Speditionsversicherers**

§ 39 a legt zusätzlich fest, daß die Speditionsversicherung bei den Versicherern gedeckt werden soll, „die von den Spitzenverbänden der Wirtschaft, die diese ADSp festgestellt haben, beauftragt sind". Auch diese Festlegung des Spediteurs ist durch die BGH-Entscheidung vom 13. 3. 1970 praktisch beiseite geschoben. Jedoch ist zu beachten, daß die Erfüllung der Speditionsversicherungspflicht nach § 39 a und die Haftungsbefreiung nach § 41 c ADSp nur dann eintreten, wenn die Speditionsversicherer, bei denen die Versicherung genommen wird, solvente Unternehmen sind; Möller, BB 1962, 396; Steinfeld, Formen der Speditionsversicherung, 1965, S. 48.

Anm. 15 **III. Abweichende Formulierungen der ADSp**

Die oben nach dem ursprünglichen Text der ADSp abgedruckten, abweichenden Formulierungen von Wolgast und Proppe vollziehen die inzwischen von der Rechtsprechung anerkannte Loslösung der ADSp von der monopolisierten SVS/RVS-Versicherung auch im Text der ADSp. Sie ermöglichen ferner auch die Entwicklung weiterer Speditionsversicherungen.

§ 41

a) Hat der Spediteur infolge ausdrücklichen oder vermuteten Auftrages (§ 39) die Speditionsversicherung gedeckt, so ist er von der Haftung für jeden durch diese Versicherung gedeckten Schaden frei. Dies gilt insbesondere auch für den Fall, daß infolge fehlender oder ungenügender Wertangabe des Auftraggebers die Versicherungssumme hinter dem wirklichen Wert oder Schadensbetrage zurückbleibt.

b) Darüber, ob ein Schaden durch die Speditionsversicherung gedeckt ist, hat im Streitfalle ausschließlich das nach § 18 Ziffer 2 SVS zuständige Schiedsgericht zu entscheiden.

c) Hat der Spediteur entgegen dem § 39 a die Speditionsversicherung nicht gemäß den Bedingungen des beigefügten SVS oder nicht bei den im § 39 a bezeichneten Versicherern gedeckt, so darf er sich dem Auftraggeber gegenüber auf die ADSp nicht berufen.

d) Die Absätze a) bis c) gelten entsprechend für die durch den RVS gedeckte Versicherung.

Vorschläge zur Neufassung des § 41 ADSp

Wolgast, ADSp, 4. Aufl. 1972 und Proppe, ADSp, 1966, haben zu § 41 b—d neue Fassungen vorgeschlagen; siehe Anm. 1 vor § 1 ADSp. Diese Fassungen haben folgenden Wortlaut:

Fassung Wolgast:

a) unverändert;

b) Darüber ob ein Schaden durch die Speditionsversicherung gedeckt ist, hat im Streitfalle ausschließlich das nach den Versicherungsbedingungen zuständige Schiedsgericht zu entscheiden.

c) Hat der Spediteur entgegen dem § 39a die Speditionsversicherung nicht mindestens im Umfang des SVS oder der Sp-Police gedeckt, so darf er sich dem Auftraggeber gegenüber auf die ADSp nicht berufen.

d) Die Absätze a—c gelten entsprechend für die sog. rollfuhrschädendeckende Versicherung.

Fassung Proppe:

a) unverändert;

b) entspricht dem Vorschlag von Wolgast.

c) Hat der Spediteur entgegen dem § 39a die Speditionsversicherung nicht mindestens im Umfang des beigefügten SVS oder der beigefügten Sp-Police gedeckt, so darf er sich dem Auftraggeber gegenüber auf die ADSp nicht berufen.

d) entspricht der Fassung Wolgast.

Literatur:

Siehe vor § 1 ADSp; insbesondere Steinfeld, Formen der Speditionsversicherung, 1965; Bischof, Anspruchskonkurrenz im SVS mit anderen Versicherungsbereichen, Dissertation, Köln 1967.

I. Der Grundsatz: Versicherung statt Haftung — Anm. 1

§ 41a S. 1 ADSp enthält den haftungsrechtlichen Leitgedanken der ADSp; Ersetzung der Haftung durch die Speditionsversicherung. Siehe zum Grundsätzlichen Anm. 14f., 72 zu §§ 407—409; zur Speditionsversicherung im besonderen die Anm. zu §§ 39, 40 ADSp.

II. Die Voraussetzungen der Haftungsbefreiung nach § 41 a, d ADSp — Anm. 2

Siehe zur Frage, wie die Speditionsversicherung gedeckt wird, Anm. 2 zu §§ 39, 40 ADSp; zum „ausdrücklichen oder vermuteten Auftrag" § 39a ADSp und Anm. 12 zu §§ 39, 40 ADSp. Hat der Auftraggeber die Speditionsversicherung verboten, so tritt die Haftungsbefreiung nicht ein, wenn der Spediteur dennoch den Verkehrsvertrag beim Speditionsversicherer anmeldet. Der „Verbotskunde" hat daher stets die Haftpflichtansprüche gegen den Spediteur nach Maßgabe der ADSp. Siehe mit eingehender Begründung Krien/Hay, Anm. 2 zu § 41 ADSp. Die Deckung der Speditionsversicherung durch den Zwischenspediteur kann den Hauptspediteur nicht nach § 41a ADSp befreien: OLG München, VersR 1955, 690.

III. Der Umfang der Haftungsbefreiung — Anm. 3

Der Spediteur wird vollständig von der Haftung befreit, aber doch nur für Schäden, die von der Speditionsversicherung gedeckt werden; siehe hierzu eingehend Hootz, Grenzen der Freizeichnung des Spediteurs, S. 40ff. Es kommt nicht darauf an, ob der Speditionsversicherer die Leistung ablehnt, sondern nur auf die Deckung des Schadens; BGH vom 13. 3. 1972, VersR 1972, 564 (565). Wenn der Speditionsversicherer zu Unrecht die Leistung verweigert, muß der Auftraggeber gegen ihn klagen, da der Spediteur durch § 41a von der Haftung frei ist; OLG Düsseldorf, NJW 1961, 224. Ob der Schaden vom Speditionsversicherer voll ersetzt wird, ist nicht von Bedeutung, vielmehr bleibt der Spediteur auch dann von der Haftung befreit, wenn der Schaden vom Speditionsversicherer nur teilweise ersetzt wird, insbesondere wenn er die summenmäßigen Grenzen der Speditionsversicherung nach §§ 6, 9 SVS, 3 RVS und Ziff. 14—17 Sped.Police überschreitet. § 41a S. 2 bestimmt dies ausdrücklich für den Fall ungenügender Versicherungssummen. Es gilt aber auch in allen anderen Fällen. Wird der Schaden vom Speditionsversicherer teilweise ersetzt, so kann der Auftraggeber in keinem Fall vom Spediteur die Differenz als Schadensersatz verlangen; Krien/Hay, Anm. 4 zu § 41 ADSp; Hald, ADSp, S. 84; Hootz, S. 88ff. Strenger beurteilt der Österreichische OGH, Urteil vom 13. 5. 1969, VersR 1971, 679ff. die Rechtslage; er versagt dem Spediteur den Schutz des § 41a AÖSp, wenn keine den vollen Schaden deckende Speditionsversicherung nachgewiesen wird und erlegt dem Spediteur eine Hinweispflicht an den Versender auf, wenn erkennbar ist, daß die normale Speditionsversicherung unzureichend ist.

Anders ist die Rechtslage, wenn die vom Spediteur genommene Speditionsversicherung den Schaden überhaupt nicht deckt. Dann tritt die Spediteurhaftung in den Grenzen der ADSp ein. Dies gilt insbesondere im Bereich der Haftungsausschlüsse der §§ 5 SVS, 2 RVS und der Ziff. 10—13 Sped.Police. Siehe hierzu eingehend LG Köln, VersR 1953, 63. Der Haftungsausschluß des § 41a ist dagegen wirksam, wenn der Spediteur die Speditionsversicherung zwar gedeckt, aber den betreffenden Verkehrsvertrag anzumelden versäumt hat. In diesem Fall genießt der Auftraggeber den Schutz der Speditionsversicherung; siehe Anm. 2 zu §§ 39, 40 ADSp.

Aus der Rechtsprechung:

Der Haftungsausschluß des § 41a griff in folgenden Fällen wegen Nichtdeckung der Speditionsversicherung nicht ein: BGH vom 28. 4. 1953, BGHZ 9, 301, die Stelle ist in BGHZ 9 nicht mit abgedruckt; OLG Hamburg, VRS 1, 74 (75); OLG Bremen, VRS 3, 299 (300f.) = VersR 1951, 210; OLG Bremen, VersR 1952, 127.

Der Haftungsausschluß griff nicht durch, weil die an sich abgeschlossene Speditionsversicherung den betreffenden Schaden nicht deckte: BGH vom 18. 3. 1955, VersR 1955, 306 (307); vom 6. 3. 1956, BGHZ 20, 164 (165f.); OLG Düsseldorf, VRS 6, 176; OLG Hamburg, VersR 1954, 434; OLG Celle, VRS 6, 178; OLG München, VersR 1955, 520. Alle diese Entscheidungen betrafen Beschlagnahmeschäden, die nach § 5 SVS von der Speditionsversicherung ausgeschlossen sind. Wegen des Leistungsausschlusses des Speditionsversicherers nach § 5 Ziff. 1 SVS (Transportversicherung) konnte § 41a ADSp in folgenden Fällen nicht durchgreifen: LG Köln, VersR 1953, 63; KG, VersR 1967, 446ff. Siehe zu solchen Fällen weiter Krien/Hay, Anm. 3 zu § 41 ADSp mit zahlreichen Beispielen und Verweisungen auf die Haftungsausschlüsse des SVS/RVS.

Anm. 4

IV. Einschränkung des Haftungsausschlusses durch die Rechtsprechung

Der Haftungsausschluß des § 41c ist grundsätzlich nicht von der Rechtsprechung beanstandet worden. Allerdings gelten auch für ihn die allgemeinen Grenzen der Freizeichnung, insbesondere ist er bei Vorsatz und grober Fahrlässigkeit des Spediteurs, seiner Organe und leitenden Angestellten unwirksam, jedenfalls soweit die Speditionsversicherung den Schaden nicht ersetzt, BGH vom 11.7. 1966, BGHZ 46, 43 (55). Siehe dazu auch Anm. 13 vor § 1 ADSp. Anderer Meinung noch OLG Kiel, VRS 2, 251ff.; Baumbach/Duden, Anm. 1 B zu §§ 41, 42 ADSp, Anhang § 415 HGB. RGZ 106, 386ff. erklärte sogar die Freizeichnung für jede Art von Fahrlässigkeit trotz einer der heutigen Speditionsversicherung entsprechenden Regelung in den Berliner Spediteurbedingungen für ungültig.

Das Sichberufen auf § 41a kann auch im Einzelfall rechtsmißbräuchlich sein, so, wenn der Spediteur durch unklare Auskünfte den Eindruck erweckt hat, die Speditionsversicherung decke die Schadensregulierung ab, sich aber im späteren Haftpflichtprozeß auf § 41a beruft: BGH vom 31. 1. 1957, VersR 1957, 193 (194).

Nach österreichischem Recht kann sich der Spediteur auf die dem § 41a ADSp entsprechende Bestimmung des § 41a AÖSp nur dann nicht berufen, wenn er vorsätzlich oder durch eine mit dem Speditionsbetrieb in keinerlei Zusammenhang stehende grob fahrlässige Handlung den Schaden herbeigeführt hat; OGH vom 3. 2. 1965, VersR 1966, 200.

Anm. 5 § 41a unterliegt der engen Auslegung, die für Freizeichnungsklauseln gilt. Siehe Anm. 11 vor § 2 ADSp. Der Abschluß irgendwelcher anderer Versicherungen, die auf der Leistungsseite nicht mindestens dem SVS/RVS entsprechen, hat daher keine Haftungsbefreiung zur Folge. Für die Transportversicherung siehe BGH vom 4. 5. 1956, VRS 11, 123 (124f.). Siehe dazu auch Hootz, Grenzen der Freizeichnung des Spediteurs, S. 38f. Zum Haftungsausschluß bei Abschluß einer Transportversicherung siehe § 37 ADSp und die dortige Kommentierung.

V. Die Schiedsgerichtsklausel des § 41 b ADSp

Anm. 6

Zur Schiedsgerichtsklausel des § 41 b siehe auch die Anm. zu § 18 SVS; eingehend Krien/Hay, Anm. 6 zu § 41 ADSp. Die Klausel ist nach § 1027 ZPO unwirksam, wenn der Auftraggeber kein Vollkaufmann (§§ 1 ff. HGB) ist oder der Verkehrsvertrag von seiner Seite kein Handelsgeschäft (§§ 343 f. HGB) darstellt; so zutreffend OLG Köln, SJZ 1950, 384, für § 18 SVS.

Die Schiedsklausel erstreckt sich nur auf die Frage der Schadensdeckung durch die Speditionsversicherung. Für alle anderen Streitfragen, insbesondere zur Haftung selbst, gilt weder § 41 b noch § 18 Ziff. 2 SVS, so daß die Gerichte zuständig sind. Siehe OLG München, VersR 1955, 690.

Kommt das Schiedsgericht zu der Auffassung, daß der Speditionsversicherer nicht zu leisten hat, so entfällt damit der Haftungsausschluß. Der Spediteur kann sich dann im Haftpflichtprozeß nicht darauf berufen, das SVS-Schiedsgericht habe die Versicherungsdeckung zu Unrecht verneint.

VI. Nichtanwendbarkeit der ADSp bei Unterlassung der Speditionsversicherung (§ 41 c ADSp)

Anm. 7

§ 41 c hat eine doppelte Bedeutung:

1. Er entzieht dem Spediteur, der die Speditionsversicherung auftragswidrig überhaupt nicht deckt, also die Generalpolice nicht zeichnet, den Schutz der ADSp. Dieser Spediteur haftet also nach HGB-Recht. Siehe Krien/Hay Anm. 7 a zu § 41 ADSp; Beispielsfall: OLG Bremen, VersR 1951, 210 f.

Nach einem Urteil des OLG Hamburg, VersR 1953, 144 ff. soll § 41 c ADSp auch dann entsprechend anzuwenden sein, wenn der Spediteur zwar den SVS/RVS gezeichnet, aber jahrelang keine Prämien gezahlt hat, da dann der Auftraggeber trotz § 6 B Ziff. 2 d SVS mit Einwendungen des Versicherers zu rechnen hat. Zustimmend zu diesem Ausnahmefall Reimer Schmidt, ebenda; a. A. Hootz, Grenzen der Freizeichnung des Spediteurs, S. 23 ff. Siehe ferner zu der Frage, ob der Spediteur zu haften hat, wenn der Speditionsversicherer aus tatsächlichen Gründen nicht leistet, ablehnend OGH Wien, VersRdsch 1951, 37 (39) und Hootz, S. 34 ff.

§ 41 c ADSp gilt nicht für den Fall, daß der Spediteur es weisungswidrig versäumt, andere Versicherungen als die Speditionsversicherung (im gegebenen Fall Rostversicherung) abzuschließen. Die Haftung für solche Versäumnisse richtet sich nach den ADSp. BGH vom 17. 4. 1951, VersR 1951, 176 f.

2. Weiterhin will aber § 41 c dem Spediteur den Schutz der ADSp auch dann verwehren, wenn er eine gleichwertige Speditionsversicherung bei anderen Versicherern als den durch die Firma Oskar Schunck KG vertretenen oder wenn er eine Speditionsversicherung zu zwar gleichwertigen, aber vom SVS/RVS abweichenden Bedingungen gedeckt hat. Anm. 8

Wie alle Klauseln der ADSp kann § 41 c abbedungen werden. Dies ist z. B. dann der Fall, wenn der Spediteur die Sped.Police gezeichnet hat, und den von dieser Versicherergruppe empfohlenen Hinweis-Vermerk auf die abweichende Versicherung mit dem Versender vereinbart. Siehe hierzu OLG Hamburg, Transport-Dienst 1963, 564. Streitig war dagegen bis vor kurzem die Frage, ob der Spediteur auch ohne ausdrückliche Sondervereinbarung anstelle des SVS/RVS eine andere gleichwertige Speditionsversicherung decken dürfe, ohne den Schutz der ADSp zu verlieren. Auch insoweit hat sich jedoch der Versuch, das ursprüngliche Monopol der SVS-Versicherung durch die Ausschließlichkeitsklausel des § 41 c abzusichern, als Fehlschlag erwiesen. Der BGH hat im Urteil vom 30. 3. 1970, VersR 1970, 564 die Wirksamkeit der ADSp i. V. m. der Sped.Police anerkannt, ohne daß im konkreten Fall eine ausdrückliche Sondervereinbarung zwischen Versender und Spediteur getroffen worden wäre. Siehe dazu oben Anm. 13, 14 zu §§ 39, 40 ADSp.

§ 41 c dürfte aber eingreifen, wenn der Spediteur eine (z. Z. auf dem Versicherungsmarkt nicht angebotene) nicht gleichwertige Versicherung nehmen würde. Siehe zu diesem Fragenkomplex oben Anm. 13 zu §§ 39, 40 ADSp.

Anm. 9 **VII. Vorschläge zur Neufassung des § 41 ADSp**

Die oben im Anschluß an den ursprünglichen Text abgedruckten Vorschläge zur Neufassung der ADSp würden der durch die Anerkennung der Verbindung von ADSp und Sped.Police durch die Rechtsprechung entstandenen neuen Lage besser entsprechen und auch die Entwicklung weiterer Speditionsversicherungen in mindestens gleichwertigem Umfang ermöglichen.

§ 42

§ 35a Satz 2 und 3 gelten entsprechend auch für die Speditionsversicherung und die Rollfuhrversicherung.

Die Verweisung auf § 35 Satz 2 und 3 ist praktisch bedeutungslos, da die Weisung zur Versicherung gemäß § 39a ADSp vermutet wird und das Verfahren bei Festlegung des Deckungsumfangs durch den SVS genau festgelegt ist. Siehe dazu im einzelnen Krien/Hay, Anm. zu § 42 ADSp.

XI. Lagerung

Vorbem. §§ 43—49 betreffen die Rechtsstellung des Spediteurs als Lagerhalter. Siehe zu diesen Bestimmungen die Kommentierung des Lagervertragsrechts (§§ 416—424).

§ 43

a) Die Lagerung erfolgt nach Wahl des Lagerhalters in dessen eigenen oder fremden (privaten oder öffentlichen) Lagerräumen. Lagert der Lagerhalter in einem fremden Lager ein, so hat er den Lagerort und den Namen des fremden Lagerhalters dem Einlagerer schriftlich bekannt zu geben oder, falls ein Lagerschein ausgestellt ist, auf diesem zu vermerken. Diese Bestimmung gilt nicht, wenn es sich um eine Lagerung im Ausland oder um eine mit dem Transport zusammenhängende Lagerung handelt.

b) Hat der Lagerhalter das Gut in einem fremden Lager eingelagert, so sind für das Verhältnis zwischen ihm und seinem Auftraggeber gemäß § 2c die gleichen Bedingungen maßgebend, die im Verhältnis zwischen dem Lagerhalter und dem fremden Lagerhalter gelten. Der Lagerhalter hat auf Wunsch diese Bedingungen dem Auftraggeber zu übersenden. Die Bedingungen des fremden Lagerhalters sind insoweit für das Verhältnis zwischen dem Auftraggeber und dem Lagerhalter nicht maßgebend, als sie ein Pfandrecht enthalten, das über das im § 50 dieser Bedingungen festgelegte Pfandrecht hinausgeht.

c) Eine Verpflichtung des Lagerhalters zur Sicherung oder Bewachung von Lagerräumen besteht nur insoweit, als es sich um seine eigenen Lagerräume handelt und die Sicherung und Bewachung unter Berücksichtigung aller Umstände geboten und ortsüblich ist. Der Lagerhalter genügt seiner Bewachungspflicht, wenn er bei der Anstellung oder Annahme von Bewachung die nötige Sorgfalt angewandt hat.

d) Dem Einlagerer steht es frei, die Lagerräume zu besichtigen oder besichtigen zu lassen. Einwände oder Beanstandungen gegen die Unterbringung des Gutes oder gegen die Wahl des Lagerraumes muß er unverzüglich vorbringen. Macht er von dem Besichtigungsrecht keinen Gebrauch, so begibt er sich aller Einwände gegen die Art und Weise der Unterbringung, soweit die Wahl des Lagerraumes und die Unterbringung unter Wahrung der Sorgfalt eines ordentlichen Lagerhalters erfolgt ist.

§ 44

a) Das Betreten des Lagers ist dem Einlagerer nur in Begleitung des Lagerhalters oder eines vom Lagerhalter beauftragten Angestellten erlaubt.

b) Das Betreten darf nur in bei dem Lagerhalter eingeführten Geschäftsstunden verlangt werden, und auch nur dann, wenn ein Arbeiten bei Tageslicht möglich ist.

§ 45

a) Nimmt der Einlagerer irgendwelche Handlungen mit dem Gut vor (z. B. Probeentnahme), so hat er danach dem Lagerhalter das Gut aufs neue in einer den Umständen und der Verkehrssitte entsprechenden Weise zu übergeben und erforderlichenfalls Anzahl, Gewicht und Beschaffenheit des Gutes gemeinsam mit ihm festzustellen. Andernfalls ist jede Haftung des Lagerhalters für später festgestellte Schäden ausgeschlossen.

b) Der Lagerhalter behält sich das Recht vor, die Handlungen, die der Einlagerer mit dem Lagergut vorzunehmen wünscht, durch seine Angestellten ausführen zu lassen.

§ 46

a) Der Einlagerer haftet für alle Schäden, die er, seine Angestellten oder Beauftragten beim Betreten des Lagers oder beim Betreten oder Befahren des Lagergrundstükkes dem Lagerhalter, anderen Einlagerern oder dem Hauswirt zufügen, es sei denn, daß den Einlagerer, seine Angestellten oder Beauftragten kein Verschulden trifft. Als Beauftragte des Einlagerers gelten auch Dritte, die auf seine Veranlassung das Lager oder das Lagergrundstück aufsuchen.

b) Der Lagerhalter darf die ihm gemäß Absatz a) zustehenden Ansprüche, soweit sie über die gesetzlichen Ansprüche hinausgehen, an Dritte nicht abtreten.

§ 47

a) Der Lagerhalter darf, wenn nicht schriftlich etwas anderes vereinbart ist, den Lagervertrag jederzeit mit einmonatiger Frist durch eingeschriebenen Brief an die letzte ihm bekanntgegebene Adresse kündigen.

b) Eine Kündigung ohne Kündigungsfrist ist insbesondere zulässig, wenn das Gut andere Güter gefährdet.

c) Entstehen dem Lagerhalter Zweifel, ob seine Ansprüche durch den Wert des Gutes sichergestellt sind, so ist er berechtigt, dem Einlagerer eine angemessene Frist zu setzen, in der dieser entweder für Sicherstellung der Ansprüche des Lagerhalters oder für anderweitige Unterbringung des Lagergutes Sorge tragen kann. Kommt der Einlagerer diesem Verlangen nicht nach, so ist der Lagerhalter zur Kündigung ohne Kündigungsfrist berechtigt.

§ 48

A. Sobald das Gut ordnungsmäßig eingelagert ist, wird auf Verlangen hierüber entweder ein „Lager-Empfangsschein" ausgehändigt oder ein „Namenslagerschein", ein „Inhaberlagerschein" oder, soweit der Lagerhalter dazu die staatliche Ermächtigung erhalten hat, ein „an Order" lautender, durch Indossament übertragbarer Lagerschein (§ 363 Absatz 2 HGB) ausgestellt. Im Zweifel gilt die vom Lagerhalter erteilte Bescheinigung nur als „Lager-Empfangsschein".

B. a) Der „Lager-Empfangsschein" ist lediglich eine Bescheinigung des Lagerhalters über den Empfang des Gutes. Für den Fall seiner Ausstellung gilt die Vorschrift des § 808 BGB. Der Lagerhalter ist nicht verpflichtet, das Gut nur dem Vorzeiger des Scheines herauszugeben.

b) Der Lagerhalter ist berechtigt, aber nicht verpflichtet, die Legitimation des Vorzeigers des Empfangsscheins zu prüfen; er ist ohne weiteres berechtigt, gegen Aushändigung des Scheines das Gut an den Vorzeiger herauszugeben.

c) Eine Abtretung oder Verpfändung der Rechte des Einlagerers aus dem Lagervertrag ist gegenüber dem Lagerhalter erst wirksam, wenn sie ihm schriftlich vom Einlagerer mitgeteilt worden ist. In solchen Fällen ist dem Lagerhalter gegenüber nur derjenige, dem die Rechte abgetreten oder verpfändet worden sind, zur Verfügung über das Lagergut berechtigt.

C. a) Ist ein „Namenslagerschein" ausgestellt, so ist der Lagerhalter verpflichtet, das eingelagerte Gut nur gegen Aushändigung des Namenslagerscheins, insbesondere

nicht lediglich gegen einen Lieferschein, Auslieferungsschein oder dgl., und im Falle der Abtretung nur an denjenigen Inhaber des Lagerscheins herauszugeben, der durch eine zusammenhängende Kette von auf dem Lagerschein stehenden Abtretungserklärungen legitimiert ist.

b) Der Lagerhalter ist zur Prüfung

1. der Echtheit der Unterschriften der Abtretungserklärungen,

2. der Echtheit der Unterschriften auf Lieferscheinen und dgl.,

3. der Befugnis der Unterzeichner zu 1 und 2

nicht verpflichtet, es sei denn, daß mit dem Auftraggeber etwas anderes vereinbart worden oder der Mangel der Echtheit oder Befugnis offensichtlich erkennbar ist.

c) Die Abtretung oder Verpfändung der Rechte des Einlagerers aus dem Lagervertrage ist dem Lagerhalter gegenüber nur dann wirksam, wenn sie auf dem Lagerschein schriftlich erklärt und im Falle der Verpfändung außerdem dem Lagerhalter mitgeteilt ist.

d) Der Lagerhalter kann dem nach vorstehenden Bestimmungen legitimierten Rechtsnachfolger des Einlagerers nur solche Einwendungen entgegensetzen, welche die Gültigkeit der Ausstellung des Scheines betreffen oder sich aus dem Schein ergeben oder dem Lagerhalter unmittelbar gegen den Rechtsnachfolger zustehen. Das gesetzliche Pfand- oder Zurückbehaltungsrecht des Lagerhalters wird durch diese Bestimmung nicht berührt.

D. a) Den „Inhaberlagerschein", in welchem der Lagerhalter dem Inhaber der Urkunde die Herausgabe des Lagergutes verspricht, hat der Lagerhalter zu unterschreiben. Im übrigen finden die gesetzlichen Vorschriften, insbesondere die §§ 793ff. BGB Anwendung.

b) Der Lagerhalter gibt das Gut nur gegen Aushändigung des Lagerscheins heraus. Er ist dazu ohne besondere Prüfung der Legitimation des Inhabers berechtigt.

E. Ist ein „an Order" lautender, durch Indossament übertragbarer Lagerschein von einem dazu ermächtigten Lagerhalter ausgestellt, so gelten die Vorschriften der §§ 364, 365, 424 HGB.

§ 49

Die Bestimmungen dieses Abschnittes gelten auch bei nur vorübergehender Aufbewahrung von Gütern, z. B. zwecks Versendung, soweit nicht § 43 etwas anderes bestimmt.

XII. Pfandrecht

§ 50

a) Der Spediteur hat wegen aller fälligen und nichtfälligen Ansprüche, die ihm aus den im § 2a genannten Verrichtungen an den Auftraggeber zustehen, ein Pfandrecht und ein Zurückbehaltungsrecht an den in seiner Verfügungsgewalt befindlichen Gütern oder sonstigen Werten.

b) Soweit das Pfand- oder Zurückbehaltungsrecht aus Abs. a) über das gesetzliche Pfand- oder Zurückbehaltungsrecht hinausgehen würde, ergreift es bei Aufträgen des Spediteurs an einen anderen Spediteur nur solche Güter und sonstige Werte, die dem auftraggebenden Spediteur gehören oder die der beauftragte Spediteur für Eigentum des auftraggebenden Spediteurs hält und halten darf (z. B. Möbelwagen, Decken und dgl.).

c) Der Spediteur darf ein Pfand- oder Zurückbehaltungsrecht wegen solcher Forderungen, die mit dem Gut nicht in Zusammenhang stehen, nur ausüben, soweit sie nicht strittig sind oder wenn die Vermögenslage des Schuldners die Forderung des Spediteurs gefährdet.

d) Der Spediteur darf bei einem Auftrag, das Gut zur Verfügung eines Dritten zu halten oder einem Dritten herauszugeben, ein Pfand- oder Zurückbehaltungsrecht wegen Forderungen gegen den Dritten, die mit dem Gut nicht in Zusammenhang stehen, nicht ausüben, soweit und solange die Ausübung der Weisung und den berechtigten Interessen des ursprünglichen Auftraggebers zuwiderlaufen würde.

e) Etwa weitergehende gesetzliche Pfand- und Zurückbehaltungsrechte des Spediteurs werden durch die vorstehenden Bestimmungen nicht berührt.

f) Das Zurückbehaltungsrecht hat auch gegenüber Nichtkaufleuten die Wirkungen des kaufmännischen Zurückbehaltungsrechts (§§ 369ff. HGB). § 369 Abs. 3 HGB findet keine Anwendung.

g) An die Stelle der im § 1234 BGB bestimmten Frist von einem Monat tritt in allen Fällen eine solche von einer Woche.

h) Für den Pfand- oder Selbsthilfeverkauf kann der Spediteur in allen Fällen eine Verkaufsprovision vom Bruttoerlös in Höhe der ortsüblichen Sätze berechnen.

Siehe hierzu die Anmerkungen zu § 410 HGB, insbesondere Anm. 21f., 33. **Anm.**

XIII. Haftung des Spediteurs

§ 51

a) Der Spediteur haftet bei allen seinen Verrichtungen (s. § 2a) grundsätzlich nur, soweit ihn ein Verschulden trifft. Die Entlastungspflicht trifft den Spediteur; ist jedoch ein Schaden am Gut äußerlich nicht erkennbar gewesen oder kann aus sonstigen Gründen dem Spediteur die Aufklärung der Schadensursache nach Lage der Umstände billigerweise nicht zugemutet werden, so hat der Auftraggeber nachzuweisen, daß der Spediteur den Schaden verschuldet hat.

b) Im übrigen ist die Haftung des Spediteurs (ohne Rücksicht auf Vorhandensein oder Umfang eines Verschuldens) nach Maßgabe der vorangegangenen und der folgenden Bestimmungen beschränkt bzw. aufgehoben.

c) Dem Auftraggeber steht — abgesehen von der Versicherungsmöglichkeit (siehe §§ 35ff., 39ff.) — frei, mit dem Spediteur eine über diese Bedingungen hinausgehende Haftung gegen besondere Vergütung zu vereinbaren.

Siehe zur Haftung nach § 51a Anm. 72 zu §§ 407—409 HGB. Zu den Einzelheiten des § 51a siehe ferner die speditionsrechtliche Spezialliteratur (vor Anm. 1 zu §§ 407 bis 409 HGB); insbesondere Krien/Hay, ADSp zu § 51. **Anm.**

§ 51 Abs. b und c führen die Haftungsbeschränkungen der ADSp als grundsätzlich abdingbar ein. Eine über die ADSp hinausgehende Haftung kann vom Spediteur formlos, also auch stillschweigend übernommen werden. Dies wird vor allem dann in Frage kommen, wenn für eine besondere sorgfältige Behandlung des Speditionsguts vom Spediteur eine besondere Vergütung verlangt wird. Im Zweifel kann demgegenüber nicht angenommen werden, daß der Spediteur ohne besondere Vergütung eine über die ADSp hinausgehende Haftung übernehmen will.

§ 52

a) Ist ein Schaden bei einem Dritten, namentlich einem Frachtführer, Lagerhalter, Schiffer, Zwischen- oder Unterspediteur, Versicherer, einer Eisenbahn oder Gütersammelstelle, bei Banken oder sonstigen an der Ausführung des Auftrags beteiligten Unternehmern entstanden, so tritt der Spediteur seinen etwaigen Anspruch gegen den Dritten dem Auftraggeber auf dessen Verlangen ab, es sei denn, daß der Spediteur aufgrund besonderer Abmachungen die Verfolgung des Anspruchs für Rechnung und Gefahr des Auftraggebers übernimmt. Die vorstehend erwähnten Dritten gelten nicht als Erfüllungsgehilfen des Spediteurs.

b) Eine weitergehende Verpflichtung oder eine Haftung besteht für den Spediteur nur, wenn ihm eine schuldhafte Verletzung der Pflichten aus § 408 Abs. 1 HGB zur Last fällt.

c) Der Spediteur haftet auch in den Fällen der §§ 412, 413 HGB nur nach Maßgabe dieser Bedingungen.

§ 52 ADSp befaßt sich mit der Haftung des Spediteurs für Verschulden selbständiger Unternehmer. Kern der Vorschrift ist der in Abs. a S. 2 und Abs. b enthaltene Haftungsausschluß. Danach gelten selbständige Unternehmer im Sinne des Abs. a S. 1 in keinem Fall als Erfüllungsgehilfen des Spediteurs. Soweit die betreffenden Unternehmer als **Anm. 1**

Partner von Ausführungsgeschäften des Spediteurs (siehe dazu Anm. 7—11, 40 zu §§ 407—409 HGB) tätig sind, entspricht die Regelung der gesetzlichen Rechtslage; unrichtig daher Hald, ADSp, S. 121. § 52 erfaßt aber auch solche Unternehmer, deren sich der Spediteur zur Erfüllung eigener Verpflichtungen aus dem Speditionsvertrag bedient. Insoweit wird durch ihn § 278 BGB zugunsten des Spediteurs abbedungen; siehe Anm. 40, 75 zu §§ 407—409 HGB; BGH vom 1. 10. 1969, Warn 1969, Nr. 260; zu den Grenzen der Freizeichnung Anm. 12 vor § 1 ADSp. Wenn allerdings der BGH im Urteil vom 18. 3. 1955, VersR 1965, 306 (307) aus § 276 Abs. 2 BGB eine Beschränkung der Wirksamkeit des § 52 ADSp herleiten will, so übersieht er § 278 S. 2 BGB.

Nach seiner gesamten Formulierung gilt § 52a ADSp nur für selbständige Unternehmer, nicht dagegen für unselbständige Gehilfen; BGH vom 19. 2. 1953, BGHZ 9, 64 (65). Die Entscheidung betrifft einen Fall, in dem ein Spediteur seine Pflichten teilweise durch eine GmbH erfüllen ließ, deren Gesellschafter er und seine Ehefrau und deren einziger Geschäftsführer er selbst war. Demnach lag offenbar ein Fall des Mißbrauchs der Rechtsform einer GmbH vor.

Gegenüber dem Speditionsversicherer gilt § 52a ADSp nicht, da dieser auf die Einwendungen aus den ADSp verzichtet hat; siehe § 3 SVS, Anhang II nach § 415 HGB.

Anm. 2 Nach § 52a ADSp hat der Spediteur nur seine Ansprüche gegen den betreffenden Unternehmer an den Auftraggeber abzutreten; dazu wäre er nach §§ 675, 667 BGB ohnehin verpflichtet. Siehe Anm. 55f. zu §§ 407—409 HGB.

Anm. 3 Für das eigentliche Spediteurverschulden (§ 408 Abs. 1 HGB) und das seiner unselbständigen Gehilfen haftet der Spediteur nach § 52b in jedem Falle, also insbesondere für Verschulden bei der Auswahl und Instruktion der betreffenden Unternehmer. In der Vorauflage Anm. 4 zu § 408 HGB wurde die Auffassung vertreten, § 52 ADSp gestatte dem Spediteur die Übertragung der Auswahlverpflichtung auf einen Dritten (z. B. einen Frachtmakler); in diesem Fall hafte der Spediteur nach § 52a nicht für dessen Auswahlverschulden, sondern nur für die gehörige Auswahl dieses Dritten. Diese Meinung kann auf § 52 ADSp nicht gestützt werden. Bei der für AGB geltenden, einschränkenden Auslegung von Freizeichnungen (siehe Anm. 10, 11 vor § 1 ADSp) muß § 52b so verstanden werden, daß Auswahlverschulden nicht unter § 52a fallen soll. Außerdem würde es eine Erweiterung der Tragweite der Formulierung des § 52a sein, wollte man in einem solchen Fall annehmen, der Schaden sei „bei" den mit der Auswahl beauftragten Dritten entstanden. Somit muß der Spediteur für die Personen, denen er die Auswahl überträgt, gem. § 278 BGB haften; so richtig auch Schlegelberger/Schröder Anm. 10b zu § 408 HGB. Siehe hierzu auch Anm. 43 zu §§ 407—409 HGB.

Allerdings ist in den Fällen des Auswahlverschuldens und des Gehilfenverschuldens wiederum die Haftung gemäß § 41a ADSp ausgeschlossen oder zumindest durch die anderen Haftungsbeschränkungen der ADSp beschränkt. Siehe Anm. 72ff. zu §§ 407 bis 409 HGB. Abwegig ist die Auslegung, die das OLG Nürnberg, VersR 1952, 164 (165) dem § 52b geben will. Die Bestimmung will den Spediteur nicht einer unbeschränkten Haftung unterwerfen, sondern nur eine Rückausnahme zu den in § 52a statuierten Einschränkungen bewirken. So zutreffend Reimer Schmidt, VersR 1952, 165. Allerdings kann die Freizeichnung unwirksam sein, wenn Vorsatz oder grobe Fahrlässigkeit des Spediteurs oder leitender Angestellter vorliegt. Siehe Anm. 1.

Anm. 4 Der Haftungsausschluß des § 52 soll nach seinem Abs. c auch für den Selbsteintritt (§ 412 HGB) und die Sammelladungsspedition (§ 413 HGB) gelten. Soweit in diesen Fällen zwingende Normen des Frachtrechts gelten, ist die Freizeichnung des § 52c jedoch unwirksam. Siehe dazu Anm. 3 zu § 412 HGB, 7 zu § 413 HGB. Siehe auch die BGH-Urteile vom 25. 10. 1962, BGHZ 38, 150ff. und vom 3. 3. 1972, Betrieb 1972, 817ff.; zu diesen Anm. 3ff. zu § 412 und Anm. 9ff. zu § 413 HGB.

§ 53

a) Die Haftung des Spediteurs für von ihm angerollte Güter ist beendet, sobald sie dem Empfänger vor seinem Grundstück zur Abnahme bereitgestellt und abgenommen sind.

b) Auf Verlangen des Empfängers und auf seine Gefahr sind solche Güter im Gewicht bis zu 50 kg das Stück, sofern ihr Umfang nicht die Beförderung durch einen

Mann ausschließt, in Höfe, Keller und höhere Stockwerke abzutragen. Andere Güter sind dem Empfänger zu ebener Erde oder, soweit dies der Umfang, das Gewicht oder die Notwendigkeit einer besonderen Behandlung (wie bei Weinfässern, Maschinen, Ballons) verbieten, auf dem Rollwagen vor seinem Grundstück zur Verfügung zu stellen. Anm.

Siehe Anm. 60, 80 zu §§ 407—409 HGB.

§ 54

a) Soweit der Spediteur überhaupt haftet, gelten die folgenden Höchstgrenzen für seine Haftung:

1. DM 20 000,— je Schadensfall für Schäden, die auf Unterschlagung oder Veruntreuung durch einen Arbeitnehmer des Spediteurs beruhen. Hierzu gehören nicht gesetzliche Vertreter und Prokuristen, für deren Handlungen keine Haftungsbegrenzung besteht.

Ein Schadensfall im Sinne der Vorschrift der Ziff. 1 ist jeder Schaden, der von ein und demselben Arbeitnehmer des Spediteurs durch Veruntreuung oder Unterschlagung verursacht wird, gleichviel, ob außer ihm noch andere Arbeitnehmer des Spediteurs an der schädigenden Handlung beteiligt sind und ob der Schaden einen Auftraggeber oder mehrere voneinander unabhängige Auftraggeber des Spediteurs trifft. Der Spediteur ist verpflichtet, seinem Auftraggeber auf Verlangen anzugeben, ob und bei welcher Versicherungsgesellschaft er dieses Haftungsrisiko abgedeckt hat.

2. DM 1,50 je kg brutto, keinesfalls mehr als DM 1500,— je Schadensfall für alle sonstigen Schäden, gleichviel aus welchem Grunde.

b) Ist der angegebene Wert des Gutes niedriger als die Beträge zu 1—2, so wird der angegebene Wert zugrunde gelegt.

c) Ist der nach b) in Betracht kommende Wert höher als der gemeine Handelswert bzw. in dessen Ermangelung der gemeine Wert, den Gut derselben Art und Beschaffenheit zur Zeit und am Ort der Übergabe an den Spediteur gehabt hat, so tritt dieser gemeine Handelswert bzw. gemeine Wert an die Stelle des angegebenen Wertes.

d) Bei etwaigen Unterschieden in den Wertangaben gilt stets der niedrigere Wert.

I. Allgemeines Anm. 1

1. Verhältnis zu ähnlichen haftungsrechtlichen Bestimmungen

§ 54 ADSp enthält summen- und wertmäßige Haftungsbeschränkungen. Diese begrenzen den Ersatz des (nachzuweisenden) Schadens; sie sind keine Pauschalen. Die Haftungseinschränkungen sind nur dann von praktischer Bedeutung, wenn §§ 41a, 37a, c ADSp nicht ohnehin bereits die gesamte Haftung des Spediteurs ausschließen. Siehe zum Überblick über das System der Beschränkung der Spediteurhaftung Anm. 71ff. zu §§ 407—409 HGB, insbesondere Anm. 83—86. Haftungsbeschränkungen ähnlicher Art sind in fast allen frachtrechtlichen Gesetzen, Verordnungen und Beförderungsbedingungen enthalten, allerdings meist mit erheblich großzügigeren Grenzen. Siehe dazu Helm, Haftung für Schäden an Frachtgütern 1966, S. 142ff. Zum Eisenbahnrecht siehe §§ 85, 86, 90, 91 EVO, Anhang I nach § 460 HGB. Zum Güterkraftverkehrsrecht §§ 35, 36, 30c, e KVO, Anhang II nach § 452 HGB. Weitere Hinweise, insbesondere auf die internationalen Übereinkommen, siehe dort.

2. Schadensersatz in Geld Anm. 2

Die summenmäßige Haftungsbeschränkung des § 54 ADSp macht den Schadensersatzanspruch gegen den Spediteur zu einem reinen Geldanspruch; KG, VRS 3, 228 (230); Krien/Hay, Anm. 1e zu § 54 ADSp; Helm, Haftung für Schäden an Frachtgütern, 1966, S. 142f.

3. Stellungnahme der Rechtsprechung Anm. 3

Die summenmäßigen Haftungsbeschränkungen der ADSp als solche sind von der Rechtsprechung angesichts des Umstandes, daß sie in ähnlicher Weise in materiellen Gesetzen vorgesehen sind, nicht beanstandet worden; RGZ 99, 107ff. zu früheren Speditionsbedingungen. Allerdings bedeuten die Begrenzungen bei wertvollen Gütern eine nahezu völlige Freizeichnung von jeder Haftung. Der Auftraggeber ist in solchen Fällen fast schutzlos, wenn er die Speditionsversicherung untersagt hat oder wenn diese wegen der Haftungsausschlüsse des § 5 SVS (siehe dazu als Beispiele die Beschlagnahmefälle OLG Düsseldorf, VRS 6, 176; OLG Celle, VRS 6, 178) nicht eingreift, ferner bei Unterschlagung und Veruntreuung (siehe unten Anm. 5). Der Versender wertvoller Güter erhält dann weder Leistungen des Speditionsversicherers, noch einen auch nur einigermaßen zureichenden Schadensersatz vom Spediteur. Ob hier noch eine angemessene Berücksichtigung der Interessen beider Vertragsparteien, wie sie die neuere Rechtsprechung für Allgemeine Geschäftsbedingungen fordert — siehe Anm. 12 vor § 1 ADSp — vorliegt, ist zweifelhaft und wird von der Rechtsprechung noch einmal gründlich überprüft werden müssen. Anhaltspunkte hierfür könnte noch immer die Monopol-Rechtsprechung des RG liefern, insbesondere RG JW 1927, 1588. Anderer Ansicht Krien/Hay, Anm. 1a zu § 54 ADSp. Hierbei ist noch zu berücksichtigen, daß dem Versender durch die ADSp keine Möglichkeit gegeben wird, die Haftung durch Wertdeklaration zu erhöhen.

In den bisher praktisch entschiedenen Fällen hat die Rechtsprechung am Grundsatz des § 54 ADSp keine Kritik geübt: BGH vom 18. 3. 1955, VersR 1955, 306 (307); vom 6. 3. 1956, BGHZ 20, 164; vom 6. 12. 1956, VersR 1957, 80; vom 31. 1. 1957, VersR 1957, 193 (194); vom 3. 11. 1965, VersR 1966, 115 (118); KG, VRS 3, 228 (231); OLG Celle, VRS 6, 178; OLG Düsseldorf, VRS 6, 176.

Allerdings gelten die Haftungsbeschränkungen des § 54a Ziff. 2 nicht bei eigenem grobem Verschulden des Spediteurs oder seiner leitenden Angestellten (BGH vom 6. 3. 1956, BGHZ 20, 164 (167)); diese Entscheidung enthält einen allgemeinen Grundsatz, der sich auf alle Arten von Haftungsbeschränkungen anwenden läßt (siehe Anm. 13 vor § 1 ADSp) und gilt daher in jedem Fall für den ganzen Inhalt des § 54 ADSp; siehe auch OLG Hamburg, VersR 1954, 434 (435) und MDR 1969, 766 (Lagervize kein leitender Angestellter). Das BGH-Urteil vom 18. 3. 1955, VersR 1955, 306 (307), das sich noch auf den enger eingegrenzten § 276 Abs. 2 BGB stützte, ist durch die neuere Rechtsprechung weit überholt worden; das gleiche gilt für die Urteile des KG, VersR 1955, 519f. und des OLG München VersR 1955, 520 (522). Letzteres Urteil läßt aber den Einwand der unzulässigen Rechtsausübung (§ 242 BGB) zu.

Durch die Rechtsprechung des BGH wird die leitende und beaufsichtigende Tätigkeit des leitenden Angestellten zum Schlüssel für eine Durchbrechung der Haftungsbegrenzungen. Sind übliche und naheliegende Überwachungs- und Organisationsmaßnahmen unterblieben, so wird ein grobes Verschulden des zuständigen leitenden Angestellten in der Unterlassung dieser Maßnahmen zu sehen sein. In diesem Falle gilt § 54a nicht, der Spediteur haftet unbegrenzt.

Anm. 4 **3. Rechtsmißbräuchliche Anwendung**

Das Sichberufen auf § 54 ADSp kann im Einzelfall gegen Treu und Glauben verstoßen und daher rechtsmißbräuchlich sein; BGH vom 31. 1. 1957, VersR 1957, 193 (194). Siehe Anm. 14 vor § 1 ADSp. LG München VersR 1955, 233.

Anm. 5 **II. Die einzelnen Haftungsbeschränkungen**

1. § 54a Ziff. 1 ADSp

Dieser Absatz sieht für den Sonderfall der Unterschlagung und Veruntreuung — nicht für Diebstahl, siehe Krien/Hay, Anm. 5dff. zu § 54 ADSp — anstelle der auf das Gewicht und den Schadensfall bezogenen Haftungsbeschränkungen nur eine Begrenzung pro Schadensfall vor. Eine haftungserhöhende Wertdeklaration ist in den ADSp nicht vorgesehen (siehe unten Anm. 7 und § 56 ADSp). Da die Speditionsversicherung in Unterschlagungs- und Veruntreuungsfällen nach § 5 Ziff. 3 SVS, Ziff. 2 S. 4, Ziff. 4d Sped.Police keinen Ersatz leistet, sind hochwertige Güter bei Spediteuren gegen Unterschlagung und Veruntreuung unzureichend geschützt.

§ 54a Ziff. 1 will die begrenzte Haftungssumme von 20 000 DM auch bei Schäden mehrerer Versender, deren Güter durch den gleichen Unterschlagungsfall verloren gehen, nur einmal zur Verfügung stellen. Wird also z. B. im Nahverkehr ein Lastzug mit wertvollen Stückgütern verschiedener Auftraggeber unterschlagen, so hätte der Spediteur allen zusammen nur auf insgesamt 20 000 DM zu haften. Darüber hinaus bestimmen die ADSp nicht einmal, in welcher Weise die Haftungsbeschränkung wirken soll (pro rata-Haftung oder Gesamtgläubiger?). Es muß zweifelhaft sein, ob diese Regelung, die jede einigermaßen sichere Kalkulation des Auftraggebers unmöglich macht, als „angemessene" Bestimmung der richterlichen Kontrolle standhalten würde, zumal auch die Speditionsversicherung nicht eingreift. Siehe zu den Schwierigkeiten der Anwendung dieser Regelung Krien/Hay, Anm. 3d zu § 54 ADSp.

Ist im Verfahren über den Grund des Anspruchs festgestellt worden, daß der Schaden auf Unterschlagung oder Veruntreuung eines Arbeitnehmers des Spediteurs beruht, so ist diese Feststellung im Verfahren über den Betrag der Haftung nach § 54a Nr. 1 bindend; BGH vom 6. 12. 1956, VersR 1957, 80 (81).

Für Unterschlagung und Veruntreuung seiner gesetzlichen Vertreter und Prokuristen haftet der Spediteur nach § 54a Ziff. 1 S. 2 ADSp ohne Begrenzung. Darüber hinaus gelten die von der Rechtsprechung aufgestellten Regeln, nach denen der Spediteur für Vorsatz und grobe Fahrlässigkeit leitender Angestellter voll haftet (siehe dazu Anm. 3 und Anm. 13 vor § 1 ADSp), auch wenn der betreffende leitende Angestellte weder Prokurist noch gesetzlicher Vertreter ist.

2. § 54a Ziff. 2 ADSp — Anm. 6

Dieser Absatz begrenzt den Schaden extrem niedrig auf 1,50 DM pro kg Bruttogewicht. Nach § 85 Abs. 1 EVO ersetzt die Eisenbahn demgegenüber bis 100 DM, nach § 34 Abs. 4 KVO der Güterfernverkehrsunternehmer bis 80 DM pro kg Rohgewicht. Siehe als Beispiele für die Auswirkungen der summenmäßigen Haftungsbeschränkungen KG, VRS 3, 228 (231); OLG Karlsruhe, VersR 1965, 329f. (39 DM Ersatz für einen Schaden von 555 DM).

§ 54a Ziff. 2 soll nach dem Urteil des BGH vom 31. 2. 1957, VersR 1957, 193 (194) nicht nur für Schäden an Gütern, sondern auch für andere Vermögensschäden gelten. Andererseits soll die Haftungsbeschränkung nur solche Schäden erfassen, die „ihre Wurzeln" in dem typischen Gefahrenkreis haben, der durch den Transport bzw. die Lagerung der Güter unmittelbar oder mittelbar bedingt ist; BGH vom 3. 11. 1965, VersR 1966, 115 (118). § 54a Ziff. 2 soll nach Auffassung des OLG Hamm, BB 1964, 1322f. nicht gelten, wenn nicht das „normale", sondern ein außergewöhnliches Risiko zum Schaden führt (Verlust des Lagerguts bei Verlegung des ganzen Lagers durch den Spediteur). Teilschäden, die unter der Begrenzung von 1500 DM liegen, werden mit maximal 1,50 DM pro kg bis zu dieser Grenze ersetzt. Es gilt dann nicht etwa nur der betreffende Teilbetrag von 1500 DM als Grenze; Krien/Hay, Anm. 1d zu § 54 ADSp.

Fraglich ist, ob bei Teilschäden die Haftungsgrenze nach dem Gewicht des beschädigten Teils (so KG, mitgeteilt in Transport-Dienst 1964, 198), des beschädigten Packstücks (so die Handhabung nach Vorschlag des Deutschen Transportversicherungsverbands, siehe Transport-Dienst 1964, 200) oder der ganzen Sendung (so wohl Krien/Hay Anm. 4 zu § 54 ADSp) zu berechnen ist. Der letzteren, für den Geschädigten günstigeren Auffassung ist zuzustimmen, da angesichts der besonders rigorosen Haftungsbeschränkung nur eine enge Auslegung der Freizeichnung vertretbar erscheint; siehe Anm. 10, 11 vor § 1 ADSp; siehe ferner die Beiträge ohne Verfasserangabe, Transport-Dienst 1960, 1172; 1963, 2235; 1964, 198.

Problematisch kann sein, wie weit sich der vorausgesetzte einheitliche Schadensfall erstreckt. Siehe hierzu eingehend OLG München, VersR 1955, 520 (522): Beschlagnahme von 6 Lastkraftwagen kann ein zusammengehöriger Schadensfall sein, wenn sie am gleichen Tag und aus gleichem Grund erfolgt. Ferner KG VersR 1967, 446 (449): ein Schadensfall bei zwei Apparaten des gleichen Versenders, die mit dem gleichen Waggon versandt und zu gleicher Zeit beschädigt wurden.

Anm. 7

III. Wertangabe

§ 54b sieht zwar die Möglichkeit vor, daß der Versender einen Wert der Güter angibt. Im Gegensatz zu manchen frachtrechtlichen Regeln (z. B. § 90 EVO, Art. 24 CMR; siehe vergleichend Helm, Haftung für Schäden an Frachtgütern, 1966, S. 149f.) wirkt sich diese Wertangabe nur zu Lasten des Auftraggebers aus. Darüberhinaus gilt nach § 54d in jedem Fall der niedrigere von mehreren unterschiedlich angegebenen Werten. Andererseits kann die Unterlassung der Wertangabe nach § 56 ADSp bei hochwertigen Gütern den vollständigen Ausschluß jeder Haftung mit sich bringen. Schließlich münzt § 54c ADSp auch den Fall, daß der gemeine Handelswert oder gemeine Wert unter dem angegebenen Wert liegt, zum Vorteil des Spediteurs aus. Der Auftraggeber erhält also selbst bei spezieller Angabe nicht einmal in den summenmäßigen Grenzen des § 54a ein spezielles, über den gemeinen Wert hinausgehendes Interesse ersetzt. Anders zum Teil die frachtrechtlichen Regelungen, z. B. Art. 26 CMR, § 90 EVO, Helm, a. a. O. Für den Versender wertvoller Güter ist daher der Abschluß einer Güterversicherung, die auch den Gefahrenbereich der Spediteurtätigkeit mit abdeckt, sehr empfehlenswert.

Anm. 8 Zur Anwendung der Höchstbeträge auf Ansprüche aus unerlaubter Handlung siehe § 63 ADSp.

§ 55

Bei Schäden an einem Sachteil, der einen selbständigen Wert hat (z. B. Maschinenteil), oder bei Schäden an einer von mehreren zusammengehörigen Sachen (z. B. Wohnungseinrichtung), bleibt die etwaige Wertminderung des Restes der Sache oder der übrigen Sachteile oder Sachen außer Betracht.

§ 56

a) Bei allen Gütern, deren Wert mehr als DM 20,— für das kg brutto beträgt sowie bei Geld, Urkunden und Wertzeichen haftet der Spediteur für jeden wie auch immer gearteten Schaden nur, wenn ihm eine schriftliche Wertangabe vom Auftraggeber so rechtzeitig zugegangen ist, daß er seinerseits in der Lage war, sich über Annahme oder Ablehnung des Auftrages und über die für Empfangnahme, Verwahrung oder Versendung zu treffenden Vorsichtsmaßregeln schlüssig zu machen.

b) Die Übergabe einer Wertangabe an Kutscher oder sonstige gewerbliche Angestellte ist ohne rechtliche Wirkung, solange sie nicht in den Besitz des Spediteurs oder seiner zur Empfangnahme ermächtigten kaufmännischen Angestellten gelangt ist, es sei denn, daß eine andere Vereinbarung getroffen ist.

c) Unzulässig ist der Einwand, der Spediteur hätte von dem Wert des Gutes auf andere Weise Kenntnis haben müssen.

d) Beweist der Auftraggeber, daß der Schaden auf andere Umstände als auf die Unterlassung der Wertangabe zurückzuführen ist oder auch bei erfolgter Wertangabe entstanden wäre, so findet Absatz a) keine Anwendung.

e) Die Bestimmungen der übrigen Paragraphen, soweit sie über die Bestimmungen dieses Paragraphen hinaus die Haftung beschränken oder aufheben, bleiben unberührt.

Anm. § 56 schließt für hochwertige Güter und Kostbarkeiten die Haftung des Spediteurs vollständig aus, wenn der Auftraggeber keine Wertangabe gemacht hat. Jedoch bleibt dem Auftraggeber nach Abs. d die Möglichkeit des Nachweises, daß die Unterlassung der Wertangabe nicht für den Schaden ursächlich war.

Die Wirksamkeit des § 56a kann in Zweifel gezogen werden, da die Wertgrenze von 20 DM pro kg sehr niedrig angesetzt ist. Es kann nicht ausgeschlossen werden, daß dem Versender die Notwendigkeit einer Wertangabe bei Gütern dieser Wertklasse nicht zum Bewußtsein kommt. Vgl. den Fall BGH vom 8. 11. 1967, BGHZ 49, 221f., in dem der Wert einer Sendung Herrenkonfektion bereits erheblich über die Grenze des § 56a hinausging. Dazu wird zu fordern sein, daß der Spediteur jedenfalls bei Gütern, die ihm als wertvoll erkennbar sind, den Versender auf die Notwendigkeit der Wertangabe und die Folgen ihrer Unterlassung hinweisen.

§ 56 kann bei Vorsatz oder grober Fahrlässigkeit des Spediteurs oder eines leitenden Angestellten unwirksam sein. Auch kann die Berufung auf die Haftungsbefreiung im Einzelfall mißbräuchlich sein. Siehe dazu Anm. 13ff. vor § 1 ADSp, ferner BGH vom 18. 3. 1955, VersR 1955, 306 (307 a. E.).

§ 57

Die Haftung des Spediteurs ist ausgeschlossen:

1. a) für Schäden, insbesondere auch Beraubungsschäden, an nicht oder mangelhaft verpackten Gütern, soweit nicht eine vorherige besondere schriftliche Vereinbarung über die Haftung erfolgt ist.

b) Güter, die nach den zur Anwendung kommenden Beförderungsbestimmungen als unverpackt oder mangelhaft verpackt gelten, gelten auch dem Spediteur gegenüber als unverpackt oder mangelhaft verpackt.

c) Äußerlich erkennbare Schäden der Verpackung, die sogleich oder später zutage treten, darf der Spediteur auf Kosten des Auftraggebers beseitigen lassen; dadurch übernimmt er keine über die vorhergehenden Absätze hinausgehende Haftung.

2. für Schäden, die durch Aufbewahrung im Freien entstehen, wenn solche Aufbewahrung vereinbart oder eine andere Aufbewahrung nach dem üblichen Geschäftsbetrieb oder nach den Umständen untunlich war.

3. für Schäden, die durch schweren Diebstahl im Sinne des § 243 oder durch Raub im Sinne der §§ 249ff. StGB entstehen.

4. für die unmittelbaren oder mittelbaren Folgen jedes sonstigen Ereignisses, welches der Spediteur nicht verschuldet hat (z. B. höhere Gewalt, Witterungseinflüsse, Schadhaftwerden irgendwelcher Geräte oder Leitungen, Einwirkung anderer Güter, Beschädigung durch Tiere, natürliche Veränderung des Gutes).

5. für Verluste und Schäden in der Binnenschiffahrtsspedition (einschl. der damit zusammenhängenden Vor- und Anschlußtransporte mit Landtransportmitteln sowie der Vor-, Zwischen- und Anschlußlagerungen), die durch Transport- bzw. Lagerversicherung gedeckt sind oder durch eine Transport- bzw. Lagerversicherung allgemein üblicher Art hätten gedeckt werden können oder nach den herrschenden Gepflogenheiten sorgfältiger Kaufleute über den Rahmen einer Transport- bzw. Lagerversicherung allgemein üblicher Art hinaus gedeckt werden, es sei denn, daß eine ordnungsgemäß geschlossene Versicherung durch fehlerhafte Maßnahmen des Spediteurs unwirksam wird.

Siehe die Anm. zu § 58. **Anm.**

§ 58

a) Konnte ein Schaden den Umständen nach aus einer im § 57 bezeichneten Gefahr entstehen, so wird vermutet, daß er aus dieser Gefahr entstanden sei.

b) Die Bestimmungen der übrigen Paragraphen, soweit sie über die §§ 57, 58a hinaus die Haftung des Spediteurs beschränken oder aufheben, bleiben unberührt.

1. Überblick **Anm. 1**

§ 57 ADSp enthält Freizeichnungen des Spediteurs, die zum großen Teil dem im Beförderungsrecht Üblichen entsprechen. Siehe § 83 Abs. 1 EVO, ähnlich auch § 34 KVO. Die Tragweite der Freizeichnungen ist zweifelhaft. Mindestens braucht der Spediteur in den Fällen des § 57 nicht den nach § 51a sonst erforderlichen Nachweis des Nichtverschuldens zu führen, um sich von der Haftung zu befreien. Vielmehr kann er sich — unter Zuhilfenahme der Beweiserleichterungen des § 58 ADSp — auf das Vorliegen der besonderen haftungsbefreienden Umstände berufen. Fraglich ist jedoch, ob § 57 die Haftung auch dann ausschließt, wenn den Spediteur ein nachgewiesenes Verschulden trifft. Siehe zu diesem Fragenkomplex Helm, Haftung für Schäden an Frachtgütern (1966), S. 120ff., insbesondere S. 127; OLG Düsseldorf vom 24. 11. 1966, VersR 1968, 551f.; KG, VersR 1967, 446 (447). § 57 Ziff. 4 ADSp spricht ausdrücklich nur von unverschuldeten Ereignissen; auch für die Ziff. 1—3 wird der Grundsatz der engen Auslegung von Freizeichnungsklauseln, siehe Anm. 11 vor § 1 ADSp, dazu führen müssen, daß die Freizeichnungen nicht für nachgewiesenes Verschulden des Spediteurs und seiner Erfüllungsgehilfen gelten. Dies entspräche auch der Regelung des Eisenbahnrechts in § 83 Abs. 3 EVO. Wie hier Schlegelberger/Schröder, Anm. 29 zu § 408 HGB; a. A. Hald, ADSp, S. 148. Im Ergebnis ähnlich wie hier Krien/Hay, Anm. 6ff. zu § 57 ADSp, die aber zur Begründung Kausalitätserwägungen heranziehen. Krien/Hay verkennen, daß in zweifelhaften Fällen in der Regel der haftungsausschließende Umstand und eine schuldhafte Handlung des Spediteurs gemeinsam kausal für den Schaden sind. Daher läßt sich das Problem nicht mit der Annahme eines Entweder-Oder bei den Kausalverhältnissen lösen.

Nach der hier vertretenen Auffassung haftet der Spediteur z. B. wegen unterlassener Schutzmaßnahmen für frostgefährdete unverpackte oder im Freien gelagerte Güter, sofern ihn ein Verschulden trifft.

Die Berufung auf §§ 57, 58 ADSp kann rechtsmißbräuchlich sein, z. B. wenn sich der Spediteur, nachdem er hochwertige, empfindliche Güter eines Versenders laufend verpackt ohne Hinweis auf die Notwendigkeit einer Verpackung annimmt, im Schadensfall auf § 57 Ziff. 1b beruft: KG VersR 1967, 446 (448). Siehe auch Anm. 16 vor § 1 ADSp.

Anm. 2 **2. Die Beweiserleichterung des § 58 ADSp**

a) § 58a ADSp führt eine Beweiserleichterung für die Kausalität zwischen haftungsbegründendem Umstand und Schaden ein, wie sie auch in gesetzlichen Bestimmungen, z. B. in § 83 Abs. 2 EVO enthalten ist. An der Wirksamkeit dieser Klausel kann daher nicht gezweifelt werden. Der BGH hat § 58a im Urt. v. 16. 11. 1961, VersR 1962, 22 (23) ohne Bedenken angewendet. Der Spediteur muß den vollen Nachweis des als Ursache in Betracht kommenden Umstands führen. Im Fall der Widerlegung der Vermutung des § 58a: KG VersR 1967, 446 (447), Schaden an unverpackten Gütern wäre auch bei ordnungsgemäßer Verpackung entstanden.

Anm. 3 b) § 58b ADSp sichert, daß sich § 57 in jedem Fall nur zugunsten des Spediteurs auswirken kann. Alle anderen Möglichkeiten der Haftungsbeschränkung der ADSp bleiben weiterhin offen.

Anm. 4 **3. Die einzelnen Befreiungsgründe**

a) § 57a Ziff. 1 ADSp

Auch wenn der Spediteur für Schäden an einer mangelhaft verpackten Ware nach § 57a Ziff. 1 nicht haftet, so gehört es doch zu seinen Pflichten, sich um die Verpackung zu kümmern. Daher haftet er gemäß § 51a ADSp, wenn er oder seine Erfüllungsgehilfen keine Maßnahmen treffen, um die vorhersehbaren Schadensfolgen erkennbarer Verpackungsmängel zu verhindern. Siehe Anm. 1. Zu Abs. d siehe die Anm. in den Kommentaren zu § 62 EVO.

Anm. 5 **b) § 57a Ziff. 2 ADSp**

Der Haftungsfreistellung für Lagerung im Freien entspricht in der EVO der Haftungsausschluß für die Beförderung im offenen Wagen, § 83 Abs. 1a ADSp. Zu § 57 Ziff. 2 siehe Anm. 78 zu §§ 407—409 HGB.

Anm. 6 **c) § 57a Ziff. 3 ADSp**

Siehe hierzu Anm. 77 zu §§ 407—409 HGB.

Anm. 7 **d) § 57a Ziff. 4 ADSp**

In Ziff. 4 ist von Ereignissen die Rede, die der Spediteur nicht verschuldet hat. Trifft den Spediteur dagegen ein Verschulden am schadensstiftenden Ereignis, so hat er zu haften. Nicht ausdrücklich erwähnt ist die Möglichkeit, daß zwar das Ereignis unverschuldet ist, aber nur durch zusätzliches schuldhaftes Verhalten des Spediteurs zum Schaden geführt hat. Auch in diesem Fall haftet der Spediteur für sein Verschulden; a. A. Brockmann, VersR 1954, 440. Den Spediteur trifft danach z. B. die Haftung, wenn er die Güter nicht vor Witterungseinflüssen geschützt hat, obwohl dies möglich gewesen wäre. Das OLG Celle, VersR 1958, 439, bezeichnet im Anschluß an Schwartz die Ziff. 4 des § 57 ADSp als überflüssig, da sich aus § 51 die gleiche Rechtsfolge bereits ergebe. Dies ist jedoch nicht voll zutreffend, weil zumindest durch § 58 die Beweiserleichterung den Spediteur günstiger stellt als § 51.

Zum Begriff der „höheren Gewalt" siehe § 454 HGB und die dortige Anmerkung.

e) § 57 a Ziff. 5 ADSp **Anm. 8**

Die Freizeichnung für alle versicherbaren Schäden in der Binnenschiffahrtsspedition erklärt sich daraus, daß in der Binnenschiffahrt auch für den eigentlichen Transportvorgang so gut wie nicht gehaftet wird. Siehe zur Haftung in der Binnenschiffahrt Helm, Haftung für Schäden an Frachtgütern, 1966, S. 75ff., Laeuen, Freizeichnungen in Frachtverträgen der internationalen Rheinschiffahrt, Diss. Frankfurt 1966.

In diesem Bereich der vorwiegenden Beförderung von Massengütern übernimmt die Transportversicherung sehr weitgehend die Funktion der Haftung. Die „Insurance-Klausel" des § 57 Abs. 5 gilt, da sie offensichtlich die Haftung durch Versicherung ersetzen soll, auch für Verschuldensfälle; BGH vom 16. 11. 1961, VersR 1962, 22 (24). Jedoch sind die allgemeinen Grenzen der Freizeichnung (siehe zu diesen Anm. 12ff. vor § 1 ADSp) zu beachten. Siehe dazu Helm, Haftung für Schäden an Frachtgütern, 1966, S. 127; ferner Krien/Hay, Anm. 8 zu § 57. Auch der BGH erwägt a. a. O., S. 24, daß § 57 Ziff. 5 ADSp bei grober Fahrlässigkeit des Spediteurs bzw. seiner leitenden Angestellten die Wirkung zu versagen sein könnte. Siehe auch Anm. 13 vor § 1 ADSp.

Zu beachten ist, daß § 57 Ziff. 5 ADSp nur die versicherten oder mit üblicher Versicherung versicherbaren Risiken aus der Haftung ausschließt. Siehe zum Versicherungsumfang in der Binnentransportversicherung §§ 1ff. ADB 1963, Transportversicherungs-Handbuch; herausgegeben vom Deutschen Transportversicherungs-Verband e. V., Loseblattausgabe 1970 S. 387ff.

§ 59

Jede Haftung des Spediteurs ist ausgeschlossen, wenn er nachweist, daß er das Gut in derselben äußeren Beschaffenheit, wie er es bekommen, abgeliefert hat. Die Verpflichtungen des Spediteurs aus § 388 HGB werden hierdurch nicht berührt.

1. Zu § 59 S. 1 ADSp siehe Anm. 61 zu §§ 407—409 HGB. § 59 S. 1 verbessert die Rechtsstellung des Spediteurs, wenn das Gut äußerlich unverändert wieder abgeliefert worden ist. Nicht gehaftet wird für Schäden, die bei Übernahme durch den Spediteur nachweislich schon bestanden haben. Begünstigt wird der Spediteur durch § 59 S. 1 jedoch dann, wenn das Gut innere Schäden aufweist, die bei Übernahme nicht erkennbar waren. In diesem Fall braucht der Spediteur nicht sein Nichtverschulden nachzuweisen. § 59 S. 1 kann insoweit als ein Sonderfall der Beweisnotstandsregelung des § 51 a ADSp (unzumutbare Aufklärung) angesehen werden. § 59 S. 1 könnte aber weitergehend so verstanden werden, daß der Spediteur auch bei nachgewiesenem Verschulden für die betreffenden Schäden nicht zu haften hätte. Nach den allgemeinen Auslegungsgrundsätzen — siehe Anm. 11 vor § 1 ADSp und Anm. 1 zu §§ 57, 58 ADSp — dürfte jedoch § 59 S. 1 für den Fall nachgewiesenen, für den Schaden ursächlichen Spediteurverschuldens nicht gelten; danach ist § 59 S. 1 ADSp eine reine Beweislastregelung. Wie hier schon Schwartz, S. 64; Krien/Hay Anm. 4, 8 zu § 59 ADSp. **Anm. 1**

2. § 59 S. 2 ADSp bezieht sich auf den Fall, daß der Spediteur vom Vormann das Gut bereits beschädigt übernommen hat. Er haftet dann nach § 59 S. 1 zwar nicht für diese Schäden. Es bleibt aber seine Pflicht, die Rechte des Auftraggebers zu wahren (§ 388 HGB). Siehe dazu Anm. 54 zu §§ 407—409 HGB. **Anm. 2**

§ 60

a) Alle Schäden, auch soweit sie äußerlich nicht erkennbar sind, müssen dem Spediteur unverzüglich schriftlich mitgeteilt werden. Ist die Ablieferung des Gutes durch einen Spediteur erfolgt, so muß der abliefernde Spediteur spätestens am vierten Tage nach der Ablieferung im Besitze der Schadensmitteilung sein.

b) Bei Nichteinhaltung vorstehender Bestimmungen gelten die Schäden als erst nach der Ablieferung entstanden.

c) Geht dem Spediteur eine Schadensmitteilung in einem Zeitpunkt zu, in dem ihm die Wahrung der Rechte gegen Dritte nicht mehr möglich ist, so ist der Spediteur für die Folgen nicht verantwortlich.

Anm. 1 1. § 60a, b ADSp führt eine haftungsausschließende Rügepflicht ein. Nach Abs. b gelten die Schäden im Falle der Verletzung der Mitteilungspflicht als nach der Ablieferung entstanden. Da für solche Schäden nicht gehaftet wird — siehe §§ 407 Abs. 2, 390 HGB, 51 ADSp und Anm. 60 zu §§ 407—409 HGB — entfällt mit Unterlassung der Rüge die Haftung. Die Erstreckung dieser Regelung auf äußerlich nicht erkennbare Schäden bedeutet praktisch die Statuierung einer Obliegenheit des Empfängers zur Untersuchung innerhalb der 4-Tage-Frist. Die Regelung entspricht dem auch im Frachtrecht weitgehend Üblichen; siehe dazu Helm, Haftung für Schäden an Frachtgütern, 1966, S. 165ff. Ob § 60b nur eine widerlegliche Vermutung aufstellt (so AG Köln, JR 1950, 597) ist sehr zweifelhaft.

Zu § 60a, b ADSp siehe ferner Anm. 87 zu §§ 407—409 HGB.

Anm. 2 2. Abs. c spricht eine Selbstverständlichkeit aus, soweit der Spediteur den betreffenden Schaden nicht erkannt hat und auch nicht den Umständen nach erkennen mußte. Ebenso selbstverständlich kann aber die Klausel den Spediteur nicht von der Haftung befreien, wenn er vor Auslieferung des Guts an den Empfänger bereits zur Rüge verpflichtet gewesen war. Siehe dazu Anm. 54 zu §§ 407—409 HGB.

§ 61

In allen Fällen, in denen der vom Spediteur zu zahlende oder freiwillig angebotene Schadensbetrag den vollen Wert des Gutes erreicht, ist der Spediteur zur Zahlung nur verpflichtet, Zug um Zug gegen Übereignung des Gutes und gegen Abtretung der Ansprüche, die hinsichtlich des Gutes dem Auftraggeber oder dem Zahlungsempfänger gegen Dritte zustehen.

Anm. § 61 erweitert den Gedanken des § 255 auf den Fall der Beschädigung einer Sache.

§ 62

Der in diesen Bedingungen gebrauchte Ausdruck „Schaden" oder „Schäden" ist, soweit nicht frühere Paragraphen eine Beschränkung vorsehen, im weitesten Sinne (§§ 249ff. BGB) zu verstehen, umfaßt also insbesondere auch gänzlichen oder teilweisen Verlust, Minderung, Wertminderung, Bruch, Diebstahlsschaden und Beschädigungen aller Art.

§ 63

a) Beruft sich der Spediteur auf eine in diesen Bedingungen vorgesehene Haftungsbeschränkung oder -ausschließung, so ist der Einwand, es liege unerlaubte Handlung vor, unzulässig.

b) Erhebt ein Dritter, der an dem Gegenstand oder der Ausführung des dem Spediteur erteilten Auftrages unmittelbar oder mittelbar interessiert ist, gegen den Spediteur Ansprüche wegen einer angeblich begangenen unerlaubten Handlung, die dem Spediteur nach Absatz a) nicht entgegengehalten werden kann, so hat der Auftraggeber den Spediteur von diesen Ansprüchen unverzüglich zu befreien.

Anm. Nach der Rechtsprechung des BGH stehen Ansprüche aus Fracht- und Lagerverträgen und solche aus unerlaubter Handlung grundsätzlich unbeeinflußt nebeneinander; zum Lagervertrag siehe die grundsätzliche BGH-Entscheidung vom 28. 4. 1953, BGHZ 9, 301; für den Bereich des Frachtrechts siehe dazu die Anm. zu § 429 HGB; ferner Helm, Haftung für Schäden an Frachtgütern, S. 288ff.; Schlechtriem, ZHR 133, 105ff.

Im Speditionsrecht ist die Frage nur von begrenzter Bedeutung. Das gesetzliche Speditionsrecht enthält keine Haftungsbeschränkungen; als Haftung für vermutetes Verschulden ohne Entlastungsmöglichkeit für Gehilfen geht die speditionsrechtliche Haftung im Gegenteil weit über die Deliktshaftung hinaus. Nur bei der Verjährung ist die Frage praktisch wichtig, da die einjährige Verjährungsfrist des § 414 HGB durch Anwendung des Deliktsrechts, für das die dreijährige Verjährung nach § 852 BGB gilt, umgangen werden könnte. Siehe dazu Anm. 3 f zu § 414 HGB.

Soweit die ADSp gelten, ist die Rechtslage durch sie weitgehend geklärt. § 63a ADSp soll bewirken, daß der Versender nicht durch Berufung auf unerlaubte Handlung die Haftungsbeschränkungen oder -ausschließungen der ADSp umgehen kann. § 63a ADSp schließt Ansprüche aus unerlaubter Handlung nicht allgemein aus. Unter „Haftungsbeschränkung“ sind alle Klauseln der ADSp zu verstehen, die den Umfang der Haftung gegenüber vollem Schadensersatz einschränken. Siehe dazu Anm. 83ff zu §§ 407—409; §§ 54f., 61, 37a ADSp.

Fraglich bleibt jedoch, was unter „Haftungsausschließung“ zu verstehen ist. Man wird darunter alle Bestimmungen der ADSp fassen können, die der Geltendmachung von Schadensersatzansprüchen entgegengesetzt werden können. Unstreitig gehört dazu § 41a (Haftungsersetzung durch Versicherung), der auch gegenüber Deliktsansprüchen gilt. Auch die Haftungsausschlüsse des § 57 einschließlich der Beweiserleichterung des § 58a und der §§ 59, 37, 52a, 33, 56 können dem Deliktsanspruch entgegengesetzt werden. Als Haftungsausschluß in diesem Sinn wird man auch die Präklusionsklausel des § 60 ADSp ansehen können, da die Nichtmitteilung des Schadenseintritts zum Wegfall der Haftung führt.

Fraglich ist aber nach § 63a ADSp, ob eine Deliktsforderung deshalb verneint werden muß, weil eine konkrete Schadensverursachung von der Haftung der ADSp tatbestandlich nicht mehr erfaßt wird, z. B. weil nach § 53a ADSp die Haftung mit der Bereitstellung und Abnahme beendet ist, Schäden aber auch nachträglich, etwa beim Abtragen der Güter gemäß § 53b ADSp noch entstehen können. Stellt man sich mit der Spezialliteratur auf den Standpunkt, hier entfalle die Haftung, weil der Schaden nach Beendigung der Obhutspflicht entstanden sei (Krien/Hay Anm. 2 a zu § 53 ADSp), so könnte man bei § 53a kaum von einem Haftungsausschluß sprechen. Auch § 63a ADSp würde dann keine Einschränkung der Deliktsansprüche bewirken (a. A. Krien/Hay Anm. 11 zu § 63 ADSp. Dieser Auffassung ist jedoch nicht zuzustimmen. § 53a ADSp schließt nämlich die über die Obhutszeit hinausreichende Haftung aus positiver Vertragsverletzung aus und ist daher insoweit eine haftungsausschließende und nach § 63a ADSp auf das Deliktsrecht anwendbare Klausel. Damit ist allerdings die Frage noch nicht für alle außerhalb der vertraglichen Haftung liegenden Deliktsansprüche ebenso entschieden. Als Grundsatz ist vielmehr festzuhalten, daß ein Deliktsanspruch nach § 63a ADSp nicht immer schon dann entfällt, wenn ein entsprechender Vertragsanspruch nicht besteht, sondern daß § 63a ADSp dem Spediteur nur gestattet, ausgesprochene Haftungsausschlüsse gegenüber dem Anspruch aus unerlaubter Handlung geltend zu machen.

XIV. Verjährung

§ 64

Alle Ansprüche gegen den Spediteur, gleichviel aus welchem Rechtsgrunde, verjähren in 6 Monaten. Die Verjährung beginnt mit der Kenntnis des Berechtigten von dem Anspruch, spätestens jedoch mit der Ablieferung des Gutes.

Siehe zur Verjährung der gegen den Spediteur gerichteten Ansprüche § 414 HGB **Anm. 1**
und die dortige Kommentierung. Die Verkürzung der Verjährung ist grundsätzlich zulässig. Siehe Anm. 6 zu § 414 HGB. Siehe ferner zur Wirksamkeit der Verjährungsverkürzung im Falle des Vorsatzes Anm. 12 zu § 414 HGB und bei Rechtsmißbrauch Anm. 7 zu § 414 HGB.

Anm. 2 Der Anwendungsbereich des § 64 ADSp ist wesentlich weiter als der des § 414 HGB. § 64 erfaßt nicht nur speditionsvertragliche Ansprüche, sondern solche aus allen Rechtsgründen, also auch aus unerlaubter Handlung, ungerechtfertigter Bereicherung, Geschäftsbesorgung, Geschäftsführung ohne Auftrag. Daß die Verkürzung der Verjährung durch Allgemeine Geschäftsbedingungen auch für die Haftung aus unerlaubter Handlung grundsätzlich zulässig ist, hat der BGH im Urteil vom 28. 4. 1953, BGHZ 9, 301 (304) bestätigt. Andererseits kann § 64 nur zwischen den Partnern des betreffenden Verkehrsvertrages wirken. Ansprüche des Eigentümers des Speditionsguts werden also nicht von § 64 ADSp betroffen, wenn der Eigentümer nicht Vertragspartner des Spediteurs ist, da die ADSp nicht zu Lasten am Vertrag nicht beteiligter Dritter wirken können.

Anm. 3 Aus der Rechtsprechung sind folgende Fälle zur Abgrenzung des Anwendungsbereichs des § 64 von Bedeutung:

BGH vom 10. 10. 1957, BGHZ 25, 300 (310): § 64 gilt nicht für einen Frachtzahlungsanspruch des Verfrachters aus § 614 HGB gegen den Empfangsspediteur, da es sich hierbei nicht um einen Anspruch aus dem Speditionsvertrag, sondern aus dem Seefrachtvertrag (Ausführungsgeschäft) handelt.

BGH vom 29. 10. 1969, VersR 1970, 30 (33): Ob ein Bereicherungsanspruch wegen Rückzahlung eines Vorschusses auf nicht zu ersetzende Auslagen unter § 64 fällt, ist fraglich.

BGH vom 18. 2. 1972, NJW 1972, 1003: Art. 32 CMR schaltet § 64 ADSp beim internationalen Straßengüter-Transport aus, und zwar auch für einen Anspruch auf Rückzahlung von Fracht wegen Nichtausführung der Beförderung.

Anm. 4 Der Beginn der Verjährung in § 64 S. 2 ADSp setzt Kenntnis vom Anspruch voraus. Nach dem Urteil des KG vom 4./5. 4. 1951, VRS 2, 228 (231) beginnt die Frist erst mit dem Empfang des Schreibens, in dem der Spediteur dem Geschädigten in bestimmter Form mitteilt, daß sich die fehlenden Frachtstücke nicht eingefunden hätten und mit ihrem Verlust gerechnet werden müsse.

Anm. 5 Die in § 64 S. 2 als spätester Termin für den Fristbeginn genannte Ablieferung kann nur die an den Empfänger sein, nicht etwa die Ablieferung des Spediteurs an den Zwischenspediteur oder den Frachtführer; so zutreffend LG Hannover, NJW 1952, 980.

XV. Erfüllungsort, Gerichtsstand, anzuwendendes Recht

§ 65

a) Der Erfüllungsort sowie der Gerichtsstand für alle Rechtsstreitigkeiten, die aus dem Auftragsverhältnis oder im Zusammenhang damit entstehen, ist für alle Beteiligten der Ort derjenigen Handelsniederlassung des Spediteurs, an die der Auftrag gerichtet ist; für Ansprüche gegen den Spediteur ist dieser Gerichtsstand ausschließlich.

b) Für die Rechtsbeziehungen des Spediteurs zum Auftraggeber oder seinen Rechtsnachfolgern gilt deutsches Recht.

Anm. 1 **1. Erfüllungsort**

§ 65a ADSp regelt in zulässiger Weise die Frage des Erfüllungsorts. Der Bestimmung des Erfüllungsorts kommt in der Praxis jedoch keine große praktische Bedeutung zu, da der Gerichtsstand und die anwendbare Rechtsordnung besonders festgelegt sind. Soweit ausnahmsweise die ADSp nicht vereinbart sind, gelten die allgemeinen Regeln des Schuldrechts über die Bestimmung des Erfüllungsorts; siehe dazu § 269 BGB und die Kommentare zu dieser Vorschrift. In diesem Falle gewinnt der Erfüllungsort auch für die Ermittlung des Gerichtsstands Bedeutung. Im internationalen Privatrecht ist jedoch die Anknüpfung an den Erfüllungsort heute weitgehend überholt. Siehe dazu Anm. 17 zu §§ 407—409 HGB.

Soweit die ADSp nicht gelten, liegen die Erfüllungsorte der verschiedenen Leistungen des Spediteurs unterschiedlich. Es muß daher ermittelt werden, wo der Spediteur die jeweilige Leistung zu erbringen hat. Für die Hauptleistung der „Besorgung der

Versendung" ist der Ort, an dem der Spediteur das Ausführungsgeschäft (Frachtvertrag) zu schließen hat, maßgeblich. Es wird im Regelfalle der Ort der Einlieferung und damit auch der gewerblichen Niederlassung des Spediteurs sein.

2. Gerichtsstand **Anm. 2**

Die Festlegung des Gerichtsstands am Ort der Geschäftsniederlassung ist in Allgemeinen Geschäftsbedingungen sehr üblich und bisher von der Rechtsprechung kaum beanstandet worden. Siehe dazu Löwe, NJW 1970, 2236ff. und NJW 1971, 1342ff. Ohne Vereinbarung der ADSp würden die §§ 12ff. ZPO, speziell § 29 ZPO eingreifen. Insbesondere würde § 29 ZPO bewirken, daß die verschiedenen Leistungen des Spediteurs wegen ihrer verschiedenen Erfüllungsorte auch unterschiedliche Gerichtsstände begründen könnten.

3. Internationales Privatrecht

Zum Statut des Speditionsvertrages siehe Anm. 17 zu §§ 407—409 HGB. **Anm. 3**

Anhang II nach § 415

Speditions-Versicherungsschein (SVS) und Rollfuhr-Versicherungsschein (RVS)

Siehe zum Verhältnis der Speditions- und Rollfuhrversicherung zum Speditionsvertrag Anm. 14f. zu §§ 407—409 HGB; zur Speditionsversicherung allgemein die Kommentierung zu §§ 39, 40 ADSp, Anhang I nach § 415 HGB; zum Verhältnis der Speditionsversicherung zu anderen Versicherungen, insbesondere zur Transportversicherung, Anm. 2 zu § 37 ADSp. **Vorbem.**

Auf eine systematische und eingehende Erläuterung des SVS/RVS muß im gegebenen Rahmen aus Raumgründen verzichtet werden. Die Anmerkungen beschränken sich daher auf kurze Erläuterungen zum Verständnis und auf Rechtsprechungshinweise, insbesondere bezüglich der neueren Rechtsprechung des BGH. Siehe im übrigen die ausführliche Kommentierung bei Krien/Hay, ADSp 1959. Weitere Literaturhinweise in der Anmerkung zu §§ 39, 40 ADSp.

Speditions-Versicherungsschein (SVS)

§ 1

Versicherter

Die Versicherung geschieht für fremde Rechnung. Versichert ist entweder der Auftraggeber oder derjenige, dem das versicherte Interesse zur Zeit des den Schaden verursachenden Ereignisses zugestanden hat.

Siehe Anm. 3f. zu §§ 39, 40 ADSp, Anhang I nach § 415 HGB. **Anm.**

§ 2

Haftpflicht im allgemeinen

1. Die Versicherer haften für alle Schäden, welche dem Versicherten erwachsen und wegen welcher der Spediteur aufgrund eines Verkehrsvertrages in Anspruch genommen wird und gesetzlich in Anspruch genommen werden kann.

2. Unter Verkehrsverträgen im Sinne dieses Versicherungsscheines sind zu verstehen:

Speditions- und Frachtverträge; Lagerverträge innerhalb Deutschlands einschl. der bei solchen Verträgen üblichen Nebenaufträge, wie z. B. Nachnahmeerhebung,

Verwägung, andere Mengenfeststellung, Verpackung, Musterziehung, Verladung, Ausladung, Verzollung, Vermittlung von Transport-, Feuer- und Einbruchdiebstahlversicherungen, ausschl. Versicherungsaufträge jeder anderen Art, vgl. § 9.

Anm. 1

I. Allgemeines; Verhältnis zu den ADSp

Maßgeblich für den Deckungsbereich ist der in § 2 SVS verwendete Begriff des Verkehrsvertrages. Während die ADSp nach ihrem § 2a für alle mit dem Spediteurgewerbe zusammenhängenden Geschäfte gelten, ist der Versicherungsschutz des SVS auf die in § 2 Ziff. 2 SVS definierten Verträge, also auf Speditions-, Fracht- und inländische Lagerverträge beschränkt. Ein Junktim zwischen der Speditionsversicherung und der Gültigkeit der ADSp gibt es nicht. Daher greift der Speditionsversicherungsschutz auch da ein, wo die ADSp kraft zwingenden Rechts nicht gelten; BGH vom 14. 7. 1954, MDR 1954, 670 (671f.); offenlassend BGH vom 11. 7. 1966, BGHZ 46, 43 (47); siehe oben Anm. 8 zu §§ 39, 40 ADSp.

Anm. 2

II. Einzelne Abgrenzungen aus der Rechtsprechung des BGH

1. Vertragsarten, bei denen zweifelhaft ist, ob sie unter § 2 Ziff. 2 SVS fallen

BGH vom 11. 7. 1966, BGHZ 46, 43 (47ff.): Durch die widerspruchslose Entgegennahme einer vom Einlagerer ausgestellten delivery order aus der Hand eines Dritten kommt zwischen dem Spediteur als Lagerhalter und dem Dritten ein unter § 2 Ziff. 2 SVS fallender Lagervertrag zustande.

BGH vom 30. 1. 1956, VersR 1956, 154ff.: Mietverträge über Lagerräume fallen nicht unter § 2 Ziff. 2 SVS; auch die Entgegennahme der Speditionsversicherungsprämie vom Mieter macht den Vertrag nicht ohne weiteres zu einem von der Speditionsversicherung erfaßten Verkehrsvertrag. Doch kann darin ein Indiz dafür gesehen werden, daß die Parteien nicht einen Mietvertrag, sondern einen der Speditionsversicherung unterliegenden Lagervertrag abschließen wollten.

BGH vom 19. 12. 1969, VRS 38, 254: Ein vom Zwischenspediteur außerhalb Deutschlands abgeschlossener Lagervertrag fällt unter den Schutz der Speditionsversicherung des Hauptspediteurs, wenn er aus verkehrsbedingten Gründen zur Ausführung des Speditionsvertrags abgeschlossen wurde, nicht aber, wenn es sich um einen versicherungsrechtlich selbständigen Lagervertrag handelt.

Anm. 3

2. „Schäden" im Sinne des § 2 S. 1 SVS

Der Begriff des Schadens in § 1 Ziff. 1 SVS ist von der Rechtsprechung eingegrenzt worden. Er umfaßt nicht nur Sachschäden, sondern „alle" Schäden, also auch — im Gegensatz zum RVS — Vermögensschäden. Ob hierunter auch Fälle des Verstoßes gegen eine vertragliche Aufklärungspflicht bzw. aus Verschulden bei Vertragsschluß fallen, ist zweifelhaft; siehe BGH vom 27. 10. 1967, BGHZ 49, 160ff.

Da § 2 Ziff. 1 SVS nur für Schäden gilt, fällt ein Rückforderungsanspruch wegen Vorschüssen für Auslagen, die der Auftraggeber zur Erreichung der Freigabe des Speditionsguts „unter Protest" gegeben hat, nicht unter die Speditionsversicherung; BGH vom 29. 10. 1969, VersR 1970, 31 (32).

§ 3

Umfang der Versicherung im allgemeinen

1. Die Versicherer vergüten den Schaden nach Maßgabe der gesetzlichen Bestimmungen über die Haftung des Versicherungsnehmers aus einem Verkehrsvertrage. Sie verzichten auf die Einwendungen, welche der Spediteur aus den in den ADSp und sonstigen Abmachungen oder Handels- und Verkehrsgebräuchen enthaltenen Bestimmungen über Ausschluß und Minderung der gesetzlichen Haftung erheben könnte.

2. Die Versicherung deckt auch Ansprüche, die der Versicherte nicht auf einen Verkehrsvertrag, sondern auf Eigentum, unerlaubte Handlung oder ungerechtfertigte Bereicherung stützt, sofern diese Ansprüche mit einem mit dem Spediteur abgeschlossenen Verkehrsvertrag unmittelbar zusammenhängen.

3. Die Versicherung deckt auch Ansprüche, die durch Versäumung der Regreßwahrung entstanden sind, sofern dadurch nachgewiesenermaßen dem Versicherten ein Schaden erwachsen ist.

4. Es ist auch der Schaden mitversichert, der durch den Vorsatz des Spediteurs, seiner gesetzlichen Vertreter, Angestellten oder Erfüllungsgehilfen herbeigeführt ist.

5. Der Versicherungsschutz erstreckt sich ferner auf die verkehrsbedingten und nicht vom Auftraggeber verfügten Vor-, Zwischen- und Nachlagerungen, die im unmittelbaren Zusammenhang mit einem Speditions- und Frachtvertrage — auch Rollvertrage — stehen, auch wenn sie länger als 15 Tage andauern; vgl. auch § 13 (3).

I. Umfang der Haftung des Speditionsversicherers im allgemeinen Anm. 1

§ 3 Ziff. 1 SVS bestimmt den Umfang der Haftung des Speditionsversicherers nicht nach Maßgabe der ADSp, sondern allgemein nach dem gesetzlichen Speditionsrecht und nach den BGB-Bestimmungen zur außervertraglichen Haftung (§ 3 Ziff. 2 SVS). Siehe dazu Anm. 14, 57ff. zu §§ 407—409 HGB. So kann sich beispielsweise der Speditionsversicherer gegenüber dem Versender nicht darauf berufen, der Spediteur hafte nach § 52a ADSp nicht für eine juristisch selbständige Schwestergesellschaft; vielmehr gilt § 278 BGB, wonach das Verschulden des Erfüllungsgehilfen dem Spediteur zuzurechnen ist; BGH vom 1. 10. 1969, Warn. 1969, Nr. 260.

Hinweise zu den einzelnen Ziffern Anm. 2

Zu § 3 Ziff. 2 siehe Anm. 92f. zu §§ 407—409 HGB; zu § 3 Ziff. 3 siehe Anm. 54 zu §§ 407—409 HGB.

Ziff. 4 dient nur der Klarstellung, daß auch Vorsatz des Spediteurs die Haftung des Speditionsversicherers gegenüber dem Versicherten nicht ausschließt. Im Verhältnis zwischen Speditionsversicherer und Spediteur erhöht Vorsatz nach § 14 Ziff. 2 SVS die Selbstbeteiligungsquote des Spediteurs und ermöglicht nach § 12 Ziff. 2 den Regreß gegen den vorsätzlich Handelnden. Anm. 3

§ 3 Ziff. 5 dehnt den Versicherungsschutz in begrenztem Umfang (siehe § 9 Ziff. 2 SVS) auf die verkehrsbedingten Vor-, Zwischen- und Nachlagerungen aus. Da nach § 2 Ziff. 2 SVS die inländische Lagerung durch den Spediteur ohnehin unter Speditionsversicherungsrecht steht, bezieht sich § 3 Ziff. 5 auf Fälle, in denen der Spediteur die Lagerung durch einen selbständigen Unternehmer vornehmen läßt (Ausführungsgeschäft); siehe Krien/Hay, Anm. 3 zu § 3 SVS; als Beispielsfall siehe BGH vom 19. 12. 1969, VRS 38, 254ff. Anm. 4

Danach muß unterschieden werden:

(1) Der Spediteur lagert das Gut selbst aufgrund eines selbständigen Lagervertrags innerhalb Deutschlands ein: Haftung des Speditionsversicherers mit Ausnahme des in § 5 Ziff. 1 C ausgeschlossenen Lagerversicherungsrisikos und der Bearbeitungsschäden nach § 5 Ziff. 4.

(2) Der gleiche Fall außerhalb Deutschlands: keine Haftung des Speditionsversicherers.

(3) Der Spediteur lagert das Gut selbst in Zusammenhang mit einem Speditionsvertrag und ohne Verfügung des Auftraggebers ein (unselbständige Lagerung): Haftung nach §§ 2 Ziff. 2, 3 Ziff. 5 SVS.

(4) Der Spediteur läßt das Gut innerhalb oder außerhalb Deutschlands aufgrund eines selbständigen Lagervertrags einlagern: Haftung nur für Auswahlverschulden, § 4 Ziff. 1a SVS.

(5) Der Spediteur läßt das Gut innerhalb oder außerhalb Deutschlands durch einen dritten Lagerhalter im Sinne einer unselbständigen Vor-, Zwischen- oder Nachlagerung nach § 3 Ziff. 5 SVS einlagern: Haftung auch für Verschulden des Lagerhalters.

§ 4

Besondere Bestimmungen

1. Die Versicherung deckt auch die Ansprüche des Versicherten gegen den Spediteur:

a) wegen Verschuldens bei der Auswahl eines Zwischenspediteurs oder Lagerhalters,

b) wegen derjenigen Schäden — (auch aus Vorsatz) vgl. aber § 5 (3) —, wegen welcher der Zwischenspediteur in Anspruch genommen werden kann ohne Rücksicht darauf, ob der Zwischenspediteur selbst eine Speditionsversicherung genommen hat oder nicht. Zwischenspediteure im Sinne dieser Bestimmung sind die deutschen Zwischenspediteure und die ausländischen in folgenden Ländern: Belgien, Dänemark, Finnland, Frankreich, Großbritannien, Irland, Italien, Luxemburg, Niederlande, Norwegen, Österreich, Schweden, Schweiz.

2. Für Warenschäden im organisierten Bahnsammelgutverkehr zwischen Stationen der Deutschen Bundesbahn haften die Versicherer dem Versicherten gegenüber auch im Umfange der Eisenbahnverkehrsordnung (EVO) unter Verzicht auf die Einrede aus § 83 (1) c der EVO, jedoch gemäß den sonstigen Bestimmungen des SVS/RVS, insbesondere der §§ 6, 8 und 9. War der Verkehrsauftrag transportversichert, so haften die Versicherer nur bei Verschulden des Spediteurs im Rahmen der ADSp.

3. Bei Bruch und Leckage an Gütern, die ihrer Natur nach der Bruch- und Leckagegefahr ausgesetzt sind, leisten die Versicherer Ersatz, wenn das Verschulden des Spediteurs vom Versicherten nachgewiesen ist.

Anm. 1 § 4 Ziff. 1a besagt gegenüber § 3 nichts neues, da für Auswahlverschulden nach § 408 Abs. 1 HGB gesetzlich gehaftet wird.

Anm. 2 § 4 Ziff. 1b erweitert die Haftung des Speditionsversicherers auf das Verschulden des Zwischenspediteurs. Siehe Anm. 5, 9 zu §§ 407—409 HGB und § 411 HGB. Für Verschulden des Zwischenspediteurs und seiner Leute würde der Hauptspediteur dem Versender gegenüber an sich nach § 408 Abs. 1 HGB nicht haften. Allerdings hätte er seine Ansprüche gegen den Zwischenspediteur an den Versender abzutreten. Die Frage, ob ein tätig gewordener Spediteur Zwischenspediteur ist, spielt somit, weil sie die Haftung des Speditionsversicherers begründet, eine erhebliche praktische Rolle. Siehe dazu das abgrenzende Urteil des BGH vom 28. 6. 1962, BGHZ 37, 294ff. (Empfangsspediteur als Zwischenspediteur). Für Verschulden des Zwischenspediteurs haftet der Speditionsversicherer nur dann, wenn er für den entstandenen Schaden auch eintreten müßte, falls der Hauptspediteur den ihm übertragenen Versandauftrag in vollem Umfang selbst ausgeführt hätte; BGH vom 19. 12. 1969, VRS 38, 254 (256).

Anm. 3 Zu Ziff. 2 siehe Anm. 8ff. zu § 413 HGB.

§ 5

Beschränkung der Haftpflicht

Ausgeschlossen von der Versicherung sind:

1. A. alle Gefahren, welche durch eine Transportversicherung gedeckt sind, es sei denn, daß eine ordnungsgemäß geschlossene Versicherung durch fehlerhafte Maßnahmen des Spediteurs unwirksam wird;

B. a) bei Verkehrsverträgen in der See- und Binnenschiffahrtsspedition,

b) bei Transportleistungen des Spediteurs, die er selbst als Güterfernverkehrsunternehmer mit Kraftwagen ausführt oder durch dritte Güterfernverkehrsunternehmen gemäß Güterkraftverkehrsgesetz (GüKG) und Kraft-Verkehrs-Ordnung (KVO) ausführen läßt.

c) bei Transporten, soweit sie nicht den innerdeutschen Verkehr betreffen,

a)—c) alle Gefahren, welche durch eine Transportversicherung allgemein üblicher Art hätten gedeckt werden können oder nach den herrschenden Gepflogenheiten sorgfältiger Kaufleute über eine Transportversicherung allgemein üblicher Art hinaus gedeckt werden. Sollte dagegen eine ordnungsgemäß geschlossene Transportversicherung durch eine fehlerhafte Maßnahme des Spediteurs unwirksam werden, dann fällt diese Gefahr unter die Haftung der Versicherer.

Schäden, die in der Verantwortung des Güterfernverkehrsunternehmers entstehen, können jedoch, soweit sie auf die KVO-Versicherung entfallen, auch bei den SVS-Versicherern gemeldet werfen. Die SVS-Versicherer verpflichten sich alsdann, die Schadensregulierung mit den KVO-Versicherern für den Anspruchsberechtigten durchzuführen.

C. alle Gefahren, welche bei Lagerverträgen durch eine Lagerversicherung (d. i. insbes. Versicherung gegen Feuer-, Einbruchdiebstahl- und Leitungswasserschäden) gedeckt sind oder durch eine Lagerversicherung allgemein üblicher Art hätten gedeckt werden können oder nach den herrschenden Gepflogenheiten sorgfältiger Kaufleute über den Rahmen einer Lagerversicherung allgemein üblicher Art hinaus gedeckt werden, es sei denn, daß eine ordnungsgemäß geschlossene Versicherung durch fehlerhafte Maßnahmen des Spediteurs unwirksam wird. Unter Lagerverträgen im Sinne dieser Bestimmung sind nicht Vor-, Zwischen- und Nachlagerungen gemäß § 3 (5) zu verstehen;

2. diejenigen Ansprüche, welche aus im Speditionsgewerbe nicht allgemein üblichen Abreden zwischen Versicherten und Spediteur herrühren (z. B. Vertragsstrafe, Lieferfristgarantien usw.), überhaupt alle diejenigen Ansprüche, welche auf Vereinbarungen des Spediteurs mit den Versicherten beruhen, die nicht zu den unter § 2 (2) fallenden Geschäften gehören oder über die gesetzliche Haftpflicht des Spediteurs hinausgehen;

3. alle diejenigen Schäden, die durch Unterschlagung oder Veruntreuung entstehen;

4. bei Lagerverträgen auch Schäden am Gute, entstanden durch unterlassene oder fehlerhafte Bearbeitung des Gutes während der Lagerung, wenn diese Schäden nach dem 15. Tage der Lagerung (Sonn- und Feiertage nicht mitgerechnet) entstanden sind;

5. Personenschäden;

6. Schäden durch Beschlagnahme jeglicher Art;

7. Schäden durch Krieg oder Aufruhr;

8. Schäden durch Kernenergie und Radioaktivität.

I. Allgemeines

Anm. 1

§ 5 enthält eine Reihe von wichtigen Haftungsausschlüssen. Diese bewirken, daß der Speditionsversicherer in ihrem Anwendungsbereich nicht für den Schaden haftet. Die Haftungsausschlüsse des § 5 SVS gelten grundsätzlich auch bei Verschulden des Spediteurs; BGH vom 18. 3. 1955, VersR 1955, 306 (307). Als weitere Folge ist dem Spediteur in diesen Fällen der Schutz des § 41 a ADSp entzogen, so daß er nach Maßgabe der ADSp selbst haftet, soweit nicht in den Fällen des § 5 Nr. 1 der Spediteur durch § 37 ADSp Haftungsbefreiung genießt.

II. Die einzelnen Haftungsausschlüsse

Anm. 2

1. Haftungsausschluß wegen Versicherung oder Versicherbarkeit in der Transportversicherung (Ziff. 1 A, B)

a) § 5 Ziff. 1 A SVS schließt alle von einer Transportversicherung gedeckten Schäden von der Speditionsversicherung aus. Die Speditionsversicherung ist also gegenüber der Transportversicherung subsidiär. Die Haftungsbefreiung gilt auch dann, wenn die Transportversicherung nicht durch den Spediteur für Rechnung des Versenders, sondern von diesem selbst oder einem anderen genommen ist; zutreffend LG Köln, VersR 1953, 63; KG, VersR 1967, 446 (448). In diesem Falle haftet der Speditionsversicherer nicht; der Spediteur ist nicht durch § 37 ADSp befreit, sondern haftet nach den ADSp, ist also dem Regreß des Transportversicherers ausgesetzt. Siehe hierzu Anm. 1, 8 zu § 37 ADSp; ferner Anm. 2 zu § 37 ADSp.

b) § 5 Ziff. 1 B legt Haftungsausschlüsse fest, die bereits dann bestehen, wenn die Transportversicherung möglich und unter Kaufleuten üblich war. In diesen Fällen, die in den Abs. a—c umschrieben sind, haftet also, wenn die Transportversicherung nicht genommen wird, kein Versicherer. Der Spediteur selbst haftet: **Anm. 3**

(1) In der Seeschiffahrtspedition (§ 5 Ziff. 1 B a SVS) nach Maßgabe der ADSp.

(2) In der Binnenschiffahrtsspedition (§ 5 Ziff. 1 B a SVS) überhaupt nicht, da die ADSp in § 57 Ziff. 5 seine Haftung ausschließen.

(3) Bei der KVO-Beförderung haftet der Spediteur bzw. der KVO-Frachtführer nach den zwingenden Bestimmungen der KVO (siehe hierzu insbesondere die Anm. zu §§ 412 und 413 HGB); ferner haftet der KVO-Haftpflichtversicherer, siehe § 27 GüKG, Anhang I nach § 452 HGB.

(4) Bei außerdeutschen Transporten haftet der Spediteur nach den ADSp, evtl. nach der CMR, soweit diese gilt; siehe Anhang III nach § 452 HGB.

Anm. 4 **2. Haftungsausschluß wegen Versicherbarkeit in der Lagerversicherung (§ 5 Ziff. 1 C SVS)**

Bei Lagerverträgen reicht ebenfalls Versicherbarkeit und Üblichkeit der Versicherung als Haftungsausschluß.

Anm. 5 **3. Unübliche Abreden und Nicht-Verkehrsverträge im Sinne von § 2 Ziff. 2 SVS**

Daß Nicht-Verkehrsverträge im Sinne des § 2 Ziff. 2 SVS nicht unter die Speditionsversicherung fallen, ist an sich dort schon geklärt. Praktische Bedeutung kommt jedoch den unüblichen Abreden im Speditionsvertrag zu. Übernimmt der Spediteur über die gesetzlichen Verpflichtungen hinausgehende Pflichten, so wird hierdurch das Risiko des betreffenden Vertrags erhöht. Der Spediteur muß daher die Haftung hierfür selbst übernehmen.

Aus der Rechtsprechung siehe BGH vom 30. 10. 1954, VersR 1954, 582 (Verpflichtung eines Spediteurs, Speditionsgüter von Berlin nach West-Deutschland in amerikanischen RTO-Zügen befördern zu lassen, ist unübliches Geschäft); BGH vom 27. 10. 1967, BGHZ 49, 160 (166) (Verpflichtung des Spediteurs als eines zur Ausstellung von Order-Lagerscheinen ermächtigten Lagerhalters zur Auslieferung an einen Nichtlegitimierten unter Verstoß gegen § 26 OLSchVO ist ein von der Speditionsversicherung nicht gedecktes unübliches Geschäft); BGH vom 11. 7. 1966, BGHZ 46, 43 (53) (Verpflichtung eines Spediteurs zur bedingungslosen Auslieferung von Waren, die bei einem anderen Spediteur eingelagert sind, ist ein unübliches Geschäft).

Anm. 6 4. Zu § 5 Ziff. 3 siehe § 54a Ziff. 1 ADSp.

Anm. 7 5. Zu § 5 Ziff. 4 siehe Anm. 4 zu § 3 SVS.

Anm. 8 6. Der Haftungsausschluß des § 5 Ziff. 6 SVS spielte vor allem in den 50er Jahren wegen der häufigen Beschlagnahmen beim Transit durch die DDR eine erhebliche praktische Rolle. Die Beschlagnahmeklausel der Ziff. 6 bezieht sich gerade auf Beschlagnahmen, die vom Spediteur verschuldet sind. Da der Spediteur für nichtverschuldete Beschlagnahmen auch nach gesetzlichem Speditionsrecht nicht haftet, wäre sonst die Ziff. 6 überflüssig; so zutreffend SVS-Schiedsgericht vom 1. 3. 1951, VRS 3, 312ff.; BGH vom 30. 10. 1954, VersR 1954, 582; vom 18. 3. 1955, VersR 1955, 306 (307).

Durch § 5 Ziff. 6 wird bewirkt, daß der Haftungsausschluß des § 41a ADSp nicht eingreift. Der Spediteur haftet also nach Maßgabe der ADSp. Siehe dazu die Anm. 3 zu § 41 ADSp, Anhang I nach § 415 HGB. Siehe ferner OLG Düsseldorf, VRS 6, 176 und OLG Celle, VRS 6, 178.

Kein Beschlagnahmeschaden liegt vor, wenn die vom Spediteur verschuldete Beschlagnahme aufgehoben wird, weil der Versender die verwirkte Geldstrafe bezahlt. In diesem Falle handelt es sich um einen Vermögensschaden des Versenders, für den der Speditionsversicherer einzutreten hat. Der Spediteur ist daher auch nach § 41a ADSp von der Haftung befreit; BGH vom 31. 1. 1957, VersR 1957, 193 (194).

§ 6

Versicherungsauftrag, -summe, -wert und Anmeldung

A. Versichert ist im Sinne vorstehender Bestimmungen jeder Verkehrsvertrag einschließlich Einlagerung.

B. Bei Verkehrsverträgen gilt im allgemeinen folgendes als vereinbart:

1. Der Auftraggeber ist berechtigt, die Versicherung zu untersagen. Die Untersagung ist durch den Spediteur oder den Auftraggeber den Versicherern, zu Händen der zuständigen Niederlassung der Oskar Schunck KG, schriftlich mitzuteilen. Sie kann nur

durch schriftliche Mitteilung zurückgenommen werden, die ebenfalls unverzüglich den Versicherern, zu Händen der zuständigen Niederlassung der Oskar Schunck KG, einzusenden ist.

2. a) Will der Auftraggeber oder ein sonst nach § 1 Versicherter einen höheren Betrag als DM 5000,— für den Verkehrsauftrag versichern, so hat er dem Spediteur sofort bei Erteilung des Verkehrsauftrages, spätestens jedoch vor der Abfertigung, unter genauer Bezeichnung des einzelnen Verkehrsauftrages die Versicherungssumme als solche schriftlich aufzugeben;

b) der Spediteur ist aber auch mangels Aufgabe sofort bei Annahme des Verkehrsauftrages, spätestens vor der Abfertigung, zur Schätzung nach einwandfreien Unterlagen berechtigt.

c) Mangels Aufgabe nach Abs. 2a oder Schätzung nach Abs. 2b ist jeder Verkehrsauftrag nach § 2 für den unter § 1 Versicherten bis zu einem Höchstbetrag von DM 5000,— versichert (vgl. jedoch § 8 (3)).

d) Versehen des Spediteurs bei der Versicherungsanmeldung oder bei der Weitergabe der höheren Versicherungssumme als DM 5000,— nach § 6 (2a) oder bei der Prämienzahlung oder gänzlicher Unterlassung sollen dem Versicherten nicht zum Nachteil gereichen. Für Versehen des Spediteurs bei der Weitergabe der höheren Versicherungssumme als DM 5000,— gilt dies nur dann, wenn der Auftraggeber oder der sonst nach § 1 Versicherte der Vorschrift des § 6 (2a) genügt hat. Schätzungsfehler fallen nicht unter die Versehensklausel.

3. Versicherungssummen über DM 400 000,— für den einzelnen Verkehrsvertrag sind ausgeschlossen. Bei Sendungen mit einem höheren Wert als DM 400 000,— können, wenn tatsächlich zu DM 400 000,— versichert ist, die Versicherer den Einwand der Unterversicherung nicht erheben.

4. Der Spediteur hat alle versicherten Verkehrsverträge am Ende jedes Kalendermonats, spätestens jedoch am 10. des darauffolgenden Monats, den Versicherern, zu Händen der zuständigen Niederlassung der Oskar Schunck KG, anzumelden und gleichzeitig die dafür zu entrichtende Prämie zu bezahlen. Versicherungen für Verkehrsaufträge im Betrage von über DM 5000,— muß der Spediteur einzeln mit der Versicherungssumme sowie den Zeichen, den Nummern, dem Inhalt und der Anzahl der Stücke auf den dazu bestimmten Spezifikationsformularen, einmal monatlich am Ende eines jeden Kalendermonats, spätestens jedoch am 10. des darauffolgenden Monats, den Versicherern, zu Händen der zuständigen Niederlassung der Oskar Schunck KG, melden.

I. Umfang der Versicherung — Anm. 1

§ 6 Abs. A wiederholt nur den Inhalt des § 2. Siehe die dortige Kommentierung und insbesondere BGH vom 14. 7. 1954, MDR 1954, 670 (671).

II. „Verbotskunde" — Anm. 2

Abs. B Ziff. 1 enthält den das ganze Haftungssystem der ADSp und des SVS/RVS regulierenden Grundsatz, nach dem der Auftraggeber die Speditionsversicherung untersagen kann (Verbotskunde). Die Folge davon ist nicht nur, daß ihm im Schadensfall keine Ansprüche gegen den Speditionsversicherer zustehen und er keine Prämie schuldet, sondern vor allem, daß § 41a ADSp nicht eingreift, so daß der Spediteur ihm nach Maßgabe der ADSp haftet. Siehe zum Überblick Anm. 14 und 57ff. zu §§ 407—409 HGB sowie die Kommentierung zu § 41 ADSp, Anhang I nach § 415 HGB.

III. Unschädlichkeit der Nicht- oder Falschanmeldung — Anm. 3

Von besonderer Bedeutung ist ferner § 6 B Ziff. 2d, wonach es grundsätzlich nicht darauf ankommt, ob der Spediteur den einzelnen Verkehrsvertrag überhaupt anmeldet, oder falsch anmeldet oder die Prämie nicht zahlt. In jedem Fall genießt der Auftraggeber den Versicherungsschutz, wenn nur der Spediteur die General-Police des SVS gezeichnet hat. Siehe dazu Anm. 2 zu §§ 39, 40 ADSp, Anhang I nach § 415 HGB. Beispiele aus der Rechtsprechung: BGH vom 14. 7. 1954, MDR 1954, 670 (672) und vom 11. 7. 1966, BGHZ 46, 43 (56); KG, VRS 3, 228 (230).

Anm. 4 **IV. Grenzen der Versicherungsleistungen**

1. § 6 B Ziff. 2a—c legt die Versicherungssumme je Verkehrsauftrag fest. Diese beträgt ohne besondere Anmeldung gemäß c grundsätzlich 5000,— DM (früher 2500,— DM). Eine höhere Versicherungssumme muß der Auftraggeber oder sonst Versicherte dem Spediteur spätestens vor der Abfertigung schriftlich angeben. Andernfalls gilt nur die (niedrig bemessene) Versicherungssumme von 5000,— DM. Der Spediteur kann nach b eine eigene Schätzung vornehmen. Im Fall BGH vom 12. 1. 1966, VersR 1966, 461 (464) hatte der Speditionsversicherer wegen einer nach b vorgenommenen Schätzung darauf verzichtet, sich auf die (damals gültige) Versicherungssumme von 2500,— DM und auf den Einwand aus § 6 B Ziff. 2a zu berufen.

Siehe auch ÖsterrOGH vom 13. 5. 1969, VersR 1971, 679, der den Spediteur nach den AÖSp ohne die Befreiung des § 41a haften läßt, wenn er einen Speditionsauftrag auch ohne schriftliche Deklaration des Versenders nicht über die Versicherungssumme hinaus höher anmeldet, obwohl ihm aus dem Nachnahmeauftrag das wesentlich höhere Interesse des Versenders bekannt ist.

Anm. 5 2. § 6 B Ziff. 3 stellt die absolute Grenze der Speditionsversicherung dar. Praktisch ist die Speditionsversicherung bei höherem Wert als 4000,— DM infolge des Verzichts auf den Einwand der Unterversicherung eine Versicherung auf erstes Risiko. Siehe aber § 9 Ziff. 1.

Anm. 6 3. § 6 B Ziff. 6 hat nur Bedeutung zwischen Spediteur und Speditionsversicherung. Siehe Anm. 3.

§ 7

Prüfungsrecht der Versicherer

Die Versicherer sind berechtigt, die Anmeldung des Spediteurs durch Einsichtnahme in die Geschäftsbücher und sonstige Unterlagen, soweit sie die Versicherung betreffen, nachzuprüfen. Das Recht der Nachprüfung besteht auch dem Versicherten gegenüber.

§ 8

Ersatzpflicht im Schadensfalle

1. Hat der Versicherte zur Zeit der Erteilung des Verkehrsauftrages das Gut verkauft, so erhält er im Höchstfalle den Verkaufspreis unter Berücksichtigung etwa entstandener bzw. ersparter Barauslagen (Frachten, Zölle und dgl.).

2. In anderen Fällen erhält der Versicherte als Höchstbetrag den gemeinen Handelswert bzw. gemeinen Wert, den das Gut zur Zeit der Erteilung des Verkehrsauftrages an dem Ort hatte, an welchem es abzuliefern war, unter Berücksichtigung etwa entstandener bzw. ersparter Barauslagen.

3. Unter allen Umständen bildet die Versicherungssumme im Sinne des § 6 (2) die Höchstgrenze der Ersatzpflicht. Im Falle der Unterversicherung haften die Versicherer nur verhältnismäßig.

4. Die Versicherer haften dem Versicherten auch in den Fällen der §§ 12 (2), 15 und 16 aus allen bis zum Wirksamwerden der Kündigung versicherten Verkehrsverträgen.

§ 9

Höchstgrenze

1. Die Versicherer haften im Umfange ihrer Beteiligung (vgl. § 19) für alle aus diesem Versicherungsvertrag auf ein Schadensereignis angemeldeten Ansprüche bis zu einem Betrag von DM 400 000—, auch wenn mehrere Versicherte desselben versicherungsnehmenden Spediteurs durch dieses Schadensereignis betroffen werden.

2. Bei Vor-, Zwischen- und Nachlagerungen im Sinne des § 3 (5) beträgt die Höchstgrenze für Feuerschäden DM 75 000,—.

3. Die Haftung für Schäden aus fehlerhafter Vermittlung oder gänzlicher Unterlassung der Vermittlung von Transport-, Feuer- und Einbruchdiebstahl-Versicherungen durch den Spediteur beträgt für ein Schadensereignis höchstens DM 25 000,—.

Die in § 9 Nr. 1 vorgesehene Höchstgrenze der Haftung gilt für alle aus einem Schadensereignis entstehenden Schäden. Entstehen durch das betreffende Ereignis Schäden bei mehreren Versicherten (z. B. mehreren Versendern einer Sammelladung), so müssen diese sich in die Höchstsumme teilen. Damit gibt die Speditionsversicherung in keinem Falle die Sicherheit, daß das Risiko auch ausreichend versichert ist, weil sich nicht vorhersehen läßt, mit welchen anderen Geschädigten und mit wie hohen Schäden die Versicherungsleistung geteilt werden muß. **Anm. 1**

Siehe zu Ziff. 3 die Anm. 4 zu § 3 SVS. **Anm. 2**

Ziff. 3 wirkt sich bei größeren Schäden stark zum Nachteil des Auftraggebers aus. Da das Risiko der Verletzung der Pflicht zur Versicherungsnahme durch die Speditionsversicherung gedeckt ist, ist der Spediteur nach § 41 a ADSp haftfrei. Die in § 15 Ziff. 2 SVS bestimmte Ersatzpflicht des Spediteurs gegenüber dem Speditionsversicherer nützt dem Auftraggeber nichts. Andererseits genügt bei wertvolleren oder umfangreicheren Sendungen die Höchsthaftungssumme von 25 000,— DM bei weitem nicht. Angesichts dieser Lage wird der Spediteur die Entgegennahme und Bearbeitung von Versicherungsweisungen besonders sorgfältig zu organisieren haben. Besteht hierfür im Speditionsbetrieb kein ausreichendes Kontrollverfahren, so wird regelmäßig grobe Fahrlässigkeit des Spediteurs oder eines leitenden Angestellten vorliegen; dem Spediteur ist dann die Berufung auf § 41 a ADSp und die übrigen Haftungsbeschränkungen der ADSp versagt. Siehe dazu Anm. 13 vor § 1 ADSp, 4 zu § 41 ADSp. **Anm. 3**

§ 10

Geltendmachung des Schadens, Obliegenheiten des Versicherten und des Spediteurs; Ausschlußfrist

1. Der Versicherte hat jeden Schaden unverzüglich, spätestens jedoch innerhalb eines Monats, nachdem er hiervon Kenntnis erlangt hat, den Versicherern, zu Händen der zuständigen Niederlassung der Oskar Schunck KG, schriftlich anzumelden. Die Frist wird durch rechtzeitige Absendung der Anmeldung gewahrt. Im Falle der schuldhaften Versäumung der Frist sind die Versicherer von der Leistung frei.

2. Der Versicherte ist verpflichtet, unter Beobachtung etwaiger Anweisungen der Versicherer, für Abwendung und Minderung des Schadens zu sorgen, den Versicherern jede verlangte Auskunft zu erteilen und die verlangten Unterlagen zu liefern, überhaupt alles zu tun, was zur Klarstellung des Schadens dienen kann und von den Versicherern deshalb verlangt wird und billigerweise verlangt werden kann.

Werden diese Obliegenheiten vom Versicherten grobfahrlässig oder vorsätzlich verletzt, so sind die Versicherer von der Leistung frei.

3. Der Spediteur ist gleichfalls verpflichtet, unter Beachtung etwaiger Anweisungen der Versicherer, für Abwendung und Minderung des Schadens zu sorgen, den Versicherern jede Auskunft zu erteilen und die verlangten Unterlagen zu liefern, überhaupt alles zu tun, was zur Klarstellung des Schadens dienen kann und von den Versicherern verlangt wird und billigerweise verlangt werden kann.

Werden obige Obliegenheiten vom Spediteur, seinem gesetzlichen Vertreter, Prokuristen oder selbständigen Leiter seiner Zweigniederlassung grobfahrlässig oder vorsätzlich verletzt, so ist der Spediteur den Versicherern für den dadurch entstandenen Schaden im vollen Umfang ersatzpflichtig.

4. Die Auszahlung der Schadenssumme erfolgt an den Versicherten oder seinen Beauftragten.

5. Bei Fehlverladungen aus einem versicherten Verkehrsvertrag bzw. aus einer versicherten Einlagerung erstatten die Versicherer dem Spediteur die Beförderungsmehrkosten einschließlich etwaiger Telegramm-, Telefon- und Portogebühren, die von diesem zur Verhütung eines weiteren Schadens aufgewendet worden sind und aufgewendet werden mußten, wenn er aufgrund gesetzlicher Vorschriften entweder vom Auftraggeber oder einem sonst nach § 1 Versicherten für den Schaden hätte in Anspruch genommen werden können (vgl. aber § 14).

Der Spediteur ist verpflichtet, die Fehlverladung, nachdem er hiervon Kenntnis erhalten hat, unverzüglich den Versicherern, zu Händen der zuständigen Niederlassung der Oskar Schunck KG. zu melden und alle sachlichen Auskünfte zu erteilen. Im Falle grobfahrlässiger oder vorsätzlicher Verletzung dieser Obliegenheiten sind die Gesellschaften von ihrer Leistungspflicht gegenüber dem Spediteur frei.

Die eigenen Ansprüche des Auftraggebers werden hiervon nicht berührt.

6. Die Ansprüche des Versicherten bzw. bei Ziffer 5 des Spediteurs erlöschen, wenn nicht innerhalb Jahresfrist, seit der Schadensanmeldung gerechnet, die Klage gegen die Versicherer erhoben worden ist.

Anm. 1 Die Versäumung der Anmeldefrist nach § 10 Ziff. 1 hat nur im Verschuldensfall den Verlust der Versicherungsansprüche zur Folge. Siehe hierzu den vom SVS-Schiedsgericht Hamburg, VersR 1954, 413 (414) entschiedenen Fall.

§ 10 Ziff. 1 SVS verstößt nicht gegen § 6 VVG, da § 187 Abs. 2 VVG für Schadensversicherungen, die in laufender Versicherung genommen werden, die Anwendbarkeit des § 6 VVG ausschließt. In diese Gruppe der Versicherungen fällt auch die Speditionsversicherung; SVS-Schiedsgericht Berlin, VRS 4, 474ff.

Anm. 2 Die Anmeldefrist des § 10 Ziff. 1 beginnt erst dann, wenn der Auftraggeber Kenntnis vom Bestehen der Speditionsversicherung erhält. Hierzu ist erforderlich, daß der Auftraggeber Tatsachen erfährt, die mit Sicherheit den Schluß zulassen, der Spediteur habe den SVS gezeichnet. Rückschlüsse aus der vom Spediteur behaupteten Anwendbarkeit der ADSp auf die Zeichnung des SVS (§ 41 c ADSp) braucht der Auftraggeber nicht zu ziehen; BGH vom 1. 10. 1969, Warn. 1969, Nr. 260.

Anm. 3 Bei Versäumung der rechtzeitigen Anmeldung kann u. U. der Anspruch noch gegen den Spediteur mit Erfolg durchgesetzt werden. Der Spediteur kann sich auf die Haftungsbefreiung durch § 41 a ADSp nicht berufen, wenn er durch unklare Auskünfte beim Auftraggeber den Eindruck erweckt hat, der Schaden werde durch die Speditionsversicherung nicht gedeckt und damit die Versäumung der Ausschlußfrist des § 10 Ziff. 1, 6 durch den Geschädigten versäumt hat: BGH vom 31. 1. 1957, VersR 1957, 193 (194). Siehe auch Anm. 4 zu § 41 ADSp.

Anm. 4 Die Berufung des SVS-Versicherers auf die Versäumung der Klagefrist des § 10 Ziff. 6 kann gegen Treu und Glauben verstoßen. Daher muß auch hier geprüft werden, ob der Versicherte die Anmeldung schuldhaft versäumt hat; SVS-Schiedsgericht Berlin, VRS 5, 186.

§ 11

Abtretung und Übergang von Rechten

1. Die Abtretung der Rechte des Versicherten aus diesem Vertrage gegen die Versicherer nach einem Schadensfall an andere Personen als an den Spediteur ist unzulässig.

2. Ansprüche anderer Versicherer aufrund eines etwaigen gesetzlichen Übergangs sind aus diesem Versicherungsvertrage ausgeschlossen.

3. Die Abtretung der Rechte des Spediteurs an andere Personen als an die Versicherer ist unzulässig.

§ 12

Rückgriffsrecht

1. Die Versicherer verzichten auf einen Rückgriff gegen den Spediteur und seine Arbeitnehmer sowie gegen den Zwischenspediteur, der den SVS gezeichnet hat und dessen Arbeitnehmer.

2. Ein Rückgriff in voller Höhe ist jedoch gegen jeden gestattet, der den Schaden vorsätzlich herbeigeführt hat.

§ 13

Prämie

1. Prämienpflichtig ist jeder Verkehrsvertrag, und zwar grundsätzlich jeder einzelne Verkehrsvertrag mit jedem einzelnen Auftraggeber. Schließt indessen ein Verkehrsvertrag Dispositionen an mehrere Empfänger ein, so gilt jede Disposition als prämienpflichtiger Verkehrsvertrag, es sei denn, daß es sich nur um Auslieferungen an Selbstabholer handelt. In letzterem Falle liegt nur ein versicherungspflichtiger Verkehrsvertrag vor.

2. Die Prämie beträgt für jeden Verkehrsvertrag einschließlich der Versicherungssteuer für Speditions- und Frachtverträge

a) bei einer Versicherungssumme bis DM 500,— . . . . 10 Dpf.

b) bei einer Versicherungssumme von DM 500,— bis DM 5000,— . . . . . 50 Dpf.

c) bei einer Versicherungssumme über DM 5000,— für jede weiteren angefangenen DM 5000,— . . . . 50 Dpf.

d) Ist mit einem Speditions- und Frachtvertrag ein Rollfuhrauftrag nicht verbunden, so wird eine Zusatzprämie von 40 Dpf. je Verkehrsauftrag für je DM 5000,— Versicherungssumme erhoben. Diese Zusatzprämie ist auch fällig, soweit ein mit einem Rollfuhrauftrag verbundener Verkehrsauftrag eine Versicherungssumme über DM 5000,— hat.

e) Ist der Spediteur ausschließlich mit der Verteilung von Sendungen aus Sammelladungen, die nicht schon durch den SVS versichert sind, beauftragt, so ist statt vorstehend festgelegter Prämien eine Prämie von 1 Dpf. zu zahlen, sofern der Wert der gleichzeitig an den einen Empfänger abgelieferten Sendung DM 100,— nicht übersteigt.

3. Für Lagerverträge beträgt die Prämie je Lagermonat, angefangen für voll gültig
a) bei einer Versicherungssumme bis DM 500,— . . . . 50 Dpf.
b) bei einer Versicherungssumme von DM 500,— bis DM 5000,— . . . . 90 Dpf.
c) bei einer Versicherungssumme über DM 5000,— für jede weiteren angefangenen DM 5000,— . . . . 90 Dpf.

Für Vor-, Zwischen- und Nachlagerungen, die im unmittelbaren Zusammenhang mit einem Speditions- und Frachtvertrag stehen — § 3 (5) — werden nur die für Speditions- und Frachtverträge festgesetzten Prämien gemäß Ziff. 2 erhoben; eine Lagerprämie gemäß Ziff. 3 Abs. 1 wird jedoch erforderlich, wenn die Vor-, Zwischen- und Nachlagerungen länger als einen Monat dauern. Bei sogen. Verteilungslägern, oftmals auch Fabrik- oder Konsignations-Läger genannt, ist die Lagerprämie nur einmal für den einzelnen Lagervertrag zu berechnen, und zwar zum Zeitpunkt der Auflagernahme des Gutes.

4. Bei Sendungen im Binnenumschlagverkehr, die für den einzelnen Auftraggeber 15 Tonnen übersteigen, beträgt die Prämie für jeden Verkehrsvertrag:
a) bei einer Versicherungssumme bis DM 5000,— . . . . 15 Dpf.
b) bei einer Versicherungssumme von DM 5000,— bis DM 10 000,— . . 30 Dpf.
c) bei einer Versicherungssumme von DM 10 000,— bis DM 15 000,— . . 45 Dpf.
d) bei einer Versicherungssumme über DM 15 000,— für jede weiteren angefangenen DM 15 000,— . . . . . . 45 Dpf.

§ 14

Schadensbeteiligung des Spediteurs

1. Der Spediteur hat den Versicherern zu Händen der Firma Oskar Schunck KG 10 v. Hundert desjenigen Betrages unverzüglich zu erstatten, den die Versicherer je Schadensfall bezahlt haben, höchstens jedoch DM 600,—*), zuzüglich einer festen Schadensbeteiligung von DM 20,— je Schadensfall.

2. Hat ein gesetzlicher Vertreter, Prokurist oder selbständiger Leiter einer Zweigniederlassung des Spediteurs den Schaden durch ein vorsätzlich begangenes Vergehen oder Verbrechen verursacht und hat der Spediteur die Überwachunsgpflicht eines sorgfältigen Kaufmanns verletzt, so erhöht sich die Beteiligung des Spediteurs am Schaden von 10 v. H. auf 20 v. H.; die Höchstgrenze der Beteiligung beträgt in solchem Falle DM 10 000,—. Unberührt hiervon bleiben die Bestimmungen des § 12 (2).

3. Der Spediteur verpflichtet sich den Versicherern gegenüber als Zeichner dieses Versicherungsscheins, die Selbstbeteiligung dem Hauptspediteur zu erstatten, wenn er im Verhältnis zum Hauptspediteur für den Schaden verantwortlich ist oder verantwortlich gemacht werden könnte. Er ist nicht befugt, sich wegen dieser Verpflichtung auf die Haftungsbeschränkungen der ADSp zu berufen.

*) Für Warenschäden im organisierten Bahn-Sammelverkehr entfällt die Selbstbeteiligung des Spediteurs, wenn ein Verschulden des Spediteurs an der Entstehung des Schadens offensichtlich nicht vorliegt.

§ 15

Ersatzpflicht des Spediteurs

1. Der Spediteur ist außer in den Fällen des § 10 (3) und des § 12 (2) den Versicherern in voller Höhe ersatzpflichtig:

a) wenn er vorsätzlich die in § 6 B festgesetzte Anmeldepflicht verletzt hat (den Vorsatz haben die Versicherer nachzuweisen);

b) wenn er mit einer fälligen Prämienzahlung länger als zwei Wochen nach empfangener Mahnung im Verzuge bleibt. Die Mahnung muß durch eingeschriebenen Brief erfolgen und die Rechtsfolgen angeben, die mit dem Ablauf der Frist verbunden sind;

c) wenn ein Schaden durch erhebliche Mängel im Betriebe des Spediteurs entstanden ist, deren Beseitigung die Versicherer wegen eines Vorschadens billigerweise verlangen konnten und innerhalb einer angemessenen Frist unter Hinweis auf die Rechtsfolgen verlangt hatten, der Spediteur diese Mängel aber nicht abgestellt oder abzustellen sich geweigert hatte.

2. Der Spediteur ist den Versicherern ferner — jedoch nur im Rahmen der ADSp — ersatzpflichtig, wenn ein Schaden dadurch entsteht, daß er bei der Ausführung eines ihm erteilten Auftrages bezüglich Transport-, Feuer- oder Einbruchdiebstahlversicherung (dagegen nicht bezüglich Speditionsversicherung) seine Sorgfaltspflicht fahrlässig verletzt hat.

§ 16

Kündigung

Dem Bundesverband Spedition und Lagerei e. V. (BSL), Bonn, und den Versicherern steht das Recht zu, die Gesamtheit des Speditions-Versicherungsscheins (SVS/RVS) unter Einhaltung einer Frist von einem Jahr jederzeit aufzukündingen. Eine solche Kündigung wird dann auch für diesen Vertrag wirksam.

Die Versicherer und der einzelne Spediteur haben darüber hinaus das Recht, den einzelnen Speditions-Versicherungsschein unter Einhaltung einer Frist von 3 Monaten jeweils zum Ende des Versicherungsjahres aufzukündigen.

Die Wirksamkeit der Einzelkündigung durch die Versicherer ist von der Zustimmung des Bundesverbandes Spedition und Lagerei e. V. (BSL) abhängig.

§ 17

Dauer der Versicherung

Dieser Vertrag ist für die Zeit vom . . . . abgeschlossen.

Sollten Änderungen mit den an diesem Versicherungsschein beteiligten Versicherern unter Genehmigung des Bundesverbandes Spedition und Lagerei e. V. und des Deutschen Industrie- und Handelstages, Bonn, vereinbart werden, so treten sie an die Stelle der bisherigen Bestimmungen.

§ 18

Gerichtsbarkeit und Geschäftsverkehr

1. Für Klagen der Versicherer gegen den Spediteur auf Prämienzahlung oder Zahlung des Beteiligungsbeitrages nach § 14 SVS ist das Gericht der Niederlassung des Spediteurs zuständig.

2. Alle anderen auf diesem Vertrage beruhenden Streitigkeiten mit Kaufleuten unterliegen unter Ausschluß des ordentlichen Rechtsweges der Entscheidung durch ein Schiedsgericht, soweit der Streitgegenstand DM 10 000,— nicht überschreitet. Zu diesem Schiedsgericht ernennen beide Parteien je einen Schiedsrichter, die unter sich einen Obmann wählen. Können sich die Schiedsrichter über die Person des Obmannes innerhalb einer Frist von 2 Wochen nicht einigen, so erfolgt seine Ernennung auf Antrag einer oder beider Parteien durch den Herrn Präsidenten des Deutschen Industrie- und Handelstages, Bonn.

Das Schiedsgericht entscheidet auch über die gerichtlichen und außergerichtlichen Kosten des Verfahrens nach den Vorschriften der ZPO.

Auch im übrigen gelten die Bestimmungen der ZPO. Der Schiedsspruch ist bei dem Landgericht zu hinterlegen, welches für den Ort zuständig ist, an welchem das Schiedsgericht tätig geworden ist.

Für Streitgegenstände über DM 10 000,— und bei Streitigkeiten zwischen den Versicherern und einem Versicherten, der Nichtkaufmann ist, sind die ordentlichen Gerichte zuständig, es sei denn, daß beide Parteien vor Erhebung der Klage vor dem ordentlichen Gericht sich dahin verständigt haben, die Angelegenheit einem Schiedsgericht zu unterbreiten, das wie vorstehend vereinbart, zusammengesetzt wird.

Klagen gegen die Versicherer sind zu Händen der zuständigen Niederlassung der Oskar Schunck KG zu richten.

3. Die Oskar Schunck KG ist zur Geltendmachung der Ansprüche der Versicherer aus diesem Vertrag im eigenen Namen befugt.

4. Sämtliche aus diesem Vertrag sich ergebenden Erklärungen, Versicherungs- und Schadensanmeldungen, sowie Prämienzahlungen usw. sind zu richten an die Oskar Schunck KG.

Die Schiedsklausel des § 18 Ziff. 2 SVS ist nach § 1027 Abs. 2 ZPO gültig, denn sie wird bei Zeichnung des SVS (Generalpolice) zwischen dem Spediteur und dem Speditionsversicherer als beiderseitiges Handelsgeschäft abgeschlossen. An der Richtigkeit dieses Ergebnisses können allerdings Zweifel auftauchen, weil der Spediteur im Interesse und für Rechnung des Auftraggebers handelt, der nicht notwendig Kaufmann sein muß. Daher nimmt § 18 Ziff. 2 Abs. 4 SVS die Fälle von der Schiedsklausel aus, bei denen ein Versicherter Nichtkaufmann ist. **Anm. 1**

Die Schiedsklausel des § 18 Ziff. 2 gilt gemäß § 41 b ADSp auch bei Streitigkeiten zwischen Spediteur und Auftraggeber darüber, ob ein Schaden von der Speditionsversicherung gedeckt ist. Siehe Anm. 6 zu § 41 ADSp.

§ 18 Ziff. 2 letzter Absatz und Ziff. 3, 4 verschaffen der Versicherungsmaklerfirma Oskar Schunck KG die Stellung eines Prozeß- bzw. Rechtsstandschafters. Das OLG Düsseldorf, VersR 1962, 319 bezeichnet sie als Prozeßpartei kraft Auftrags. Die entgegenstehende Auffassung des OLG München, VersR 1954, 355, nach der nur die in der Beteiligungsliste des § 19 SVS aufgeführten Versicherer passiv legitimiert sein sollen, übersieht § 18 Ziff. 2 letzter Absatz und erschwert unnötig die Abwicklung der SVS-Prozesse. **Anm. 2**

§ 19

Führungsklausel

An der vorstehenden Police sind die nachbezeichneten Versicherer mit den dabei angegebenen Quoten beteiligt. Die Geschäftsführung liegt bei dem erstgenannten Versicherer. Der geschäftsführende Versicherer ist ermächtigt, für alle Versicherer zu handeln.

Anm. Siehe die Beteiligungsliste nach § 5 RVS.

Rollfuhrversicherungsschein (RVS) betreffend Warenschäden aus Rollfuhraufträgen im Orts- und Nahverkehr

Vorbem. Die Rollfuhrversicherung (RVS) wird ausschließlich im Zusammenhang mit der Speditionsversicherung angeboten und gezeichnet; sie ist keine spezielle, selbständige Versicherung, sondern stellt, unter einheitlicher Police zusammengefaßt, mit dem SVS eine Einheit dar. Die Aufteilung der Risiken in zwei verschieden benannten Versicherungsscheinen ist nur eine formale. In der Sped.Police (siehe unten Anhang III) ist die Speditions- und Rollfuhrversicherung unter einheitlichen Bedingungen zusammengefaßt.

§ 1

Umfang der Versicherung und Versicherungsauftrag

1. Versichert ist jeder einzelne Rollfuhrauftrag, es sei denn, daß der Auftraggeber die Versicherung ausdrücklich schriftlich untersagt hat.

2. a) Aufgrund der nachstehenden Versicherungsbedingungen haften die im SVS genannten Versicherer für Schäden an der Ware selbst, wenn diese bei der Rollung von Gütern im Orts- und Nahverkehr innerhalb Dentschlands entstanden sind und der Spediteur oder seine Beauftragten hierfür in Anspruch genommen werden und gesetzlich in Anspruch genommen werden können. Die verkehrsbedingten und nicht vom Auftraggeber verfügten Vor-, Zwischen- und Nachlagerungen, die im unmittelbaren Zusammenhang mit der Rollung stehen, sind mitversichert; wegen evtl. Lagerprämien gilt § 13 (3) Abs. 2.

b) Bei Verkehrsverträgen, die im Güterfernverkehr mit Kraftfahrzeugen abzuwickeln sind oder abgewickelt wurden, ist die Abholung und Zuführung innerhalb der Orts- und Nahverkehrszone mit Straßenfahrzeugen einschließlich der damit in Verbindung stehenden Umladungen und Zwischenlagerungen auch im Gefahrenumfange der KVO, jedoch gemäß den sonstigen Bestimmungen des SVS/RVS insbesondere der §§ 6, 8 und 9 des SVS und des § 3 des RVS versichert, sofern ein Schaden nachweislich in diesem Bereich beim Spediteur oder bei den von ihm beauftragten Unternehmern entstanden ist und keine anderweitige Versicherung für den Schaden einzutreten hat.

3. Der Rollfuhrauftrag umfaßt das Rollen eingehender, abgehender oder zu Lager gehender Güter, neben dem damit in Verbindung stehenden Umschlag, gleichgültig, ob er selbständig erteilt oder in unmittelbarem Zusammenhang mit einem Verkehrsvertrag gemäß § 2 SVS steht.

Anm. § 1 bezieht in die Speditions- und Rollfuhrversicherung das Rollfuhrrisiko für den Nahverkehr ausdrücklich mit ein, und zwar im reinen Nahverkehr nach Ziff. 2a ohne Einschränkungen, bezüglich der Abholung und Zuführung im KVO-Fernverkehr unter Einschränkungen. Zum Verhältnis zwischen Speditionsversicherung und Rollfuhrversicherung und zur Abgrenzung der Haftung nach § 1 RVS siehe eingehend Krien/Hay, Vorbem. vor § 1 RVS und die Anm. zu § 1 RVS.

§ 2

Beschränkung der Haftpflicht

Ausgeschlossen von der Versicherung sind:

1. alle Schäden, welche durch Transport- und/oder Lagerversicherungsverträge gedeckt sind, es sei denn, daß eine ordnungsgemäß geschlossene Versicherung durch fehlerhafte Maßnahmen des Spediteurs unwirksam wird;

2. die in § 5 SVS unter Ziffer 2, 5 und 8 aufgeführten Fälle;

3. die durch SVS versicherten Fälle.

Siehe § 5 SVS Anm. 2. **Anm.**

§ 3

Versicherungssumme und Anmeldung

1. Jeder Rollfuhrauftrag im Sinne des § 1 gilt ohne Rücksicht auf den wirklichen Wert der Ware auf „Erstes Risiko" bis zu einem Schadensmaximum von DM 5000, versichert.

Bei Verkehrsverträgen mit Werten von über DM 5000,— gilt darüber hinaus die jeweilige Versicherungssumme des SVS auch für den RVS, sofern die Versicherungssumme des SVS höher als DM 5000,— ist.

2. Der Spediteur hat alle Versicherungen aufgrund dieses Versicherungsscheines am Ende des Kalendermonats, spätestens jedoch am 10. des darauffolgenden Monats, den Versicherern zu Händen der zuständigen Niederlassung der Oskar Schunck Kommanditgesellschaft, auf dem hierzu bestimmten Formular anzumelden und gleichzeitig die Prämie zu bezahlen.

Siehe §§ 6, 9 SVS. **Anm.**

§ 4

Prämie

Die Prämie einschließlich der Versicherungssteuer beträgt 40 Dpf. für die gesamte Rollfuhrtätigkeit je Verkehrsvertrag im Sinne des § 13 (1) SVS.

§ 5

Verweisung auf SVS

Soweit im Vorstehenden nichts anderes bestimmt ist, gelten im übrigen die Bestimmungen des Speditions-Versicherungs-Scheines.

Beteiligungsliste

Ab 1. Januar 1971

1.	VICTORIA Feuer-Versicherungs-AG., Berlin-Düsseldorf	14 %
2.	NORDSTERN Allgemeine Versicherungs-AG., Köln	10 %
3.	COLONIA NATIONAL Versicherung AG., Köln	$9\frac{7}{8}$%
4.	WÜRTTEMBERGISCHE UND BADISCHE Vereinigte Versicherungs-Gesellschaft, Heilbronn	$8\frac{3}{4}$%
5.	ALLIANZ Versicherungs-AG., München	$8\frac{1}{4}$%
6.	ALBINGIA Versicherungs-AG., Hamburg	7 %
7.	AGRIPPINA Versicherungs-AG., Köln	$5\frac{3}{4}$%
8.	ALTE LEIPZIGER Versicherung AG., Frankfurt	$5\frac{1}{8}$%
9.	TRANSATLANTISCHE Versicherungs-AG., Hamburg	$4\frac{3}{8}$%
10.	NORD-DEUTSCHE UND HAMBURG-BREMER Versicherungs-AG., Hamburg	$3\frac{7}{8}$%
11.	WÜRTTEMBERGISCHE Feuerversicherung AG., Stuttgart	$3\frac{1}{8}$%

12. THURINGIA Versicherungs-AG., München . . . . 3 %
13. AACHENER UND MÜNCHENER Feuerversicherungs-AG., Aachen . . . $2^1/_2$%
14. MANNHEIMER Versicherungs-AG., Mannheim . . . . $2^1/_2$%
15. SECURITAS Bremer Allgemeine Versicherungs-AG., Bremen . . . . . . $2^1/_2$%
16. NÜRNBERGER Allgemeine Versicherungs-AG., Nürnberg . . . . $2^1/_2$%
17. HELVETIA, Schweizerische Feuerversicherungsgesellsch., Stuttgart . . . 2 %
18. CONDOR Transport- und Rückversicherungs-AG., Hamburg . . . . . . 2 %
19. FRANKFURTER Versicherungs-AG., Frankfurt . . . . $1^5/_8$%
20. GOTHAER Transport- und Rückversicherungs-AG., Köln . . . . $1^1/_4$%

Gemäß § 18 Ziffer 4 SVS sind sämtliche aus diesem Vertrag sich ergebenden Erklärungen, Versicherungs- und Schadensanmeldungen sowie Prämienzahlungen usw. zu richten an die

OSKAR SCHUNCK
Kommanditgesellschaft
Zentrale
8 München 23, Postfach 264,
Leopoldstraße 20, Tel.-Sa.-Nr. 39 80 21, FS-Nr. 05—23195

1 Berlin 12, Mommsenstraße 68a
Tel.-Sa.Nr. 8 81 53 13/14, 8 81 45 73
FS-Nr. 0184—969

48 Bielefeld, Postfach 7627,
Herforder Straße 12,
Tel. 6 53 80/6 72 62,
FS-Nr. 09—32412

28 Bremen, Martinistraße 25
Tel. 32 19 46,
FS-Nr. 02—45340

4 Düsseldorf, Postfach 7628 u. 8307,
Grünstraße 3—5,
Tel.-Sa.-Nr. 8 42 88,
FS-Nr. 0858—2365

6 Frankfurt a. M. 8, Postfach 119159,
Düsseldorfer Straße 24,
Tel. 23 22 51—52—53,
FS-Nr. 041—2559

2 Hamburg 1, Steindamm 62/64,
Tel. 24 17 81,
FS-Nr. 021—2669

3 Hannover 1, Postfach 5603,
Goseriede 12,
Tel. 2 60 38

8 München 23, Postfach 271,
Giselastraße 10,
Tel.-Sa.-Nr. 39 50 03—5,
FS-Nr. 05—24346

7 Stuttgart 1, Postfach 2737,
Tübinger Straße 15,
Tel. 60 87 87
FS-Nr. 07—21535

OSKAR SCHUNCK S. A. S.
via Rosini
I 34100 Trieste/Italia
Postfach 196

Erklärung

der am

Speditions- und Rollfuhr-Versicherungsschein SVS/RVS

beteiligten Versicherungsgesellschaften

vom 28. April 1972

Haftung der Sammelladungsspediteure nach der KVO

(Auszug)

Vorbemerkungen

Im Hinblick auf das Urteil des BGH vom 3. 3. 1972, siehe Anm. 6 zu § 412 und 14 zu 413 HGB, haben die SVS-Versicherer eine Erklärung an ihre Versicherungsnehmer herausgegeben, die u. a. folgendes enthält:

Für die Versicherer geben wir hiermit folgende Erklärung ab:

1. **Wenn Sie den SVS gezeichnet haben, erhält der Geschädigte, sofern er kein Verbot erklärt hat, ohnehin den Schaden nach den gesetzlichen Bestimmungen im Rahmen des SVS/RVS ersetzt.**

Im Nahverkehr verursachte Beschädigungen oder Verluste werden im Gefahrenumfang der KVO ersetzt, wenn es sich um Verkehrsverträge in Zusammenhang mit Güterfernverkehrsbeförderung handelt (§ 1 Ziffer 2b RVS).
Darüberhinaus haben es die SVS/RVS-Versicherer übernommen, die Schadenregulierung mit den KVO-Versicherern durchzuführen, sofern ein Güterfernverkehrsunternehmer nach den Beförderungsbedingungen verantwortlich ist (§ 5 Ziffer 1 B a—c SVS).

2. **Die im Selbsteintritt auf der Fernverkehrsstrecke vom Gemischtbetrieb zu vertretenden Schäden sind über die KVO-Police gedeckt.**
3. **Sollte ein Gericht einen Gemischtbetrieb aus Anlaß von Schäden, entstanden bei speditionellen Dienstleistungen in die KVO-Haftung verurteilen, besteht über den Ergänzungsvertrag zum SVS/RVS Versicherungsschutz.**

Wenn Sie also diese drei Policen gezeichnet haben, ist der gebotene Versicherungsschutz lückenlos. Es kann nicht der Fall eintreten, daß Sie mit Ersatzansprüchen nach den Beförderungsbedingungen belastet bleiben, ohne daß Sie dafür Deckung haben. Das bedeutet, Sie brauchen keinen neuen Versicherungsvertrag, der speziell auf die zitierte Rechtsprechung des BGH abgestimmt ist.

Anhang III nach § 415

Speditions-Police (Sped. Police)

Zur Speditionsversicherung allgemein siehe die Anm. zu §§ 39, 40 ADSp, Anhang I nach § 41; zur Zulässigkeit der Sped.Police als Ergänzung zu den ADSp insbesondere Anm. 1, 13, 14. Von einer Kommentierung der Sped.Police wird hier abgesehen, da sie — außer ihrer Zulässigkeit — in der Rechtsprechung bisher keine Probleme aufgeworfen hat. Kurze Erläuterungen zur Sped.Police bringt Wolgast, ADSp, 3. Aufl. 1968, S. 62ff. Siehe dort auf S. 66 einen vergleichenden Überblick über den Aufbau der beiden Speditionsversicherung-Policen. Siehe ferner Steinfeld, Formen der Speditionsversicherung, 1965. **Vorbem.**

Versicherter

1. Die Versicherung läuft für Rechnung, wen es angeht.

Versichert ist der Versicherungsnehmer als Haupt- oder Zwischenspediteur, als bahnamtlicher Rollfuhrunternehmer und als Unternehmer im Möbeltransport; der durch den versicherten Hauptspediteur hinzugezogene Zwischenspediteur, der die Sped.Police gezeichnet hat.

Versichert ist ferner der Auftraggeber des Versicherungsnehmers oder derjenige, dem zur Zeit des den Schaden verursachenden Ereignisses das versicherte Interesse zugestanden hat (Speditions- und Rollfuhrversicherung).

Haftpflicht, Umfang der Versicherung

2. Dem Auftraggeber und/oder demjenigen, dem das versicherte Interesse zugestanden hat, haften die Gesellschaften für alle Schäden, wegen welcher diese Versicherten den Spediteur oder Zwischenspediteur im unmittelbaren Zusammenhang mit einem Verkehrsvertrag gesetzlich in Anspruch nehmen können. Die Gesellschaften ersetzen diese Schäden nach Maßgabe der gesetzlichen Bestimmungen, mindestens im Rahmen des SVS/RVS, nebst deren Nachträgen, Ergänzungen und Haftungserweiterungen. Die Gesellschaften haften insbesondere, wenn eine ordnungsgemäß geschlossene Transport- oder Lagerversicherung durch fehlerhafte Maßnahmen des Spediteurs unwirksam wird. Sie haften nicht in den unter Nr. 4 und 5 behandelten Fällen. Zwischenspediteur im Sinne dieser Bestimmung ist der deutsche und sonstige europäische Zwischenspediteur, ausgenommen der sowjetische, rumänische und bulgarische.

3. Warenschäden, welche der Auftraggeber und/oder derjenige, dem das versicherte Interesse zugestanden hat, im organisierten Bahnsammelverkehr zwischen Stationen

der Deutschen Bundesbahn erleidet, sind durch diese Police im Umfange der EVO mitgedeckt, wobei die Gesellschaften auf die Einrede der Selbstverladung verzichten. Der Regreß gegenüber der Bundesbahn bleibt vorbehalten. Bei einem transportversicherten Verkehrsauftrag haften die Gesellschaften im Rahmen der ADSp.

4. Dem Versicherungsnehmer als Hauptspediteur und dem von ihm hinzugezogenen Zwischenspediteur, der die Sped.Police gezeichnet hat, haften die Gesellschaften für Schäden, wegen welcher diese Versicherten im unmittelbaren Zusammenhang mit einem Verkehrsvertrag persönlich in Anspruch genommen werden können,

a) wenn der Auftraggeber die Speditionsversicherung ausdrücklich schriftlich untersagt hat (Verbotskunde);

b) bei Schäden an transport- oder lagerversicherten Gütern;

c) in der See- und Binnenschiffahrtsspedition; für den Auslandsstreckenteil des Transportes; bei disponierten Lagerungen: auch bei Schäden, die durch eine Transport- oder Lagerversicherung allgemein üblicher Art versicherbar waren;

d) bei Schäden durch Unterschlagung oder Veruntreuung.

Die Gesellschaften haften in diesen Fällen nur gemäß §§ 51ff. ADSp.

5. Die Gesellschaften haften dem bahnamtlichen Rollfuhrunternehmer im Rahmen der vertraglichen Vereinbarungen oder gesetzlichen Vorschriften.

Für Schäden bei dem Transport von Möbeln und Umzugsgut im Orts- und Nahverkehr haften die Gesellschaften, einerlei ob der Transport von Güternah- oder Güterfernverkehrsunternehmen durchgeführt wird, nach den Beförderungsbedingungen für den Möbelverkehr (Bef. BMö) vom 21. 7. 1961.

6. Die Gesellschaften ersetzen Rettungs- und Feststellungskosten im Rahmen des § 63 VVG. Die Ersatzpflicht der Gesellschaften erstreckt sich auch auf die Mehrkosten infolge Fehlverladung, die von dem Spediteur zur Abwendung eines weiteren Schadens aufgewendet worden sind und aufgewendet werden mußten.

7. Soweit nach Nr. 4 der Police der Versicherungsnehmer Ansprüche gegen die Versicherer im Rahmen der §§ 51ff. ADSp hat, sind sich die Parteien des Versicherungsvertrages im Vorwege darüber einig, daß diese Ansprüche mit ihrer Entstehung an den Auftraggeber oder denjenigen, dem das versicherte Interesse zugestanden hat, übergehen und ihm unwiderruflich unmittelbar zustehen sollen, es sei denn, daß der Auftraggeber oder derjenige, dem das versicherte Interesse zugestanden hat, bereits durch den Versicherungsnehmer wegen des Schadens befriedigt worden ist.

Verkehrsverträge

8. Unter Verkehrsverträgen sind zu verstehen: Speditions- und Frachtverträge, Rollfuhraufträge, gleich welcher Art sowie Lagerverträge innerhalb Deutschlands.

9. Bestandteil eines Verkehrsvertrages sind die üblichen Nebenaufträge, wie zum Beispiel Nachnahme, Verwägen, Zählen, Verpacken, Musterziehen, Verladen, Ausladen, Verzollen, Vermittlung von Transport-, Lager-, Feuer-, Einbruch-Diebstahl-Versicherung, Wahrnehmung von Regressen.

Ausschlüsse

Ausgeschlossen sind Schäden

10. aus Ansprüchen, die nicht mit einem Verkehrsvertrag zusammenhängen, aus Vereinbarungen des Spediteurs mit dem Auftraggeber, die nicht zu einem Verkehrsvertrag gehören oder über die gesetzliche Haftpflicht hinausgehen, z. B. Vertragsstrafen, Lieferfristgarantien,

11. durch Krieg, Aufruhr, Beschlagnahme jeglicher Art, Kernenergie und Radioaktivität,

12. an Personen,

13. am Gut bei Lagerverträgen, sofern durch unterlassenes oder fehlerhaftes Bearbeiten nach dem fünfzehnten Werktag der Einlagerung entstanden.

Grenzen der Haftung

14. Die Ersatzpflicht der Gesellschaften je Verkehrsvertrag ist begrenzt mit dem Wert des Gutes, höchstens der Versicherungssumme, jedoch DM 400 000,— je Schadens-

ereignis nicht übersteigend. Diese Höchsthaftungssumme gilt auch, wenn durch das Schadensereignis mehrere Auftraggeber betroffen werden. Der Wert ist entweder der Verkaufspreis zuzüglich entstandener Auslagen, sofern das Gut am Tage des Verkehrsvertrages verkauft war, sonst der gemeine Handelswert am Tage des Verkehrsvertrages am Ablieferungsort. In jedem Fall werden die etwa entstandenen oder ersparten Barauslagen (Frachten, Zölle und dergleichen) berücksichtigt.

15. Die Versicherungssummen richten sich nach der Prämientabelle je nach Deklaration.

16. Ist die Versicherungssumme unter DM 400 000,— und niedriger als der Wert des Gutes, so wird, sofern der Spediteur sich auf die ADSp berufen kann, die Entschädigung wegen Unterversicherung entsprechend gekürzt. Sind jedoch DM 400 000,— als Versicherungssumme aufgegeben, so wird ein Schaden bis zu dieser Summe voll bezahlt.

17. Ohne die obigen Begrenzungen (Wert des Gutes, Versicherungssumme) werden ersetzt Rettungs-, Feststellungs- und Mehrkosten infolge Fehlverladung im Rahmen der Nr. 6. Andere als Güterschäden (reine Vermögensschäden) werden bis zum doppelten Wert des Gutes ersetzt. Die Höchsthaftungssumme gemäß Nr. 14 bleibt in jedem Falle DM 400 000,— je Schadensereignis.

Bei Unterversicherung wird in diesen Fällen, sofern sich der Spediteur auf die ADSp berufen kann, anteilig gehaftet.

Deklaration

18. Der Spediteur hat, soweit er als Hauptspediteur tätig ist, monatlich aufzugeben, spätestens bis zum 20. des nächsten Monats:

19. die Anzahl aller Verkehrsverträge gemäß Deklaration, getrennt nach den einzelnen Versicherungssummen entsprechend der Prämientabelle,

20. die Anzahl der Verkehrsverträge, für welche eine Speditionsversicherung untersagt ist.

21. Innerhalb derselben Frist hat der Rollfuhrunternehmer monatlich je nach Prämientabelle entweder die Anzahl aller Rollfuhraufträge oder die Gesamtsumme der Rollgelder aufzugeben.

22. Die Anzahl der Verkehrsverträge im Binnen-Umschlagsverkehr, 15 t je Auftraggeber übersteigend, bei einer Haftung bis DM 5000,—.

23. Die Anzahl aller Verkehrsverträge mit Versicherungssummen im Binnen-Umschlagsverkehr, 15 t je Auftraggeber übersteigend, mit einer Versicherungssumme über DM 5000,—.

24. Der Auftraggeber oder ein sonst nach Nr. 1 Abs. 3 der Sped.Police Versicherter muß dem Spediteur sofort bei Erteilung eines Verkehrsauftrages schriftlich bekanntgeben, wenn eine höhere oder niedrigere Versicherungssumme als DM 5000,— je Verkehrsauftrag eingedeckt werden soll.

Mangels Aufgabe der Versicherungssumme ist der Spediteur bei Übernahme des Verkehrsauftrages, spätestens vor Abfertigung, zur Schätzung der Versicherungssumme über DM 5000,— nach einwandfreien Unterlagen berechtigt. Wird vom Auftraggeber keine Versicherungssumme aufgegeben und auch vom Spediteur keine Schätzung vorgenommen, so ist je Versicherungsauftrag der unter Nr. 1 Abs. 3 Versicherte bis zu einem Höchstbetrag von DM 5000,— versichert.

25. Die Gesellschaften können die Anmeldungen des Spediteurs durch Einsicht in die Geschäftsbücher oder sonstige die Versicherung betreffende Unterlagen nachprüfen. Dieses Prüfungsrecht besteht auch dem Versicherten gegenüber.

Versehensklausel

26. Fehler oder Unterlassungen des Versicherungsnehmers bei der Deklaration und Zahlung der Prämie beeinträchtigen die Ersatzpflicht nicht.

Schadenbehandlung

27. Der Versicherte hat jeden Schaden unverzüglich, spätestens innerhalb eines Monats nach Kenntnis den Gesellschaften schriftlich anzumelden. Im Falle der schuldhaften Versäumnis der Frist können die Gesellschaften die Leistung ablehnen. Der Versicherungsnehmer hat die Gesellschaften unverzüglich davon in Kenntnis zu setzen, wenn er wegen eines Schadens zivilgerichtlich in Anspruch genommen wird. Unterläßt er diese Mitteilung, so können die Gesellschaften die Übernahme der Prozeßkosten ablehnen.

28. Die Versicherten haben den Schaden abzuwenden oder zu mindern, den Gesellschaften jede Auskunft zu erteilen und die Unterlagen zu liefern. Wird diese Verpflichtung vorsätzlich oder grobfahrlässig verletzt, so sind die Gesellschaften dem Verletzer gegenüber leistungsfrei.

Ist der Auftraggeber oder derjenige, dem das versicherte Interesse zugestanden hat, Versicherter, so ist auch der Spediteur verpflichtet, den Schaden abzuwenden oder zu mindern, den Gesellschaften jede Auskunft zu erteilen und die Unterlagen zu liefern. Verletzt der Spediteur vorsätzlich oder grobfahrlässig diese Verpflichtungen, so ist er den Gesellschaften gegenüber schadenersatzpflichtig.

29. Der Schadensanteil des Spediteurs und Rollfuhrunternehmers beträgt in jedem Fall 10% des zu vergütenden Betrages, höchstens jedoch DM 600,— je Schadensereignis zuzüglich einer festen Schadensbeteiligung von DM 20,— je Schadenfall.

30. Der Schadenanteil erhöht sich von 10% auf 20%, begrenzt mit DM 10 000,—, wenn ein gesetzlicher Vertreter, das Organ einer juristischen Person, ein Prokurist oder selbständiger Leiter einer Zweigniederlassung den Schaden durch ein vorsätzlich begangenes Vergehen oder Verbrechen verursacht und der Spediteur oder Rollfuhrunternehmer die Überwachungspflicht eines sorgfältigen Kaufmannes verletzt hat.

31. Der Versicherungsnehmer hat den Gesellschaften die Schadenssumme voll zurückzuvergüten, wenn er den Schaden vorsätzlich herbeigeführt hat oder wenn der Schaden durch erhebliche Mängel in seinem Betriebe entstanden ist, deren Beseitigung die Gesellschaften wegen eines Vorschadens vergeblich verlangt hatten, oder wenn er mit der fälligen Prämienzahlung länger als zwei Wochen nach empfangener Mahnung im Verzug bleibt. Die Mahnung erfolgt durch eingeschriebenen Brief unter Angabe der Rechtsfolgen, die mit dem Ablauf der Frist verbunden sind.

Hat der Versicherungsnehmer in den obigen Fällen den geschädigten Auftraggeber oder denjenigen, dem das versicherte Interesse zugestanden hat, bereits wegen des Schadens befriedigt, so sind die Gesellschaften dem Versicherungsnehmer gegenüber von der Verpflichtung zur Leistung frei.

32. Hat der Auftraggeber oder derjenige, dem das versicherte Interesse zugestanden hat, den Schaden vorsätzlich herbeigeführt, so können die Gesellschaften auch gegen ihn Rückgriff nehmen. Als Vorsatz genügt auch der bedingte Vorsatz.

33. Ebenso können die Gesellschaften gemäß § 67 VVG gegen den Zwischenspediteur Regreß nehmen, der nicht die Sped.Police gezeichnet hat.

34. Der Spediteur ist den Gesellschaften im Rahmen der ADSp ersatzpflichtig, wenn er bei der Ausführung eines Versicherungsvertrages, ausgenommen Speditionsversicherung, seine Sorgfaltspflicht grobfahrlässig verletzt hat.

35. Die Gesellschaften können auf Arbeitnehmer des Versicherungsnehmers/Versicherten zurückgreifen, sofern sie den Schaden vorsätzlich herbeigeführt haben.

36. Nicht gerichtlich oder schiedsgerichtlich innerhalb eines Jahres seit Schadenanmeldung geltend gemachte Ansprüche erlöschen.

Prämien

37. Abrechnung und Berechnung der Prämien erfolgen aufgrund der beiliegenden Prämien-Tabelle.

38. Die Prämie ist bei Abgabe der Deklaration zu zahlen.

Gerichtsbarkeit und Prozeßführung

39. Für Klagen der Gesellschaften wegen Prämienzahlung, Zahlung der Schadensbeteiligung oder Regreßansprüchen sind die Gerichte zuständig. Alle anderen Streitigkeiten werden durch ein Schiedsgericht entschieden, soweit der Streitgegenstand DM 10 000,— nicht übersteigt. Andernfalls ist das ordentliche Gericht zuständig. Örtlich zuständig sind nur die Gerichte in Hamburg und Köln. Klagen gegen die Versicherer sind an die Führende zu richten, die den Prozeß zugleich im Namen der Mitversicherer durchführt und zu Vergleichen und Anerkenntnissen berechtigt ist.

40. Beim Schiedsgerichtsverfahren ernennt jede Partei einen Schiedsrichter. Beide Schiedsrichter ernennen einen Obmann. Bei Nichteinigung wird der Obmann durch den Präsidenten der Handelskammer Hamburg oder Köln bestimmt. Das Schiedsgericht regelt sein Verfahren nach eigenem Ermessen.

Geschäftsführung

41. Die unterzeichnende Gesellschaft ist die führende. Diese ist durch Vollmacht der Mitversicherer auch legitimiert, Prämienansprüche, Ansprüche auf Schadensbeteiligung und Regreßansprüche zu Gunsten sämtlicher Mitversicherer gerichtlich zu verfolgen.

42. Alle Anzeigen, Erklärungen und Zahlungen, die von dem Versicherungsnehmer/Versicherten zu bewirken sind, gelten den Gesellschaften als zugegangen, sobald sie bei der Firma Hans Rudolf Schmidt & Co. eingegangen sind.

43. Schäden sind bezahlt, wenn die Schadengelder beim Auftraggeber oder demjenigen, dem das versicherte Interesse zugestanden hat, oder bei deren Beauftragten eingegangen sind. Soweit gesetzlich die Benachrichtigung des Versicherungsnehmers von der bevorstehenden Auszahlung vorgeschrieben ist, erfolgt die Auszahlung, nachdem eine angemessene Frist seit dieser Benachrichtigung verstrichen ist.

Schlußbestimmung

44. Wenn das Gericht die Berufung des Versicherungsnehmers auf die ADSp nicht anerkennt, leisten die Gesellschaften Ersatz im Rahmen dieser Police nach den gesetzlichen Bestimmungen des HGB über die Haftung des Versicherungsnehmers als Spediteur (§§ 407—411, 414 HGB) oder als Lagerhalter §§ 416—424 HGB).

45. Die Gesellschaften haften nicht, wenn der Spediteur und sein Auftraggeber von den ADSp in grundsätzlicher Hinsicht abweichende Geschäftsbedingungen, insbesondere eine über die ADSp hinausgehende Haftung vereinbaren.

Kündigung

46. Die Versicherer und der Versicherungsnehmer haben das Recht, den Versicherungsvertrag unter Einhaltung einer Frist von drei Monaten jeweils zum Ende des Versicherungsjahres zu kündigen.

47. Für das Verhältnis des Versicherungsnehmers und Versicherten zu den Versicherern und dem Versicherungsmakler sind ausschließlich die in der unterzeichneten Police aufgeführten Bedingungen und Klauseln maßgeblich.

48. Nicht erkennbar als inhaltlicher Bestandteil der Police gewollte briefliche oder mündliche Äußerungen oder Auskünfte sind gegenüber dem Policen-Text unverbindlich, gleichgültig, ob sie vor oder nach der Unterzeichnung der Police erfolgt sind. Sie begründen weder eine Haftung der Versicherer noch des Versicherungsmaklers.

Sachregister

Die Ziffern bezeichnen die Seitenzahlen (jeweils ohne das „B"); halbfett gedruckte Ziffern die Hauptfundstellen.

FSC
www.fsc.org
MIX
Papier | Fördert gute Waldnutzung
FSC® C083411

Kolibri 360 GmbH
Ferdinand-Jühlke-Straße 7
99095 Erfurt, Deutschland
produktsicherheit@kolibri360.de